内モンゴルから見た中国現代史

ホルチン左翼後旗の「民族自治」

ボヤント◉著
〔宝音図〕

集広舎

内モンゴルから見た中国現代史
ホルチン左翼後旗の「民族自治」

目　次

序　論 ……………………………………………………………… 5
　Ⅰ　研究課題の所在　5
　Ⅱ　研究する具体的地域　8
　Ⅲ　研究方法　11
　Ⅳ　中国側の研究とその理論的枠組み　14
　Ⅴ　本研究の構造　17

第1章　中国「民族区域自治制度」に関する幾つかの問題 …… 20
　第1節　自治とは何か　20
　第2節　中国における「民族」の概念及び「少数民族」の認定　22
　　Ⅰ　中国における「民族」の概念　(22)
　　Ⅱ　「少数民族」の認定　(28)
　第3節　中華人民共和国憲法と「民族区域自治法」　31
　第4節　「民族区域自治制度」と「民族区域自治法」　38
　　Ⅰ　民族区域自治制度が成立した歴史的背景　(38)
　　Ⅱ　民族区域自治制度の実施　(40)

第2章　ホルチン左翼後旗における土地改革 ……………… 52
　第1節　後旗の歴史的背景　52
　　Ⅰ　後旗の地理的位置と概況　(52)
　　Ⅱ　東部地域における「東モンゴル自治政府」とその活動　(57)

第2節　中国共産党と国民党勢力の後旗への浸透　61
　　第3節　後旗における土地改革　69
　　　Ⅰ　土地改革のはじまり　(69)
　　　Ⅱ　土地改革のプロセス　(73)
　　第4節　「反革命鎮圧」と「三反運動」　81

第3章　後旗における社会主義改造と民族　　　　　　　98
　　第1節　農牧業に対する「互助組」・「合作社」の成立　98
　　第2節　「互助組」・「合作社」が生み出した問題　100
　　第3節　「互助組」・「合作社」の自治機関との関わり　110
　　第4節　公文書から読む「社会主義改造」の実態　112
　　第5節　「社会主義改造」によって生み出された問題　132

第4章　宗教への打撃　　　　　　　　　　　　　　　148
　　第1節　後旗における宗教の歴史的背景　148
　　第2節　宗教会議の問題点　159
　　第3節　宗教に関する公文書の分析（1）　164
　　第4節　宗教に関する公文書の分析（2）　175
　　第5節　チョルート公社における宗教弾圧　185

第5章　「反右派闘争」と「大躍進」がもたらしたもの　215
　　第1節　問題意識の所在と政治的背景　215
　　第2節　後旗における「反右派闘争」とその影響　220
　　　Ⅰ　はじめに　(220)
　　　Ⅱ　初期の自殺者の記録　(221)
　　　Ⅲ　「反右派闘争」に関わる公文書とその問題点　(235)
　　　Ⅳ　自殺、逃亡、殺人　(246)

第3節　後旗における「大躍進」運動の実態　250
　　　　Ⅰ　基本状況　（250）
　　　　Ⅱ　「大躍進」運動の「躍進」と災難　（254）
　　　　Ⅲ　食料不足、健康悪化、治安悪化　（262）
　　第4節　自治制度と「反右派闘争」、「大躍進」　265

第6章　後旗「民族分裂案件」……275
　　第1節　歴史的背景と政治的背景　275
　　第2節　「民族分裂案件」のプロセス　285
　　　　Ⅰ　生徒のラントゥー（趙・朗頭）氏と劉国卿氏　（285）
　　　　Ⅱ　ラントゥー氏の動機　（287）
　　　　Ⅲ　恐怖の夏休み　（291）
　　　　Ⅳ　ラントゥー氏へのインタビュー　（293）
　　第3節　公文書での「民族分裂案件」　296
　　　　Ⅰ　後旗公安局の捜査　（296）
　　　　Ⅱ　公文書での「ラントゥー氏」　（302）
　　　　Ⅲ　「民族分裂案件」と文化大革命のつながり　（303）
　　第4節　案件からわかること　305

第7章　モンゴル人にとっての文化大革命……312
　　第1節　問題意識の所在と先行研究　312
　　　　Ⅰ　制限を乗り越えて　（312）
　　　　Ⅱ　歴史的背景と内モンゴルにおける文革の特徴　（313）
　　　　Ⅲ　先行研究　（314）
　　第2節　後旗における文化大革命のプロセス　320
　　　　Ⅰ　後旗における文革のはじまり　（320）

  Ⅱ 文革の展開　（322）
 第３節　「文化大革命」の犠牲者の数と影響　330
 第４節　現地の当事者たちが語る証言　336
  Ⅰ ナスンオリタ氏　（337）
  Ⅱ ゲルレト氏　（343）
  Ⅲ チンダモン氏　（345）
  Ⅳ ホスゲレル氏　（351）
  Ⅴ ボーゲル（宝格）氏　（353）
  Ⅵ ウネンブヤン夫妻　（366）
  Ⅶ ボーゲル（宝鳩）氏　（370）

結語 ………………………………………………………………… 385
謝辞 ………………………………………………………………… 390
参考文献 …………………………………………………………… 392
索引 ………………………………………………………………… 400

序　　論

Ⅰ　研究課題の所在

　本稿は、現代中国政府が周辺地域の「民族」に対して、とくにモンゴル人に対する統治問題を法的、歴史的に論じることを研究の対象とする。すなわち多民族国家である中国は、国民国家を統合する目的で、周辺の諸民族地域で民族区域自治制度を実施してきた。それから半世紀に及び、「民族問題を解決した」とする政府の説明にも関わらず、現実には民族問題が頻繁に起きている。周辺の諸民族が受けた多様な影響が民族問題を起こす原因になっていると考えられている。この原因の実態を解明する一つの手法として「内モンゴル自治区」を実例として、とくに内モンゴル東部地域のホルチン左翼後旗をサンプルとして取り上げ、研究したのが本稿である。

　冷戦後、グローバル化に遅れた多民族国家の政治制度は新しい難題に直面した。とくに発展途上国家では、国民統合や国民国家の形成過程でさまざまな問題に直面し、混乱している。東欧の共産主義諸国家や旧ソ連の共産主義国家の崩壊により、国家の数が増加した。その上、アメリカで起きた「9.11事件」以後、イスラム教を中心とする中東の諸国家では、イスラム主義の勢力が益々強まってきたが、幾つかの国家は自由主義や民主主義へと歩みつつある。

　中国は多民族国家であるため、民族問題及び国民統合問題は非常に複雑である。21世紀になってから、中国は経済発展だけでなく環境問題や社会問題も国際社会において注目されるようになってきている。中国の経済については「発展論」と「崩壊論」について多くの中国学者たちが研究してきたが、中国の政治制度について、本格的な論争はなかった。しかし、民族区域自治制度についての研究は、中国の民族問題を解決する上で非常に重要であるこ

とは明らかである。中国の国土の3分の2を占める諸民族の地域で実施されている民族区域自治制度の運用及びそれによって発生した幾つかの問題点を明らかにすることは、中国の民族問題を平和的に解決し、世界総人口の5分の1を占める中国の平和及び世界の平和を維持するためにも重要である。

1949年に「新中国」が成立し、社会主義に向かって歩み始め、周辺の民族を「中華人民共和国」という国家の枠組みに入れ始めた。周辺に居住する諸民族の歴史や文化は中原地域に住む漢族と全く違い、言語をはじめ宗教や生活習慣などが異なるため、度々衝突した。中国政府は、前世紀50年代から憲法を制定し、民族問題を解決しようと努力したが、逆に悪化する状態に直面してきた。悪化する状態の中、周辺の諸民族の住む地域に漢族が混じって住むようになり、諸民族の地域であるにも関わらず、「民族区域自治制度」を実施することになった。

今日まで実施している民族区域自治制度は中国の国民統合や国民国家の形成にどのような役割をもたらしたか、民族自治制度を実施して以来、周辺の諸民族の経済や文化にどのような発展をもたらしたか、周辺の諸民族と漢族との関係はどうなっているかについてはさまざまな解釈がある。中国政府は各民族が共産党の英明な主導の下で歴史に前列のない発展をもたらし、各民族は互いに団結し、平等で、共同で社会主義新農村・新牧区へ歩みつつある、と言っている。中国国内の研究者たちの研究結果は、政府の宣伝していることと大同小異である。数多くの研究者は、間接的であれ直接的であれ、政府の民族政策と民族区域開発を疑うこともなく、すべてを肯定する立場から研究していると言うことができる。しかし、1959年のチベット騒動事件、文化大革命時代における内モンゴル人民革命党事件、1981年の内モンゴル学生デモ事件、1995年の新疆ウイグルのイリ事件、内モンゴルのハダ事件、2008年ラサの「3・14事件[1]」、チベット人の「焼身抵抗事件」、2009年新疆ウイグル自治区ウルムチでの「7・5事件」、2011年の内モンゴルでの抵抗運動[2]など、頻繁に起きた民族衝突や騒動事件は中国の民族問題が改善されていないことを証明している。同時に、民族区域自治制度が中国の国民統

合に貢献しているかどうかについても問われている。これが本稿の論点である。

本稿は、中国で省級行政機関になっている5つの「自治区」の中から、中国政府に「模範自治区」と呼ばれてきた「内モンゴル自治区」の東部地域を中心地域として研究した。今日の内モンゴル自治区の行政区域は広く、全地域は118万km²で、日本の領土の3倍以上ある。内モンゴル自治区では、西部地域のモンゴル族は牧業を基本生業としているが、東部地域のモンゴル族は、農業及び「半農・半牧」を基本生業として生活している。そして、本稿では、地域研究論を基盤として、東部の「半農・半牧」地域の1つの旗を、具体的地域として研究した。

モンゴル人にとって、20世紀は分裂と同時に多様化が進んだ激動の時代であった。清朝が崩壊した後、外モンゴル（ハルハ・モンゴル、アル・モンゴル）は独立したが、ブリヤード・モンゴルと内モンゴルは旧ソ連と中国にそれぞれ統治され、旧ソ連と中国の枠組みに入れられた。そして、短い期間に、どちらも社会主義を受け入れた。「新中国」が成立した後、内モンゴル人の大多数は「内モンゴル自治区」に入れられ、少数のモンゴル人は「内モンゴル自治区」周辺の省に編入された。その周辺の省に編入されたモンゴル人の居住する地域では「自治州、自治県、自治郷、自治村」などの行政機関が設置され、区域自治制度が実施されてきた。中国にいるモンゴル族は約598万（2010年）人であり、そのうち、内モンゴル自治区には約422万（2010年）人がいる。内モンゴル自治区だけのモンゴル族の人口がモンゴル国の総人口（約290万・2011年）より多く、そのうち約80％以上は東部地域に居住し、主に農業と「半農・半牧」作業で暮らしている。通遼市（元のジリム盟、或いはジリム・アイマック）は内モンゴル自治区の各盟市の中でモンゴル族の人口が最も多く、人口密度が最も高い地域である。通遼市のホルチン左翼後旗のモンゴル族人口は28.7万人あり、全旗総人口（39.7万）の72％を占める。西部地域は、主に牧業を営み、家畜の数が多く、人口が少ない地域であり、伝統文化や伝統的価値観及びモンゴル・アイデンティティーが東部地域とは

異なる面も少なくない。

　20世紀80年代以後、内モンゴル自治区のモンゴル族の生態環境、生業、文化、風俗習慣は多方面で変遷し、草原の面積は日増しに狭くなり、モンゴル族が生業する現実にもさまざまな変化がもたらされた。これらの問題は、民族区域自治制度と密接に関係あると言っても過言ではない。1947年5月1日、内モンゴル自治政府が成立し、とくに1952年に内モンゴル自治区人民政府が成立してからの60年間の歴史の中、内モンゴル地域で実施されている民族区域自治制度を明らかにすることを通じて、地元に居住しているモンゴル族の生業が変遷してきた原因を明確に解明することができると考える。それによって、内モンゴル自治区以外の民族区域自治制度が実施されている周辺民族の実態を了解することの参考にもなると考える。

II　研究する具体的地域

1. 具体的事例として研究する地域の名前

　この研究では、内モンゴル自治区の東部地域である通遼市のホルチン左翼後旗を中心として分析する。「ホルチン（　　　Horchin）」という文字は古代モンゴル時代には1つの部落の名前であった。しかし、時代の流れに従って、この文字はホルチン部落の居住する地域の範囲を示す意味も含む言葉になった。さらに「新中国」が成立してから、徐々に通遼市とその両側に位置するヘンガン・アイマック（　　　　　　興安盟）とジョーオダ・アイマック（　　　　　　今の赤峰市）を含む広い地域をホルチン草原と呼ぶようになったのである。この3つの地域以外に近隣の吉林省、黒竜江省、遼寧省に居住するモンゴル族を合わせて「東部モンゴル（ジューン・モンゴル、　　　　　）」と言わる。ホルチン左翼後旗はそれらの旗・県の一つである。

2. 具体的事例を選んだ理由

① フフホト市には、内モンゴル自治区の自治制度を実施するトップの行政機関が設置されている。全自治区で実施される指令、政策、法規、条例、規定は、フフホト市に設置されている自治区政府と中共内モンゴル自治区委員会からスタートしている。また、政治を逞営するシステムから言えば、フフホト市は中国共産党中央委員会、中国国務院の指令、指示、方針、政策、法律、規定などを下部の行政機関で施行する上で重要な存在である。すなわち、フフホト市にある自治区政府や党委員会を通じて、中央の指令が全自治区の下部行政機関に伝達されている。下部のアイマック（盟、市）は、それらの指示をその下部にある旗・県に転送し、最後に旗レベルの自治機関によってそれを具体的に実施しているのである。

②「旗[3]」（中国の省、直轄市級行政機関の下部機関である県級行政機関）はモンゴル語で「ホショー」（ Hoshu）の中国語である。「旗」は民族区域自治制度を行う行政機関である。旗の下には「ソム[4]」（）（中国行政機関では郷と言う）及びガチャー（組、村）がある。だが、ソムとガチャー[5]には自治制度を施行する行政機関がない場合もある。例えば、ソムでは教育局、環境保護局、宣伝部、武装部、統戦部などの行政機関は設置されていない。その上、中共内モンゴル自治区委員会（本稿では「内モンゴル党委」の略称も用いる）と内モンゴル自治区人民政府側からの指令、規定、法規などをアイマック（ 盟、市）政府を通じて具体的に施行する行政機関は「旗」政府である。すなわち現地の農民、牧民に最も近い行政機関は旗レベルの政府である。また「旗」は下部のガチャー、ソムと内モンゴル人民政府との間の重要な機関である。

③ ホルチン左翼後旗（モンゴル語では 〔ホルチン・ジュンガロン・ホイト・ホショー〕、漢語では〔科尔沁左翼后旗，科左后旗〕、歴史上はボゥワン・ホショー〔Bowangiin Hoshu〕或いは博王旗. 本稿では「後旗」の略称も用いる）は、内モンゴル自治区の東部地域の通遼市（元のジリム・アイマック、ジリム盟、

9

哲里木盟）に属する5つの旗の一つである。全旗の総人口は39.7万人であり、そのうちモンゴル族の人口が28.7万人で、総人口の72％を占める。後旗は中国の農業と重工業の基地である東北三省（遼寧、吉林、黒竜江）の遼寧省、吉林省と接し、内モンゴル自治区のモンゴル族人口の85％を占める東部三盟（興安盟、通遼市、赤峰市）の興安盟と赤峰市の中間地域にある。漢族地域と近いがモンゴル語で話す人が多く、世界中でモンゴル族の最も集合している地域と言っても過言ではない。近現代になってから、モンゴル人の一部である内モンゴル人、とくに内モンゴルの東部地域のモンゴル人は、伝統の遊牧生業から農業生業に変遷した。この変遷過程で、東部地域では農耕村落が形成し始めた。後旗は、遊牧生業から農耕村落になった地域の中で一番先例になる地域の一つである。その上、農業を営みながら牧業をも営む「半農・半牧」地域が存在しているのは、この旗のもう一つの特徴である。

　元朝以前の時代から、アラタイ・ヘンガン、シベリアなどの北部地域で遊牧する民族は、今の中国の中原地域へ頻繁に侵入していた。清朝時代でも例外ではなかった。満洲人は中原を統治する権威を維持しながら、北部のモンゴル人を平定するのは非常に困難であった。そしてモンゴル人に対して、さまざまな策略を定めた。それらの中で同婚策略は極めて効果があった。清朝の上層部の人々がホルチン・モンゴルの王公と婚姻、同婚する時代では、後旗の王公も先頭に立って清朝統治者と親密な関係を結んできた。ホショー王（当時の旗長）らは、清朝の上層部の人々との婚姻を通じて清朝の俸禄、官職をもらいながら、自分の威望や権威を発揮していた。その一方、清朝側は北境を平定することができた。後旗出身のホショー王であったセンゲ・リンチンが清朝の上級武官になり、捻軍、「列強」連軍と戦った歴史は一つの例である。近現代におけるモンゴル独立運動の将軍であるアルワ・公、中華民国時代に北洋軍閥と戦ったジャーナ、バラジニーマらも後旗出身である。「満州国」時代には興安省の「東科後旗」であったため、日本の近代史にも関わる。後旗には当時の日本人により建てられた「国民学校」が多い。1947年に成立した東モンゴル自治政府のリーダーたちには後旗出身の人々が少な

ない。「文化大革命」の直前に「民族分裂集団」とされ、迫害された人も多く、また80年代に高度自治を目指した「南モンゴル民主連盟」のリーダーの1人であったテゲシ・ジルガラ氏も、後旗出身の人物である。今日、内モンゴル自治区においては、役人、職人、学生の比率は後旗出身者の数がかなり多い。しかも今日では、生活貧困により出稼ぎしている労働者の数が、旗レベルの地域の中では、最も多数である。

　以上述べたように、後旗の地理的位置や、モンゴル人の人口比率、農耕村落の形成、アイデンティティーの変遷及び歴史など多種の要素から見れば、後旗は、内モンゴル東部地域でサンプルにふさわしい地域である。

III　研究方法

理論に関する問題

　周知の通り、中華人民共和国は多民族国家でありながら、社会主義政治システムで政治運営を行い、漢族を主体民族とする発展途上国家である。しかも、漢族を除いて、その他の民族を「少数民族」と呼称している。中華人民共和国では「共和国」、「国家」、「政府」、「国民」、「民族」、「自治」などの名称の概念や意味は、国際的に使用されているこれらに関するものと異なっている。今日の中国では、「人民共和国」、「公民」、「人民」、「少数民族」、「区域自治」、「一国両制」など、曖昧な概念や意味を表わす名称がかなりある。本稿の主な課題である「民族区域自治制度」は、我々に共通に認識されている自治、自治権力、地方自治、自治団体などと全く異なる概念の名称である。中国で実施されている「民族区域自治制度」は、連邦制度でも、共和国の自治制度でも、合衆国の1つの地域の自治制度でもない。それは非常に曖昧な名称であり、中国における特別な制度である。

　そのため、中国の民族区域自治制度を研究すると、他の国で行われている自治や地方自治などのさまざまな理論が、中国の民族区域自治制度とは根本

的に異なるという問題に直面する。その結果、内モンゴル自治区の自治制度を、他の地域と比較して研究することは、非常に困難である。

このように、概念や理論を比較対照することの困難を避け、また従来やられてこなかった研究として、旗や村といった末端行政単位で具体的に事実を調査することにした。すなわち、民族自治制度を実施してから、それが現地におけるモンゴル人の生活習慣、生業環境、文化、価値観などの面にどのような影響を与え、どう変遷してきたかを分析することによって、研究目標に到達することを目指した。この研究は筆者が国士舘大学政治学研究科アジア地域専攻の修士論文をもとに、フィールド調査と地元の資料によって完成したものである。

フィールド調査

本稿は、法学と政治学の立場から、文化人類学、歴史学、民族学、民俗学などの理論知識に基づき、現地からスタートする基本姿勢で研究を行った。2004年4月からチベット地域へ1回、内モンゴル自治区へ5回のフィールド調査を行い、その上、未だ公開されていない公文書を分析して論じた内容をフィールド・ノート式に完成させたものである。とくに桐蔭横浜大学に入学してから、2010年6月、2011年7月、2013年4月と9月にそれぞれ現地の歴史、文化、環境に関するフィールド調査を通じて、現地の人々及び具体的状況に接触し、交渉し、インタビューしながら政府の公文書と統計を参照して研究した。

内モンゴル自治区の領土面積は、118万平方キロで、日本国の面積の約3倍である。その上、東部地域と西部地域はかなりの距離があるため、毎年フィールド調査を行うには1ヵ月から2ヵ月の時間がかかり、冬は零下15〜28度になり、調査には非常に不便であった。西部地域の牧区では一戸一戸（戸：世帯）の間が5〜10キロ離れて居住しているのが普通であり、バイクや歩行では不便であった。その上、政府機関においては普通の資料以外の、文献、文書、記録、規定を知ることは非常に難しかった。中国では、失

業率さえ「国家秘密」とされているため、外国からの研究者にとっては、さまざまな壁があった。また、農村部や牧区の庶民たちは、ソム政府や旗政府の役人を気にするため、知り合いになって雰囲気を和らげるまでかなりの時間がかかり、「本気」で事実を話してもらうことは困難であった。地元の人々はソムや旗の役人を全て「上の人」、「上級の人」と言う、何十年にも及んだ政治運動の上、1990年～2004年までは政府の税金の種類が多くなって、民衆に不満をもたらした。不満を持ちながら恐怖感も持つのが、庶民たちの一つの心理的特徴になっている。そのことは筆者のフィールド調査にも影響した。

使用した資料

　この研究には、日本側のペマ・ギャルポ先生及び毛里和子、佐々木信彰、吉田順一、丸山敬一、大野旭（楊海英）など先行研究者の研究を参照した上で、中国側の研究を参照した。モンゴル語の資料で内モンゴル自治区と北京の民族研究所から出版された書籍、論文、雑誌、日報などを使用した。中国語の資料はかなり多いので、主に中国共産党中央委員会民族委員会、民族研究所、民族司、中国社会科学院民族研究所、中国歴史第一档案館、内モンゴル自治区档案館、遼寧省歴史档案館、通遼市档案館、後旗「旗誌事務室」、後旗档案局、後旗統計局、中国政府統計データ、自治区統計局データ、通遼市統計局データ、ホルチン左翼後旗政府データなどからの資料を参照した。中でも主にホルチン左翼後旗档案局の政府公文書を基準にした。これら以外に、南モンゴル人権情報センター（アメリカ）のデータ、モンゴル国でのキリル文字で出版された書籍も幾つか参考にした。

　ここで説明する必要があるのは、中国側の統計データ（中央政府及び政府の代弁機関の政府ネット、新華ネット、人民日報、CCTV、各放送局、自治区政府、内モンゴル日報、NMTV、盟、旗政府から発布されたもの）を使用する際、以下のように分析し、できる限り事実に近い数値を得ようとした点だ。①政府側のデータをそのままの形で使用すると同時に注で説明する。なぜなら、中国では国家

統計数値に関して報道陣に対し国からの「報喜、不報憂[6]」という規則がある。中国のデータには水増しがあるとの疑念がある。中国の政府側からのデータをそのまま利用すると実際と異なってしまうことについては、日本語の文献でもしばしば出ていることがある。②1つの項目に関する政府側のデータを幾つか比べる際、異なるデータであると判断、分析した結果、事実と最も近いデータを得て修正を加えた。例えば失業率について、政府側のデータで一律共通に4％と書かれている場合、実際の失業率を知るため、自治区と後旗の労働年齢を含む人口総数から役人、事業人、農民、牧民、企業職員を除き、その上で小商人など幾つかの項目を除けば実際に最も近い数値を集計できるようになる。また1つの社会事件についてのマスコミの報道と政府側のネット、日報などを比較して詳しく分析すれば、事実を明らかにすることができるのである。③1つの項目についての報道、記載では、「良い、発展、肯定」ばかりが書かれている前段の文章は事実から遠く、後ろの「但し（漢語で但是）」からの文章が事実に近いものとみなした。このようにフィールド・ノートを細かく整理し、論文の客観性、信頼性を高めた。④利用した中国語やモンゴル語での公文書・データを日本語にして、後ろに原本の中国語を付け、モンゴル地名や人名を片仮名にして、後ろにモンゴル語を付けた。

Ⅳ　中国側の研究とその理論的枠組み

　中国における周辺民族の統治に関する研究を分析すると、以下の3種類がある。
　1. 中国における民族の概念、民族区域自治、民族区域自治制度、自治法、民族政策、自治区などについての研究で活躍している機関は、中国国家民族事務委員会（国家民委）、中国社会科学院民族研究所、中央民族大学民族理論と民族政策研究院、各自治区社会科学院の民族研究所、各自治区民族宗教事務委員会、マルクス主義学院、中央党校民族問題研究所、内モンゴル党校

などがあって、これらの機関や研究所で民族についての研究が行われている。これ以外に各大学でも研究室はあるが、これらの機関、研究所は全て国家民委の理論、政策、規定、法律、法規などの枠組みの中で、それらの内容を拡大化して研究している。このように、一切がトップダウン式になされている先行研究は、中国国内研究をまとめる上でに非常に便利であった。なぜなら、民族政策、民族理論、区域自治制度についての研究は、トップにあたる国家民委の研究を分析すれば先行研究を理解することができるからである。中国では学問の自由、世論の自由は一定の枠組みに限定されて管理されている。民族と政治についての研究は多元化されていないのある。

2. 中国では周辺民族の統治を「民族区域自治制度」という名目で行い、それに関する理論基礎は、マルクス主義民族理論、毛沢東の民族理論、鄧小平の民族理論などである。それ以外は、国家民委から出されている理論的基礎に関するものである。それらを代表する研究者、学者としては、李徳洙（国家民委主任、2004年）、牟本理（国家民委副主任、2003年）、郝文明（国家民委紀検組組長、2004年）、郝時遠（中国社会科学院民族研究所所長、2008年）、金炳鎬（中央民族大学マルクス主義学院院長、民族理論と民族政策研究院院長、2007年）、宋蜀華（中央民族大学）、毛公寧（国家民委政法司・司長、2004年）、劉惊海（内モンゴル自治区社会科学院院長）、施文正（内モンゴル自治区社会科学院法学所所長）、文精（国家民委民族問題研究中心総幹事、2002年）、鉄木爾（国家民委政法司・司長、2001年）、王鉄志（国家民委民族問題研究中心副総幹事）、洛桑尊珠（チベット自治区民族宗教事務委員会研究室主任）、葛豊交、房若愚（それぞれ新疆ウイグル自治区民族宗教事務委員会民族研究所所長、助理研究員）などがトップ研究者である。

以上の研究機関及びそれらの研究結果には共通点があることが分析を通じて分かった。①諸研究者が研究を行なっている基盤的理論は同じであることが分かった。すなわち「新中国」が成立してから中国政府が実施してきた民族理論と民族政策（民族区域自治制度を含む）は成功し、マルクス主義民族理論を中国の実際状況に「科学的」に合わせ、歴史的に成功したという理論である。例えば、「新中国」が成立してから今まで実施している民族区域自治制度は

よりよく成功した政策である、各民族の団結や平等や相互扶助に中国では大成功を収めた、各民族は中国共産党の指導で「旧社会の３つの重い大山」を押し倒して今日の幸福を得た、共産党を擁護し社会主義を擁護し各民族共同で社会主義「中華大家庭」で奮闘すること、などである。②これらの研究者の学歴や成長環境を調べた結果、ほとんどの研究者は周辺民族地域で生まれ育っておらず、その環境、習慣、文化、言葉、宗教、教育などは、ほとんどが漢族地域のものであった。③彼らの文書、論文などを見ると、文末注、章末注があまりにも少なく、根拠のない文書が多いことが分かった。

　3. 中国で、政治と民族問題についての研究が非常に敏感な問題であるのは、言うまでもなく事実である。政府側ですでに確立された研究範囲、研究主題、研究立場のイデオロギー以外に独立的に研究を行うことは非常に難しい。例えば、「文化大革命」、1989 年の「6・4 事件」についての研究は政府側から禁止されている。ダライ・ラマの亡命政府及び法輪功についての研究や論文も厳しく禁止されている。この結果、中国でのいわゆる政治問題、民族問題についての研究とは、すでに政府から「主導思想」、イデオロギー的「教育」を受け、100％政府の主導した通りに行なっている研究である。よって、事実を研究する研究者が育成されることは非常に少ない。また、日本や外国では、中国政府の政治制度や民族問題に関する研究者は、自分の研究対象を深く研究するため、必ず中国領土に行きフィールド調査を行う。しかし、中国政府は海外の「強硬派の研究者」、「反華勢力の研究者」と判断された研究者たちの名前をブラックリストに書き入れ、中国への入国を禁止する恐れを持たせる。そのため、海外にいるいわゆる「中国通」の研究者も、その多くは中国政府の意向に従わないわけにはいかない。結果として、海外にいる研究者たちの使用した資料やデータも、ほとんどが中国の政府側のデータをそのまま利用している。

　中国の国内学者は政府の動きを注意しながら研究を行なっている。最近、政府の知識界に対する「優遇政策」により、彼らの研究成果は日増しに「一律」的になり、政府の代弁者になっている。中国政府の一番喜ぶことは、国

内学者だけに「改革開放」を肯定する立場から研究させることではなく、海外の学者にも「改革開放」をその立場から研究させ、「外からの賛美」のパワーを利用することである。このため、海外の学者が逆に中国政府に「統治」され、学術の独立性や実証性を失っている例も少なくない。その上、20世紀90年代に入って、中国はWTO加入が決まり、外資企業の投資する「世界工場」になった。そのため、世界中が中国と外交するたび「国家利益」という枠組みの中で、中国の敏感な問題（民主、人権、民族）に慎重な態度を取る。これらの状況は、中国の民族区域自治制度を研究する上で非常に高い壁をもたらした。

V　本研究の構造

　本稿は序論、民族に関する諸問題、ホルチン左翼後旗で行われた諸事件の分析及び結論などで構成される。先に理論の枠組みを述べ、次に旗・県レベルの行政地区においての政治運動を時間の流れに沿って論じて、その問題点を明らかにした。序論では本稿の目的、役割、研究する範囲、内容、先行研究の状況、利用した資料、研究方法及び参考文献などを述べた。第1章では、自治とは何か、中国の民族の概念、民族区域自治制度の実態、民族区域自治法などを分析する。それに基づき第2章では、民族区域自治制度が実施されてからの土地改革運動を論じる。その後続いた社会主義改造運動を第3章において述べる。第4章では、後旗における宗教の変遷された過程を分析する。反右派闘争と大躍進運動およびそれらの問題点を第5章で論じ、第6章では、後旗で起こった民族分裂案件の事実を当事者からのインタビューと政府の公文書に照らし合わせて分析する。最後の第7章で、後旗における文化大革命の歴史的背景とプロセス及びその影響を論じて、現地における当事者や関係者のインタビューに基づきながら統括している。

【註】

1. 2008年3月14日、ラサでチベット僧侶と当局の警察、軍隊との間で衝突が起こった。この事件について、中国側のマス・メディアの報道と中国以外のマス・メディアの報道は食い違い、中国側は、すべての責任をダライ・ラマ法王に着せ、当局の僧侶や宗教信仰者に対する鎮圧を正当であると主張している。
2. 2009年7月5日、ウルムチ市で、ウイグル人と当局の警察、軍人との間で衝突が起こった。状況はチベットのラサで起こった事件と似ている。
3. 田山茂『清代に於ける蒙古の社会制度』、文京書院、1954年、東京。73〜82頁。17世紀40年代から、清朝統治がモンゴル地域に「盟旗制度」（ホショー・チグラーン 〔モンゴル文字〕、旗ザサグ、〔モンゴル文字〕Hoshu・Zasak）を実施した。盟旗制度において最も基本となる組織は「旗」あるいは「旗ザサグ」。「盟」は複数の旗が集まって編成された。その後、盟、旗の下では「ノタグ、オトグ、バグ」などの細かい組織を設置した。岡洋樹「清代モンゴル盟旗制度の研究」、東方書店、2007年2月、東京、60〜61頁。「ホショー」はモンゴルが清朝に服属前のモンゴル王公の軍事的組織であったが、17世紀40年になって、清朝統治者がモンゴル地域に盟旗制度を設置したことで、モンゴル地域の「ホショー」が「旗」になり、行政機関に変わった。中華民国と中華人民共和国もそのまま使用している。20世紀80年代〜90年代に至って幾つかの「盟」（〔モンゴル文字〕）を「市」（〔モンゴル文字〕）に変えた。「ソム」（〔モンゴル文字〕）は20世紀50年代から「人民公社」に変えられ、80年代からまた「ソム」に戻った。モンゴル国では「盟」は今も使用されているが、「旗」はなくなり、「ソム」は使用されている。
4. ソムは「旗」の下にある行政機関の名前。岡洋樹「清代モンゴル盟旗制度の研究」、東方書店、2007年2月、東京、8〜10頁。「ソム（佐領）清朝は服属したモンゴルのノヤン（〔モンゴル文字〕 王候）の属民を佐領（モンゴル語でソム〔som〕、満州語でニル〔niru〕以下はソムと記す）に編成した。ソムは原則として150名の箭丁（ホヤク或いはソムン・アラッド 〔モンゴル文字〕、〔モンゴル文字〕）によって構成される。
5. ガチャーはソムの下の行政機関である。清朝の盟旗制度により設置された「バグ」（〔モンゴル文字〕）であった、清朝に服属前は「ガチャー」であった。田山茂『清代に於ける蒙古の社会制度』、文京書院、1954年、東京。73〜82頁を参考。 20世紀50年代に入ってから中華人民共和国が社会主義土地改革や人民公社化により旧ソ連の行政機関である「ベリガド」（〔モンゴル文字〕 Barigad）になった。ベリガドの中は幾つかの「バグ」に分けられていた。20世紀80年代初期から「改革開放」政策により「ガチャー」に回復した。

6. 喜び、良いことだけを報道の中心内容にし、マイナス面での報道やデータの放送、記載は禁止されること。元国家主席の江沢民は「主旋律を宣伝する（中国語では宣伝主旋律）」と宣言した。その上、近十数年では全てのマスコミは「新華社」と「人民日報」の報道、記載を基盤として報道することを原則とし、その他の各マスコミの自主的報道は禁止されている。

第1章
中国「民族区域自治制度」に関する幾つかの問題

第1節　自治とは何か

　中国における民族政策や民族区域自治制度を研究する際、幾つかの概念が非常に曖昧である。とくに自治の概念、民族の概念及び自治権力の権限概念などは通常使われている概念とかなり違っている。本章では、中国で言われている「自治」の概念、「民族」の概念、「民族認定」、「民族区域自治制度」、「民族区域自治法」などの基本的特徴を論じて、それらの特徴と具体的に実施されている政策との間にどのような違いがあるかを明らかにする。これは多民族国家でありながら社会主義の道に行きつつある中国における民族問題を理解する上でも欠かすことのできない研究である。この理論の枠組みは、以下に論じる各章の内容に関わることであり、すなわち中国側の研究は、「民族区域自治制度」を「民族問題を解決して成功させたもの」と定義している。本稿の各章で、その枠組みを鑑みて、政策を実施してから何が起こったのか、その事実は何かという問題を明らかにする。

　「自治」という概念についてはいろいろな定義があるが、大半は「自分のことを自分で解決する」という意味に解釈している。「自治」（autonomy）という言葉は、ギリシア語で「自己管理」という意味である。また、哲学でいう「自治」は、人間が自分の理性で意志を決めることをいうのである。さらに自然科学でいう「自治」は、有機体の独立性を意味し、法学と政治学でいう「自治」は、以下の４つの内容を含んでいる。すなわち、（１）個人がある事柄を自由に解決する権利（２）独立と同意語（３）権力を委譲すること（４）自治体が特定の範囲で立法、行政、法制化する権限などである[7]。

原則としては国の中でエスニック・グループが自分の内部行政を自分で決定すること、またこの行政は独立性が高く、国家と中央政府からの影響をあまり受けないということである。だが、独立、分裂までにはいたらない。例えば、日本では、地方自治の趣旨に基づき、地方公共団体の区分並びに地方公共団体の組織及び運営に関する事項の大綱を定め、併せて、国と地方公共団体との間の基本的関係を確立することにより、地方公共団体における民主的にして効率的な行政を確保することを目的とした地方自治法が定められている[8]。日本の都道府県、市町村では、自治を行う権限があって、さまざまな面で運営されている。それぞれの地方自治団体には議会があり、選挙、議会、公安委員会、審査委員会など多数の自治機関がある。要するに、政治学での自治というのは、自治を行なっている地方・団体がある程度の権限を持つことに関わっている問題と考えられる。

　また、旧ソ連の各連邦国、アメリカ合衆国の各州は、ある意味で自治制度である。イギリスから独立したアイルランド共和国（南アイルランド）は、かつてイギリスの自治制度が実施されていた地方であった。イタリア北部の州では、テレンティーノ（Trentino-Ai・to Adi・gr）自治地区とボルツァーノ（Bolzano）自治地区があって、テレンティーノの人々はイタリア語で話すが、ボルツァーノの人々の3分の2はドイツ語を主体に話す[9]。また、スペインは1978年から民主化時代に入り、北部のバスタ地方では、バスク自治州（the Autonomous Community of the Basque Country）と、ナバラ（Navarra）自治州を実現させてきた。バスク自治州は、アラバ（Alava）、ギプスコア（Guipuzcoa）、ビスカヤ（Vizcaya）の3県で構成されている[10]。

　多民族国家における自治と自決に関わる問題は、それぞれの国家の領土、主権、経済、文化、人権、内部紛争などにいたる問題である。コソボが独立したケースと東チモールが独立したケースは、多民族国家においては慎重に考えるべき問題である。エスニック・グループや少数民族に対する自治制度は、国々の経済発展、科学技術の発展及び国民国家の形成に大きな役割を担う。自治する上では、法制的であることが極めて重要と言うべきだ。上記の

各国での自治地区は、自治の要素として、自治権力（autonomous power）と自治権利(autonomous right)を有する。自治権力は、政治的、法律的な意味で、自治権利は経済的、文化的な意味で、自治地区がその国家の権力の一部であり、国家の立法、司法、行政に関わりつつ、独自に有する権力・権利である。これらは中国にあるとは必ずしも言えない。

　自治論を唱えた人々には、地方自治と区域自治を分ける人がいる。地方自治はエスニック・グループや少数民族の団体利益に関わり合い、区域自治はエスニック・グループや少数民族のその全体地域の利益に関わる。一定の領域の上での自治、すなわち属地的自治と、地域にかかわりのない団体が自治する属人的自治というふうにも分類される[11]。いずれにせよ、エスニック・グループや少数民族の政治、経済、文化を、主として法律的に保障しなければ、自治ということは簡単にできるわけではない。とりわけ、国家権力で弾圧し、自治に反対するのでは、良い方向に解決するわけがない。エスニック・グループや少数民族の中で、自分のことを自分で解決するための選挙を行い、民主的代議制で代表を選び、国の立法、司法、行政機関及び国家の最高機関のトップに参政させれば、自治の機能は大幅に向上していくと考えられる。だが、中国での民族や民族区域自治制度は独特で、そのようになっていない。以下、その点を述べていく。

第2節
中国における「民族」の概念及び「少数民族」の認定

I　中国における「民族」の概念

1. 中国では、「民族」という概念は、我々の意識している「国民（ネーション、Nation）」、「市民（citizen）」とは違った内容と意味を包含している。中国語の「民族」には、少なくとも2つ以上の概念が包含されている。①「民族主義」、「中華民族」、「愛国愛民」、「民族英雄」という言葉で表される時の「民

族」は、中国にいるすべての民族を対象にしている。それを中国語では「人民」、「公民」とも表わす。②「民族区域」、「民族教育」、「民族服飾」、「民族文化」、「民族学」、「民族問題」、「民族政策」、「民族幹部」、「民族団結」という言葉で表わす「民族」は、中国での漢族以外のその他の民族を指し、習慣的にそれらを「少数民族[12]」とも言う。さらに詳しく言えば、「愛国愛民」、「愛軍愛民」という言葉で表わす「民族」は、「国民」の意味をも含めている。

　1912年に成立した中華民国の時代でも「民族」の概念は非常に曖昧であった。例えば「中華民国」、「駆除韃虜、恢復中華」、「三民主義」、「国民党」、「民国」などの言葉に含まれる「民族」の概念は、漢族だけのことを指しているが、孫文の「五族共和」には明らかに漢族以外の民族も含まれている。1912年1月1日、孫文は「中華民国臨時大統領宣言書」を発表し、中華民国が成立したことを公布し、南京で臨時大統領に就任した。この宣言では、「人民は国家の筋である。漢、満、蒙、回、蔵は合わせて1つの国になる。すなわち、漢、満、蒙、回、蔵の諸族は1つの民族である。これは民族の統一だ[13]」と発表し、初めて「五族共和」論を提唱した。「中華民国臨時大統領宣言書」では、「漢」は当時の中国の中原地域の17省を指していて、「蒙」は外モンゴルと内モンゴルを、「回」は新疆ウイグル地域、「蔵」はチベット地域、「満」は東北地域をそれぞれ指していた。この時代における孫文の「五族共和」理論には、周辺民族（エスニック・グループ）を同化し、融合し、一つの漢族国家にして「中華民族（Chinese nation）」を実現する目的があった。これ以外に、孫文が提出した「駆除韃虜、恢復中華」では、北の諸民族（エスニック・グループ）を「韃虜」と言い、漢族を「中華」と言った。1923年1月に公布した「中国国民党宣言」には、「我が党の民族主義は、民族と民族との間の不平等を解消し、国内の各民族を団結させ、大中華民族を完成すること、このことはヨーロッパ大戦争以来、民族の自決権が日増しに正義と見なされるようになってきたことにも表れている。我々は以上のような考え方、精神に基づき、国内の民族を進化させ、国外の民族を平等に扱う[14]」ことを提唱した。この宣言は、国内で漢族以外の民族を「進化させる」、すなわち同化

させ、1つの中華民族になり、外国とは対等に存在するとの意味を表わしている。これと同じく孫文がしばしば主張してきた「五族共和」論、「三民主義」講演、1919年に五色旗を青白旗に変えたことと、さらに1924年1月23日に公布した「中国国民党第一次全国代表大会宣言」に表れているように、漢族以外の民族（エスニック・グループ）に対する国民党の理論は、その他の民族を同化することを目的とした国民統合そのものであった。その後、中国国民党の民族主義は、孫文が唱えたこの同化思想を継承してきた。1926年1月に開催した「中国国民党第二次全国代表大会宣言」、1929年3月に行われた中国国民党第三次全国代表大会では、「同化」や「中華民族」が主流の内容であった。とくにロシア勢力の新疆ウイグルへの影響、内モンゴルの自治や自決運動の高まりと日本との関係の過熱化、イギリス勢力のチベットへの影響、満州国など、さまざまな政治的影響で、国民党は、孫文の「中華民族」の概念を中心に民族主義を展開してきたのである。

2. 中国共産党が初めて民族自治問題を提言したのは、1922年7月に開催した「中国共産党第二次代表大会」と「国際帝国主義と中国、中国共産党の決議」においてである。この会議では、「帝国主義が提唱している民族平等、民族自決、人類の平等などは、調子がいい言葉だけに過ぎない、帝国主義の提唱はある種のペテンである」、「ただ帝国主義を打倒すれば、平等と自決を達成する[15]」と述べている。「中国共産党第二次代表大会宣告」では、「モンゴル、チベット、回彊三部に自治を実行して、民主自治邦にする。中国の本部を自由連邦制で統一し、モンゴル、チベット、回彊では中華連邦国を建設する[16]」と述べている。これは中国共産党が初めて周辺民族問題について提唱した綱領である。この綱領で「自治」に言及し、「民主自治邦」及び「連邦共和国」を建設することを提言したのである。

1923年6月、中国共産党は第三次全国代表大会を開催し、「中国共産党の党綱草案」を採択した。この草案では「チベット、モンゴル、新疆、青海などの地域と中国本部との関係については、諸民族が自決する[17]」と規定し、諸民族の自決権を強調した。1928年7月9日、中国共産党は第六次全国代

表大会を開催し、「政治決議案」を通過させ、「中国を統一し、民族の自治権を承認する[18]」ことになった。これはその時代における中国共産党の10個の政治主張の1つでもあった。1931年11月7日、中華ソビエト第一次全国代表大会では、「中華ソビエト共和国憲法大綱」を規定し、「中国ソビエト政権は、中国国内の各少数民族の自決権を承認すると同時に、各弱小民族が中国から離脱し、独立した国家を成立する権利を承認する。モンゴル、回、チベット、ミャオ、リー、コリア人など中国の国境に居住している少数民族は、完全に自決する権利がある。かれらには、中国ソビエト連邦に加入するか、或いは離脱する権利がある、自分の自治区域を建設する権限もある[19]。」と規定した。

中国共産党のこの時期における民族についての概念は、民族の自治、独立を認め、連邦制をも認めていた。この時期には「少数民族」という明確な概念はなかった。また、漢族を中華民族とも言ってなかった。これにとどまらず、1937年までは、中国共産党は民族についての概念として、民族の自治や独立などを認めていた。この間の基本的概念はスターリンが使っていた民族の概念でもあった。

しかし、1938年10月から1945年8月までの間、中国共産党の民族についての概念及び自治、自決についての態度は変遷した。それまでと同様に民族の自治、自決、独立、連邦などは認めていたが、実際はこの時期から、中国共産党は中国の統一した国家の枠組みの中での民族自治権力への方向へと歩みつつあった。1937年8月15日の「中国共産党抗日救国十大綱領」では、「モンゴル族、回族及びその他の全ての民族を動員して、民族自決、民族自治の原則の下で、共同で抗日する[20]」ことを提唱した。1938年10月、毛沢東による「新段階を論じる」報告では、「モンゴル、チベット、回、ミャオ、ヤオ、イ、パンの各民族は漢族と平等であり、共同で抗日し、自らのことを自分で管理する権利があり、同時に漢族と連合して、統一した国家を成立させること」と述べている。中国民族政策研究院院長の金炳鎬は、これを「中国の各民族が、統一した国家を成立させることを明確にし、共産党の民

族政策をさらに明確にした。しかるに、共産党の民族政策は、民族を分離し、連邦制国家を成立させることではなく、むしろ民族の独立及び連邦制を廃止し、民族区域自治理論を作ろうとしたのである。ここで言われている『自ら自分のことを管理する権利』とは、統一した国家の中で、中央政府の統一した管理の下での民族区域自治の権利である[21]」と解釈している。1940年4月、中国共産党西北工作委員会は回族に対して「回族と漢族及びモンゴル、チベット、パンなど各民族は、平等の原則で共同抗日する、つまり共同で三民主義の新しい共和国づくりを目指す[22]」と提案した。また、「モンゴル族問題についての提綱」では「モンゴル族と漢族、回、チベット、ウイグル族など国内の各民族は、平等で共同抗日すると同時に、共同連合して、三民主義の新しい共和国を成立させる[23]」と述べている。続いて1941年5月の「陝甘寧辺区の施政綱領」、さらに1945年4月24日の毛沢東の中国共産党第七次大会報告などは、それらの内容と同じく漢族と連合して抗日し、共同で新国家を成立させることを目的にしていた。

　1945年10月23日に発表された「中国共産党中央委員会が行なった内モンゴル工作に対する方針を晋、察、冀中央局にも指示する」では、「内モンゴルに対しての基本方針は、今の時代では、区域自治を実行することである。最初に各旗を指導して、モンゴル人の地方自治を発動させ、組織し、自治政府を成立させる、次に内モンゴル自治準備委員会の組織を準備する、その次は盟、旗の自治運動を指導することとし、党内では、それに対する指導と政策を統一する[24]」、また、「我が党は内モンゴルに対する各政策について適時、慎重にしなければならない[25]」と述べた。これらを見ると、中国共産党は、当初は民族の自治権と独立、自決、連邦国家などを認めてきたが、徐々に民族区域自治制度へ変遷してきたことが分かる。この問題について、金炳鎬は「この文献から見る限り、この時期から中国共産党は、民族問題を処理する原則を転換させたことが言える。すなわち、かつてなかった民族区域自治をあらたに発表し、区域自治を基本方針にして、それを基本政策に入れたことだ[26]」と論じた。

以上の1と2を見ると、中国での民族の概念は、漢族を中心とし、周辺民族の独立、自決を認めるのではなく、統一した一つの国家の中で、その他の民族を認め、統合、融合するのが目的だったのである。周辺民族の領土、主権、統治などに関して、徐々に漢族の立場から主導権を把握していくことを目指していたのである。
　3. 民族に関する定義や解釈はさまざまであるが、それらをまとめてみると以下の共通点がある。民族は「信仰、習俗、生活、習慣などへの帰属意識（アイデンティティー）を共有し、特徴ある統一的な生活様式、文化的伝統、とくに統一言語を有する社会集団である[27]」民族は、言語、風俗などの共通文化圏を形成しており、文化的な統合によって成立した集団でもあると言える。これ以外に「民族」成立の要件として、複雑な歴史的背景と政治的背景も無視できない。
　さらに、かつてスターリンは「民族とは人々が形成する、共通の呼称、共通の言語、共通の地域、共通の経済生活、共通の民族意識、民族感情を持つ安定的共同体である[28]」と民族について定義した。一方、中国における「民族」という概念は、「清朝末期の1899年に、近代の啓蒙学者であり、政治家である梁啓超によって日本から導入されたもので、これは日本においてnation概念の訳語として使用されてきたもの[29]」と言われる。だが、時代の流れに従って、中国の「民族」の概念をさまざまな内容で表わすようになった。中国における民族概念は、スターリンの定義[30]や、現代の学問的概念としての民族の定義にも当てはまらないのである。以上のような前提の上で、中国における民族について考えると、それは次のような特徴を持っている。①地域――民族形成の基礎であるが、地域的な分散が人々の共同体の分裂を意味しない。②言語――民族識別の主要な根拠の一つだが、共通の言語でなければ民族共同体でないとは言えない。③経済生活――民族の特徴の重要な特徴の一つだが、かなり以前からある経済基盤は多民族共通のものである。④文化心理要素――民族識別の工作において他の標識と比べてずっと重要である[31]。

以上のような基準に基づいて、中国政府は、建国初期から民族を識別する工作を進めた。「少数民族」構成が複雑であり、民族の社会発展レベルが低く、少数民族の人口が全国人口の6.06％[32]を占めるわりには「大分散、小集住[33]」的な状況で、全国土の60％[34]に散在している、などの少数民族の特徴を考慮しながら、民族識別が行われたという。

II 「少数民族」の認定

　中国政府は、民族訪問団を設立して、周辺地域に派遣させ、民族に関する調査を行なった。民族訪問団の目的は、以下の３点である。
（１）国民党時代に差別されてきた辺境民族を慰問する。
（２）共同綱領など新民族政策を周知させる。
（３）現地社会調査、言語調査を行なってエスニック・グループを「民族」に認定できるかどうかを判断する[35]。

　民族訪問団は、「周辺地域の少数民族らに、新政権、新民族政策などを知ってもらい、各民族は平等であるというスローガンを提唱しながら、現地社会を調査、言語調査して、その結果、中国政府に、民族としての認知が求められた400余りのエスニック・グループに対して、民族として識別することができるかどうかを判断した[36]」と言われている。

　中華人民共和国の建国初期には、モンゴル族、回族、チベット族、ウイグル族、満州族、朝鮮族、ミャオ族、イ族、ヤオ族など９つの民族が存在していた。その他に、民族識別工作によって、中国政府は「1954年までに、チワン族・カザフ族・タイ族・プイ族・トン族・ペー族・ハニ族・リー族・リス族・ワ族・ガオシャン族・トンシャン族・ナシ族・ラフ族・スイ族・ジンポ族・キルキス族・トゥ族・タジク族・エウェンキ族・ボウアン族・チャン族・サラ族・ロシア族・シボ族・ユーグ族・オロチョン族の以上27グループを民族として新たに認知した。また1965年までに、トジャ族・ショオ族・ムーラ族・ダフール族・コーラオ族・ブーラン族・アチャン族・プミ族・ヌー族・パラウン族（後にドーアン族と改称）・キン族・ドールン族・ホジェン族・

メンパ族・マオナン族・ロッパ族の 16 グループを新たに民族として識別した[37]」。以上の結果、中国では漢族と 52 の少数民族が存在することになった。しかし、1979 年になって、最後にジノー族などが中国政府によって少数民族として承認され、「中国は、漢族以外に、55 の少数民族が認定されたのである[38]」。中国で少数民族とは、圧倒的多数を占める漢族と比べて、相対的に人口が少ない民族、エスニック・グループのことを言う。

このように、中国において民族は、中国政府の工作によって「上から作られた[39]」存在であると言える。政府によって作られた政治的存在である[40]とも言われている。建国初期の中国政府には、行政面・政治面でも民族を識別する工作が必要であったと考えられる。毛沢東は「中国では少数民族は欠くことができない、中国には何十の民族が存在する。少数民族が集居する地域は、漢族が集居する地域よりはるかに広くて、数多くの資源が眠っている。我が国の国民経済建設は、少数民族経済から離れてはいけない[41]」と言ったことがあるという。確かに「少数民族の殆どが資源が豊かで人口が希薄な国境周辺地域に集中しているため、中国にとって、少数民族を国家の一員にして、国家統合、経済統合を成し遂げるためにも、また国家の安全保障の上でも極めて重要だった[42]」と言える。そうしたことが、中国政府が民族の識別工作を急いで進めた理由であると思われる。鉱物資源で言えば、内モンゴルの稀土は全国一であり、石炭埋蔵量は山西省を超えて 1 位、広西チワン族自治区は錫の埋蔵量が全国一、アルミニウム（铝）、マンガン（锰）の宝庫でもある。チベットも硼砂とクロム（铬）が全国一、銅の産出量は全国 3 位、また新疆地方ではタリム盆地の油田をはじめ、ウラン（铀）などの希少金属、有色金属のような資源がきわめて多い[43]。

民族と言えば、一つ一つの民族が他の民族とまったく違うように思われるが、中国の場合、各民族は必ずしもそうではない。歴史から見ても、中国領域では、もともと 56 の民族が存在していたわけではなく、中国が成立する前から存在していた民族もいれば、中国政府に認識された民族も存在し、その民族構成は非常に複雑である。回族は、文字も、言語も、地域も、経済生

29

活も固有のものは持たない、と言われている。55の少数民族のうち、回族のほかに満族も、自分の文字、言語を持たずに中国語を使っている。また中国政府によって公認されていない民族は、中国では民族として認められていない。一方、内モンゴルの西部地域に、モンゴル刀つくりの鉄匠のモンゴル系の民族がいた。彼らの作ったモンゴル刀は品質的にもよくて、モンゴルの伝統的な刀であり、大変有名だった。1956年に中国政府はこの地域のモンゴル族を「保安」[44]族と識別して、モンゴル族の中から切り離した。そのため、モンゴル族から切り離された部族が、中国政府によって「保安」族という別の民族として誕生した。以上の例からもわかるように、民族識別の基準は、はなはだ不明確であり、自然発生的な識別と言うより政治的な色彩が濃いものである。

　まとめて言えば、今日、中国での「民族」という概念は、中華人民共和国が成立した後、政府が作った特殊な名称である。ある民族には、自らの歴史、言葉、伝統文化、「我々意識」などの要素があるが、ある民族には、これらの要素の特徴も見出せないのである。また、中国政府に認識されていない民族もかなり存在していることが確実である。「民族」という言葉と同じように、「少数民族」という名称も、中国政府によって作られた言葉である。チベット、ウイグル、モンゴルなどの民族は、言葉、文字、習慣、伝統文化、アイデンティティーをはじめ、漢族とは全く異なる面があるが、それらが一律に「少数民族」と名付けられた。「中華民族」の中の単なる1つの民族としてのその呼び方は、それらの民族の伝統を否定していることの一つの表現である、と考えられる。

　中華人民共和国が成立してからの60年間、中国共産党及び中国民族研究学会は、国民党の単一民族論を「大漢族主義」と批判しながら、「中華民族の多様性」、「中国歴史の多様性」、「中華民族の一体性」などを提唱し、また中国共産党の「民族区域自治制度」を正しい政策論としてきた。1年間に中国国内では、「民族」についての論文が1000以上書かれている。これら多数の論文は、中国共産党の機関誌、大学の学術誌などに掲載されているが、それらの論点は著しく似かよっている。それらの中では、文化人類学の学者

である費孝通の「中華民族多元一体化構成」(中国語では《中華民族多元一体格局》)が大いに有名である。この本では、「中華民族の各民族の淵源、文化は多様であるにも関わらず、それらは運命共同体である[45]」ということが主張されている。これは中国共産党の「中華民族」の定義にもなっている。

中国での「民族」の概念は、西欧での民族（Nation）の概念とは違って、特別な意味をあらわす言葉になった。それは、中国の歴史、文化、社会などの背景によって、西欧とは違っているのである。中国共産党或いは中国政府によって、チベット人、モンゴル人、ウイグル人は、自分の土地で「少数民族」にされてしまった。また、中国共産党或いは中国政府は、彼らに「区域自治権」を与え、各民族を「解放」したという言い方をするのであるが、これは極めて政治的な観点からの表現と言えるであろう。

第3節　中華人民共和国憲法と「民族区域自治法」

中華人民共和国憲法の中の民族自治についての内容と、民族区域自治法の内容そのものは、周辺地域の民族に対して人権、法制、経済、資源などさまざまな面で一定の権限を与えている。ただし、これらの法規そのものにも問題がある。この節からは、以上の2種類の法律に書かれている、民族や自治に関する内容を分析しながら、それらの具体的な実行についての状況を述べていく。

I. 民族自治権については、以下のように書かれている。憲法第六節（第112条）では、「<u>民族区域自治地方における自治機関は、自治区、自治州、自治県の人民代表大会と人民政府である</u>[46]」、第113条では「<u>自治が実行されている地域の民族から選ばれた代表が、自治区、自治州、自治県の人民代表になること、あるいは本行政地域に住むその他の民族も適度の人数であること</u>」、「<u>自治区、州、県の人民代表大会常務委員会では自治が実施されている地域の民族の者が、主任及び副主任になること</u>[47]」。下線の文では、自治機

関は「人民代表大会」と「人民政府」に分かれる。人民代表の選挙は、農村部、町村、都市に住む人々から自由に選ばれるわけではなく、上司から既に選ばれた人物に投票するものである。人民政府の役人たちも、国家の公務員統一試験を受けてから就職したのではなく、人間関係や不透明な要因の上で就職した者たちである。人民代表や人民政府は、人民の利益を代表すると言うには説得力が極めて弱い存在である。「自治を実行している地域の民族の者が人民代表になる」ということは、必ずしも少数民族の人物がなるのではなく、その他の民族も代表になりうることを、法律的に認可したことである。中央から派遣されている官吏が、自治区人民代表大会の常務委員会に入っているのが現実である。

憲法第六節（第116条）では、「自治地方の人民代表は、自治地方の政治、経済、文化の特徴に基づき、自治条例や個別条例を制定する権限がある。自治条例や個別条例を、全国人民代表大会常務委員会へ報告して、許可された以後に有効になる。すなわち、自治州、自治県における自治条例や個別条例を、自治区人民代表大会常務委員会へ報告して、許可されてから有効になると同時に、全国人民代表大会常務委員会へ報告してその記録に載せる[48]」と書かれている。この内容からは、地方の人民代表大会は上級の人民代表大会に属しており、ある意味では上級から定められているにすぎないことが分かる。そもそも、この憲法は1952年から有効になっているが、民族区域自治法が成立・施行したのは1984年であり、内モンゴル自治区ではこの法を実施する上での自治条例や個別条例は未だないのである。自治法の役割は非常に曖昧であることが分かる。

憲法第六節第117条、118条では自治地域の経済的権力について以下のように定めている。「民族自治地方の自治機関は、地方財政を管理する権限がある。国家の財政体制に属する民族自治地方の全ての財政収入は、民族自治機関に属して使用させる」「民族自治地方の自治機関は、国家の計画に基づき、地方的経済建設と経済事業を管理する。民族自治地方での資源開発、企業建設などの事業では民族自治地方の利益を配慮しなければならない[49]」。

この文章からは、中央政府の財政と民族自治地方の財政が分けられていることが明らかであり、財政収入も地方自治機関から予算化されていることは明確である。しかし、後の文章では、「国家の計画に基づき」との文言が入っており、これが前後の条例の内容を否定している。中国の行政システムでは、中央政府財政部と税務総局は、自治地方の財政庁（局）と税務庁（局）に対して、上役と部下の関係とも言える。中央財政予算には、民族地域自治地方への財政予算も含まれている。従って、民族区域自治地方の税務局の財政収入は中央財政に管理されていると言える。民族区域自治地方には国営企業がかなり多く、ほとんどの資源開発企業は国営企業である。石油、石炭、天然ガス、不動産などの資源開発的大手企業と銀行、マーケット、鉄道、郵政、通信などの大手企業は、地方財政収入でなく、中央財政収入になる。とくに1994年から実施した税務改革では、民族自治地方に対して「国税局」と「地税局」に分け、地方財政収入の半分以上は国税局に納付されるようになっている。

表1-1　5つの自治区の概況

名　称	設立時期	面積（万平方キロ）	区　都
内モンゴル自治区	1947年5月	118.3	フフホト
新疆ウイグル自治区	1955年10月	160余り	ウルムチ
広西チワン族自治区	1958年3月	23.67	南寧
寧夏回族自治区	1958年10月	6.64	銀川
チベット自治区	1965年9月	120余り	ラサ

II. 中華人民共和国成立以来1984年まで、自治に関する法律はなかった。中国政府は、その間、少数民族区域の政治趨勢を見ながら、それぞれの規定を作り上げることができた。法体系が整備されたのは1984年のことである。この法律が対象にしたのは、上の5区域（表1-1）と自治州、自治県である。「民族区域自治法」は、中国の「憲法」と並ぶ国家の基本法の一つである。

自治法全文は、7章67条からなる[50]（2001年2月28日に改訂して7章73条になった）。それらを表面的にみれば、中国政府が少数民族の利益を考えて作った法律という形式を採っている。その概要は以下の通りである。

（1）、自治法によれば、中華人民共和国は、統一的多民族国家であり、今までに識別を通じて中央政府に確認された民族は56あるということが明確にされている。中国の各民族の人口の差は非常に大きく、そのうち漢族の人口が最大であり、他の55民族の人口は漢族と比べると極端に少ないため、少数民族と位置づけられている。2000年の第5回全国国勢調査において、55の少数民族の人口は1億449万人で、全国総人口の8.41％を占めている。中国の各民族人民は、ともに統一的多民族国家を樹立し、悠久の光り輝く中華文明をつくり上げ、中国の歴史の発展と進歩を推し進めるために重要な役割を果たす存在である。国の統一的指導の下で、各少数民族が集まって居住する地方で区域自治を実行し、自治機関を設立し、自治権を行使するという、民族区域自治の制度が規定されている。中国が民族区域で自治を実行する目的は、各民族の平等、団結、互助の関係を強化し、国家の統一を守り、民族自治地方の発展を速め、少数民族の進歩を促す上で、大きな役割を果たすためであるとされる[51]。

（2）、改訂された自治法の内容は以下の通りである。

①、少数民族の政治的権限を保障する自治法には少数民族の政治的権限についての条文が多い。序言、第一章、第二章、第四章、第五章では自治機関の政治的権限が明確に規定されている。例えば、序言には「少数民族区域自治制度を実施することは、各民族人民の国家の主権者となる働きかけを発揮させ、各民族の平等、団結、お互いに助け合う社会主義民族関係を発展させ、国家の統一を固め、民族地域自治地方と、全国の社会主義建設事業を促進させることに、大きな役割がある[52]」とあり、少数民族も漢族も、同じように全国人民代表大会に一定数の代表を選挙により選び、参政することを承認している。（表1－2を参照）自治法第十六条では、「少数民族自治地方の、人民代表大会の中では、少数民族区域自治地方の民族の代表を除き、その行政区

表 1-2　各回全国人民代表大会の少数民族代表人数[53]

回数	時期	代表総人数	少数民族代表人数	総人数に占める割合（％）	少数民族の数（民族）
第一回	1954年	1266	178	14.52	30
第二回	1959年	1266	179	14.60	30
第三回	1964年	3040	372	12.24	53
第四回	1975年	2885	270	9.36	54
第五回	1978年	3497	381	10.90	54
第六回	1983年	2978	405	13.60	55
第七回	1988年	2978	445	14.94	55
第八回	1993年	2977	493	14.75	55

域内に居住しているその他の民族、とりわけ少数民族であっても、適当な一定数の代表がいなければならず」、少数民族法の第十七条には、「少数民族自治区主席、自治州の州長、自治県の県長は、民族区域自治地方の少数民族の公民が担当し、民族自治地方の人民代表大会常務委員会主任、副主任は、区域自治地方の少数民族の公民が担当すべきである[54]」と規定している。

　以上の文章では、少数民族に関する内容、とくに「自治機関の政治的権限、国家の主権、民族の平等、社会主義民族関係では、少数民族も選挙で選ばれた代表を送り、参政する」などの点が書かれている。だが、民族自治地方の政治的権限と国家の主権については、人民代表が選ばれている具体的な状況を見れば、実態は明らかである。民族区域自治法で定めている人民代表については、憲法のところで述べたように、人民代表の選挙は「人民」が選ぶのではなく上役から既に定められた人物を選ぶものである。漢族も少数民族もどちらも人民代表を選ぶのは平等であることになってはいるが、実際は上役から既に推薦されている人物に投票するにすぎない。すると、漢族の場合は自分の民族の人物に投票し、少数民族は漢族の人物に投票する場合もある。

　条文にある「民族の平等」というのは、普通であれば、各民族の間が調和的であり、バランスを取って存在することを言う。だが、中国における社会主義民族関係と言うのは、各民族を含めた1つの民族——「中華民族」を指

している。中国の沿岸部では、資源企業の営みがあまりなくても、経済は発展したが、そこには漢族が居住している。中西部地域には大手資源企業がかなり存在しているが、貧困問題が多く、経済的格差が極めて大きくなり、社会問題になっている。チベット族、ウイグル族あるいはモンゴル族は、ほとんど西部や北部地域に住み、漢族との経済格差は顕著である。このような状態で、「団結、互助」と言うのは不自然である。1959年、チベット騒動でダライ・ラマ法王が亡命したこと、1966年〜1976年の間、内モンゴルで起きた「中国共産党によるモンゴル人ジェノサイド[55]」及び2008年「チベット3・14事件」と2009年「新疆ウイグル7・5事件」などは、中国の民族の平等、団結、互助政策の問題点を明確にしている。

②、自治法は、民族自治区域の経済権益を保障することについては、とくに自治法第27、28条で、「民族自治地方の自治機関は、自治地方にある草地と森林の所有権と使用権を確保する。そして、法に依って、自治地方の天然資源を管理、保護する。また開墾することや草原を破壊することを禁止する」、「民族自治地方の自治機関は、法律の規定と国の統一的計画に基づいて、自治地方が開発できる天然資源を、優先的かつ合理的に開発、利用する[56]」とある。

③、自治法では、少数民族の風俗、習慣、言語、文字、宗教などの権利を保障している。第21条では「民族自治地方の自治機関は、公務執行の際、その民族自治地方自治条例の規定によって、現地で通用している、一種あるいは数種の言語、文字を使用する。数種の言語、文字を同時に使用して、公務を執行する地方では、区域自治を実行する民族の言語、文字を主体とする[57]」と規定している。第十一条では「民族自治地方の自治機関は、憲法と法律の規定に基づいて、少数民族の信仰の自由を尊重、保護し、少数民族公民の、すべての合法的かつ正常な宗教活動を保障する[58]」と規定している。

④、自治法では、自治機関は、少数民族幹部と科学技術人材を育成することについて、明確に規定されている，第二十二条では「民族自治地方の自治機関は、社会主義建設事業の需要に沿って、当地の少数民族を通して、大量

の各級幹部、各種科学技術や経営管理などの専業的人材や技術者を育成して、それらの役割を充分に発揮すること」と規定されている。また自治機関が従業員を採用する場合は、「少数民族の採用を優先する[59]」ことを明確に規定している。また自治法では、民族自治地方の対外貿易と、経済投資を行うことについて、新たな規定を設けた。それは2001年に改定された法律において、追加した特別の内容である。

　以上、②③④で一定の権限を明示するが、根本の①が現状の限り、これらの権限は保障されえない。そのことは宗教など後に触れていくことになる。

地図1-1　3つの民族自治区域と中国領土との割合

第4節 「民族区域自治制度」と「民族区域自治法」

　民族区域自治制度は、中国の民族区域における基本的政治制度である。「民族区域自治法」は、「中華人民共和国憲法」に規定された民族区域自治制度を実施する法律である。つまり、「民族区域自治法」は、民族区域自治制度を具体化する規定であり、法律的保障でもある[60]。中国は、中国式の社会主義政治制度を実施してきたと言いながら、周辺の民族地域には「民族区域自治制度」を実施してきたのであり、それを「一国両制」とは言わずに、「自治制度」と名付けてきた。本節では「民族区域自治制度」と「民族区域自治法」を紹介して論じる。

I　民族区域自治制度が成立した歴史的背景

　今日、中華人民共和国で実施されている民族区域自治制度は、1920年代に提唱され、1984年には、「健全、完全な政治制度である[61]」と中国共産党が自賛している。中国の近現代史を振り返れば、1912年から1949年までは中華民国時代であった。中国共産党は、1921年7月に第一回代表大会を開き、総党員57人の中から選ばれた13人が代表として参加した。1923年末には432党員になった[62]。中国共産党の政策や主張は、国民党、共産党、日本の3つの勢力の変化によって、さまざまに変遷してきた。とくに周辺民族に対する共産党の態度は、極めて曖昧であった。

　中国共産党の民族区域自治制度の成立には3つの段階がある。第1段階は1922年7月から1936年5月までである。この時期は、「共産党は、民族についての綱領は、民族の自決権を承認し、連邦制国家を建立することであった[63]」。先にも触れたが、1922年7月に開催した中国共産党第二回全国代表大会で、「中国を統一して真正の民主国家になる。モンゴル、チベット、回疆は自治権を有し、中国は民主自治連邦になる[64]」、また1931年11月の「中華ソビエト共和国憲法大綱」の「中国ソビエト政権は、境内の少数民族の自決権を承認する。弱小な民族は、中国から独立して、自らの国家を成立

させることを承認する[65]」などである。

　第2段階は1936年5月から1945年9月までである。共産党は民族綱領で民族区域自治を主張したが、連邦制を放棄しなかった。先述の通り、1938年9月、毛沢東は「新段階を論じる」という報告で、「モンゴル、チベット、ミャオ、ヤオ、イ、パンなどの民族は、漢族と平等であり、共同で抗日し、自らのことを管理する権利がある。同時に、漢族と連合して、統一国家を建設することとする[66]」と宣言した。1941年5月、陝甘寧辺区政府（当時は共産党政府）の「陝甘寧辺区綱領」では、「民族平等を原則に、モンゴル族・回族は、漢族との間で、政治的、経済的に平等である。そして、モンゴル・回族自治区を建設することとする」と書かれている。他方、1945年6月の共産党第七回全国代表大会で採択した共産党総規約では、連邦共和国を提唱した。

　第3段階は1945年9月から1949年9月までの間である。抗日戦争以後、「蒋介石は内戦を発動し、少数民族地域、とくに内モンゴル人民の解放闘争が、共産党の議題になった。1945年9月、中国共産党は、綏遠モンゴル地域では、地方的自治を組織することとし、モンゴル軍隊を創建することを指示した。1945年10月、中国共産党は、内モンゴル地域に対して、区域自治を実施する」と表明した[67]。1949年9月29日、中国人民政治協商会議第一回全体会議の「中国人民政治協商会議共同綱領」では「各少数民族が居住している区域では、民族区域自治を実施する。民族人口の多少、区域の大小にあわせ、民族自治機関を建設する[68]」と規定した。共産党はこれを当時の臨時憲法に取り入れ、周辺民族に対する基本的政治制度とした。

　以上の3つの段階の中身について、共産党は、第1段階は否定し、第2段階は曖昧にして、第3段階のみを肯定している。実際に中国共産党が周辺民族区域で民族区域自治制度を実施した理論のプロセスは、民族の自決権を肯定→中立→否定するものであった。周辺民族は、もとは連邦共和国の連邦国であったが、1949年10月には「人民共和国」の中における区域自治体におしやられた。

II 民族区域自治制度の実施

「新中国」が成立してから、中国共産党と中国政府は、1949年9月29日に定めた「中国人民政治協商会議共同綱領」に従って、全国的に民族区域自治制度を押し広めた。以下具体的に検討する。

1. 内モンゴル自治政府を改組した。政府は、「内モンゴル区域の統一を回復した」と定義している。とりあえず、中国政府の定義を分析しよう。

内モンゴル自治区が成立した当初の中国大陸は「解放戦争」[69]の時代であった。中国における内モンゴル区域についての研究者の定義は以下のようなものである。当初、内モンゴル地域は、すでに解放された東部のフルンボイル、ナオン・ムレン、ヘンガン、シリンゴル、チャハルの5つの盟であった。1949年、元遼北省のジリム盟、元熱河省のジョーオダ盟が内モンゴル区域に配属された。次に1952年、元チャハル省のドロン（多倫）、宝昌、化徳（ファド）が内モンゴル地域に配属された。1954年、元綏遠省が内モンゴル区域に配属された。1956年、元熱河省の赤峰（オラーンハダ）など6県と、甘粛省のバヤンホトモンゴル自治州、エジナモンゴル自治州が内モンゴル区域に配属された。このように10年の年月を経て、内モンゴル区域を統一した[70]。そして、今日の内モンゴル自治区の原型が形成された、というものだ。

これは中国政府が内モンゴル区域で自治制度を実施するために区分した地域区分であり、地理的範囲を拡大させたことではない。内モンゴル区域の一部を行政的に区分したことである。内モンゴル区域のかつての範囲は、今日のモンゴル国ゴビ南部から、明朝の万里の長城に至る広い地域である。元の熱河省、遼北省、チャハル省、綏遠省及びバヤンホト、エジナは昔から内モンゴルの領域であった。それ以外に、今の遼寧省の半分以上の地域、吉林省の一部、黒竜江省の一部の地域も内モンゴル区域であった。

モンゴルとの国境にそびえ立つ中国の旗（筆者撮影）

2.「新中国」成立以後、中国政府は4つの自治区を成立させた。中国共産党中央委員会が提案を行い、国務院、全国人民代表大会常務委員会が決議して、1955年10月に新疆ウイグル自治区を、1958年3月に広西チワン族自治区を、1958年10月に寧夏回族自治区を、そして1965年9月にチベット（西蔵）自治区を成立させた。

この4つの自治区の中で、とくにチベット自治区について、ここで簡単に述べる。チベット地域に関する問題は、中国だけではなく、世界中で注目されている。チベット自治区について、正反対の立場で論じられている資料がある。チベットの主権問題についても、正反対の立場で論じられている。例えば、中国人民解放軍がチベット地域へ進駐したのは、「解放」なのか、「侵略」なのかという正反対の見解がある。中国と台湾の研究者は、ほとんどの人々が「チベットは昔から中国の領土であり、中国からの分離、独立は、歴史的に正統性がない」と論じ、とくに中国の研究者は「中華人民共和国政府と中国人民解放軍はチベットを封建王公、宗教弾圧、農奴社会から解放した」

41

と述べる。中国で出版された資料や本には、政治的要因がかなり存在している。1989年3月に、チベット自治区のラサで騒動が起こった。10月に出版された「チベット通史」には、「中共チベット自治区委員会とチベット自治区政府及び中共中央統戦部の関心と支持の下で、我々はチベット社会科学院、中国チベット研究中心の研究者、翻訳者を組織し、……この研究を完成させた[71]。」と書かれてあり、明らかに政治目的があったと見るべきであろう。中国政府がチベット自治区を建設した後に出てきたヤハンショウ（牙含章）は、中国におけるチベット研究のオーソリティーである。彼はダライ・ラマ14世の「ダライ・ラマ伝」を編纂した。その本の序論にも「闘争に必要な方法として、上級組織から私に、チベットの歴史についての一つの本を編纂するようにとの依頼があった。そして、反対派の恥ずべきデマに反駁し、大勢のチベット人民に、反帝国主義、愛国主義教育を行う[72]」と書かれている。

中国人民解放軍は、1950年からチベット地域へ侵攻し、10月7日、昌都でチベット政府軍と戦争を開始した。人民解放軍が優位に戦い、チベット軍に勝ち、チベットと中華人民共和国中央政府は、1951年4月29日に「平和的に交渉する」ことになった。そして5月23日、中国中央人民政府の全権代表とチベット政府の全権代表が、北京の中南海で協議を行なった[73]。この協議を「中蔵17条協議」と言う。中国で出版された「チベット通史」には、「17条協議」の具体的内容が書かれていない。条例が定められた年日だけが書き込まれている。2009年3月2日、中国国務院新聞署が「西蔵民主改革50年」白書を発行した[74]。この白書では「中蔵17条協議」について、たとえば第11条のように「チベットに関する各項改革に対して、中央政府は、強制的ではなく、チベット自治政府は、自らの意図通りに改革し、地元におけるチベット族の要求に従って、彼らの意見通りに改革することを認める」のような都合のよい部分だけを明示し、第4条、第16条などの内容は書かれていない。また、この白書には1959年、1989年、2008年にチベット地域で起きた暴動については書かれていなかった。この白書は「チベット地域は、昔から、中国領土の不可分の地域である」と強調し、それが全書の立

場になっている。

　中国政府は1965年9月に、チベット地域を行政的に区分けし、一部を周辺の省に所属させ、残りの地域を今日のチベット自治区として、民族区域自治制度を実施してきた。筆者は2005年8月、ラサ市でフィールド調査を行なった。空港から始めたが、旅館、ホテル、商店街まで警察や解放軍の姿が見える。当地のチベット人へのインタビューによると、空港とラサ市の付近には4万人の軍隊が居住している。ラサ市郊外と道路沿いの住民は、屋根に強制的に中国の紅旗を揚げさせられていた。9月に政府から「チベット自治区が成立してからの40周年の祭典を開催する。中国の報道陣と外国の報道陣に見せるためだ」と申し渡された。政府の指示に従わない場合は、50元の罰金を科し、臨時刑務所へ連れていくという説明もあった。ラサ市や郊外の20戸（世帯）のチベット人家族を訪問したが、16戸の人々は今の自治区政府に賛成する発言をしなかった。また11戸のチベット人家族は、12人の子供をインドのダラムサラへ亡命させ、さらに残りの人々の子供は、お寺やチベット学校に通わせている。そして4戸の家族は、今の自治政府について賛成するとも反対するとも言わなかった。そして20戸の家族は、家にはパンチン・ラマの像、仏像などの飾りがあるが、ダライ・ラマの像はなかった。理由を聞くと、ダライ・ラマの像は、街では売っていないことが1つの理由ではあったが、それよりもダライ・ラマの像を壁に掛けた家族は、中国の法律に違反するという規定があることが主な原因だった。テレビ局は中国語とチベット語の2種類の言語でニュースを放送しているが、内容はほとんど一致している。またポタラ宮ではラマの姿が見られず、観光地域として存在し、ポタラ宮以外の寺では少数のラマ、僧侶の姿が見られた。自治制度については、調査した60人の中で7割の人々が、自治と言いながら自治の実態がないという答えだった。

　「解放」以来、チベット自治区における教育、法律にも、政治的色彩の内容がかなりある。教育の内容は、「<u>祖国</u>の統一を守り、分離に反対する社会主義建設者と継承者を育成する[75]」や「小中学校に社会主義<u>道徳教育</u>を実施

する、<u>反分裂、反浸透、反転覆、反変遷</u>の闘争は、長期的、且つ複雑で、時には激烈になることもあり、共産党の教育方針を実施して、社会主義的な人を育成することである[76]」、また「小中学校では国旗を揚げ、国歌を唱え、講演を行い、祖国観念と中華民族意識を樹立する、……生徒たちには、チベットの安定をくつがえさせている主な要因は、ダライ・ラマ集団であり、ダライ・ラマ集団は、西方の反中華勢力の忠実な道具になっていることを強力に教える……[77]」などである。

ラサ市近辺のチベット人（2005年8月14日、筆者撮影）

下に線がある部分の「祖国」は、チベットの歴史で書かれている昔の国のことではなく、中華人民共和国を指している。「道徳教育」というのは、普通の社会道徳ではなく、社会主義イデオロギー式の道徳を指している、つまりそれは、中華人民共和国を愛すること、共産党に忠誠を誓うこと、集団主義を提唱し、個人の利益と個人の権利を否定し、国家や集団の利益のため、個人の利益を犠牲にすることを正義としている。教わる道徳は次のようなも

のである……少数民族は、多数民族のために犠牲になっても、それは道徳的倫理である。国を愛することに、善と悪の基準はなく、我々の国家の立場に反対するすべての国家は、我々の敵である。ダライ・ラマ集団に反対していない人々は、道徳のない人物である。そして赤い五星旗は我々の国旗であり、それに対して毎週の月曜日に、すべての生徒と教師たちが荘厳な儀式で誓うのは学校の道徳である。<u>反分裂、反浸透、反転覆、反変遷</u>というのは、中華人民共和国から分離することであり、それは道徳のない行動である。そして西洋の民主国家の自由、民主、人権、法制などの基本的価値観がチベット地域へ浸透することに反対し、西洋国家の記者、ジャーナリスト、マスコミに対して厳しく応対することは道徳的である。また西洋の先進国が互いに連帯して中国政府に反対し、中国の国家政権を転覆させようとしていることに対して抵抗するのは道徳的である。とくに我々の社会主義国家を、民主国家、資本主義国家に変遷させることに反対することは、道徳的であることである。

民族衣装の女性と解放軍兵士が並ぶ愛国ポスター（筆者撮影）

その一方、1959 年のチベット騒動から 1989 年のチベット騒動及び 2008 年の騒動まで、チベット亡命政府と他の国々のチベットに対する立場は、チベット地域の主権の問題はもちろん、中国政府のチベット人およびチベット文化に対する政策にも批判的なのである。ダライ・ラマの代表団と中国政府との間の 8 回の交渉は、新たな進展につながらなかったため、一部のチベット人は、高度自治への道を締め、独立へ向かうようになった。

おわりに

　本章で、中国における民族区域自治制度の特徴とそれが具体的にどのように実施されているかを取り上げ、幾つかの問題を指摘した。すなわち自治とは自分のことを自分で解決することであるが、中国での自治という概念はそれとはかなり違いがある。そして、中国における民族という言葉の概念、中国における「少数民族」を認定した過程、非漢族の民族に対する「自治制度」の実施、中国における「民族区域自治法」と「憲法」の関係などを検討・調査することにより、中国で言われている民族区域自治制度が日本やその他の国で実施されている自治とは違うことを述べた。中国における民族の概念には大変偏った政治的意味が含まれ、「民族区域自治制度」や「民族区域自治法」が具体的に実施されている実態を見ると、「民族」とか「自治」で通常意味されていることとはかなりの距離があることが分かる。

　中国側の研究では、「民族区域自治制度」に関する理論の枠組みの中で、少数民族地域で実施された多種類の政策は非常に成功したものだと定義されている。本稿は次の章から、そうした政策が実施されてからのそれぞれの時期における具体的実態を分析し、「民族区域自治制度」の真相と目的を明らかにする。

【註】

7. Ruth Lapidoth 著、「Autonomy:potential and Limitation」,Journal of Group Rights1、1994 年、277 頁、王鉄誌、沙伯力編「The Regional Autonomy of Ethnic Minorities in International Vision」、民族出版社、2002 年、北京、211 頁。
8. 「小六法」、平成 16 年版、有斐閣、217 頁。
9. 王鉄誌、沙伯力主編「The Regional Autonomy cf Ethnic Minorities in International Vision」、民族出版社、2002 年、北京、295 頁。(Margherita Cogo 著「Peaceful co-existence end co-operation od different ethnic groups」)
10. Gurutz Jauregui 著「Political Autonomy and Ethnic Conflict in Spain---The Basque Case」,王鉄誌、沙伯力編「The Regional Autonomy of Ethnic Minorities in International Vision」、民族出版社、2002 年、北京、304 頁。
11. 丸山敬一著『民族自決権の意義と限界』、有信堂高文社、2003 年、4 頁。
12. 少数民族：この論文で、少数民族という言い方をしているが、本来この言い回しは、中国政府から名づけられた政治的名詞である、中国では漢族以外の民族の人口は漢族と比べると相対的に少ない上、漢族は他民族を彼らより小さいとイメージするため「少数」という。実は漢族以外の民族は少数民族ではなく、その地域の原住民である。モンゴル人も含めて少数民族の人々自体は必ずしも自分たちを少数民族とは考えていない。中国のいわゆる学者たちが「少数民族」とよく使うので、筆者も「少数民族」という名詞を便宜的に使ったにすぎない。
13. 孫文「中華民国臨時大統領宣言書」、《孫中山选集》、人民出版社、1981 年、北京。
14. 『孫文全集』、第 7 巻、「中国国民党宣言」より、原書房、東京、1967 年。
15. 中共中央統戦部《民族問題文献汇編》、中共中央党校出版社、1991 年、北京、「中国共産党第二次全国代表大会宣告」より。
16. 同上書、18 頁。
17. 同上書、22 頁。
18. 同上書、26 頁。
19. 同上書、166 頁。
20. 同上書、553 頁。
21. 金炳鎬著《中国共産党民族政策発展史》、中央民族大学出版社、2006 年、北京、232 頁。
22. 中共中央統戦部《民族問題文献汇編》、中共中央党校出版社、1991 年、北京、655 頁。
23. 同上書。667 頁。
24. 同上書、964 頁。
25. 同上書、965 頁。

26. 金炳鎬著《中国共产党民族政策发展史》、中央民族大学出版社、2006年、北京、234頁。
27. 高崎通浩『世界の民族地図』、作品社、1997年、31頁。
28. 同上書（注1）、67頁。
29. 劉正愛『民族生成の歴史人類学 —— 満洲・旗人・満族』、風響社、2006年、43頁。
30. スターリンの「民族」の定義に関して、民族は、言語、地域、経済生活および文化の共通性のうちに現れる心理状態の共通性を基礎として生じたところに、歴史的に構成された人々の堅固な共同体であるという定義である。
31. 黄光学《中国的民族識別》、民族出版社、1995年、128〜140頁。
32. 中華人民共和国統計局により1954年11月1日に行われた第一次全国人口調査のデータである。ホーム・ページ http://www.stats.gov.cn を参照。
33. 中国における少数民族の特徴であり、具体的は数字とデータは同上注を参照。
34. http://www.stats.gov.cn を参照。
35. 徐万邦・祁慶富《中国少数民族文化通論》（中国語版）中央民族出版社、2006年、45頁。
36. 毛里和子著『周縁からの中国 —— 民族問題と国家』、東京大学出版会、74頁。
37. 同上書、93頁。
38. 同上書、94〜96頁。
39. 同上書、88〜92頁。
40. 劉正愛『民族生成の歴史人類学 —— 満洲・旗人・満族』、風響社、2006年、44頁。
41. 徐万邦・祁慶富《中国少数民族文化通論》、中央民族出版社、2006年、403頁。
42. 同上書、405頁。
43. 周清澍主編《内蒙古歴史地理》、内蒙古大学出版社、1994年、56頁。
44. 費孝通などが参加した民族訪問団による民族識別で識別された。保安族はモンゴル系であり、モンゴル語を使い、遊牧生活を営んでいた。
45. 費孝通著《中華民族多元一体格局》、北京、中央民族大学出版社、1989年、6頁。
46. 全国人民代表大会常務委員会法制事務委員会編《中華人民共和国法律編集》、民族出版社、2004年、117頁。
47. 同上書、118頁。
48. 同上書、118頁。
49. 同上書、119頁。
50. 中華人民共和国国務院「中華人民共和国民族区域自治法」、民族出版社、2001年。
51. 「中国的民族区域自治」、中華人民共和国国務院新聞弁公室、2005年2月28日発行。
52. 「中華人民共和国民族区域自治法」、民族出版社、2001年、258頁。

53. 《中国民族文化百科》、中国民族撮影芸術出版社、1998 年、1135 頁。
54. 「中華人民共和国民族区域自治法」、民族出版社、2001 年、285 頁。
55. アラタン・デレヘイ原著、楊海英編訳、「中国共産党によるモンゴル人ジェノサイド実録」、静岡大学人文学部「アジア研究プロジェクト」、2008 年 6 月、目次より。
56. 「中華人民共和国民族区域自治法」第二十七、二十八条。民族出版社、2001 年、297 頁。
57. 「中華人民共和国民族区域自治法」第二十一条。民族出版社、2001 年、295 頁。
58. 「中華人民共和国民族区域自治法」第十一条。民族出版社、2001 年、290 頁。
59. 「中华人民共和国民族区域自治法」第二十二条。民族出版社、2001、290 頁。
60. 王戈柳、陳建樾《民族区域自治制度的発展》、民族出版社、北京、2001 年、1 ～ 2 頁。
61. 同上書、4 頁。
62. 辛灝年（Xin Hao-Nian）著「Which is the New China—Distinguishing between Right and Wrong in Modern　Chinese History」,Blue sky publishing house,U.S.A,1999,156 頁、374 頁。
63. 同上書、3 頁。
64. 中共中央統戦部《民族問題文献彙編》、中共中央党校出版社、1991 年、北京、18 ～ 19 頁。
65. 同上書、279 ～ 280 頁。
66. 同上書、595 頁。
67. 王戈柳、陳建樾《民族区域自治制度的発展》、民族出版社、北京、2001 年、5 頁。
68. 中共中央統戦部《民族問題文献彙編》、中共中央党校出版社、1991年、北京、1289 頁。
69. 中国の歴史教科書では、1945 年 9 月から 1949 年 9 月までの歴史について、ほかの国と違う解釈をし、「蒋介石が国内戦争を発動」、共産党に対して戦った」「人民解放軍の蒋介石との戦争は正義戦争、解放戦争」と定義している。「解放戦争時期」とも言う。香港、マカオ、台湾の教科書はほとんど、日本、アメリカ、ヨーロッパの歴史教科書の解釈と同じである。
70. 王戈柳、陳建樾《民族区域自治制度的発展》、民族出版社、北京、2001 年、4 頁。
71. 恰白・次旦平措、諾章・呉堅、平措次仁著、陳慶英、格桑益西、何宗英、許徳存訳《西蔵通史》（上、下）西蔵古籍出版社、2004 年第二版 ラサ、1052 頁（後書き）。
72. 牙含章《达赖喇嘛传》、人民出版社、1984 年、北京、21 頁。
73. 恰白・次旦平措、諾章・呉堅、平措次仁著、陳慶英、格桑益西、何宗英、許徳存訳《西蔵通史》（上、下）西蔵古籍出版社、2004 年第二版 ラサ、1009 ～ 1012 頁。
74. 中華人民共和国国務院新聞事務室サイトより、平成 21 年 5 月 18 日
http://www.scio.gov.cn/gzdt/ldhd/200903/t271877.htm
75. 西蔵自治区教育研究所、西蔵自治区教育学会編《西蔵自治区教育法律法規選編》、

西藏人民出版社、1999 年　ラサ、395 頁。公文書「西藏自治区党委、人民政府关于改革和发展西藏教育的决议」(1993 年 3 月 17 日) より。
76.　同上書、507 頁。公文書「关于印发《西藏自治区教育事业"九五"计划和 2010 年发展规划》的通知」1996 年 6 月 20 日) の通知より。
77.　同上書、550 頁。公文書「关于全面加强和改进全区中小学德育教育工作的意见」。(1997 年 10 月 8 日) より。

ホルチン左翼後旗の街。道路標識の地名にモンゴル文字も見える。

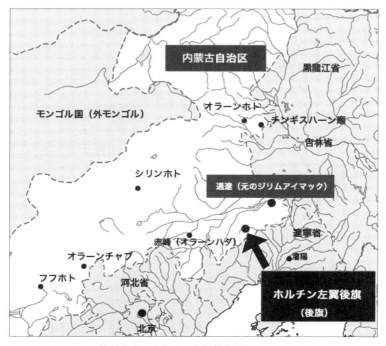

地図 2-1　ホルチン左翼後旗周辺

第 2 章
ホルチン左翼後旗における土地改革

第 1 節　後旗の歴史的背景

I　後旗の地理的位置と概況

　ホルチン左翼後旗は、本稿の事例として取り上げる研究地域であるため、先にその地理的位置と概況を述べる必要がある。

　1. ホルチン左翼後旗（以下は後旗と省略）は、内モンゴルの通遼市の南部に位置し、地理的には、北緯 42°40′〜43°40′、東経 121°30′〜123°30′ にある。南部は遼寧省、東部は吉林省にそれぞれ接しながら、総面積は 1.15 万平方キロメートルである。15 世紀、チンギス・ハーンの弟であるハブト・ハサルの第 17 次の世代——ミンガンは、ノーン河の遊牧領域から今の後旗に相当する地方に移ってきた[78]。彼の部落は、ホルチン部落であり、後旗はホルチン部落のジリム・アイマック（盟）の地域に入っている旗県の一つである。ジリム・アイマックの各旗の首領は、チンギス・ハーンの弟であるハブト・ハサルの後裔である。ミンガンの 13 人の息子たちは後旗の地域で遊牧していた。ホルチン部落は清朝に敗北して、1636 年に清太宋はモンゴル地域に旗県境界制度を定め、モンゴル王公たちを冊封した[79]。ジリム・アイマックでは、10 個の旗を定め、ジルム・ソム（今は通遼市の北部にある西ジルムソム）を首府とした[80]。当時のジリム・アイマックは、今のヘンガン・アイマック（興安盟）、通遼市、黒竜江省のドゥルベットモンゴル族自治県、大慶市、安達県、林甸県、泰来県、肇東県、肇州県、肇源県、吉林省の白城地区、長春市、四平市、農安県、徳恵県、双遼県、梨樹県、公主嶺市、遼寧省の康平県、昌図県、法庫県、彰武県などの地域の全部あるいは一部を含めていた[81]。それらの大部分の地域や土地は、時代が経つにつれ、中国人の移民によって徐々に

モンゴル人の手から離れ、中国人に支配された。

2. 1650年に清朝は後旗を定め、ミンガンの後裔ホンゴルの息子であるザンジロンジンをザサク（行政機関）長官に任命した。清順治七年（1650年）から中華民国十九年（1930年）まで、後旗は、襄ザサクの統治制度であった[82]。清咸丰五年（1855年）、ツンゲ・リンチン（曾格淋沁）は清朝から「ブドリッゲタイ晋親王」号を与えられ、後旗は「ブドリッゲタイ親王の旗」とも言い、漢字では「博王旗」とも言うようになった。清朝における理藩院は、モンゴルを統治する最高中央統治機関であり、旗首領の旗王（ホショー王）と協力しながらモンゴル地域を統治していた。だが、旗王とそれに属する王公たちは、ある程度の実権を掌握し、半独立状態であった。中華民国時代における後旗の統治権も、ある程度は旗王に掌握されていた。1931年に中華民国で「九一八事件」が起こり、内モンゴル東地域は満州国に帰属し、後旗は満州国の南興安省の「東科後旗」となった。この時代から旗の統治機関には旗王以外に日本人も参政するようになった[83]。1945年8月、第二次大戦が終了し、9月から後旗の統治権力は、モンゴル人が地方政府を作り、ジリム・アイマックに属することになった。だが、中国共産党の勢力が内モンゴル地域に浸透したことにより[84]、やがて中国共産党の統治に属した。1953年6月には内モンゴル自治区東部行政署に、続いて1954年4月、内モンゴル自治区人民政府のジリム・アイマックに帰属した。文化大革命時期に、数多くのモンゴル人が中共の政府によって殺されたが、その罪を隠すために、1969年〜1979年の間、中国中央政府は、ジリム・アイマックを吉林省に帰属させて統治した。その後、ジリム・アイマックを内モンゴル自治区人民政府へ帰還させたことに応じて、後旗も内モンゴル自治区に属することになった。1998年、中国中央政府は、伝統的な名前であった「ジリム・アイマック」（ジリム盟）を取り消して、通遼市を成立させ、今日の後旗は通遼市に帰属している[85]。

3. 上で述べた時代の変化で、後旗の土地面積は、当初（建立旗の時代）の3.51万平方キロより[86]、1.15万平方キロまでに減り、逆に人口は2万人から40

万 1697 人になった[87]。明朝や主に清朝時代の初めから、ホルチン部落では遊牧生業から徐々に農業生産へ変遷したのである。内モンゴル東部地域、すなわち本稿に関わる後旗における農耕化については、すでに研究されている。清朝の統治及びその時のモンゴル人社会について、モンゴルの歴史に通じた岡田英弘がすでに詳しく論じている。清朝は、少数の満州人が多数の中国人を支配している帝国だったから、勇猛なモンゴル人騎兵の武力を自分の側に引きつけておく必要上、モンゴル人の伝統的な遊牧生活のリズムをなるべく乱さないように、中国人がモンゴル高原に立ち入ることを厳しく取り締まった。モンゴル人貴族の領主たちは北京の宮廷で優遇され、位の高いモンゴル貴族は、皇帝の皇女や貴族の娘と結婚した。ところが、こうした清朝のモンゴル人保護政策が、20 世紀の初めになって、がらりと変わってしまった。事の起こりは、1894 年〜1895 年の日清戦争で、清帝国の精鋭であった北洋軍が日本軍に完敗したことである。1900 年、義和団が北京の外国公館を包囲攻撃した北清事変に乗じて、ロシアは満州に軍隊を入れ、要地を占領した。この情勢に脅かされた清朝は、満州、モンゴル、新疆のロシアとの国境地帯を開放して、中国人の入植を推進し、さらに軍隊を駐屯させて、この地帯の防衛力を充実させたのである。このため、モンゴル高原には大きな変化が起こった。中国人の農民が入ってくると、今まで家畜の牧地だった草原が開墾され、遊牧民であるモンゴル人の生活の場が狭くなる。中国の商人が進出して大量の商品を持ち込めば、モンゴル人はそれを買うための貨幣を手に入れるために家畜を売ることになるが、安く買いたたかれたり、ツケで買って、借金で首が回らなくなったりする。さらに、新たに駐屯する軍隊の費用は、現地のモンゴル人の負担になる。こうした急激な変化のために、モンゴル人の清朝に対する不満が高まった[88]のである。

　要するに、清代前期以来、漢人農民が内モンゴル東部、ジョーオダ盟南部にも入りこみ、そこのステップを耕地化していたが、とくに清末 1901 年の「新政」開始後には、公式の「開放蒙地」が多数設定され、膨大な数の漢人農民が入植し、県も置かれ（対モンゴル人行政組織「旗」からの開放蒙地の分離を意

味する)、ジリム盟、ジョーオダ盟の耕地化が急激に進み、内モンゴル全域の牧地が急速に狭隘化した。すでに新政開始前に、早くから農地化が進み牧地を失ったジョスト盟や、ジョーオダ盟南部のモンゴル人も、ジョーオダ盟とジリム盟の諸旗に新大地を求め、外旗人として移住していたので、2盟の残った土地における漢人農民と外旗人の人口が、旗本来のモンゴル人住民(本旗人という)の数に迫り、さらには凌駕する状態になった。しかも、開放蒙地内に住地(開放後、彼らの生活用に「生計地」として残された土地)のあったモンゴル人の多数も、住地を放棄して、開放されずに残されていた土地(未開放地)に移住した。モンゴル人は、生計地周囲の農耕化や、入植漢人との混住を嫌がったのである。このため、非開放蒙地の人口は、ますます稠密となった。このようにして、内モンゴル東部の各旗のモンゴル人は、急激な開墾の波と新住民である漢人と、外旗モンゴル人ら多数の転入に直面したのである[89]。

　内モンゴル東部の社会の変遷は、非常に複雑な問題であり、それに影響を与えた要素や、その表現形態も多様である。内容面からこれを大きく分ければ、行政管理(清朝による行政機関の設置、制度、措置、各部、旗の首長による属民統治など)、経済(牧畜、農・工・商業など)、意識形態(文化、芸術、思想、観念、宗教、習俗など)等々が挙げられるが、これらは、それ自体が変化するとともに、また相互に影響を及ぼしあった[90]。これらの影響は、後旗にも種々な形で跡が残されている。現地では、モンゴル人の伝統文化が残した「五畜(タブン・ホショーマル　)」の名前で名付けられた地名がたくさんあるが、清朝の影響により名付けられた地名も少なくない。例えば、アドゥーチン(放馬者　)、エメール(鞍　)、テメーチン(放駱駝者　)、ドロォーン・ウヘル(七つの牛　)、アラッグ・アジルガ(まだらの雄馬　)、ツァガーン・ヤマー(白い山羊　)、ガンジガ(鞍の附属品　)、オゥーラ(山　)、オゥス(水　)、バヤン・ブラッグ(富の泉　)、ホト、タラー(草川、エケ・タラ、バッグ・タラー、ホティン・タラー)、バヤン・オゥダ(富の柳　)、バヤン・マン(富の砂漠)などがある。ほかに清朝による影響が残る地名には、グンギーン・ホロー(公府)、タブン・ゲル(五家子)、ジョ

ルガン・ゲル（六家子）、バイスーン・ホロー（貝子府）、アルバン・ゲル（十家子）、ザラン・アイル（札蘭の村 ᠵᠠᠷᠠᠨ ᠠᠶᠢᠯ）などがある。

　また、文化面でも、従来の遊牧文化に対して、新たな農業文化が混交されてきたのだが、そうしたこともこの時代から現れ始めたのである。

　1650 年から 1945 年まで、後旗において統治者（政治政権）になった主な人物は、清朝、中華民国、軍閥、満州国、東モンゴル人民自治政府（モンゴル人の地方政府）、中華人民共和国のそれぞれの統治者と、それらの時代におけるモンゴル王公たちであった。モンゴルがある程度の国際的認知を受けるためには、ソ連が超大国として世界政治に登場すること、社会主義諸国の国家が増えること、中国とは再統合不可能なほど国家建設が進んでいることなどが必要な条件であった。1945 年以降、外モンゴルについては、この条件を満たす環境が徐々に出来上がっていた。ソ連は、ヤルタ会談[91]で、アメリカ・イギリスからモンゴル人民共和国の現状維持への同意を取りつけ、次に外モンゴルで行われた国民投票では、反対零票で独立が支持された。この結果、1946 年に中国も外モンゴルの独立を承認した。

　一方、内モンゴルは、複雑な政治状況であった。大戦前の状況は、中華民国の国民党、満州国や日本の関東軍、中国共産党及び当地の王公などが分割統治していた。だが、中国側の歴史や研究で公認されているのは、「日本軍が敗北し、内モンゴルの東部地域から撤退した後、中国人民の八路軍は、中国共産党の指導に従い、内モンゴルを解放した[92]」ということである。しかし、日本側の研究者らの研究を見ると、現代内モンゴルの歴史は、その固有の領土が外部勢力の侵略を受けて分割され、政治的な陰謀に巻き込まれて大量虐殺され、伝統的な遊牧経済が跡形もなく消されていくプロセスだった。内モンゴルに侵略して植民地を作った外部勢力は中国（漢人）と日本である。モンゴル人が団結できないように分散させて統治したのは中国と日本で、大量虐殺を働いたのは中国のみであった[93]。1932 年 3 月に内モンゴルの東部地域が満州国の興安四省に編入された。日本はまず各地に教育機関を作った。例えば小学校だけでも、1941 年 12 月の時点で、興安四省とその他の満州

国モンゴル地域に合計349校があり、25,018人の生徒が学んでいた。そのほかにも国民高等学校や女子国民高等学校などを設置し、奉天や王爺廟といった都市部にはさらに師範学校や各種軍学校を設けた[94]のであった。

後旗の土地改革は、中国共産党によって1947年10月から始まり、1948年の夏に終了した。ところで、中共は、どういうふうにして後旗に浸透したのか、1945年8月15日から1947年9月までの後旗の状況はどうであったのか、内モンゴルは、独立するか外モンゴルと合併するか、あるいはそれ以外のどのような形で存在する可能性があったのか、以下ではこれらの問題を述べる。

II　東部地域における「東モンゴル自治政府」とその活動

1945年8月、抗日戦争が終わった後、内モンゴルの中部・東部地域のモンゴル人が民族の解放を要求し、政権が成立した。満州国の軍隊の高層部にいたモンゴル人のアスガン将軍は、1945年8月11日、満州国東北軍政大学から武装蜂起を始め、モンゴル人の軍官や学生（兵隊）を組織し、東モンゴル自治軍を創り上げた。この自衛軍隊は、1945年8月から1947年3月まで国民党の軍隊と戦い、東モンゴル地域を解放した[95]。1945年8月末から1946年1月まで、後旗のモンゴル人たちは、内モンゴル人民革命党[96]東モンゴル党支部の指導を受け、後旗治安維持会を作り、後旗の社会治安や社会秩序を保護していた。後旗での内モンゴル人民革命党（以下「内人党」の略称も用いる）のメンバーたちは、アスガン将軍の東モンゴル自治軍とともに、地元にモンゴル人の地方政府を樹立した。

この地方政府について述べておく。1945年8月18日、ハーフンガー、ボヤン・マンダフ、テムル・バガンたちが、内モンゴル東北地域の興安盟のワンギーン・スム（王爺廟）で「内モンゴル解放委員会」を組織し、内モンゴル人民革命党を復興して、東モンゴル党支部を創り、「内モンゴル人民解放宣言」（「8.18宣言」）を出した。宣言は、内モンゴルのモンゴル人民共和国への加入、各地方の秩序の回復、内モンゴル解放軍隊の樹立、民族の平等を

実施して、モンゴル人民の解放事業を目的とすることがその主たる内容であった[97]。8月下旬、内モンゴル人民革命党東モンゴル党支部は、ハーフンガー秘書長、ボヤン・マンダフ、テムル・バガン、アスガン、サカラジャブ、ワンダンなど13名を執行委員に選出して、「内モンゴル人民革命党臨時党章」及び「内モンゴル人民革命党綱」を決定した。同時に、興安軍事学校を基礎として、モンゴル人の武装隊を創り、社会秩序を維持していた。また、東北地域に青年たちを派遣して「内モンゴル人民解放宣言」と「外・内モンゴルを合併する」ことを宣伝していた。10月、内モンゴル人民革命党東モンゴル党支部は「東モンゴル代表団」を組織して、モンゴル人民共和国に「外・内モンゴルを合併する」ための「請願書」を手渡した。だが、モンゴル人民共和国政府は、当時の情勢から、内モンゴルが加入する願いを聞き入れなかった。一方、11月に中国共産党中央東北人民政府が瀋陽で行なった人民代表大会には、内モンゴル人民革命党東モンゴル党支部も招請され、代表団を派遣し、「内モンゴル人民解放宣言」と「外・内モンゴルを合併する」願いを発表したが、中国共産党東北局から反対され、逆に「内モンゴルは、ただ中国共産党だけの支援を受けて、民族解放に勝利して、自らの完璧な自治権利を把握する」よう言われた[98]。しかし、東モンゴルのモンゴル人たちは、自ら現代的性質を持つ政権を築き、さらには参議院と最高裁判所、法律、流通券も作り出していくのだった。

　東モンゴル党支部は、中国共産党の主張を軽視して、1946年1月15～19日、東モンゴル人民代表大会を行い、「東モンゴル人民自治政府執政綱領」と「東モンゴル人民自治法」を決定した上で、「東モンゴル人民自治政府樹立宣言」を行い、東モンゴル人民自治政府（以下、「東モンゴル自治政府」の略称を用いる）を成立させた。彼らは、内モンゴル東北地域で高度の自治を実施することを目指して、東モンゴル人民自治軍を創設した。人民代表大会の結果、ボヤン・マンダフは政府の主席、ハーフンガーは秘書長になった。政府委員は、ボヤン・マンダフ、ハーフンガー、テムル・バガン、アスガン、マーニバダラ、メデルト、エルデンタイ、ダワ・オチル、李善忱、張鉄錚、

洪巨成、チョクバートル、サンジェージャブ、ナムハイ・ジャブ、1人のラマ（僧侶）の15人であった。

この政府は「宣言」を公布した日にワンギーン・スムで誕生した。この政府が成立したことは、モンゴル人民共和国のチョイバルサンも認め、ソ連駐軍も支持し、中共東北局と中共西満州分局も祝電を発送し、大会に胡秉権、黄文飛らを中共の代表として参加させた[99]。

一方、同年、満州国[100]の興安北省の省長であったエルチンバトをはじめ、何名かのモンゴル族とダフール族[101]の上層人士が、ハイラル（海拉尔）市に「フルンボイル自治省政府」を樹立して高等民族自治を主張した。彼らは国民党に代表を派遣し、自治政府の存在を承認することを要求した。その後、共産党中央政府東北局も自治政府へ連絡し、自治政府の存在を承認した。中国共産党嫩江委員会は、それらの存在を承認したが、フルンボイル自治省政府を、フルンボイル臨時地方自治政府と改め、中共のコントロールしやすい体制に組みかえた[102]。

これに先立つ1945年9月、内人党の本部は、セラーワンジュル、サイチンガ、ブリン・バヤル、オーラなどの5人を後旗に派遣し、内人党後旗支部を創建し、ボニヤ・バズルが書記長に、ラシネマが幹事長に、サイチンガが宣伝部長に、セラーワンジュルが組織部長にそれぞれ任命された。そして、1946年1月16日、後旗で人民大会を開催し、ジルムトらを後旗の代表として新たに成立した東モンゴル自治政府に参加させたのである[103]。このように後旗にも東モンゴル自治政府に属する地方政府が成立していた。

以上の文章の下線を付けた部分に注目すると、東モンゴル自治政府は、人民代表、選挙、法律、参議院、裁判所、軍隊、政治綱領、宣伝などの政治的機関を持ち、近代国民国家の基本的要素を形成していたことが分かる。この政権の誕生は、中華人民共和国の成立時期（1949年10月1日）よりも3年以上前のことだった。

中国共産党は、1921年から1945年までの長い間、ソ連の命令及び自らの力で、国民党中心部及び国民軍隊へ浸透したことによって、「経験豊富」

になった。文化や慣習の面でも同じである、漢族の蒋介石らでさえ中国共産党の浸透を防ぐことが出来なかった中、性格がさっぱりしていたモンゴル人らは、中国共産党の相手にならなかったのだと思われる。1920 年代から中共に育成されていたオラーンフー（雲澤）らが中国共産党のモンゴル人の統合や支配の担い手になり、のちに中国共産党によって創られた「内モンゴル自治運動連合会」は、オラーンフーらを組織の幹部とし、「4・3 会議」と「5・1 大会」を通じて、もとの陰謀を非陰謀、すなわち「陽謀」に仕立て上げた。

　東モンゴル人民自治政府について再び言うと、日本が満州から撤退した後の 1946 年 1 月に、ワンギーン・スムで、内モンゴル人民革命党と各地の人民代表たちによって組織されたモンゴル人の自治政府である。同政府は、ボヤン・マンダフを主席とし、ハーフンガーが秘書長をつとめた。中華民国内での高度の自治を目標に、「中国の主権に抵触しない限りで、外国と通商条約を結ぶ」とし、独自の「東モンゴル自治軍」を結成した。しかし、1946 年 4 月 3 日に開かれた「4・3 会議」の結果、中国共産党の圧力で解散させられた[104]。「4・3 会議」については、「民族の自決を目指す東モンゴル自治政府と、内モンゴル人民革命党を脅威と判断した中国共産党が、その解体に着手し、成功した会議である。1946 年 4 月 3 日に熱河省の承徳で開かれたことから、『承徳会議』とも言う。共産党側からは、雲澤と劉春らが、東モンゴル自治政府側からはボインマンダホとハーフンガーらがそれぞれ出席した。中国側は軍事力を動員して圧力をかけると同時に共産主義思想に憧れるモンゴル人青年らを大量に寝返らせる手法を取ることで、東モンゴル自治政府の解散と、内モンゴル人民革命党の活動停止が強引に『決議案』に書き込まれた。これ以降、雲澤ら共産党主導の自治運動連合会がモンゴル族の宿願である自決と高度の自治路線を逐次放棄していく[105]」、と先行研究が述べているのは、正当である。

　一方、同じ時期に，中国共産党の影響で、一部のモンゴル人は共産党の指導を信じ、それに騙されて連邦自治を目指していた。彼らは内モンゴルの東北地域で、内モンゴル人民革命青年団の中に混じり込んで、「黎明」という

新聞の出版を通じて中国共産党の民族政策を宣伝していた。彼らは毛沢東の正しさを「新民主主義論」と「論連合政府」という思想によって提唱していた。また、ソ連軍隊とモンゴル人民共和国軍隊がハイラル市に滞在しており、東北地域の状況の複雑化の要因となった。東北地域のフルンボイルで、ハムツレンが一部のモンゴル族青年を率い、フルンボイル省を外モンゴルと合併させる活動を行なって、モンゴル人民共和国に要求したが、許可されなかった。この組織の後ろに、中国共産党が潜んでいたのは明らかであった。

第2節　中国共産党と国民党勢力の後旗への浸透

　I. 1945年8月初旬、ワンギーン・スムにおける日本関東軍の顧問であった金川耕作が当時の興安省のマイトルジャブとともに100人余りの日本軍人を彼らの家族とともに率い、鄭家屯（今の吉林省双遼市、後旗に近隣する市）に行き、鄭家屯と通遼の間に駐屯していた日本軍人たちと相談し、東科三旗（東科後旗、東科前旗、東科中旗）に警察大隊を建てようとしていた。同年8月8日、その軍隊と家族らが後旗のエルデン・ビルック（包善一）とともに、鄭家屯から後旗政府のあったジリガラン鎮に行き、後旗警察大隊を建てた。戦争の状況に従い、8月15日に、金川耕作は日本軍隊と彼らの家族とともに後旗を離れ、日本へ戻ることになった。かつての彼らの友達であったエーシダワ（徐帮統）、エリヒム（当時の後旗の旗長）、ボルハンタイ・ラマ（ウリジトとも言う、当時の後旗第一区の区長）、ゾヒスト（警務股長）らは彼らを安全的に送り、そのことに金川耕作は感動して、自分たちの武器や弾薬などを記念品として後旗に残した。また、金川耕作は「貴方たちの故郷は貧しいので、この残りものを学校の経費として使って下さい」と言った[106]。そして、9月にエリヘムらのモンゴル人は、その武器と弾薬を使い、後旗のジリガラン鎮で、素早く各派の人物を集めて会議を行い、治安維持会を成立させた。5つの大隊があって、隊員は700人であった。選挙によりエ

リヘム氏が会長、イエーシ・ダワ氏と呉国棟氏が副会長として、社会の治安を維持するようになった[107]。

　第二次大戦が終了した時は、後旗には中国共産党の勢力がまだ浸透していなかった。一方、国民党の力が後旗へ浸透していたのは満州国より前だったが、満州国の成立により、国民党の勢力が徐々に消えていった。第二次大戦が終了して以後、国民党と共産党の勢力が互いに競争しながら、後旗へ徐々に浸透するようになった。1945年10月、国民党の東科前旗の書記であった魏伯章が後旗のジリガラン鎮に人を派遣し、三民主義や米国の支援などを宣伝したが、後旗の青年団（内人党の青年組織）のモンゴル人たちに拒否された[108]。11月下旬、モンゴル人の自治政府を準備していたツガン・ハスとムンヘ・ボヤンが後旗の元旗長であった[109]エルデン・ビルックの家に行き、一緒にモンゴル自治運動に参加しようと持ちかけた。エルデン・ビルックは何日間か考えた上で答えようとした。その一方、国民党の東北行轅派少将である王化一らの4人がエルデン・ビルックの家に行き、国民党のことを宣伝しながら、委任状を出して、彼を長春に連れて行った。長春では、国民党の東北部参謀長の董英斌と副参謀長の董彦平がエルデン・ビルックと会見した。そして、国民党のために協力するよう彼を説得し、董英斌は彼に国民党先遣軍31師の少将師長の地位を与えた[110]。

　その結果、エルデン・ビルックは国民党に左右されるようになった。それと同時に、長春にいたハーフンガーとナチン・ションホルもエルデン・ビルックに会って、一緒にモンゴル自治運動に参加しようと説得したが、エルデン・ビルックはすでに国民党側に傾いていた[111]。やがて、エルデン・ビルックは後旗に戻って、ボルハンタイ・ラマや張哲頭らを率い、1945年12月11日にジリガラン鎮に駐屯し、後旗治安維持会の部隊の青年たちと戦った。結果はエルデン・ビルックらが敗北して、鄭家屯へ逃げた。彼はその後、四平市に行って、国民党の遼北省主席であった劉翰東と接見し、遼北省政府委員になった[112]。こうして後旗における上層部の一部が国民党側に傾くようになった。

Ⅱ. 話が少し戻って 1945 年 9 月下旬に、ワンギーン・スムの内人党と内モンゴル青年団（内人党の青年組織）からスヘラ・ワンジル、ジョロンガ、サイチンガ、ブリン・バヤル、トメン・バヤル、エルデン・オーラ、ノンナイ・ジャブ、マンドラ、スヘレン・ジャブ、ナスン・ブヘ、オーラらが後旗に派遣された。彼らが後旗に来た際、ボニヤ・バヅル、趙スレン・ドルジ、アリスレン、ツガン・ハス（白徳全）[113]、ラシニャムの 5 人の名前が記載された内人党の党員証書を持ってきた。また幾つかの団員証書を持ってきた。彼らは後旗のボニヤ・バヅル、ツガン・ハス、ラシニャムと会い、人々を集めて、東モンゴル臨時政府（東モンゴル自治政府成立のための臨時政府）本部からの「外・内モンゴルを合併する」との指示を宣伝した[114]。10 月に内人党東モンゴル党支部は、ダワオツルらをはじめとする南地区工作組を東科中旗のバヤン・タラに派遣し、東科三旗（東科前旗、東科中旗、東科後旗）会議を開催した。その会議に後旗からはボニヤ・バヅル、エルヘム、スラハ・ワンジュル、イエーシ・ダワ、ウリジトなどが参加した。会議では 3 つの旗が連合事務を行い、リーダーを選挙し、三旗連合総指揮部を定めることを決定し、三旗流通券を発行した[115]。同時に、内人党後旗支部を成立させた。当時、後旗のその本部はジリガラン鎮の斉家店の大門に扁額を掛けていた。また、内モンゴル青年団後旗支部が成立し、ラシニャムを書記に、アーシンガを幹事長に就任させた。青年団の宗旨は、大漢族主義に反対し、モンゴル人による自治運動を行い、青年たちを動員して革命に参加させることであった。同時に、東モンゴル臨時政府からの「外モンゴルと合併するための署名活動」をしていた[116]。10 月 22 日と 23 日に、後旗所在地であるジリガラン鎮で 120 人余りの民衆代表が集まって選挙を行い、ツガン・ハスを旗長に、張サイン・バヤルを総務科長に、ジルムトを文教科長に、ビシレトを産業科長に、サーエンアを民教科長に、包蓮芳を内防科長に決め、東モンゴル臨時政府に属する後旗の地方自治政府が成立した。その会議の際、中共の遼北軍区から田青が中国共産党の代表として参加した[117]。11 月 23 日に、内人党の東モンゴル党支部からワンデンが南地区へ派遣された。彼は東モンゴル自治軍の司令官であるアスガ

ン将軍の指示に従って後旗のジリガラン鎮に来て、後旗の情勢を緩和し施政を維持させようとした[118]。ワンデンは、後旗の騎兵中隊を編隊し、包俊峰を隊長、ズルヘを副隊長とした。そして、社会治安を安定させ、12月15日にジリガラン鎮で120人の代表が参加した民衆代表大会を開催して、正式に成立することになる東モンゴル自治政府に属する後旗地方自治政府があらためて成立した。その後、1946年1月15日から、東モンゴル人民代表大会が行われ、東モンゴル自治政府が成立した[119]。これらの事実から見ると、1945年8月15日以後、後旗のモンゴル人が内人党と素早く協力して、自分たちの政府を建てたのである。それは共産党や国民党の力ではなかった。

　III. その一方、1946年1月13日、国民党は、先に述べたようにエルデン・ビルックを味方に引き入れ、彼に70人の武装隊を与え、後旗のジリガラン鎮に行き、政権の奪還を相談していた。ところが、1月21日、中共中央の指導下の中共遼西省委の宣伝部の副部長である趙石をはじめとした遼西工作団の16人（中国人）が後旗に送られ、秘密な形で中共の民族政策を宣伝し、後旗の政権における科長以上のモンゴル人幹部らを転向させ、後旗の行政を奪還する準備事業をしていた[120]。遼西工作団は、2月に後旗で「東科後旗編軍委員会」を建て、一部のモンゴル青年を味方にし、東モンゴル自治軍の司令官であるアスガン将軍の名を借りて第6団（兵士500人）と称し、軍隊に八路軍や軍政学校からの生徒たちを混ぜ、テクスを団長、頼其正（秘密共産党員）を政治員、張沢民（秘密共産党員）を副団長とした。また、警衛隊を建て、彭海臣を隊長にした。さらに遼西工作団は3月に、地元のモンゴル人からブヤント、ブヤンテグスら34人を選んで遼西軍政幹部学校に送って、次に行われる土地改革運動の準備をした。同月に幹部らを改組して、モンゴル人が建てた後旗政府を「民主政府」と称した。4月に、中共のジリム・アイマック地委の副書記の趙石が後旗に来て、遼西工作団の秘密党員である頼其正を政治委員（書記）に任命する決議を公布し、游暁風に幹部の組織事業を担わせ、周潔（女）を宣伝事業に任命した。6月に中共のジリム・アイマック地委は孫瑞符を後旗の書記として秘密に派遣し、内モンゴル青年団の後旗青年団部

を改組し、後旗で団委員会を建て、書路を書記として派遣した。なぜアスガンは中共の勢力が後旗へ浸透することを阻止しなかったのか。これについては、中共側の内モンゴル自治運動連合会が成立した背景、共産党側の宣伝、内人党東モンゴル東支部への浸透及び共産党の武器提供などの勧誘があった。それらに加え、共産党側が軍政学校を作ったことを説明する必要がある。

IV. 中国共産党側は内モンゴルの西部に内モンゴル自治運動連合会を作って活動させながら、東モンゴル自治政府に秘密工作員を派遣し、同時にモンゴル人の中に革命幹部を育成する軍政学校を作った。

1945年10月12日に、中共中央軍事委員会の命令によって中国人民抗日軍政大学（抗大）の一部の教員たちが、何長工をリーダーとして陝西省の綏徳から出発して、1946年2月に吉林省の通化市に着き、東北軍政大学を建てた。また、「張策同志の愛人である劉選がワンギーン・スムに着いてから、婦女大衆を組織して立ち上げさせ、各界の婦女と団結して、婦女における統一戦線を作り、1946年2月25日に『東モンゴル自治政府婦女協会』を建て、『4・3会議』の後、内モンゴル自治運動連合会の指導で、東モンゴル総分会婦女部を建てた。ワンギーン・スム市以外に、ハイラル市、通遼市、モリンダワ旗など内モンゴルの各アイマック、市、旗からもモンゴル女性たちが参加して、モンゴル族、ダフール族、エウェンキ族、オロチョン族、回族、満族、朝鮮族などの男女たちが絶え間なく来て、聖地の延安と同じように、東北軍政大学に入った[121]」のであった。東北軍政大学の主な学習過程は「中国革命」、「社会発展史」、マルクス主義基本的理論と革命においての伝統教育などである。軍訓に関する内容は、毛沢東の軍事思想、戦略戦術、軍風軍律である。この東北軍政大学だけで、第1期に内モンゴルから268人の生徒が卒業し、51個の旗・県に革命幹部として派遣され[122]、1947年7月には、すでに第2期の生徒が卒業していた。

また1946年4月18日に、ワンギーン・スムのかつての満州国軍官学校の場所に、東モンゴル軍政幹部学校（東蒙軍政幹部学校）が建てられ、中共興安省事業委員の胡昭衡、胡秉権らが政治委員、政治部を務めた。18歳～

25歳のモンゴル人青年を募集し、成績が優れた生徒を東北軍政大学に推薦し、数多くの革命幹部が育てられた。主な授業は「幹部に対する教育方針、共産党を擁護して、国民党に反対する思想を育て、民族を解放する思想や民主的覚悟を高め、軍事的革命の基礎幹部を養成すること[123]」であった。

東北軍政大学と東モンゴル軍政幹部学校以外にも、チチハル市などに軍政幹部学校が作られ、革命幹部が次々と育成された。彼らは土地改革運動に主な力を注いだのであった。

さらに、中共の東北局と西満分局は、中共中央の命令に従い、1946年3月に、内モンゴルの東部地域に秘密裏に革命幹部を派遣し、根拠地として東モンゴル自治政府のあるワンギーン・スムに西満軍区弁事処を建て、4月5日に東モンゴル事業委員会（東蒙工作委員会）をも建てた。しかし、中共のこのような活動は、国民党からの厳しい批判を受け、5月29日にこの組織を取り消して「中共興安省事業委員会」（中共興安省工作委員会）という名前にして、1947年5月1日まで活動した。メンバーは張策、胡秉権、胡昭衡、方知達らである。張策は書記で、胡昭衡は委員として軍隊、幹部、青年、群衆事業などを管理し、胡秉権は騎兵隊第1師の政治事業を担任し、方知達は東モンゴル自治政府の高層部に対する統戦事業を担当した。中共東北局は、1946年4月17日に「東モンゴル事業に関する東北局の意見」（東北局関予東蒙工作意見）を、9月30日には「東モンゴル事業に関する西満分局の指示」（西満分局関予東蒙工作的指示）を発表し、国民党に抵抗するためにモンゴル人の力を利用し、共産党の政策を宣伝しながら東モンゴル自治政府を改組する事業を始め、モンゴル人の軍隊、幹部、学校、工人、婦女、牧民・農民、社会などにより一層浸透するようになった[124]。これについて中国側の歴史では、「東モンゴル事業委員会は、1946年4月5日から5月28日までの僅か53日間で、中共興安省事業委員会は、1946年5月から1947年5月1日までの僅か11ヵ月間で、東北局と西満分局の指導で、積極的に事業を行い、数多くのモンゴル人の青年たちと進歩的な人物たちの信任と支持を得て、革命的政権を建てた。また、東モンゴル自治政府と東モンゴル自治軍を改組して、

革命の民族幹部らを育てあげ、数多くの共産党員を確保し、党組織を建ちあげた。革命の根拠地を開拓して、東モンゴルの革命が勝利を得ることの基礎を設け、内モンゴル人民を解放することに貢献した[125]」と書かれている。

1946年に中国共産党勢力が内モンゴルに浸透した結果、東モンゴル自治政府はその後も存在するものの、中共に改造され、内モンゴルの独立・自決を目指していた革命は、中国の中での民族区域自治へ転換されていく[126]。モンゴル人たちは、独立・自決の権利を奪われた。

後旗は国民党と共産党に左右されていく。国民党側は、蒋介石が「3ヵ月や5ヵ月で、軍事力によって問題を解決する」と内モンゴルの東部地域に71師、78師、59師の軍隊を送り出した[127]。そして、1946年6月22日、中国の東北三省と内モンゴル東部地域に対して戦争を発動して、後旗を含めた幾つかの地域を攻略した[128]。エルデン・ビルックが再び後旗を侵略し、国民党の後旗政府を復活させ、自ら旗長になった。国民党の目的は、後旗の上層部の人物であるエルデン・ビルック、ボルハンタイらを脅したりすかしたりすることで一部の人物を引き入れ、武力で後旗を占領することだった。その結果、東部地域で活動していた中共は、勢力が弱かったため退却せざるを得ない状況になり、北に逃げ出した。このことを今の歴史や資料では「戦略的に北撤退」と綺麗に記載している。北へ撤退する前にも、同党の政策を宣伝し、民衆に対して「減租減息」（小作料と借金の利子を減らす）、「清算闘争」（農民によって漢奸、悪地主の罪を清算する運動）を行い、土地改革をも行う宣伝を出していた。これらに対し、後旗のモンゴル人の中には、疑って、国民党に身を寄せたり、共産党や八路軍に対して抵抗したりする状況もあった。モンゴル人幹部や軍人の中にも同じような状況があった。

モンゴル人たちの東モンゴル自治軍に共産党の兵士が編入したことや、共産党によってモンゴル地域で起こり始めた「清算闘争」の影響で、モンゴル人たちは共産党を疑っていた。その結果、アスガンの率いるモンゴル自治軍の兵士にも共産党の軍人との間で摩擦があった。1946年8月に、12団の副連長であるノルブが故郷のオスン・アイル（村）を訪ねた際、中共の幹部

らは村で農会を立ち上げ、地主や富農に対して「清算闘争」を行い、ノルブも農会によって馬や銃を没収され、高帽子を被せられ「游街」[129]された。のちに彼は軍団に戻り、連隊を連れて国民党軍のエルデン・ビルックの味方になった[130]。同月28日に、後旗に浸透した中共地委（地方委員会＝秘密の組織）が、東モンゴル自治軍から編隊された第12団と共に後旗から北へ撤退する際、モンゴル軍人のブリンダライ、ビリゲらは共産党の工作員であった張潔を殺し、80人余りの兵士が国民党の軍隊の味方になったエルデン・ビルックに寝返った[131]。張潔は共産党の命令に従い、「東北地区に根拠地を作る」という目的で延安から内モンゴル東部地域に派遣され、庫倫旗の幹部学校に行かされ、のちに後旗の副旗長、公安局局長として秘密に働いていた。当時、後旗に浸透した共産党の組織はまだ秘密の組織であった[132]。同年11月、第12団がホルチン左翼中旗からホルチン右翼中旗に撤退した際、ニェンイン・アイル（村）の班長であった張徳喜、銀宝らの指導で「第四連」軍と「第三排」軍が寝返って、銭家店にある国民党第18師に合流した[133]。

　このような複雑な状況下で、中共は後旗ではただの秘密組織であり、1948年11月3日になってようやくその組織は公開された[134]。それ以前はずっと秘密の組織だったが、今の時代における後旗の歴史や資料には、その真相が闇に葬られ、どちらが公認・合法の政府で、どちらが非公認・非合法の政府であったのかを明らかにしてこなかった。中共工作団や党支部が公開されて以後、東北軍政大学と東モンゴル軍政幹部学校の卒業生たちの後旗への侵入、各種類の宣伝や革命幹部訓練クラスが行われた結果、後旗では共産党員の数が猛烈に上昇し、1948年の1年間だけで党員の数が3倍以上になった。旗政府の幹部とノタックの幹部以外にも、普通の民間人及び女性の新党員も次々に参加するようになった。以下、1948年の1年間で増加した党員の人数を表（表2-1）として取り上げる。

表 2-1　1948 年の年末までの後旗における共産党員の数[135]

月	男　　性	女　　性	旗委・政府	合　計
1 月	140	3	13	143
7 月	153	2	12	155
8 月	180	4	不明	184
9 月	319	13	不明	332
11 月	387	17	34	404

第 3 節　後旗における土地改革

I　土地改革のはじまり

　後旗における土地改革運動について、中国側の資料を見ると、それは 1947 年 10 月に始まり 1948 年 5 月に終了した。1947 年 5 月に、オタチーン寺（広福寺）で旗とノタックの 500 人の村幹部が参加した幹部大会議を行い、旗委書記の梁一鳴が旗の労働人民に対し、食糧生産を増加して、貧困から解き放ち、豊かになることを強調した。また、旗政府は商売の自由について公布を出し、貸し出しや借り入れも自由であると宣言して、土地改革運動を始めた[136]、とまとめている。1945 年 9 月から 1947 年 6 月までの後旗は東モンゴル自治政府に属しており、後旗政府はモンゴル人の地方自治政府[137]であった。だが、その政府は中国共産党により改造され、幹部らは大量に整理された。それには軍政学校の卒業生たちが大きな力を発揮したのであった。

　後旗で土地改革が始まった頃、中共の勢力は非常に弱々しく、順調に進まなかった。1946 年 1 月 21 日、中共遼西省委が趙石をはじめとする工作団を派遣して、後旗に侵入した。そして、改革運動を発動し、清算闘争をするために、まず 40 人を募集して、革命幹部を養成した。共産党の民族民主革命の道理を宣伝し、民衆に立ち上がる方法を教え、民衆にどうやって人民に服務するかの理念（樹立為人民服務的観念）を教えた。3 月から工作団は秘密で

ある党委の正体を隠して、自らの組織を表向きには「民運部」と名付け、モンゴル人の青年を周辺に引きつけながら、4月に、モンゴル人による後旗地方自治政府を「民主政府」に改組した。政府の各機関の科長レベル以上の幹部らを転換し、後旗の8個のノタック[138]を改編して15個のノタックに分け、各ノタック達（ノタックの長、区長）を改めて任命し、各アイル達（村長）を改選した[139]。それと同時に、暴力を行使できる武装組織を作った。しかし、9月初旬に国民党軍隊が6月に続いて再び後旗に入ったため、中共工作団は、東モンゴル自治軍と共に、北へ撤退した。

1947年6月にアスガンが率いる東モンゴル自治軍（12団）が国民党軍を破って解放されて以後、中共の工作団は後旗に再び侵入して、地方武装隊＝旗大隊を建てることになった。旗大隊は3つの中隊によって構成され、隊長は旗長のゴンブーと梁一鳴（秘密な旗書記、共産党員）が担い、軍隊を蘇云が担った。7月～10月までに300余りの人を募集し、土地改革運動が順調に行われるように武装隊を準備した[140]。9月に、村々から貧乏な人（貧下農民）、働かない怠け者、ゴロツキなどを選び、各ノタックで農会（農民協会）を作り、10月になると各ノタックで251個の農会を作り上げた。当時「一切の権力を農会に与えて土地改革を推し進めた[141]」と言われる。

そして、中共東北局と遼西省委の指示により、民衆を立ち上げ、清算闘争をさせ始めた。モンゴル人を幻惑するために、中共興安南地区行政署の主任であるオリト（モンゴル人）を中共ジリム・アイマック地委の委員長にして、後ろで趙石が盾になって副委員長を務めた。後旗では1947年の10月に、中共ジリム・アイマック地委から派遣された梁一鳴(中共後旗委秘密書記)によって行われた。土地改革を武力で進めるために武装大隊を立ち上げ、旗長のゴンブジャブと副旗長のノルブはモンゴル人であるものの、政委は漢人の革命幹部出身の梁一鳴であり、中共の指導者によって行われるようになった。闘争の対象は、概ね満州国の関係者（満州国軍隊に参加した人、日本人と関係ある人、日本のスパイ、満州国の行政機関で働いた人及び彼の親戚）、国民党の関係者（国民軍に参加した人、国民軍や国民党の政策を擁護する人）、悪覇分子（お金持ち、大量の土

地を持つ人、多数の家畜を持つ人）の３種類の人物である。

　その一方、秘密裏に共産党員を募集し、党支部を建てた。中国側の歴史資料でも「1946年３月までに中共工作団が入る前、後旗には中国共産党員と中国共産党組織はなかった。工作団が入ってから共産党員が存在した[142]」と明確に認めている。また、共産党やその工作団は、秘密組織の形で動いていた。上で述べたように、1948年11月３日になって、その党員や組織が公開された。中国側の歴史では、1946年１月に東モンゴル自治軍の司令官であったアスガン将軍と中共遼西省委の西満軍区司令官であった呂正操との間で交わされた協定（呂・阿協定）が定めたことについて、「東モンゴル自治軍が八路軍からの指導・指揮を受けて」としているが、これについて先行研究ですでに明らかなところでは、すなわち、東モンゴル自治軍の指導権や指揮権はアスガン司令官や内人党東モンゴル党支部の作った東モンゴル自治政府にあった。フレー旗、後旗、開魯、中旗、通遼県などを解放する主な戦争は、東モンゴル自治軍のもとでアスガン司令官によって建てられた11団軍隊、12団軍隊が主力であった。この真相は、中国側の研究や歴史でよく言及されている「我が軍隊、八路軍、人民解放軍」によって「解放」されたことと異なる。そもそも内モンゴルにとっては、人民解放軍によって解放されたという歴史は信じがたいものだ。

　後旗で土地改革は1947年７月から８月にかけて始まったが、中共工作団側は訓練された幹部が梁一鳴、鄭宇、顧明、杜福興、馬慈、蘇云、陳蘇、張洛ら40人しかいなかったため、各ノタックを担当する幹部は２〜３名だけで、事業を行うのは難しかった。また、モンゴル人社会では歴史的にこのような暴力的な活動があまりなかった上、モンゴル人の思想に根深かったシャーマン教やチベット仏教の信仰があって慈悲心が深く、馬や羊や牛など家畜を売ることさえ涙が出るような悲しいことなので暴力や恐怖を進めるやり方に対応できず、国民党であれ共産党であれ、いずれも漢人であり、やり方が同じであるという心理的な影響も大きかった。軍人として参加したモンゴル人たちの抵抗もあり、当初、土地改革運動はあまり進まなかった。最初

は、主に6村での630戸（世帯）に対して行われ、26戸に闘争をかけ、内訳は地主・牧主が18戸、富農が1戸、その他が7戸しかなかった。6人が殴られ、ある人物に再び闘争を行い、その「御菓子」（菓実）を328戸に与えた。所謂「御菓子」は、家畜（馬、牛、騾馬）が1,027頭、衣類が125件、銃が10支、銃玉30発であった[143]。

　だが、8月末に中共遼西省委が指示を出し、ジリム・アイマックの各旗・県に仕事の段取りを手配し、「群衆を大胆に発動させて、封建勢力を断固として徹底に叩き潰す。地主・スパイ・残り分子（日本や国民党の残余分子）たちの経済的・政治的基盤を叩き潰して、民衆に土地を手配させる。運動中に中堅の役割を果たす貧しい農民（雇農、貧農）から積極分子を養成し、彼らによって中農分子を働かせ、90％の民衆と団結して、民衆運動を大規模に繰り広げ、反動的・悪覇な地主を打倒すること」になった。9月に、後旗「民運部」（工作隊）が各ヌタックにおいての運動を検査してから、モンゴル人が住む地域によって異なる2つの戦略を取るようになった。1つは、モンゴル人意識が強い地域（ジリガラン鎮を線として南北に分ける）のジュン・スヘック村（東蘇営子村）を土地改革運動の基地（試点）として行い、それを通じて把握した経験をさらに全旗へ推し進める。もう1つは、漢人とモンゴル人が相対的に混じり住む南の地域（遼寧省や吉林省に近隣する地区）で、そこではモンゴル人が中国語をだいたい分かり、また1946年6月にすでに「減租減息」活動を行なったので、「民衆の基礎」がある。そのため、中国語に通じた人物を選んで、民族幹部を養成した。そして、ホタン・ノタックのバルン・ヘンゲルッケ村で民族幹部の訓練クラスを開いた。10月にジューン・スゥヘック村でも20日間の民族幹部の訓練クラスを開いて、50人を養成した。その前の1948年1月に、内モンゴル軍政大学を卒業した60人の生徒が中共ジリム・アイマック地委によって後旗に派遣され、土地改革運動を支援した[144]。8月に後旗を遼北省の管轄に入れ、そして、彼ら（革命幹部）の「支援」で後旗の8個のノタック（区）を15個のノタックに分けてモンゴル人の団結力を分散させ、土地運動を推し進めた。さらに幹部らをもう一度改組して運動を進め

るために、10月、後旗の行政を15個のノタックから10個に変更し、村々においての農会で闘争を進めた。それらの農会の下に雇・貧農会、婦女会、民兵会、児童団会などが建てられ、社会全体が巻き込まれるようになった。

II 土地改革のプロセス

1. 中国共産党は、1921年から1949年までの28年間、ソ連共産党の資金、命令、指導のもとで武装反乱を発動し、武装反国も発動させ、新ロシア帝国の皇帝であるスターリンの命令下、公然と公開的に、中国の主権を取り返すことに反対して、「武装でソ連を保衛する」決議・決定・決心を定めながら革命してきた[145]のであった。この段階の政治的運動は、ソ連共産党政権のケースとしてのレーニンの「10月革命」を真似したことにある。周知の通り、マルクス・レーニン主義や共産主義宣言の理論的基礎は「階級闘争、暴力革命」であり、ソ連と同じように、後旗社会においても、同じような革命があらわれた。

1945年9月から、後旗は翌年1月に正式に成立する東モンゴル自治政府に属したが、その後、中国共産党に改組され、とくに1949年になると、徐々に共産党の政治制度——民族区域自治制度に支配されるようになった。一方、東モンゴル自治政府の力が弱くなったため、後旗は、中共遼北省ジリム・アイマック委員会に行政的に所属させられた。中国共産党の東モンゴル自治政府への浸透[146]の結果、東モンゴル自治政府のリーダーたちも続々妥協し、オラーンフー以外の他のリーダーたちも既に中国共産党の秘密党員になった人が少なくない。アスガン将軍は、すでに1946年に中国共産党の秘密党員になっていたのである[147]。

1946年2月には「減租減息」運動を行い、群衆運動を発動して、旗政府があるジリガラン鎮で、満州国時期の街長（町長）であった斉鵬生を群衆の目の前で殺し、恐怖の空間をつくった。翌月に中共ジリム・アイマック地委はエルデン・ビルックと一緒に国民党軍に参加したウリジトを逮捕して、バヤン・タラ鎮で殺した。この2人は「有名人」の典型であるため、彼らを殺

すのは中共として宣伝にも有利であった。しかし、このことは上で述べたように、自治軍隊のモンゴル人には大きなダメージになり、いわゆる「軍人の反乱」を起こさせた。5月に中共中央は「土地問題に関する指示」を発表し、翌年の10月に「中国土地法大綱」を公布した。農村部から始め、封建階級を打倒し、封建制度を消滅し、土豪劣紳を打倒し、土地を平均化する「土地改革」運動が行われた。内モンゴル東部地域、とくに後旗においての土地改革の目的は、一貫して中央政府の「耕作者に土地を与える（耕者有其田）」、「封建階級の土地を貧困な人々に分配する」ことと一致させ、従来の社会構造を打ち破り、再び建て直すことであった。

1947年6月にアスガンによって解放された後旗は、中共遼吉省ジリム・アイマックに属された。中共の後旗民運部は、8月14日にジリガラン鎮のオタチーン・スム（広福寺）で、革命幹部らと軍政幹部学校の生徒達と民衆を参加させた大衆大会を開いて、革命幹部を殺したバートル・サンとモーノハイを大衆の前で殺し、同時に国民党と戦って犠牲になった人を「革命烈士」として褒めあげた。政府側の資料によると、1947年6月、ジリガラン鎮で「革命の烈士」たちを追悼する集いを行い、名前をハスオチルと言う東モンゴル自治軍隊の軍人の遺骨を、彼の故郷であるバヤンウダ・ノタックのシンヘ（興和、前はエメル・ソムに属され、今はアドチン・ソモのハスオチル・ガチャー）アイル（村）に埋蔵し、村の名称を彼の名前に変えた。同じく1948年に、名前をボウ・マンニュウ（包牤牛）と言う人物は、烈士となり、窟アイル（村）の名を、彼の名前である「ボウ・マンニュウ」に変えた[148]。つまり、東モンゴル自治軍に参加し、国民党と戦って犠牲になった軍人たちも「人民解放軍の兵士」として宣伝の道具にされ、「光栄」になり、他の青年たちを引きつけることになった。後旗の歴史档案にある軍人についての統計データ[149]を見ると、モンゴル人の名前がかなり多く、彼らは「革命の烈士」とされ、身分を変えられ、「人民解放軍」になったことが分かる。また、後旗における「革命烈士英名録（1937年〜1988年[150]）」には、烈士が214人おり、そのうち153人は1946年から1951年の間に犠牲になった。彼らの中で、モンゴル人は140人であった。

1958年から1961年までに、後旗からチベット騒動（いわゆる「西蔵反乱」）で烈士になった軍人が9人あって、そのうち8人がモンゴル人であった。すべては、「人民解放軍」の「烈士」として書かれているのである。

　土地改革の話に戻る。1947年9月に、中共工作団は財政難を乗り越えるために、地主・牧主から奪った財物を身代として、国民党の地域から白布、食塩、茶葉、マッチなどの生活品を引き入れ、ジリガラン鎮で商店＝「鴻興号」を開いて、民運部（工作団の秘密な共産党員）の鄭宇がマネージャになった[151]。このような「経験」で、翌月に民族幹部の訓練を行なっているバルン・ヘンゲルッケ村で、もう1つの商店を開いて、それを「合作社」と名付け、それは歴史上「後旗においての最初の合作社[152]」と記載されている。そして、農会が社会における最高の権力・権利機関になり、大会闘争、小会闘争、「裁判」代わりの拷問、各種の酷刑、死刑などが農会によって実施されるようになった。農会は地主・牧主、富農の財産（土地、牧畜地、家、家畜、衣類、金銀宝石）を没収する権利があり、ラマや寺院の財産（土地、寺院、寺庭、牧畜地、家畜、仏像、仏殿、仏典、仏具、衣類など）を没収する権利もある。私有制であった森林、山川、多数の家畜も農会によって取り扱われた。反対した者に対しては、酷刑を推し進め、強引に反対者を殺したのであった。ラマ・僧侶たちに唯物主義思想を宣伝・教育し、寺院の土地、耕地、家畜、財産をすべて没収した。

　10月10日に、後旗民運部は、中共遼吉省工作委員会の指示で「早目に群衆武装運動を立ちあげて、政治的攻勢を展開させる」という通知を出し、村々に歩哨を定め、交通の要路にも歩哨をたて、昼は児童や婦女会が歩哨に立ち、夜は民兵が歩哨に立ち、自由に出入りすることが禁止された。通行証がない人物を農会に連行し、チェックし、批判闘争するようになった。中共遼吉省工作委が10月17日に各管轄へ発布した「指示[153]」では、「地主分子、敵、偽残余分子を清掃し、民主政府の中の役人たちの純潔を保持するため、この指示をした。各級政府の中にいる、一切の悪覇地主分子及び敵、残余分子を粛清するため、上級政府へ報告すると同時に、貧困な知識分子と農民か

ら幹部に昇格させ、その人たちに政権を与える」こととした。11月8日から、バルン・ヘンゲルッケ村で、南部地域で土地改革をした経験を持つ50人の革命幹部が、各ノタックから参加させた革命幹部に「中国土地法大綱」、「農村においての階級をいかに分析するか」を1ヵ月間教育して、各村に派遣し、従来の農会を再び改組した。12月中旬に遼北省政府が「中国土地法大綱」と「東北の解放区に対して『中国土地法大綱』を実施する補助方法」を公布してから各ノタックの農会はそれをさらに進めるようになった。ジルガランノタックの農会と後旗民運部は、ジュン・スヘック村（東蘇営子村）で農会幹部の代表大会を開催し、80余りの農会幹部を集めて、その政策を教え、前後1,200～1,500人の農会幹部が教育を受けた。会議の前に農会が人々を攻撃した率は総人口の13.7％を占め、会議後に攻撃した率は総人口の15.6％を占めた[154]。

1947年12月から1948年1月末まで各ノタックでは、農会によって貧困農民を働かせ、地主・牧主に対して闘争を行わせ、彼らの衣類、金銀宝石、住宅をはじめ、農具、家畜、土地などすべてが奪われた。急進的な「土地改革」が貧農路線により地主・牧主を打倒し、「絶対平等」の土地分配が東モンゴル全体に広がった。地主・牧主の農耕地や半農・半牧地域及び共有地をすべて没収し、私有財産である衣類、家具、金銀宝石、家畜全体も没収された。地主・牧主を殴る、殺害するなどの極端な混乱に落ち込んだ。地主・牧主とされたモンゴル人世帯は全体の20.8％を占め、モンゴル人総人口の25.6％にも達した[155]。3月になると、土地改革運動はまるで「清掃戦場[156]」になった。一方、1947年5月に中共の内モンゴル自治政府がワンギーン・スムで成立し、11月26日にワンギーン・スム（「王の住む寺」の意味を持つ）をオラーン・ホト（「赤い都市」の意味）と改名した。1948年2月、内モンゴル自治政府から東部地域での「土地の平等分配」が行われるようになった。しかし、その直前の1948年1月、中共中央書記処書記の任弼時が「土地改革における幾つかの問題」を発表し、「土地改革」の過程で「攻撃面を誤って拡大して、革命の戦線を混乱させた」と指摘した。そこで、中共ジリム・

アイマック地委と中共後旗民運部は、上級の指導に従って、5月に「土地改革運動は、成果を固める段階に入った」と土地改革を終了し、逆にこのチャンスを利用して幹部らを整理する活動へ移行した。後旗の東部にあるブドーン・ハルガン村を「交権審幹」（革命幹部や農会幹部の権利を手放し、幹部の審査を待つこと）の試行地区とし、のちにジリガラン鎮に連長と排長以上の幹部を集め、幹部陣営を整理し、幹部陣営にいる悪い階級分子や「敵偽残余分子」（日本・満州国との協力者、国民党とに関係者がある人）を清掃するようになった。具体的には「査階級、査歴史、査思想作風」（幹部の階級、出身の歴史、思想や態度などに対する審査）をして、「群衆審査、民主審査、組織審査」（群衆によって幹部を審査する、民衆的に審査、党の組織からの審査など）をし、「三査・三審」して、幹部陣営を整理した。そして行政機関にいるモンゴル人を一掃した。

　その前の1948年3月10日、中共遼吉省（遼西・吉林）委は「重要な通知」を発布し、中共東北局の標準に従い、打撃する戸数は村の総戸数の10％以内に縮小した範囲内で打撃すると指示した。その結果、後旗は打撃戸数を従来の15.6％から9.5％に、総人口の11.5％を占める人への打撃を9.5％に減らした[157]。

　2．4月に土地運動が終了するようになり、土地を人口当たり平均的に分配した。中国側の研究は、後旗での土地改革運動を「封建勢力を消滅させ、地主階級を打倒させ、生産力を解放させた階級闘争である。封建階級の旧思想・旧文化・旧風俗習慣・旧道徳観念を猛烈に攻撃し、社会の様相を変えた。社会における治安が良くなり、地主・牧主・土豪・悪覇が管制され監視され、労働に参加するようになった。各種類の宗教団体や泥棒が人を騙すことが減少し、麻薬を吸う人や賭博する人物が減少した。婦女や児童の社会においての地位が根本的に変化し、婦女が解放された[158]」と認定している。土地改革により後旗の土地の分配状況は変化した。後旗の雇農（雇用の農民）は26,803人であり、3,500垧[159]の耕地を得て、総耕地面積の23.7％を占める。土地改革前は2.1％を占めていた。貧農（貧乏な農民）は28,610人であり、42,556垧の耕地を得て、総耕地面積の28.8％を占める。土地改革前には5％

を占めていた。中農（中等の農民）は 26,778 人であり、従来の耕地と合わせて 41,700 垧の耕地を持ち、操行地面地の 27.2％を占める。土地改革前は 12.3％を占めていた。富農（富裕の農民）は 8,057 人であり、14,567 垧の耕地を得て、総耕地面積の 9.8％を占める。土地改革前には 28.1％を占めていた。地主は 6,277 人であり、10,451 垧の耕地を得て、総耕地面積の 7％を占める。土地改革前は 37.3％を占めていた。後旗において、778 名のラマの 28 ヵ所の寺院と 8,895 畝（593 垧）の耕地を没収した。後旗政府の公文書には、「1946 年以来、統計によると、反対党、団、スパイ、反対武装分子などの人物が 4,385 人であり、全旗における 25 歳〜50 歳の男子の 30％を占め、総人口の 3.5％を占めた。今は、すでに逮捕された 154 人と前期に逮捕された 170〜180 人を合わせて、その 3 分の 2 を殺して、3 分の 1 を拘禁しようとしている[160]」との報告もあった。

　土地を平均的に分配する目的で行われたこの運動は、従来他省からモンゴル地域に移民してきた漢人らにもモンゴル人と同じく土地を与えたため、モンゴル人の従来の土地面積が狭くなった。その結果、牧畜を営んでいたステップが漢人によって開墾されることを間接的に励まし、砂漠化させる原因となった。モンゴル人のエリートたちや民族主義者たちを打倒し、モンゴル人の精神を失い、従来の土地・牧畜地を公有化して牧業を営んでいたモンゴル人の経済的基盤が失われた。また、ラマ・僧侶を打倒し寺院を大量に破壊したことはモンゴル人の宗教に大きな影響を与え、従来の社会道徳システムが打ち潰された。

　1947 年 5 月 1 日に成立した内モンゴル自治区政府では、ソ連と延安に革命思想を習ったオラーンフーが主席になった。各地域で行われた土地に関する運動が、従来の東モンゴル自治政府（上述のモンゴル人が作った政府）などの土地についての決議と食い違っている状況に、内モンゴル共産党委員会は、1948 年 5 月 5 日に「土地権を確定し、生産を発展することに関する通知」（関予確定地権発展生産通知）を公布し、「すでに土地を分配し、土地を得た雇農・中農・富農・地主は、すべて土地を持つ権利を有する。現在所有する土地は

自分の私有財産として認められる」とした。また、1948年6月24日にジャラン・アイル（札蘭屯）市で行われた内モンゴル幹部会議の予備会議と、7月から8月にかけてハルビン市で行われた内モンゴル幹部会議において、オラーンフーは、モンゴルの土地問題に関する幾つかの条例を発表したが、会議そのものは東モンゴルの民族主義者であるハーフンガーらの主導した内モンゴル人民革命党の活動を完全に否定し、ハーフンガー、ボヤン・マンダフ、ナムハイ・ジャブらを「封建支配の代表的人物」として強く非難するなど、民族主義者に対する清算的な会議となってしまった。そして、「土地権利書の頒布についての指示」、「土地権利書頒布規則」など一連の土地に関する法律を1949年2月13日に新たに公布した[161]。

　以上述べた会議や指示及び規則などには、従来モンゴル人たちが自ら定めた「内モンゴル自治政府施政綱領」にある内容、すなわち「内モンゴルにおけるモンゴル民族の土地所有権を完全に保護し、牧地を保護する」という表現がなくなり、その綱領は踏み躙られた。土地改革を通してモンゴル人も自分なりの土地を得たが、これはあくまでモンゴル人個人としての「土地」であり、もともとのモンゴル人集団としての土地ではない。その結果、東部地域でモンゴル人が集団的に所有してきた土地は、事実上モンゴル人の手を離れることになったのである。中華人民共和国が成立して以後の1951年、中共は内モンゴル東部地域で行なったのと同様の「土地改革」を通して、西部地域のモンゴル人の集団的な土地所有権を奪うことにした。その結果、土地改革によって、モンゴル人が民族として所有していたはずの耕地や牧畜地の所有権が完全に失われ、モンゴル人エリートたちが上層の指導者から地方まで一掃され、内モンゴル自治政府の高度な自治の性格が失われてしまい、逆に中共の固い支配権力はさらに一層強固なものになった。

　3．「解放した」問題にもどる。中国側の現代史には「内モンゴルは、中国共産党や人民解放軍によって解放された」と定義されている。その資料を見ると、後旗において、「後旗は日本と国民党の植民地であり、大勢のモンゴル人が大変な苦しみの中に生活していた。『8・15』以後、共産党こそが

中国人民解放軍を指導して、内モンゴル人を解放し、モンゴル人に幸福を与えた[162]」と書かれている。しかし、彼らの書いた同じ資料で、すでに述べたように「1946 年初に、遼西工作団が後旗に入る前、全旗で共産党員と共産党組織はなかった。1946 年 9 月に、戦略的に北へ撤退（実は国民党に敗北）する際、全旗においての共産党員は 38 名であった[163]」と認め、その上で、「1950 年 2 月に、ジリガラン鎮で中共後旗第一次党員代表会議が開かれ、党の建設する問題を討論した[164]」、同じ年の 12 月に「中共後旗第二次党員代表会議が開かれ、張強が中共後旗の書記となった」、「1956 年 6 月に、第一次代表大会が開かれ、常務委員会を設け、『文化大革命』が開始してから旗委員会は解散し、1971 年 7 月に回復した[165]」などとも書かれている。または「1956 年 5 月 25 日〜30 日に、第一次代表大会が開かれた[166]」とも書かれているが、信じがたいものである。党および党の組織が成立し、それから党員代表会議を行うのが、普通の常識であるが、組織ができる前から党員代表会議が開かれたと言うのである。また、「文化大革命」が開始することにより「解散して、1971 年 7 月に回復した」と言うが、その「文化大革命」を誰が発動したのかという質問から回避することはできない。その 1966 年から 1971 年にかけての 4 年間で、大勢のモンゴル人が冤罪で殺された。党支部について、その歴史には、「1946 年 6 月に、グーン・ホーライ区のグーン・ホーライ村に初めての党支部を設立し、1947 年 6 月に 5 つの党支部を設立した。1951 年に、旗直属機関の党総支部を設立して、後旗に設立した初めての総支部である。1956 年 7 月〜10 月に 69 個の党総支部を設立した[167]」とある。しかし、グーン・ホーライ村は当時の旗政府とは関係がなく、1947 年 5 月 1 日まで、旗政府のあるジリガラン鎮で、党における支部、総支部、代表大会はなかった。

　次に、後旗におけるいわゆる「解放戦争」の主な戦場（ジリガラン解放戦闘、エドノール戦闘、ハラオス戦闘）について、中国側の自ら編集した歴史書籍では「東モンゴル自治政府自治軍隊、或いは第 12 団軍隊、第 11 団軍隊がアスガン将軍の指導により戦闘し、勝利を得た」と認めている。それも、自治軍の

兵士たちは、ほとんどが従来の満州国軍隊の軍人らがそのまま自治軍になったモンゴル人たちであった。それに対し彼ら（中国側の歴史研究者）が頻繁に主張しているのは、「我が軍の政治委員、我が指導員」である。これは、中共の秘密の党員が自治軍に協力したということに過ぎない。八路軍や「中国人民解放軍」がその時期に中国の東北地域にまだ駐屯していなかったことは明らかである。

第4節　「反革命鎮圧」と「三反運動」

　中共後旗民運部（のちに中共後旗委員会）は、土地改革運動に続いて、1947年6月〜1952年末に、社会主義改造の「反革命者を鎮圧する」運動（鎮圧反革命運動）、幹部陣営を粛清・整理（整風運動）する「三反運動」を行なった。すなわち、民衆に対して「反革命者を鎮圧する運動」を行ない、幹部陣営に対して1951年12月から「三反」運動を行い、旗の全ての幹部たちの思想を改造し、行政機関での党組織の位置を高めた。これらの運動は、旗直属機関だけではなく、全ての区（農業区、牧業区）幹部も含め、社会全体に広がっていた。中国で1949年から1957年の間は、社会主義を建設する「過渡的時期」であり、「新中国」が成立してから「社会主義改造」を完成させる時期にあった。政策では、かなりの長い期間を費やして、社会主義の工業化を実現し、一歩ずつ農業・手工業・資本主義商工業の社会主義的改造を実現するのが任務であった。任務の目的は、非社会主義的経済を社会主義的経済に変え、社会主義的経済を国の唯一の経済基盤とすることであった。社会主義工業化と言うのは、強大な重工業国家として必要な装備を備え、社会主義工業を国家の唯一の工業にすることであった。農業・手工業に対して、社会主義的改造を実現し、農民と手工業者を教育して、彼らを組織化して、お互いに共同して、旧来の生産手段から、着実に機械化を図ることであった[168]。

　I. 地主・牧主らを打倒する土地改革が終了すると、中共後旗委は、幹部陣営、

社会人、農民・牧民など普通の人々の思想やイデオロギーを変えるため、人々を「革命者」と「反革命者」という階級理念で分けて、反革命者を取り調べた。いわゆる反革命者には、満州国政府（中国の書類では「偽満州国、或いは傀儡満州政権」と言う）と国民党・国民軍に関わる人物、満州国時期の行政府に勤めていた人々、通信員、軍人、地主・牧主・富農（ある程度の土地を持つ人、当時の富裕階層の人々、ある程度の家畜と牧場を持つ家庭）、ラマ、シャーマンなどの人々が含まれていた。いわゆる「土地改革」と言うのは、当時の普通階層の家畜と土地を無償で取り上げ、貧乏な下戸（貧農）に分配し、所有権を撤廃することから始まったものである。「運動」に抵抗する人々が「反革命」とされ、社会主義改造運動の対象となった。

　中共内モンゴル委は、「反革命者」とされた人々を「労働改造」や「労働管制」と名付け、「国有農場」で働かせた。1951年から1954年までに、後旗で「反革命分子」として数えられた人物は5900人[169]であり、中共後旗委は「反革命者」を「労働改造する」ことによって、6つの農場を創り上げ、モンゴル人の牧畜地のステップを開墾させた[170]。地主や富農たちの私有財産を無償で取り上げる活動は、1950年まで続けられた。金宝屯区では、同区の幹部たちが、学校を作る名目で、同区の継斌村、向陽村、七家子村、三江村の4つの村の9世帯の地主家庭、7世帯の富農家庭のあわせて90間の家屋を没収した[171]。1948年11月から、前期においての農業統計、学校統計、寺院とラマの統計、幹部らの数の統計、牧民の家畜統計などを取り始め[172]、私有制を打ち潰し、農民・牧民に対して税金や提供任務を課すようになった。当時の後旗の2つの区（ノタック）における革命者・反革命者を分けた状況を以下の表（表2-2、表2-3）で示す。

表 2-2　後旗バヤンオダ・ノタック（白音烏達・努図克）革命者＆反革命者[173]

アイル（村）名前	革命者	反革命者	アイル（村）	革命者	反革命者
シラックチン	1	14	ホトン・アイル		15
グン・ホドック	1	11	アドーチン	3	16
ドンホル		25	ハラウス		22
ダシメル		20	タブン・ゲル	2	15
ダラン・アイル	5	7	ドゥーレン	7	14
セェーゲン	3	35	ゴゴッドタイ	1	15
ショホ	1	10	ウントウ・ハルガナ		16
エヘ・ホテンタラ	1	13	アル・サンド	1	18
エメール	3	4	バグ・ホタンタラ		5
オリヤスタイ	8	22	ハスオチル	7	27
ハダン・ホダック	3	12	エベイホーチン	2	10
オラルジ	3	14	マリン・ホドック	1	17
シン・アイル		4	バヤン・オド	2	30
ジャラン・スブク	1	19			
革命者総数	56 名		反革命者総数	430 名	

表 2-3　ジルガラン・ノタック（吉尓嘎朗・努図克）革命者＆反革命者[174]

アイル（村）名前	革命者	反革命者	アイル（村）	革命者	反革命者
ジルガラン	30	4	ドォール・ソー		19
ジョルガン・ゲル	11	15	ハラ・オゥス	10	10
ダバータイ	8	23	バヤン・ハク	2	8
ハッフチル	3	9	グンー・ノール	5	13
オゥドンシル	21	20	メーリン	10	14
オゥスー	8	23	ボ・マンニュー	4	22
ミョース	8	24	アル・フゥア	12	20
ペェセンダ	1	14			
バイル	4	17			
革命者総数	137 名		反革命者総数	255 名	

以上の２つの表を見ると、当時、バヤンオダ・ノタックの総人口は12,923人[175]であり、そのうち反革命者は総人口の3.3％を占める。ジルガラン・ノタックの総人口は9,867人[176]であり、そのうち反革命者は総人口の2.6％を占めている。当時、村々に対しての鎮圧運動は、平均で総人口の3％を占める政策であった。

　II. 幹部陣営と役人らに対して、「整風運動」、すなわち「三反運動」（反汚職、反浪費、反官僚主義、1951年12月18日から開始）[177]を行なった。今回の運動は、旗委直属機関と各ノタック[178]の２つに分けて行われた。1952年２月６日に中共後旗委員会が中共ジリム・アイマック委員会に提出した「報告書[179]」には「わが旗の三反運動を今まで40日間行なっているが、旗の主な機関（旗委、旗政府、公安局、合作社など）を除いて、小さい機関では、あまり達成されていない。例えば、銀行、公安隊、百貨公司などの機関においては、手抜かりしたところがかなりある。そのため、全旗を５組に分け、大きな汚職と小さな汚職の境界線をはっきり区分して行なった。その結果、問題のない機関はなかった」と記されている。運動の対象になった人物は498人で、そのうち249人が汚職した人物として処分された。百万元以下の汚職者は189人、百万元〜一千万元の汚職者は40人、一千万元以上の汚職者は20人であった。「報告書」には「全ての幹部は、高度の闘争心を保持し、思想を解放することに積極的で、無産階級思想と資産階級思想との境界線をはっきり区分するようになった。資産階級の本性と悪魔的な行為を認知することを理解した。規定された６つの案件を学習して、全ての幹部は、思想終結と思想改造書を書き、また自分の資産階級との関係と自分の社会関係を書きあげた[180]」のであった。

　各ノタックでの運動について、後旗整党三反委員会が上級機関であるジリム・アイマック三反・整党委員会に提出した「ノタックの整党三反運動の進行状況及び今後における計画書」を見ると、「我が旗のノタックにおける三反は10月５日から開始し、ノタックの幹部を旗政府に集めて、訓練している。213人が参加し、その中の180人が問題であり、全幹部の84％を占める。

前回の旗直属機関幹部の三反運動で手抜かりがあった幹部が27人、共青団員が50人、群衆が60人」であった。党委は彼らに対して、互いに繰り返し討論させ、批判させ、恐怖を持たせ、互いに摘発させられ、「ある人は日用品を持ち込み、刑務所に入れられる準備もしていた。数日間の討論や批判によって、各種の間違った思想や抵抗する気持ちは基本的に粛清された。今は、思想的闘争によって、ある人は不安になり、独り言を言っている状態である。また、上級の文書を学習することと合わせて、良い成果を果たせた[181]」のであった。

そして、1951年12月から始まった旗幹部を粛清する「三反」運動は、旗の全ての幹部たちの思想を改造し、行政機関での党組織の位置を高めた。運動は、旗直属機関だけではなく、全てのノタック（農業区、牧業区）の幹部らを含め、社会全体にも広がっていた。その結果、武力や暴力的な粛清・整理により、幹部陣営を清潔にし、党委に抵抗する不利な力を一掃した。後旗政府が出した「三反運動終結報告[182]」には、「偉大な三反運動によって、直属機関の幹部たちが清廉になり、公事を重んじ、私情を捨てた。党員・団員と非党員が工人階級や資産階級の違いをよく認識するようになった。運動に参加したのは、幹部以外に、銀行、貿易公司、郵便局、新華書店など機関の職員もおり、あわせて122名がいて、全幹部職員の91.7%を占める。そのうち、モンゴル族が84名で、総数の63%を占め、漢族が37名で、総数の27%を占めている。幹部たちに政治的思想教育を行ない、彼らの理論的水準を高め、マルクス主義の武器で、自らの思想を武器化させたのである。また、全旗で、上級機関の保密制度（秘密を守る）を定めて、旗保密委員会も成立した」と示されている。また、町の人々と田舎の人々が区別されて、それぞれに身分証を配布し、田舎の人は15キロを超える所へ自由に出入りしないように監禁・管制された。モンゴル人は、このような状況に直面していたにも関わらず、ある所で命をかけて抵抗していた。以下はそれについて事例を取り上げよう。

III.「三反運動」は、後旗の隅々に広がったため、後旗のモンゴル人社会

で自殺や命に関わる問題が発生した。1952年2月20日、中共ジリム・アイマック地委が各旗に出した「三反闘争中に老虎[183]が罪を恐れて自殺した事件の報告」という公文書に、「三反運動中に、自殺した人は8名、幹部4名、教師1名、工人1名、商人2名であり、自殺未遂者は3名で、逃げ出した人が1名である。これらの事件は、我々が政策を実行中での不注意・不徹底の結果である。これは虎を捕まえる目的を達成できたことでなく、その他の虎にも悪い影響を与えることになる[184]」と示されている。また、1952年6月19日に、ジリム・アイマック公安署は、各旗委、各ノタックに命令を出し、自殺や命に関わる問題を適切に解決しよう、と指示した。指示には、「4月3日、後旗ノゴス・テイ・ノタックの宣伝幹部であるガワ氏が東トハイ村で、宣伝活動を執行中に、民兵と一緒に牧民のボロー氏を威嚇し、ボロー氏を自殺に至らしめた。また、4月30日、後旗の金宝屯ヌタックの婦聯主任（婦人会の主任）[185]である金祥氏がソギーン・ボラック村（草根宝拉格）で革命の活動を行なっている間、村のノミン・バヤル氏に強く圧力を掛けたため、彼は自殺した。各ノタックと各旗委の各幹部、とくに公安幹部らはこのようなことに注意しなければならない[186]」と書かれている。

　土地改革運動、反革命者を鎮圧する運動及び「三反運動」はモンゴル人社会とモンゴル人幹部陣営だけに影響を与えたのではなく、牧畜業にも影響を与えた。当局が地主・牧主や富農及び寺院のラマらを打倒し、彼らの私有財産を没収した結果、一般庶民が恐怖心を持つようになり、無理やりに家畜を屠殺して売り、もしくは自ら食べたため、飼育頭数がかなり減少し、生産効率が低くなった。また、人々の個人的財産であった木材や森林も没収され、公有財産になる恐れがあった。民衆はそれに対して、個人的に所有していた森林を伐採して売り出すことが横行し、自然環境にも影響を与えた。内モンゴル自治区政府が伐採を禁止する公文書を出したが、あまり効果はなかった。後旗政府も自治区の指示に対応して、1949年11月13日に「公有林木を伐採し、一般庶民に供用することを禁止する」という通知[187]を公布し、「個人の森林は、5畝（ムー。1畝＝6.6アール）以下とし、それ以上の森林は公

有化する」と定められた。それにも関わらず、大量伐採する状況が発生していた。家畜の頭数が減った数を示すために、1945年と1948年の後旗における家畜飼養頭数の統計表[188]（表2-4）を取り挙げる。

表2-4　1945年・1948年における後旗の牧畜飼養頭数の変化

年度	年（頭）	馬（頭）	羊（頭）	合計（頭）
1945年	120,000	80,000	100,000	300,000
1948年	86,876	3,732	5,856	96,464
損失頭数	33,124	76,268	94,144	293,536
比率（％）	27.6	95.3	94.1	67.8

IV. 中共後旗委員会は、ソフト面で、民衆に対するさまざまな宣伝によって政権を固めた。地主・牧主、富農、「反革命者」たちを打倒・鎮圧し、普通の庶民からラマ、医者、幹部まで粛清し、幹部たちに政治思想教育を受けさせ、マルクス主義の「武器」（理論）をさらに強固なものにしたのである。鎮圧に連座させられたモンゴル人の人口は漢人の人口よりかなり多かった。その結果、後旗のモンゴル人社会は、数十年にわたって、戦乱、貧困、不安が続き、活気が失われ、変わらざるを得なかった。

後旗のモンゴル人社会において、中国共産党が浸透したのは後旗直属機関幹部、ノタックの幹部及び各行政機関・社会団体だけではなく、庶民にも浸透した。浸透を成功させた主な力は共産党宣伝部であったと考えられる。中共後旗宣伝部によって、モンゴル人社会におけるイデオロギーが変質していくようになった。その結果、モンゴル人社会では、従来のチンギス・ハーンに対するイメージ、モンゴル人の祖国に対するイメージがだんだん弱くなり、それに代わって、中国を「祖国」と認めるイメージが強くなっていった。この問題を探るため、後旗の旗委の文献及び宣伝活動を見てみよう。

中共は、後旗に浸透して、土地改革が始まり、反革命分子を鎮圧する運動、三反運動などが行われるに従って、随時に宣伝活動をしてきた。しかも、党内での宣伝、幹部らに対する宣伝、文化・教育に対する宣伝、一般民衆に対

する宣伝などそれぞれに対して念入りに実施したのであった。その方法を分析すると、中共後旗委の宣伝に関し、1948年の「宣伝工作終結[189]」(中共ジリム・アイマック地委への公文書)には、その形式が何条にもわたって記されている。「A、教育方面では、我が旗の幹部に対しての教育は、その他の地域より遅れており、幹部陣営の構成も複雑であり、敵偽残余(『敵偽』は、日本帝国主義者と国民党反動派を指す。『残余』は日本と国民党の協力者、または、そこに勤めていた人物、軍隊に参加した経験のある人物)も多く、ノタック達(区長)の中にも共産党に対しての認識が低い。民衆は、共産党に対する認識や畏敬の念が極めて薄い。だが、我々の嵐のような大衆運動や三反運動により、民衆の我々に対する認識を新たに変化させた。土地改革の時期において、幹部に対しての教育・学習を行い、とくに旗委が幹部らを旗府に集め、訓練して、党の政策を学習させることによって、彼らの思想は著しく進歩した。B、党内での教育については、新党員用の教材を各ノタックに配って、それによって学習する活動を行なった。一般の民衆たちにも、同じく学習活動に参加させ、党に対する民衆の認識を高めた。また、非党員たちが参加したことによって、民衆の党に対する信頼と党組織への理解がさらに深まった。C、文化教育では、毎回の会議で、文字が読める同志を励まし、ほめて、教員の委員会を作った。D、党紙・刊行・通信事業は、条件が難しく、宣伝部における幹部らの文化的水準が低いため、数多くの資料を宣伝することができなかった。通信事業も低いレベルにあるので、我が旗についての報道が新聞に載ったことは少ない。E、民衆(群衆)に対する宣伝では、すべての会議を利用して、我々の政策を宣伝した。労模(労働模範)会議及び慶祝日になる『5.4、7.1、7.7、8.15』などを利用して、宣伝した。F、文芸的活動は、書店や学校の活動などを通じて行われた。今は、農村に対する劇団を作ろうとしている。G、宣伝リーダーに関しては、宣伝隊にまだリーダーが設けられていない。その原因は、我々の経験が不足している上、文化的水準も低い。これらにより、大切な方法は、モンゴル地域における宣伝を強めることである。ある地域のモンゴル人は、共産党に関する認識がない。民衆は、共産党の『漢人がモンゴル人を助けて

解放した』ということを認識しない。共産党は、『世界無産階級の政党である』ということを分かっていない。モンゴル民衆は共産党を信頼していない。そのため、これから民衆に対し党委を宣伝していくことを強化する必要がある。モンゴル地域の文化は、極めて遅れており、ある宣伝資料をモンゴル語で翻訳することが重要である。例えば、共産党に関する教材をモンゴル語に翻訳すれば、教育効果は大きくなる。モンゴル地域の歌謡は非常に多く、歌謡の内容を改修し、そこに党の政策を注ぎ込み、織り込み、充実するのは容易である。モンゴル地域の宣伝を強調するために、地委（中共ジリム・アイマック地区委）は、モンゴル人の編集者や記者を選抜して、重要な公文書などをモンゴル語に編集すれば、モンゴル地域への宣伝をさらに進められる。各ノタックで、劇団や文工団（文芸工作団）を組織して宣伝すれば、我々の宣伝工作を進めていける」と詳しく書き込まれている。

　土地改革の時代から、東部地域におけるモンゴル民謡の内容は、革命的歌詞に変えられ、何十年もいたっている。伝統民謡は曲としては伝統文化を維持したが、歌詞はすでに中国共産党の政策を宣伝する内容に変えられた。宣伝部は、すべてのマスコミを独占して、宣伝の役に立つものしか使わないのである。宣伝は毎年繰り返され、その内容は時代の流れに従って随時に細かく加工される。宣伝に利用される媒体には、映画、劇団、民謡、絵、像、カレンダー、落語、小説、詩、歌、小中学校と大学における教科書、ラジオ放送、会議、座談会、スピーチ会、舞踊などがある。当時の後旗では、「中ソ友好協会[190]」、「抗美援朝文芸団[191]」（米国に抵抗し、朝鮮を応援）などの活動をしながら、宣伝をさらに広げていた。のちに、電子技術の発展にしたがって、さらに一層強化された。それらによって、社会全体における人々の思想、精神、価値観、理念、アイデンティティーやイデオロギー、宗教、伝統文化などを変質させ、共産主義の「接班人」（継承者）を養成するのである。以下で、一つの例を取り上げよう。

　1949年8月に、「8・15」（抗日戦争の勝利した日）を祝い合うことに関して、旗委から各ノタックに出された公文書には次のように書かれている。「『8・

15』を記念することの宣伝及びスローガンは、以下の内容である。A、民国34年（1945年）8月15日に、非常に痛ましい専制的統治から解放され、ソ連赤軍の援助で日本を打ち負かし、暗黒の世界を打倒して、祖国は光復[192]を得た。各ノタックは、生産を妨げない限り、革命の佳節を御祝いして、宣伝すること。まず偽満州時期の『要出荷、要国兵[193]』（満州国が民衆から食料や家畜を任務として取り上げていたこと、人民の子弟を兵士として取り上げていたこと）を非難し、政治犯であれ、経済犯であれ、みな労働奉仕させられていたことを非難する。14年の間（1931年〜1945年）に、飢えと寒さに苦しめられたことを非難する。次に、『8・15』に日本が投降して以降、蒋介石に率いられた国民党の反動派たちが革命の勝利を丸呑みしたために、たった今、日本の奴隷であった人民を解放したのに、国民党は人民を再びアメリカ帝国主義の奴隷として売り、第2の満州国にしようとしている。国民党のこのことを非難する。共産党は断固として自衛戦争を行い、自らの故郷を保護し、東北の人民を主導して、土地革命を進めつつある。今は、『耕作者は自分の農地を持つ』（耕者有其田）の政策を実行し、生産の大建設をしている。B、中国の革命戦争は、日増しに発展して、解放区域から国民党の統治区域へ移りつつ、まもなく南京に行って蒋介石を生け捕りにする。C、この御祝いの会では、政策を重点に置くこと。今、民衆には、気をもむことがたくさんある、例えば、秋にどのようになるか、土地を再び分配するかどうか、秋にまた大鍋飯（みなで食事を分け合うこと）にするのかどうか。民衆は、労働模範になることを怖がり、時間が無駄にされることを怖がっている。民衆は、我々の政策を詳しく知らないので、各地において土地の面積を偽って報告し、土地を隠そうとすることがある、など。我々は苦労を重ねて、継続的に各ノタックに政策を宣伝して、民衆の懸念を解き明かすよう努めることが重要である」

　公文書では、日本、満州国、米国、国民党などは、中国共産党の宣伝活動の暗黒面とされ、解放軍や共産党が輝かしい面になった。この宣伝活動に伴い、モンゴル人の民謡や歌に政治的意味が混入され、それらは徐々にモンゴル人社会で歌われるようになった。

本章では本論文の研究地域である後旗の地理的概況と歴史的背景を論述し、中国共産党の勢力がいかに内モンゴル東部地域や後旗に浸透したかの過程を述べ、また、内モンゴル人民革命党東モンゴル党支部がいかに中国共産党に惑わされ、利用されたかのプロセスを説明した。とくに、第二次大戦が終了した途端に、モンゴル人が建てた初めての後旗政府が、中国共産党によっていかに巧みに改組されたかの過程を詳しく論じた。そして、後旗における土地改革運動と続けて行われた反革命鎮圧運動及び「三反運動」の真相を解明し、それらが後旗社会にどのように影響を与え、モンゴル人の生活、習慣、牧畜業や農業などにもたらした影響を明らかにした。また、それらの中で、中国共産党がいかに宣伝を行い、歴史資料をいかに改竄しているかを論じた。中国共産党は、これらを内モンゴル地域で「民族区域自治制度」として実施し、「偉大な成功である」と国内や国際社会に訴えているのである。その偉大なる「民族区域自治制度」が実施されて、次に何か起こったのか、それをどうやって続けていったのか。これらの問題を解明すべく、本論は続く。やがて中共後旗委は、経済面では商工業界における社会主義改造を行い、ソフト面では民主的人物（民主人士）に対する社会主義改造運動を行い、後旗の社会を変質させていくようになる。これらについて、次の章から述べていこう。

【註】

78. 内モンゴル地方誌叢書、ホルチン左翼後旗誌編集委員会主編《科尔沁左翼后旗志》、内モンゴル人民出版社、1993 年版 (Huhehot)、「概述」より、1 頁。
79. 《内蒙古近現代王公録》第 32 集、内モンゴル文史資料編集委員会、1988 年、201 頁。
80. 周清澎主編《内蒙古历史地理》、内蒙古大学出版社、1993 年 (Huhehot)、159 頁。
81. 同上書、159 頁。
82. 田山茂『清代に於ける蒙古の社会制度』、文京書院、1954 年、東京。
83. ホルチン左翼後旗誌編集委員会主編《科尔沁左翼后旗志》(1989 ~ 2007 年)、内モンゴル文化出版社、2008 年版 (ハイラル市)、1 頁。
84. ボルジギン・フスレ著「中国共産党勢力の内モンゴルへの浸透」昭和女子大学、学苑・総合教育センター特集 787 号(2006・5)、107 ~ 120 頁。
85. 同上書、「概述」の 2 頁。
86. 内モンゴル地方誌叢書、ホルチン左翼後旗誌編集委員会主編《科尔沁左翼后旗志》、内モンゴル人民出版社、1993 年版 (Huhehot)、3 頁。
87. ホルチン左翼後旗誌編集委員会主編《科尔沁左翼后旗志》(1989 ~ 2007 年) 内モンゴル文化出版社、2008 年版 (ハイラル市)、89 頁。
88. 岡田英弘著『チンギス・ハーン』、朝日新聞社、朝日文庫 1993 年、352 頁。
89. 早稲田大学アジア地域文化エンハンシング研究センター編「アジア地域文化学構築—21 世紀 COE プログラム研究集成—」、平成 18 年、雄山閣、260 頁。
90. 早稲田大学モンゴル研究所編「早稲田大学モンゴル研究所紀要」、創刊号(第 1 号)、早稲田大学、2004 年、59 頁。
91. 第二次大戦争末期の 1945 年 2 月、アメリカ、イギリス、ソ連 3 国の最高指導者ルーズヴェルト、チャーチル、スターリンがウクライナ南部にある海港ヤルタで行なった会談。ドイツの敗戦が決定的となった情勢下に、ドイツなどの戦後処理や国際連合の召集などについて協定。
92. 毛公寧主編《民族政策研究文丛》民族出版社、(2004 年)、北京。ホルチン左翼後旗誌編集委員会主編《科尔沁左翼后旗志》(1989 ~ 2007 年) 内モンゴル人民出版社、2007 年、Huhehot。郝维民主編《内蒙古近代简史》内蒙古大学出版社、1992 年、Huhehot。中共内モンゴル自治区委員会党史研究室編《中国共产党与少数民族地区的民主改革和社会主义改造》(上、下) 中共党史出版社、2001 年、北京。毛公寧著《民族问题论文集》民族出版社、2001 年、北京。金炳鎬著《中国共产党民族政策发展史》中央民族大学出版社、2006 年版、北京。
93. 楊海英著『墓標なき草原——内モンゴルにおける文化大革命・虐殺の記録』(上、下)、

岩波書店、2009年、東京、上冊7頁。

94. 同上書、上冊12～13頁。
95. ナランゴワ著《アサガン将軍伝》、内モンゴル人民出版社、2000年（Huhehot）、モンゴル語版、73～84頁。
96. 1925年10月に、国際共産主義とモンゴル共和国の指導下で、内モンゴルを解放・独立する目的で建てられた組織である。中国共産党とは関係なく、モンゴル人が自ら作り上げた政党である。同月13日に、張家口で第一次代表大会を行い、民主選挙で白雲梯を委員長、郭道甫を秘書長とした。会議には共産主義インターナショナル代表、中国共産党の代表、国民党の代表などが出席した。しかし、彼らには選挙権を与えていなかった。10月20日、「代表大会宣言」を発表し、反帝国主義、反軍閥と統治、反封建王公ザサク制度、反民族圧迫、モンゴル民族が自決自治政府を成立することなどを明確にした。また内モンゴル人民革命軍隊と内モンゴル軍事学校を設立した。文化大革命時代、中国共産党により「内モンゴル人民党を掘り出す」運動が行われ、大勢のモンゴル人を弾圧した。1997年3月、海外に亡命した内モンゴル青年たちによりアメリカのNew Jersey州のプリンストンで「内人党が復興した」と言われる。ただし、これが前の「内人党」とどういう関係があるのかは、未だ解明されていない。
97. ヘンガン・アイマック（興安盟）党史資料征集事務室編《興安革命史話》（第2集）、内モンゴル新聞出版局、1988年（Huhehot）、260頁。
98. 郝維民編《内蒙古近代簡史》、内モンゴル大学出版社 1992年、218～223頁。
99. ヘンガン・アイマック（興安盟）党史資料征集事務室編《興安革命史話》（第2集）、内モンゴル新聞出版局、1988年（Huhehot）、261頁。
100. 「満州」は、もともと民族の名であった。満州族とも言う。「満州国」は日本が満州事変(1931年)により、中国の東北三省（吉林省、黒竜江章、遼寧省）と内モンゴルの東北地域において作り上げた国家。1932年に建国して、45年に消滅。首都は新京（長春）であった。
101. ダフール（Daur）族、モンゴル系の少数民族、内モンゴル、黒竜江省、新疆ウイグルなどに居住。
102. 郝維民編《内蒙古近代簡史》、内モンゴル大学出版社 1992年、223頁。
103. ホルチン左翼後旗誌編集委員会主編《科尔沁左翼后旗志》（1989～2007年）、内モンゴル文化出版社、2008年版(ハイラル市)、566～567頁。
104. 楊海英著『墓標なき草原——内モンゴルにおける文化大革命・虐殺の記録』（上）、岩波書店、2009年、「重要歴史事項」（17頁）より。
105. 同上書、「重要歴史事項」（18～19頁）より。

106. 泉山著「包善一及其组织的军队」、闫天倉主編《科左后旗文史资料》政協科尔沁左翼旗委員会文史資料委員会　2005 年、（出版地）不明、138 頁。
107. 同上書、139 〜 140 頁。
108. 楊海英著『墓標なき草原――内モンゴルにおける文化大革命・虐殺の記録』、144 頁。
109. 泉山著「包善一及其组织的军队」、闫天倉主編《科左后旗文史资料》政協科尔沁左翼旗委員会文史資料委員会　2005 年、（出版地）不明、366 〜 384 頁（参照）。
110. 同上書、377 頁。
111. 同上書、178 頁。
112. 同上書、379 頁。
113. 中国での資料に「白德全（沙洼哈色）」と書かれている。筆者が後旗の方言に基づき、「ツガン・ハス」と書いた。
114. 泉山著「建国前科左后旗党政军」、闫天倉主編《科左后旗文史资料》政協科尔沁左翼旗委員会文史資料委員会　2005 年、（出版地）不明、137 〜 140 頁（参照）。
115. バガナ著「解放战争时期科左翼后旗大事记」、闫天倉主編《科左后旗文史资料》政協科尔沁左翼旗委員会文史資料委員会　2005 年、（出版地）不明、190 頁。
116. 泉山著「建国前科左后旗党政军」、闫天倉主編《科左后旗文史资料》政協科尔沁左翼旗委員会文史資料委員会　2005 年、（出版地）不明、141 頁。
117. 同上書、142 頁。
118. バガナ著「解放战争时期科左翼后旗大事记」、闫天倉主編《科左后旗文史资料》政協科尔沁左翼旗委員会文史資料委員会　2005 年、（出版地）不明、190 頁。
119. 内モンゴル地方誌叢書、ホルチン左翼後旗誌編集委員会主編《科尔沁左翼后旗志》、内モンゴル人民出版社、1993 年版 (Huhehot)、27 〜 29 頁。
120. 同上書、29 頁。
121. オヨン・スチン著《解放战争时期东北军政大学的女生队》91 〜 114 頁。
122. 同上書、100 頁。
123. 中共興安盟党史弁公室編《兴安革命史话》（第 2 集）、1988 年、Huhehot 市、69 〜 77 頁。
124. 同上書、181 〜 183 頁。
125. 同上書、192 頁。
126. ボルジギン・フスレ著「中国共産党勢力の内モンゴルへの浸透―『四三会議』にいたるまでのプロセスについての再検討―」、昭和女子大学、學苑・総合教育センター特集　№.787（2006・5）107 〜 120 頁。
127. 同上書、75 頁。
128. 中共興安盟党史弁公室編《兴安革命史话》（第 1 集）、ナリンガワ著《阿思根烈

士传略》1987 年、Huhehot 市、211 頁。
129. 町や街及び村の中で歩き回らせ、民衆の晒しものにすること。
130. 内モンゴル地方誌叢書、ホルチン左翼后旗誌編集委員会主編《科尔沁左翼后旗志》、内モンゴル人民出版社、1993 年版 (Huhehot)、31 頁。
131. 同上書、32 頁。
132. 科左後旗人民政協主編《科左后旗文史资料》出版社と時期は不明、25 頁。
133. 同上書、11 頁。
134. 同上書、36 頁。
135. ホルチン左翼後旗旗委档案（永久）、第 1 巻、1～6 頁の資料に基づき筆者が作成。
136. 内モンゴル地方誌叢書、ホルチン左翼后旗誌編集委員会主編《科尔沁左翼后旗志》、内モンゴル人民出版社、1993 年版 (Huhehot)、34～35 頁。
137. 泉山著「建国前科左后旗党政军」、闇天倉主編《科左后旗文史资料》政協科尔沁左翼旗委員会文史資料委員会　2005 年、（出版地）不明、137～163 頁（参照）。
138. 「ノタック」（　　）は、当時行政機関の名として使われていた。旗政府の下で、幾つかのガチャー(村)によって構成される。「ノタック」は満州国時期に中国語で「区」とされ、東モンゴル自治政府時期にも「ノタック」であり、中華人民共和国時期に「人民公社」になり、それはモンゴル語で「ニケトル」と言い、のちに 1984 年になって人民公社を取り消し「ソム」になった。「ノタック」は、故郷、恩なる大地、土地、牧地、草原、母や子孫と同じく愛する聖地などの意味を含み、モンゴル人が一番大切にするものとされてきた。モンゴル語の辞書では「ノタックは、生まれた地、生活・暮らしている地域、家族が暮らしていた地域、地方・領土」などと解釈している。
139. 科左後旗人民政協主編《科左后旗文史资料》出版社と時期が不明、451 頁。
140. 同上書、泉山著「建国前科左后旗党政军」、130～157 頁。
141. 同上書、159 頁。
142. 同上書、160 頁。
143. 同上書、167 頁。
144. 内モンゴル地方誌叢書、ホルチン左翼后旗誌編集委員会主編《科尔沁左翼后旗志》、内モンゴル人民出版社、1993 年版 (Huhehot)、34 頁。
145. 辛灝年（Xin Hao-Nian）著「Which is the New China—Distinguishing between Right and Wrong in Modern　Chinese History」,Elue sky publishing house,U.S.A,1999、436 頁。
146. 「＜特集＞學苑・総合教育センター」、昭和女子大学、2006 年、107～120 頁、ボルジギン・フスレ「中国共産党勢力の内モンゴルへの浸透：『四三会議』にいたるまでのプロセスについての再検討」。

147. ナランゴワ著《アサガン将軍伝》、内モンゴル人民出版社、2000年（Huhehot）、モンゴル語版、166頁。
148. 内モンゴル地方誌叢書、ホルチン左翼後旗誌編集委員会主編《科尔沁左翼后旗志》、内モンゴル人民出版社、1993年版(Huhehot)、922〜924頁。
149. ホルチン左翼後旗政府档案（長期）、第2巻、9〜30頁。
150. 内モンゴル地方誌叢書、ホルチン左翼後旗誌編集委員会主編《科尔沁左翼后旗志》、内モンゴル人民出版社、1993年版(Huhehot)、961〜975頁。
151. 同上書、33〜34頁。
152. 同上書、34頁。
153. ホルチン左翼後旗政府档案（長期）、第9巻、1頁。
154. ホルチン左翼後旗人民政協主編《科左后旗文史資料》出版社と時期は不明、172頁。
155. ボルジギン・フスレ著「内モンゴルにおける土地政策の変遷について（1946年〜49年）──『土地改革』の展開を中心に──」、昭和女子大学、學苑　No.791（24）〜（43）（2006・9）東京。
156. 同上書、173頁。
157. ホルチン左翼後旗人民政協主編《科左后旗文史資料》出版社と時期が不明、173〜174頁。
158. 同上書、175頁。
159. 東北地域の耕地の単位、1垧＝15ムー（畝）、約1万平方メートル。
160. ホルチン左翼後旗旗委档案（永久）、第43巻、後旗委員会が出した「给毛主席的鎮反工作報告」より、29〜32頁。
161. ボルジギン・フスレ著「内モンゴルにおける土地政策の変遷について（1946年〜49年）──『土地改革』の展開を中心に──」、昭和女子大学、學苑　No.791（24）〜（43）（2006・9）東京。
162. 内モンゴル地方誌叢書、ホルチン左翼後旗誌編集委員会主編《科尔沁左翼后旗志》、内モンゴル人民出版社、1993年版(Huhehot)、33〜34頁。
163. ホルチン左翼後旗人民政協主編《科左后旗文史資料》出版社と時期が不明、160頁。
164. 同上書、173〜174頁、160頁。
165. 内モンゴル地方誌叢書、ホルチン左翼後旗誌編集委員会主編《科尔沁左翼后旗志》、内モンゴル人民出版社、1993年版(Huhehot)、546頁。
166. 同上書、550頁。
167. 同上書、549頁。
168. ホルチン左翼後旗旗委档案（永久）、第3巻、29〜31頁。
169. ホルチン左翼後旗旗委档案（長期）、第7巻、5頁。

170. 同上資料、5～21頁。
171. ホルチン左翼後旗旗委档案（永久）、第10巻、1～6頁。
172. ホルチン左翼後旗政府档案（永久）、第25巻、9頁。
173. ホルチン左翼後旗政府档案（永久）、第10巻、52頁、「バヤンオダ・ノタック（白音烏達・努図克）革命者と反革命者比例表」を参照して筆者が作成。
174. 同上資料、48頁、「ジルガラン・ノタック（吉尔嘎朗・努図克）革命者と反革命者の比例表」を参照して筆者が作成した。
175. ホルチン左翼後旗政府档案（永久）、第10巻、2頁。
176. 同上資料。
177. ホルチン左翼後旗旗委档案（長期）第9巻14～16頁。
178. 行政区分の名前(1947年～1958年)、ノタック(Nutag)とも言う。1958年からは「公社」になった。
179. ホルチン左翼後旗旗委档案（長期）、第9巻、3～7頁。
180. ホルチン左翼後旗旗委档案（長期）、第7巻11～12頁。
181. ホルチン左翼後旗旗委档案（長期）、第54巻36～40頁。
182. ホルチン左翼後旗档案局、政府档案（永久）、第62巻、45頁。
183. 「三反」運動に関わる人物を「虎、老虎」とも言い、この人物を掘り出すことを「打虎、捕虎」とも言う。
184. ホルチン左翼後旗档案局、旗委档案（永久）、第37巻61～62頁。
185. 婦人聯合委員会、共産党委員会の機関に属する、党委、団委、婦聯など。
186. ホルチン左翼後旗旗委档案（長期）、第15巻1～2頁。
187. ホルチン左翼後旗档案局、政府档案（永久）、第29巻、タイトルは「科左後旗1949年度合作社基本情況、党政幹部及党員団員統計表」、10頁。公文書のタイトルは、「科尔沁左翼後旗政府通知（農字第2号、1949年11月13日）——禁止砍伐公有林木供作一般民用由」、1頁。
188. ホルチン左翼後旗档案局、政府档案(永久)、第43巻、33頁。公文書のタイトルは「給毛主席的鎮反工作報告」(中共内蒙科左後旗委員会1951年6月7日)。
189. ホルチン左翼後旗档案局、旗委档案（永久）、第2巻、4頁。
190. ホルチン左翼後旗旗委档案（永久）、第9巻、10頁。
191. 同上資料、第9巻、1頁。
192. 光復は失われた国を再建すること、「後旗の旗誌」では1945年8月15日以降のことを「光復以降」とも言っている。
193. 定めた規則通りに食糧を取り上げること、強制的に国兵に参加させること。

第3章
後旗における社会主義改造と民族

　本章では、後旗における社会主義改造運動を農村・牧区と商工業界とに分けて論じる。中共後旗委員会は、「土地改革」が終わって以後、1952年から1958年まで、後旗の農村・牧区に対して「互助組（農業互助組とも言う）」、「合作社」を建てることにより社会主義的な改造という目的を達成した。市町や鎮に対しては「商工業界における社会主義改造」運動を進めた。それらの運動は、どのようなプロセスで行われたのか、そのプロセスにおいてどのような問題が起きたのか、それがモンゴル人社会にどのような変化をもたらしたのか。本章ではこれらの問題を中心に論じる。

第1節　農牧業に対する「互助組」・「合作社」の成立

　「新中国」が成立してから、内モンゴルにおいて、当局は、「反革命」者を鎮圧しながら「土地改革運動」を行い、続いて「三反運動」を行なった。これを基礎として、牧畜地域と農村部に「牧業合作組」と「農業合作組」を作り、私有化から公有化に変えた。内モンゴルの東部地域における社会主義的改造として、政治面での「三反運動」に続き、牧区と農村部に互助組[194]が組織された。後旗のモンゴル人の生業状況をみると、当時の後旗は行政的に12個の「区」[195]に分けられ、うち9つの区が半農・半牧[196]を営み、ほとんどがモンゴル人であり、残りの3つの区は農業を中心としており、漢人とモンゴル人が雑居していた[197]。　後旗档案局の資料を見ると、後旗における「互助組」は、「土地改革運動」のすぐ後、「三反運動」とほぼ同じ時期に始まった[198]。「互助組」と言うのは、個人個人や一つ一つの家庭が単位であった従

来の生業秩序を打ち破り、2つや3つの家庭を1つの組にして耕作や牧畜業を行わせることを指している。のちに、その「組」が徐々に大きくなって「合作社」になり、最後に「人民公社」になったのである。その目的は、従来の私有的経済構造を打ち破って、公有的経済構造に「改造」することである。政府側はこのことを「社会主義的経済構造を建設する」と定義している。

中国共産党中央委員会は1951年12月に、私有制を公有制に変化させるために「農業に『互助合作組』を実施することに関する決議(草案)」を発議し、1953年2月に、それを公布し、全国的に大々的に実施した。それ以前に、後旗では私有制を変化させるために「互助組」化が各地域で行われた[199]。ジリム・アイマック政府(盟公署)は、1951年8月、「各旗・県の旗長会議[200]」を開き、土壌を再び等級化する(調整地級)ことに加え、徴収を増やそうとしていた。後旗では、すでに1951年に作られた「互助組」の総数は3,566組であり、そのうち、長期的組(常年)が1,091組、季節的組が1,690組、大規模な組が(大把青)785組であった[201]。

だが、それにとどまらず、1952年9月20日に後旗政府とジリム・アイマック政府は「訓練班(互助組における組長を育成する訓練コース)」を開催した。このことを「中共中央蒙綏分局[202]」に「報告」し、10月28日に中共中央蒙綏分局からの、支持するとの指示を得て、すでに訓練を受けた互助組長を農村部に派遣した[203]。そして、すでに進められていた「互助組」化をもとに、大々的に「互助組(農業互助組とも言う)」が作られた。その結果、1952年末になると、後旗では「互助組」に参加させた戸数(世帯数)が大幅に増え、4,675戸になった。内訳は長期的組が2,034戸で、季節的組が1,974戸で、大規模な組が667戸であった。「互助組」に参加した労働力は全旗の総労働力の61.58％を占め、参加した戸数が総戸数の61.8％を占めることになった[204]。これについて後旗の「各類型互助組状況調査表[205]」を記す(表3-1)。

このように公有制へと歩み始めた結果、1954年になると、孤立的農業を営む戸数が少なくなり、ほとんどの戸が「互助組」に参加し、徐々に「農業合作社」へ向かうようになった。後旗における「互助組」運動と同じように、

他の地域でも、中共内モンゴル自治区委員会からの「三位一体」的な段階的政策が実行されている。これについては、先行研究者によって、すでに明らかにされている[206]。すなわち、「互助組」と「合作社」の政策は、「人民公社化」運動の前提として実施され、1957年まで続けられたのである。それに伴ってさまざまな問題が起こり始めた。

表 3-1　後旗における互助組の分布状況

各類型互助組状況調査表

分類	多種多分組状況				一般互助組状況		今後建設する互助組計画	
区別	3〜5戸	6〜10戸	11〜15戸	16〜20戸	長期的	季節的	計画	多種類組
1区	10				120	18	25	10
2区		3			200	150	11	3
3区	2	7	2		186	60	7	11
4区		3	2		340	205	35	5
5区		1			51	15	37	1
6区	4	3			83	11	8	7
7区		3			190	20	11	3
8区		1			45	2	31	1
9区	5	10	18	2	40	10	9	35
10区		3	1		55	10	8	4
11区	3	2			85	15	9	5
12区		2			98	63	10	2
合計	24	38	23	2	1,493	579	167	87

第2節　「互助組」・「合作社」が生み出した問題

中国側の研究によれば、共産党が実施した「互助組」と「合作社」政策は、「農村の労働生産や牧畜業の発展に積極的な役割を果たした[207]」と言われて

いる。これを共産党や中国政府の視点から見れば、「旧社会」を「新たな社会主義社会」へ導き、ある程度の利益に達したと言える。これについて、後旗の公文書では、以下のようにまとめられている。「毛主席の『生産を増加し、倹約を励行し、中国人民志願軍を支持する』という呼びかけと、オラーンフー主席（雲澤）の『農村においての潜在力を発揮し、面積当たりの生産量を高める』という呼びかけのもとで、今年、我が旗における各級の党・政府の指導者及び全体農民は、嵐のような愛国的な増産競争の運動を盛り上げた。とくに、オラーンフー主席からの、内モンゴル農・牧民への手紙が、広大な農・牧民の愛国的な競争をさらに励まして、（省略）模範互助組が全体を引き上げ、労働互助組は 795 組になり、39,758 名の男女農民の積極分子（積極的な働き手）が愛国主義的な増産競争の運動に参加した。農村で『紅旗競争』を広範に展開し、農村中には、636 個の勝利の紅い旗が翻って、愛国的な熱情をいっそう引き起こした。各季節段階で、幹部たちが農村に派遣され、農民を教育し、組織し、農民の政治的自覚と増産に対する気持ちを大々的に高めたのである。また、農民の保守的な思想を変え、耕作技術を高め、農民の潜在力を発揮した。全旗において、農地の施肥面積は農業総面積の 40.36％を占め、去年（1951 年）より 9.13％広がった[208]（省略）」。

　もちろん、後旗政府にとっては、「互助組」と「合作社」によって、耕作や牧畜にある程度の積極的な効果がもたらされた。しかし、視点を変えてみれば、すなわち、数多くの庶民の利益、それも自治区全体の利益から見れば、そういう目的に達したとは言えないのである。とくにモンゴル人の立場からみれば、より明瞭である。公文書が言う、農地面積が広がったというのは、牧畜にあてる放牧面積が逆に狭くなったということである。すでに述べたように、後旗では 8 割の人々がモンゴル人であり、それも半農・半牧を営み、主な収入は牧畜産物と農産物であった。地元の人々は、限りある農地や牧畜地で、在来的に農業と牧畜のバランスをよく取って、自然と気候に応じて、牧畜と農業などの要素をはっきり把握しながら生業してきた。それにも関わらず、後旗政府が「愛国主義的な増産競争の運動」によって、それらの

間のバランスを無理やり混乱させたのは、自然の法則に逆らうことである。さらに言えば、その政策は、当面の問題を解決し、ある程度には、いわゆる政治的「利益」を得た。しかし、長期的利益や社会においての利益、すなわち公益にとっては、逆に損失になったのではないか。「互助組」と「合作社」によって増産だけをねらった農業方針は、今の時代に起きている砂漠化の種であったのではないかという問題が問われる。実際には「互助組」と「合作社」政策によって、後旗の社会では食糧が足りない、牧畜を屠殺するなどの問題が生じたのである。以下は、それを分析していこう。

1．1950年6月、中国中央政府が「中華人民共和国土地改革法」を発布し、封建社会における土地所有制を廃止し、「耕作者に畑を与える（耕者有其田）」ことと、土地を「無産階級の貧困戸」に均等に配分し、公有制へ引き込む政策を実施した。また、1953年10月に、中央政府は、「糧食を計画的に買い付け・供給することに関して」の決議を実行すると公布した。そして、1953年12月11日に、内モンゴル自治区東部区行政公署が公文書を公布し、「中央人民政府政務院の『糧食を計画的に買い付け・供給することに関しての決議』」と「糧食市場を管理するための暫行方法[209]（糧食市場管理暫行弁法）」を実施することになった。のちに、1955年8月、国務院が「町市において糧食を定量的に供給する暫時規則」を公布し、全社会において、糧食供給証を使用し、1人あたりに糧食票、布票、綿票などが配られるようになった。

2．これらの政策や決議によって、後旗におけるモンゴル人の生業は制限された。なぜなら、「互助組」と「合作社」が実施される前には、後旗のモンゴル人たちは、在来の社会で、ある程度自由であったのは言うまでもないからだ。農民には耕作の自由、農産物を売る自由、牧畜を営み自由に畜産物を売るなどの相対的な自由があった。また、在来の社会で、富裕な農民と小作人との関係は、彼らの生業に従って、自然的「契約」に基づく信頼のある関係であった。富裕農民にとっては、雇うかどうかの自由があり、小作人にとっては、雇われるかどうかの自由があった。彼らの間には、信頼と協力関係である自然な「契約」が存在し、雇用と被雇用の関係で、互いに相対的な

平等があった。小作人は、主人（富裕な農民）に、「契約」通り、毎年ある程度の農産物を納め、残りの分は小作人が所有する。牧畜業や寺院の生業枠組みも農業とほぼ同じく、ある程度の自由があった。しかし、「互助組」と「合作社」に参加した人々は、組長・社長・村長に管理され、それらの間の関係は、支配と被支配との関係になった。その上、中央政府や内モンゴル自治区政府のさまざまな方針、決議、規定によって、無理やりに支配されざるを得ないことになった。

　3．以上述べたこと以外に、後旗政府は、農戸と半農・半牧戸から穀物（供応糧）と畜牧税を徴収していた。それは土壌の性質をもとに土地を等級に分け、それによって徴収を決めていた。だが、土壌の性質を等級化する際、幹部たちの経験の違いや不平等な扱いによって、農民の不満を生み出した。その上、生産関係も公有と私有が共同で経営する形（公私合営）であり、政府の収穫が少ないので、民間はわりを食った。これらのために、1954年から1955年の間、食料が足りなくなる状態になり、牧畜戸らが大量に家畜を屠殺し、食料にすることが普通になった。例えば、1955年7月17日に後旗の第八区委員会から後旗政府に出された報告には、「最近、我が区の<u>住民たちが役畜や家畜を殺し、糧食として食べた</u>ことがかなりある。統計によると7月以降、61頭が殺された。東新アイル村で、わずか15日間に26頭が殺され、<u>全区の計画の34.3％を占めた。</u>その原因は一部の住民は<u>糧食がない</u>ので、<u>生きていくために牛を殺している</u>と言われている。幹部らが制限しようとしても、住民は『食べるモノがないから牛を食べた』と言う。新・アイルのタリン・営子村の住民が何日かの間で、13頭の牛を殺して食べた。<u>党員や幹部らもそうだった。</u>例えば東・新アイルの営子村の白玉林氏（党員）が役畜の牛を殺して食べた。マンサ氏が役畜の<u>牛を殺す時、家族の人々が泣き叫んでいた。</u>（省略）ゲル・マンハ・アイル（村）のガーイ氏は10日間で2頭の牛を殺した。羊を殺して食べた数が最も多い。ベイシント（村）の公安委員であるイェーシ（業喜）氏は20頭あまりの羊を鄭家屯（今は吉林省の町）に売った。以上の状況から見ると、我が区における糧食問題は一時的に緩和

したが、一部の住民は、糧食供給に関して不満に思い、一部の幹部・党員らも不満である[210]。（省略）」と書かれている。これに対して、後旗委員会からジリム・アイマック委員会と各区に出された公文書には、「中共中央、国務院が『農村において糧食を統一的に買い付け・供給することを整頓し、強める』との指示を公布して以降、我が旗は住民に対して、指示の通り提供した。（省略）一部の村・アイルの住民と少数の幹部が国家の『糧食の統一的な買い付け・供給』事業を大変不満に思っている[211]。」と書かれている。

中共ジリム・アイマック委員会は、「互助組」と「合作社」の政策を実施すると同時に、外地（内モンゴル以外の漢族）の漢人をモンゴル地域に移住させ、後旗の土地を開墾させ、耕地面積を拡大させた。それゆえ、ジリム・アイマックにおける人口比率はさらに推移し、漢人の人口が多数になった。ジリム・アイマックに属する後旗においても、漢人の人口が増えた。移民によって、モンゴル人の地域が大規模に開墾され、牧畜業を営む地域が狭くなった。モンゴル人の伝統文化も大きな影響を受け、農業文化へとさらに変遷した。

近現代における内モンゴル東部地域に移住した漢人の歴史、状況などについては、先行研究者であるボルジギン・ブレンサインの研究で、すでに解明されている[212]。本稿では、1955年8月18日に、中共ジリム・アイマック委員会から出された開墾と移民及び農地面積を拡大することに関する公文書を踏まえて、これらを分析する。

公文書のタイトルは「開墾するために移民させ、耕地面積を拡大し、食糧を増やすことに関する基本的な意見の報告[213]」である。この公文書は、中共中央委員会と中共内モンゴル自治区委員会が発布した「意見（実は命令）」に中共ジリム・アイマック委員会が応じた回答としての報告公文書である。公文書では、「我が盟（ジリム・アイマックのこと）は、中央（中国共産党中央委員会）からの『開墾するために移民させ、耕地面積を拡大し、食糧を増やすことに関する基本的な意見』を受けた上で、中共内モンゴル自治区委員会がそれを執行するという通知を受けた。これにもとづいて討論と研究を行なった。これ（『意見』）は、当面において食糧問題を解決し、社会主義建設を保

障し、人民の生活を改善する重要な措置であると認識した。しかし、我らは全面的に調査や測量を行なっておらず、とくに農業、牧畜業、林業に関しては、全面的に長期にわたる計画がない。その上、有り合せのステップ（Steppe、未耕作地）の統計が足りないため、移民や開墾、耕地を拡大し、食糧を増やすことについて、具体的意見を出すのは、ある程度の困難がある。そのため、我らは、過去の資料と各旗・県の報告にもとづき、初歩的意見を出すことになった。①我が盟は、8つの旗・県・市である。すなわち旗が5つ、県が2つ、市が1つ。70の区、913個の村（そのうち半農・半牧生業と牧畜生業の村が316個）があり、20万戸の居民があって、総人口は103万人（1954年12月末の統計）である。総面積は5万7千平方キロで、耕地面積は713万垧（垧は土地面積の単位、東北地域で1垧＝15ムー、1ムー＝6.6アール、1垧＝100.005アール）である。②（省略）<u>全盟において、面積が広く、人口が少なく</u>、とくに、今は水利施設が不足の上、林木も少ないため、沙漠が拡大している。（省略）全盟においての総面積57,000平方キロ余りのうち、10,100平方キロがすでに開墾された。また、町村が4100平方キロで、河流や湖が4,122平方キロで、牧畜ステップが12,034平方キロで、山垠や沙の塊が16,660平方キロで、林木が3,300平方キロで、鉄道、道路などが2,834平方キロで、アルカリ性放牧地が1,800平方キロである。当面の条件で、2,020平方キロが開墾可能である。未開墾地域の分布は、以下の表の通りである（表3-2）。③利乱れ状態の未開墾土地が、74,400垧である。そのうちの6,000垧に対しては、移民させる必要はなし、在来の農民によって、開墾させ、農地を拡大させる。すなわち後旗とナイマン旗へ移民する必要はない。残りの68,400垧を地元や外地農民によって開墾させる。仮に戸当たり3垧と換算すれば、22,700戸の移民が必要とする。すなわち、中旗においては、21,300垧に応じて7,100戸を、ザルード旗においては30,100垧に応じて10,000戸を、通遼県においては、10,000垧に応じて3,300戸を、開魯県においては7,000垧に応じて2,300戸をそれぞれ移民させることである。④ある程度の区画的地域に対して、集団移民させ、農場を建設する。集団的に開墾

する土地（500〜2,000垧）は13個で、14,000垧である。それに対して、4,630戸（戸当たり3垧）の移民、2,800個の労働力（労働力当たり平均5垧）を必要とする。ザルード旗において、930戸を集団移民させ、560個の労働力での農場2ヵ所が建てられる。中旗において、3,700戸を集団移民させ、2,240個労働力での農場11ヵ所が建てられる（省略）。⑤開墾することに関して、農民の経済力が足りないため、上級機関からの貸付金によって実施する。基本的に、一垧当たりに要する労働力が20個で、30元と換算し、必要とする畜力（馬、牛、驢馬など）が40頭で、30元と換算し、あわせて一垧当たりの貸付金が60元になる。そうすると、145,000垧を開墾するなら、872.4万元の投資が必要となる。⑥移民させるのに、家屋や木材を備えおくことが重要である。なぜならば、移民するには、必ず新家屋が必要であるが、我が盟においては木材が不十分である。（省略）」とある。

今も農牧地の土地開発が進む後旗

表 3-2　ジリム・アイマックにおける未開墾土地の分布

旗・県別	未開墾土地面積（垧）	地勢、土質	垧当たりの生産量
ザルード	84,900	主に平原、黒土、黒砂、アルカリ性土地もある	1,000kg
中旗	37,500	ほとんど平原、アルカリ性黄砂、黒土、五花土	800kg
開魯	7,000	ほとんど平原、黒土地	800kg
ナイマン旗	2,000	ほとんど平原、砂性、黒土と堆積した土砂	700kg
通遼県	10,000	ほとんど平原、黒土地	1,200kg
後旗	4,000	ほとんど平原、黒土地や黄砂	800kg
全盟	145,400		

　開墾する目的として、中国政府は社会主義建設を保障する上で、内モンゴル地域以外に住む漢人の生業を解決すること、食糧が足りていないことを解決することがあった。最初に開墾の号令をかけたのは中共中央にほかならない。政府側が持つ、モンゴル地域が漢人地域と比べて「面積が広く、人口が少ない」という認識は、清朝末期や中華民国時代の統治者たちの考え方と違いはなく、移民させることに結びつく。このような認識は、のちに中国政府によって言い出された「内モンゴルは、土地が広くて物産が豊富である（地大物博）」という言い方の基礎であると考える。公文書からは、政府はモンゴル地域への投資（水利施設が不足）が少ないので、収穫（食糧を増やす）を先に考慮したことや、当時のジリム・アイマックの全面積において、5分の1の地域がすでに開墾され、利用可能な未開墾土地は全面積のわずか4％にすぎないことが分かる。以上の内容を分かりやすくするために、移民して開墾する前の土地構造を表として示した（表3-3、表3-4）。

表 3-3

1955 年移民、開墾前、ジリム・アイマックにおける土地面積の構造（単位：平方キロ）

注：公文書に基づき筆者が作成

土地	開墾された土地	未開墾地	アルカリ性放牧地	鉄道、道路	材木	山塊、砂地	牧畜、ステップ	河流、湖	町村
面積	10,100	2,020	1,800	2,834	3,330	16,660	12,034	4,122	4,100

表 3-4

1955 年ジリム・アイマックにおける移民し、開墾する土地の分布（単位：垧）

注：公文書に基づき筆者が作成

地域	ザルード旗	中旗	開魯県	ナイマン旗	通遼県	後旗
面積	84,900	37,500	7,000	2,000	10,000	4,000

　上の表では、ジリム・アイマックにおける未開墾土地の分布状況をも示した。もちろん、開墾しようとしている 2,020 平方キロの土地は、最も肥沃な土地であり、面積も広い。漢人たちがモンゴル人の地域へ移住して入ることによって、異なる文化同士がさらに摩擦するようになった。そのため、大勢のモンゴル人が地元から離れ離れになり、漢人のいない地域や砂地や干ばつ地域へ移動するようになった。

　漢人のモンゴル地域への移住は、ある程度任意的なものもあるが、主な原因は、政府の政策や方針であると考える。その上で政府が多くの資金を投資し、農場を建て、集団移住することを支持したのである。それ以外に、ザルード旗、後旗、中旗などモンゴル人の人口が多いところへは移住させる人数が多く、従来からモンゴル人が少ない地域の開魯県に対しては、比較的少ないのであった。通遼県の近辺では、従来は平原で、肥沃な土地であり、その時代からモンゴル人の姿が少なくなった原因が分かる。また公文書からは、ジリム・アイマック委員会が、移民のための資金の提供を中央に求めたことがわかる。

このように、中国共産党中央委員会の下級機関である中共内モンゴル自治区委員会と内モンゴル自治区人民政府、すなわち内モンゴル自治区におけるいわゆる「自治機関」が指導して行われた「互助組」、「合作社」運動と同じ時期に重なった「移民、開墾」政策により、大勢の漢人がモンゴル地域に移住し、ジリム・アイマックでは数多くの農場が建てられた。とくに注目されるのは、それらの移住させられた漢人の中で、数多くの人が「労働改造」により派遣された犯罪人であったことだ。例えば1948年から1998年までに、ジリム・アイマックに17ヵ所の農・牧場が建てられた。そのうち14ヵ所が1951年から1960年までの間に建てられたものだ[214]。後旗には3ヵ所の農・牧場があり、それぞれ1954年、1957年、1962年に建てられた[215]。1954年10月に後旗に建てられた金宝屯機墾農場（機械で農作業を行う）は、内モンゴル自治区公安庁東部労改処（東部労働改造科）が「労働改造」を受けている漢人の犯罪人たちを連れてきて農業を営み始めたものだ。金宝屯機墾農場は1969年に「国営勝利農場」に変わった（人口は最初の1959年の3,042人から1997年になると8,897人になった）。1957年3月20日に後旗に建てられたムンゲン・ダバー牧場も犯罪人たちを連れてきたものだ[216]（人口は、最初の334人から1997年に2,110人になった）。1959年に全ジリム・アイマックの農・牧場における人口は14,065人であったが、専門的技術人は48名で、農・牧場の総人口のわずか0.34％だった[217]。犯罪人も含めて、かなり多くの人が技術もないし、文化レベルも低い人たちであった。やがて、その人々は地元のモンゴル人と混住したり、結婚したり、農業を営む農民になった。全ジリム・アイマック農・牧場の人口は1997年になると89,060人になった。これと同じことが、その他の地域でも行われたのは、言うまでもない。

　人口の比率を見ると、1982年の統計では、ジリム・アイマックの農・牧場において総人口は78,536人であった。そのうち漢人が54,292人であり、総人口の69.1％を占め、モンゴル人は22,616人であり、総人口の28.8％を占め、その他の民族が2.1％を占めていた[218]。人口比率は政策によって変わることに留意する必要もある。中国では1981年からの少数民族計画生育

政策により、漢人が少数民族と結婚して子供を産んだ場合、その子供は少数民族の人口として登録されるようになったため、1997 年になると、農・牧場においての総人口 89,060 人のうち、漢人は 54,755 人で、総人口の61.5％を占め、モンゴル人は 31,644 人で、総人口の 35.5％を占めるということになった[219]。

　1955 年に移民によって開墾を進めたため、放牧する地域は相対的に狭くなり、総人口における漢人の割合が高まり、モンゴル人社会を無理やりに変化させた。このことは、内モンゴルの東部地域だけではなく、西部地域でも同じく行われた。その結果、内モンゴル地域はきわめて速く砂漠化し、生態環境が悪くなったとも考えられる。内モンゴルに移民させ、開墾させ、「農場」を建てたことは、新疆ウイグル自治区で行われた「生産兵団」の入住の 6年前だった。ジリム・アイマックで初めて建てられた農場はホルチン左翼中旗の「ホリヘ（胡力海）農場」だった。それは、1948 年 3 月に、中共遼北省軍区が人民解放軍の食糧を提供するため、当時の通遼県に 32 名の戦士を派遣し、ホルチン左翼中旗のホリヘステップを開墾したことである。そして、解放軍の金建科が指導員、黄慶波が場長として、内モンゴルで初めての「国営農場」が建てられた。次に同年の 9 月、中共ジリム・アイマック政府が「土地改革」によって各旗・県から「地主・富農」の家畜を没収して、それを一つの場所に集め、初めての国営牧場の「巨流河公営牧場[220]」を作り上げた。中国政府が新疆ウイグル自治区において「生産兵団」により移民を進め、開墾したことは、ジリム・アイマックでの「事例」を新疆ウイグル自治区で再び実施したとも考えられる。

第 3 節　「互助組」・「合作社」の自治機関との関わり

　以上、「互助組」と「合作社」が作られたプロセス及びそれによって生じた問題を述べた。次に、その中で自治機関はいかに自治の役割を果たしたの

か、すなわち、中共後旗委員会は、後旗政府と基礎の組織をいかにコントロールして、その目的を達したのか、この問題について簡単に説明する。

　１．後旗における「三反運動」と「互助組」及びそれに続く「合作社」運動は中共後旗委員会の社会主義的改造時期における初期の段階である。「三反運動」は、後旗社会において、人々の精神と財産を「集団化」させる上での準備をした。「互助組」と「合作社」は、労働生産や具体的動機を「集団化」させるように準備した。すなわち、いわゆる「集団主義」（集団の利益を個人の利益よりも優先させる意識）意識を強め、愛国主義や社会主義の国家主義を高めたと考える。それに達するため、中共後旗委員会が宣伝部によって、「抗美援朝」と「愛国生産競争運動」を提唱した。商工業者と民主的人物に対しても、統戦部によって、その目的を達成した（次節を参照）。これらのもとで、社会主義「人民公社化」運動を行い、完全集団化に達したのである。

　２．「三反運動」と「互助組」及びのちに続く「合作社」運動において、中共後旗委員会（旗委）の働きを音楽コンサートにたとえてみれば、中共後旗委員会はその中でトップのコンダクターになり、旗政府の公安局、統戦部、区委員会・区政府、村委員会・村長らは、それぞれの演奏者になり、その各幹部らは、楽器になって、皆それぞれの役割を演じることを通して構成された。中共内モンゴル自治区委員会・自治区政府とその下の中共ジリム・アイマック委員会・公署は、オーケストラの開催者になり、中共中央委員会・中央政府は、うしろで総合的な企画者になり、最後の最後、それが演奏者の楽器によって、音が出されたのである。演奏者が美しい「音」を出せるために、しばしば良い「楽器」を選んだ。それは、「三反運動」において幹部らを粛清し、対立分子たちを排除したことに相当する。つまり、粛清された幹部らの存在は、「互助組」や「合作社」運動にとっては良い結果をもたらしたことになる。

第 4 節　公文書から読む「社会主義改造」の実態

　1956 年 3 月 3 日、中国で、全国第 5 次統一戦線事業会議が再開された。3 月 31 日に、中共中央統一戦線事業部（中央統戦部）が会議の決議として、「1956 年から 1962 年における統一戦線事業の方針」を発布した[221]。 中共内モンゴル自治区委員会の統一戦線と中共ジリム・アイマック委員会の統一戦線は、その決議に従い、下級の中共後旗委員会統一戦線にその決議の精神を実施する指示を下した。

　そして、中共後旗委員会は、農業、半農・半牧地域に対して、「互助組」や「合作社」の社会主義改造政策を実施するのとほぼ同時に、商工業者と民主的人物[222]に対しても、同じく社会主義改造政策を実施した。中共後旗委員会は、商工業者と民主的人物に対して、社会主義改造をいかに行なったのか。また、いかにその目的に達したのか。この問題を解明するため、幾つかの公文書を踏まえて分析してみる。

上級機関における公文書

　中共ジリム・アイマック委員会の統戦部は、1956 年 4 月 12 日に、「1956 年から 1957 年において、民主的人物を指導し、彼らに対して政治と理論を学習させる計画[223]」（草案）（本稿で、「公文 1」と省略する）を公布し、11 月 5 日に、その草案を実行する「計画[224]」（「公文 2」と省略する）を公布して実行した。その一方、同年 7 月 18 日に、中共ジリム・アイマック委員会の統戦部と宣伝部は、「商工業者に対する講習コースの事務計画[225]」（「公文 3」と省略する）を発表し、商工業者と民主的人士に対して、社会主義改造、社会主義政治理論などを教育する講習コースを始めた。さらに 12 月 18 日、中共ジリム・アイマック委員会は、「統戦事業においての検査する計画[226]」（「公文 4」と省略する）を発表した。

　これらの公文書のタイトルと公布された時期及びそれに関わる機関からみると、商工業者と民主的人物に対する社会主義改造は、中共ジリム・アイマッ

ク委員会を中心に、統戦部と宣伝部によって達成されたことが分かる。
「公文 1」の目的は、「中央からの指示にあわせ、我が盟の具体的状況に適合させ、1956 年から 1957 年まで、2 年間にわたって、民主的人士を改造する」ことだ。公文書における重要な文章を列挙しつつ、以下で分析する。
「第 1 部分：基本的状況
<u>過去数年の間に、</u>（我らは）<u>各級党委の指導で</u>、社会における各項の民主的改革と社会主義革命運動の中で、各界の民主的人士に対しては、<u>政治協商会議</u>（各界においての人民代表会議の常務委員会を含める）などの組織によって、<u>学習座談会、報告会及び文献を寄贈する</u>などの形式で、学習する活動が行われた。この活動によって、民主的人士の政治思想や自覚が高まり、各項の工作が順次に進行させることに大きな役割を果たした。同時に、数年にかけて行われた社会変革と実際的事業のなかで、一部の進歩した民主的人士を発見し、育成した。これらのことは、今後、彼らに対する思想改造の基礎となった。今年の名簿を作成する事業からの統計によると、我が盟においては、約 187 名の民主的人士があって、彼らはそれぞれ盟直属各機関、学校、企業などに 40 名、旗・県・市の各機関、団体、学校などに 70 名、一般社会において 77 名が分布されている。実業区分からみると、商工界で 34 名、医薬・衛生界で 45 名、科学技術界で 25 名、教育界で 35 名、文化芸術界で 10 名、宗教界で 8 名、民族上層で 11 名、非党区の科長以上の幹部で 18 名、その他 1 名である。
　第 2 部分：各界における民主的人士を学習させる際に、彼らの自ら志願する原則と彼らの分布状況に基づき、以下のような具体的措置を設ける。①学習させる目的。彼らを学習させることによって、我が国の現在における社会発展の規律の基本的な知識を了解させる。また、彼らにマルクス・レーニン主義の基本的な観点を一歩一歩受け取らせ、彼らの思想を改造し、さらに社会主義建設と改造事業に奉仕させることである。②学習に参加させる原則。自ら志願することを基準として学習させる。強制的ではなく、参加したくない者に対しては、情熱的に幇助し、排斥してはならない。③学習内容は、A、

当面における我が国の社会発展規律の基本的知識。B、弁証法的唯物論と唯物史観。C、中国革命史。D、聯共党史。E、各時期においての国家の重要な政策、法令、法律及び国内外の重要な時事。F、文化や科学的知識などである。

　以上の学習内容は、国家行政機関、学校、企業、医薬・衛生などの機関で、実際に事業を行う在職している民主的人士に学習させる内容である。社会的人士には、A、E、F項目を学習させる。④学習させる方針。全面的に学習させ、重点的に向上させる。学習を一般的な民主的人士と代表的な人物へ拡大させる。⑤学習方法（省略）。⑥指導者。党委（党委員会）からの統一的指導のもとで、宣伝部と統戦部を主として、関係があるその他の機関が協力する。盟と通遼市の政協[227]が常務委員会の指導で、学習委員会を成立させる。また、政協が成立していない旗・県では、統戦部が学習委員会を成立させ、党のもとで具体的に指導し、学習活動を組織する。学習委員会の委員は、以下の機関の要人によって構成させる。宣伝部、統戦部、政協、商工聯[228]、工会（労働組合）、政府に関係ある機関など。宣伝部と統戦部の仕事分担については、報告員と補習員を選び、彼らを育成させることについては共同で協力する。各項学習において組織する事務は、統戦部によって完成させる。各項学習において思想を指導する事務は、宣伝部によって完成させる。⑦学習が行われると同時に、実際に見学や観察をする活動を組織し、社会主義建設と社会主義改造の偉大な業績（各項建設業績、農業、手工業合作化、社会主義に改造された資本主義商工業など）を見せる。⑧資本主義の階級分子を学習させる点に関しては、1956年4月3日に、我が部から出された企画の通りに行う。⑨各項の学習させる点においての経費。中央からの規定に従い、政協、商工聯、専門的公司などが分担する。⑩民主的人士に対する政治と理論の学習は、重要な政治事務である。それは彼らの思想を改造する主要な方法であり、武器である。それゆえ、各級における統戦部は、この事務を重要な政治任務として、定期的に研究し、監査し、経験をまとめ、改善する。」

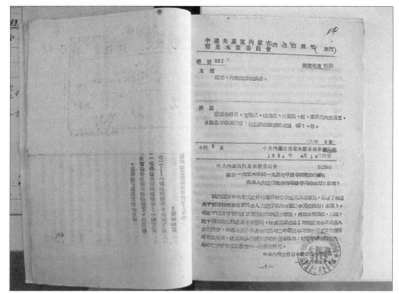

資料の原本、2009 年 9 月、筆者の現地調査より

公文書の分析

　上の公文書の「第一部分」の下線の部分により、「過去数年の間に」行われた「社会主義革命」は、「各級党委」の指導で、「統戦部、宣伝部、政協」などの機関を通じて、組織されたものであると分かる。そして、それぞれの機関は、「学習座談会、報告会、文献を寄贈する」などの手段によって、民主的人士の思想を改造したことも明らかである。それと同時に、党委は、一部の少数の人々を「進歩した人」（上達者）と褒め、昇格や利益をあたえるなど「小恩小恵」（人を丸め込むためのちょっとした恩恵、ちょっとした甘い汁、媚薬をきかすこと）の手段で引き上げ、皆の「模範」になれるようにした。このようなことを「発見させ、育成させた」と記している。その一部の「小恩小恵」により「進歩」させた人々を利用して、ほかの人々の思想を改造したのである。党委は学習・改造を受けさせる民主的人物を統計化し、区分していた。その内訳から、「民主的人士」と定義された人々は、社会の多方面に広がり、共産党の幹部らの中にもある程度存在していることが分かる。

115

「第二部分」では、学習させる基本的原則と具体的措置を示した。原則は、民主的な人士を「自らの志願」と示している。しかし、公文書の全体的内容から見れば、民主的な人士は、決して「自らの志願」で学習したのではなく、勧誘や強制的であったことが確実である。「参加したくない者に対しては、情熱的に幇助する」と示しているが、「情熱的に幇助」と言うのは、上の「小恩小恵」を言っている。それ以外、2章の「三反運動」についての節で論じたように、党からの政策や活動に反したすべての人々に対しては、「反革命者」として弾圧し、殺すべき者を殺し、「厳重な」者を拷問し、「上達した」者を引き上げた。そのため、当時の社会は恐怖だらけの雰囲気であった。また、各界における民主的人士の人数がすでに把握されているのは、学習させる人物の名簿（ブラック・リスト）がすでに出来上がっていたということである。このような状態で、民主的人士たちが、上級機関に呼ばれた際に、もし拒否すれば、彼らがその後どうなるか、及びその後の運命がいかに惨めな境遇になるかは分かっている。それゆえ、「服従」しかなかった。党委にとっても、それを知っているから、公文書の中で「強制的」と書き入れる必要がなかったのである。それどころか、反対に「自らの志願」と書き込んでいる。

　党委員会とその下の機関の関係をグラフで記す（グラフ3-1）。

グラフ3-1　党委員会とその下の自治機関の関係[229]

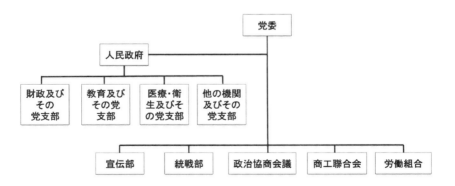

中共ジリム・アイマック委員会やその下級機関である中共後旗委員会及び、その下の宣伝部、統戦部、政協、商工聯合会、労働組合などは1つの筋を成し、社会全体がそれらにコントロールされている。統戦部は、「報告員と補習員を選び」、また宣伝部と「共同で協力する」こと、また、「各項学習において組織する」ことを「任務」とする。宣伝部は、「各項学習においての思想を指導する」ことを「任務」とし、また「実際に見学や観察をする活動を組織する」。統戦部と宣伝部は、共産党の主な筋になり、人々の思想を改造する大きな役割を果たしている。とくに、宣伝部は、いまだに、すべての機関の「思想」を指導し、社会におけるすべてのマスコミの「思想」を指導しているのである。

　活動の「経費、資金」は、「中央からの規定に従い、政協、商工聯、専門的公司などが分担する」のであり、すべての費用は個人ではなく、「国家」から出すのである。各級機関における党委が絶え間なく会議で使う経費は、従来から「公費」（国の財政）に負担させる。それはその時代から「伝統」になり、いまだその通りである。会議に参加した幹部は給料以外に、参加した日数当たりに「差金」をもらう。参加した会議によって毎月の給料が異なるのである。幹部のクラスによって、参加する会議の数も異なり、昇格すれば昇格するほど、「差金」も多くなり、その他の収入もクラスが上がるに従い「昇格」していく。そこで幹部たちは「昇格」を一生の目的とし、手段を選ばず、頑張っていくのである。

　中共ジリム・アイマック委員会や統戦部は、民主的人士を数週間、数ヵ月間も会議室や教室に閉じ込め、学習させると同時に、見学させ脅かす状態下に隔離した。そのことを改造の「草案」である公文1に続いて出された、具体的実施に関する公文書（「計画」）（公文2）を通じて説明する。

　(3) 公文2は公文1の内容を具体的に実施する「計画」である。「中央が批准した『全国統一戦線事業会義』の『方針』（本節の冒頭で挙げた）と『民主的人士と資産階級分子を幫助し、彼らに対して政治と理論を学習させる方法』及び内モンゴル自治区統一戦線事業に合わせ、我が盟の実際的状況に基づき、

1956 年から 1957 年にかけて、民主的人士、資産階級分子、宗教界人士に政治と理論を学習させる計画を定めた」と書かれている。具体的内容は上で分析した「公文 1」と大同小異であり、異なる部分は以下の通りである。

(ア)「<u>我が盟において、統戦させる対象（資産階級分子、民族上層、知識分子、ラマ教、イスラム教などの各種類に存在する中・上層階級）の人物は約 874 名である。そのうち、資産階級分子が 195 名、商業の雇用人が 3 名、工業と手工業の職員が 2 名、個人的運営の小企業主人が 310 名、非党員の幹部が 21 名、非党員の知識分子（知識界）が 111 名、中、上層のラマが 72 名、一般的なラマが 131 名、民族の中・上層の人物が 11 名、イスラム教の布教者が 5 名、道教の僧が 3 名、カトリック教の修道女が 5 名、キリスト教の長老が 5 名である。</u>

これらの落伍階層と搾取階級に対して、数年の社会主義改造と社会主義建設の偉大な変革の中で、党委によって共同綱領、総路線、憲法、国内外の時事、政策、愛国主義などの内容でシステム的に学習させた。その結果、彼らの政治思想が高まり、日増しに党と政府に協力する上、彼らは自ら社会主義の道へ歩もうとし、社会主義の改造事業に積極的役割を果たした。しかし、一方で、彼らの思想事業が新しい発展の形に合わなくなった。彼らは改造を受け入れて、企業も改組されたが、思想意識というものには深く歴史的要因と社会的要因が存在している。そのため、彼らの思想がすてに消滅した資産階級と密接な関係（彼らの一部の人物は、もともと資産階級だった）がある上、すでに打倒された階級にもまた感情的な関係がある。この状況は、社会主義改造の運動中に、いざ大きな措置を実施する際、或いは国内・国外の政治勢力が何か重大な問題に直面した際、彼らの思想が動揺して、国家の政策を実施することに消極的な役割を果たす可能性がある。

そこで、全国、内モンゴル自治区、我が盟における社会主義の建設と社会主義の改造事業を発展させることに応じて、<u>彼らからの妨げとなるものを減少させ、彼らへの妨げとなるものを増加させ</u>（減少来自他門的阻力、増加他門的阻力）、彼らの思想上に『資本主義を打ち破り、社会主義を建てる』（破資本主義、立社会

主義) という変革を起こさせる。そして、徐々にマルクス・レーニン主義の価値観と方法で事業を観察し、問題を解決することに達すること (省略)。

(イ) 訓練対象を区分することについては、①我が盟の商工界中において、内モンゴル自治区人民代表、内モンゴル自治区政協委員、内モンゴル自治区青年聯合会 (青聯) 委員、内モンゴル商工聨合会委員及び一部の代表する可能性の高い資産階級分子などの人々から、約20名の人物を2期に分けて、内モンゴル自治区に集め、短期訓練コースで学習させる。②我が盟における資産階級分子及び一部の小企業主人らを、1956年から1957年にかけて、盟からの商工業講習コースで訓練させる。今年の8月から第1回に120〜150名で、来年に1〜2回を訓練させて、このことを完成する (省略)。」

以上の内容を見ると、「草案」(公文1) での計画に比べ、この「計画」(公文2) では、関わる人数がかなり多くなっている。具体的な内容は「学習」を受けることだが、今回は「学習」ではなく、「訓練」という言葉に変えられた。2つの公文書のタイトルは、同じく「政治と理論を学習する」であるが、実際の内容は「訓練する」ことになった。また、「計画」は1956年11月5日に印刷され、公布されたが、そこに「今年の8月から第1回を訓練する」と書かれている。つまり、この「計画」が公布される前、すでに8月から訓練が始まっていたのである (次に取り上げる「公文3」がその訓練を示す)。それ以外に、「草案」(公文1) では187名の人物が集計されたが、「計画」(公文2) では、874名になった。学習や訓練させる人物の区分は、「草案」では9つの種類であり、「計画」で13種類になった。

冒頭の下線部の内訳によれば、ラマの人数と民族中・上層 (民族意識の高い人) の人数はあわせて214名で、資産階級分子と非党員の知識分子はあわせて306名である。これらの4種類の人物をあわせると520名で、「対象」になる総人口 (874人) の約60%を占める。ラマの人数は203名と、かなり多く、それ以外のキリスト教、カトリック教、道教、イスラム教の人物はきわめて少ない。この数字からみれば、対象者の60%はモンゴル人で、つまり、「学習や訓練」させた人々の多数がモンゴル人であることが明らかである。資産

階級や小企業主には漢人が多いが、彼らは主に財産を没収された。一方、ラマたちモンゴル人は財産を奪われつつ宗教的にも弾圧された。今回の「学習」や「訓練」に参加させた人物はモンゴル人が多かったが、そもそも実際はモンゴル人に対してのものであった。

　その次の部分では、「彼らの思想は、すでに消滅された資産階級と密接な関係（彼らの一部の人物は、もともとの資産階級である）がある上、すでに打倒された階級とも、感情的に関係がある」と明確に言い出した。「打倒された資産階級分子」と言うのは、1947年から1951年にかけて相次いで起こった「反革命者を鎮圧する」運動、「三反運動」、「互助組」などで、土地、牧畜、財産を没収された農民・牧民及びラマたちのことである。それらの運動は、彼らの私的所有財産を「社会主義改造」により、「公的所有」の財産へと変えた。今回は個人的な理念、観念、価値観などの「思想」を、「政治と理論の学習や訓練」により、「社会主義の集団化式、マルクス・レーニン主義式」の「思想」へ変えさせることが目的だった。これについて公文書では「『資本主義を打ち破り、社会主義を建てる』（破資本主義、立社会主義）という変革を起こらせる」と記している。また、党委は、彼ら（統戦させる対象）に対して不信感を持ち、「彼らから妨げとなるものを減少し、彼らに妨げとなるものを増加させる」（減少来自他門的阻力、増加他門的阻力）と言っている。党委は彼らを、社会主義の改造に何らかの不利な要因になる存在と疑いながら、故意に圧力をかけて「妨げとなるものを増加」させたのである。

　訓練を受ける対象は、「代表」になる者を選んで自治区に薦め、残りの者を地元（盟党委の所在地—通遼）で訓練する。選ばれた「代表」たちは、かつて「自治区人民代表、自治区政協委員、自治区青年聯合会（青聯）委員、内モンゴル商工聯合会委員及び一部の代表する可能性の高い資産階級分子など」であれば信頼感が非常に高く、党委への「忠誠度」に「合格」し、党委に「チェック」された人々となる。これらの「代表」たちは「訓練や学習」を受けるものの、ある意味では党委の「道具」として他の「非代表」の人々の「思想改造」に大きな役割を果たし、「代表」が「非代表」を改造することになったのである。

訓練や学習期間について、現地における「見学、観察」とは、すでに「改造」された企業や工業を社会主義建設の手本として見せたり、誇ったり、みなの学習する「模範」なのだと指導することである。このように会議の期間中に人を移動させて「模範」を観察させる「伝統」はさらに「発展」し、70年になると「現地会議」へと変化し、党委や政府から小学校までを含むようになった。その後、90年代になると企業や工場以外に100点の基地が「愛国主義教育基地」と名付けられ、社会の隅々まで広がるようになった。

　公文3は、公文1（草案）と公文2（計画）との間に行われた1回の講習である。同じ年（1956年）の7月18日に、中共ジリム・アイマック委員会の統戦部と宣伝部から、「商工業者に対する講習コースにおいての事務計画」というタイトルで公文書が公布され、8月1日から「商工業者と民主的人士に対しての、社会主義改造と社会主義の政治・理論を教育する講習コース」が始まった。公文3に書かれたのは、「公文1、公文2」に記載された「計画」の実行された例である。主な内容は以下の通りである。

　「1、訓練の方針と方法：訓練に参加するすべての資産階級分子を一律に集中して訓練する。訓練する方法は、4分の1の時間は講義で、2分の1の時間は討論で、残りの時間に休憩する。討論する間、『糞を倒すことを防ぐ（注意避免倒糞）[230]。』（省略）彼らの理論的レベルが低いため、文書の主旨を理解させていくには、余分な時間が必要である。訓練する期限は2ヵ月間で、8月1日から9月30日までであり、全部で56日間、448時間である（省略）。今回の訓練を受ける人物は、自治区が薦めた9人を除いて128人（そのうち商工業者の家族が5～8人）である。彼らは、全盟における工業以外の資産階級分子の61％を占め、全盟における合営企業者の5.21％を占める。今年は訓練すべき人物の半分以上を訓練する。第2回の訓練は12月から始まる。残りの人物を来年に2回の訓練を通して完成させる（省略）。」

　「2、訓練する内容と要求：学習する内容は、中央が編纂した教科書を基本的課程として学習し、開始時と卒業する際にオリエンテーションを開き、党・政（政府）の責任者が2～4回の時事政策報告をする。今回の学習

で 16 回の授業を受ける。第 1 単元が 5 回、第 2 単元が 3 回、第 3 単元が 4 回、時事政策 4 回である。1 単元の学習が終了した後、簡単なまとめを行い、もう一度復習させる。単元ごとに、彼らの理論的認識を高め、計画と目的を有する見学活動を組織する。達する目的は、彼らが社会の発展する規律を認識し、自分の運命を把握し、祖国の偉大な展望を認識すること。資本主義を打ち破り、社会主義を建てる（省略）。」

「3、指導や組織に関する問題：①（省略）②盟の統戦部、宣伝部、財貿部（財政と貿易）、私改事務室（私的所有を公的所有に改造する事務室）が参加し、仕事の分担を定めて、それぞれ責任をもって引き受ける。第 1 単元と第 2 単元（愛国主義教育と社会発展史）を宣伝部に、第 3 単元（平和的改造）を統戦部に、業務についての課程を財貿部に、その他の内容を私改事務室に、それぞれ分担させる。統戦部と、宣伝部と、財貿部が教える仕事を保証し、私改事務室が全ての人々を動員する仕事を保証する。政治的思想の指導をする仕事は、宣伝部と統戦部にひとまとめにする。③（省略）④盟の党委と、その他の関係ある機関の指導や幇助を受けるため、学習中に簡報の形で報告し、また 3〜4 回に分けて口頭報告する。」

1）、以上の公文書では、「学習」という言葉と、「訓練」という言葉が交互に出ている。4 月に出された「学習させる草案」（公文 1）には「訓練」という言葉がないが、7 月に出されたこの公文（公文 3）では、訓練と書かれた。また「草案」では「自ら志願で参加させる」とあったものの、この公文書では「すべての資産階級分子を一律に集中して訓練する」、「来年に 2 回の訓練を通して完成させる」になっている。公文 3 で「（彼らに）余分な休憩する時間を与える」と言うのは、彼らが学習した文書のポイントをよく考えながら「報告」する「言葉」を考えることである。なぜならば、皆は同じ言葉で「倒糞」してはいけないからだ。実は、統治者が皆から話して欲しい内容は、同じく「資本主義を打ち破れ、社会主義を建てる、私的所有を公的所有へ変化する」などの言葉であるが、同じ言葉を繰り返すのは不許可である。

2）、訓練する内容と要求は、「公文 1」、「公文 2」とおおむね同じである

が、オリエンテーションを開いて、党や政府の要人が時事的な政策を報告することが示された。これは、党委の要人が会議や学習会のたびに強調することだが、要は指導者が初めに「笑顔」を見せつつ、「厳しい訓練、苦しい拷問」だらけの「学習、訓練」をやらせ、最後に、幹部らの事業を認めよ、と指導者として「笑顔」を見せる。地方政府や党委の指導者から自治区、さらには中央政府や党委の指導者まで、彼らが各種類の会議の「はじめに」と「おわりに」に必ず現われることが「伝統」になった。指導者のランクが高くなればなるほど彼らが現われる回数も多くなる。それゆえ、指導者の「姿」が当時の新聞や雑誌に氾濫したのである。とくに1960年代から1970年代になると、一般社会の子供たちまでも指導者の「姿」が分かるようになり、必然的に指導者を尊敬するようになった。

　1980年代以後、内モンゴル地域でテレビが普及されたことに伴い、毎日のニュースに各地域の指導者が頻繁に現われ、それ以上に中央の指導者らが頻繁に現われることになった。例えば30分間のニュース放送で15分間は指導者らの姿が現われた。2005年8月、筆者は、内モンゴルでフィールド調査を行った際に、ある年寄りの農民が夜の10時、CCTVから放送されるニュースをみながら「国家の主席や総書記らは朝の6時から夜の10時まで、ずっと会議や観察を行なっている。大変なんだな。深夜も寝ずに、皆のためにやっているのだな」と語ったこともあった。

　公文3では「見学活動」も強調されている。見学は、党委や政府にとって非常に重要な活動であり、いまだに継承されている。「見学活動」は文化大革命以降の「改革開放時期」に変化し、さらに「発展」したのである。「見学活動」は、空間を広め、普通の会議場から小・中学校の校庭、さらに大学のキャンパスまで広がった。例えば、町や都市に建てられた「人民英雄記念碑」で、小・中学生、大学生らが「見学活動」を行い、内モンゴル地域を「解放」する「偉大な事業」に己の命を奉げた「英雄」たちの「模範的な事績」を学習している。筆者は小学校から大学を卒業するまでの16年間、毎年「7月7日」、「8月15日」には、学校の団委（中共共産主義青年団委員会）の「抗日戦争」

を記念する活動を行い、「革命の歌」を歌っていたので、頭で「中国式の日本国」が育まれていた。日本に留学してから、その人為的につくられた「中国式の日本」を徐々に失うことになり、そのような日本の姿は記憶に残らなくなった。留学しなかった場合、そのような人工的につくられた日本が死ぬまで頭にイメージされていたのではないか。

　3）、組織者に含まれた機関は、統戦部、宣伝部、財貿部（財政と貿易）、私改事務室（私的所有を公的所有へ改造する事務室）などである。統戦部と宣伝部が主なソフト面である第１単元から第３単元までを教え、「愛国主義教育と社会発展史」と「平和的改造」を訓練される人々の頭に「印象づける」のである。財貿部は、財政や貿易においての実際の業務を教え、裏方として存在し、事務室はハード面である「動員」や経費、会場などを管理する。宣伝部と統戦部は、人々の思想や精神的な要素を「改造」し、その他の機関は、人々の物資、食糧などをコントロールする要素であると分かる。

　中国で各ランクの宣伝部は、巨大なパワーを持つ非常に厳密な組織である[231]。同等ランクの宣伝部のパワーは、そのランクの裁判所より強い力を持つ。すなわち、中共後旗党委の宣伝部のパワーは、後旗人民裁判所（人民法院）より強い。中央宣伝部のパワーは、最高人民裁判所（最高人民法院）より強い[232]。例えば、周知の通り、かつて中共中央総書記であった劉少奇が、中央宣伝部によってきわめてわずかな間に全国の「反革命者」になり、終身的に刑務所に閉じ込められた。また、毛沢東の「忠誠な継承者」であった林彪は全国で人民に擁護されていたものの、次の日には「反逆者」として全国で宣伝された。宣伝部が「人民日報」、新華社、中央テレビ放送局、中央人民ラジオ局など全てのマスコミをコントロールしている[233]ため、宣伝部以外の機関や「人民」は、世論を作る権力がないのである。このような宣伝部は中央（中央宣伝部）からソム―（郷）の行政機関まで建てられ、中央宣伝部の「部長」から小学校１年生までに「宣伝部長」が組織されている。

　統一戦線は、言うまでもなく「抗日統一戦線」から発展したもので、いまだに台湾とチベット問題まで「交渉」するのが中央統戦部である。ジリム・

アイマックの統戦部と後旗の統戦部は、それぞれ自分の役割を担って、「社会主義改造」、「ラマ教を改造」など重大な政治運動に大きな功績があった。

公文3の最後に、「(党委へ)学習中に簡報の形で報告をして、また3〜4回に分けて口頭報告する」と書かれている。このことから見ると、党委や幹部らには、公文書に書き込まれていないその他の「活動」や「ルール」があったと考えられる。ある慎重な「秘密」事項については、その時代から口頭で伝えるようになっていたと考えられる。「口頭報告」するルールは文化大革命時期にさらに発展し、大きな役割を担ったのである。1980年代や1990年代になると、この「口頭報告」のルールが変更され、上級機関の「重要な公文書」を幹部らに回覧させ、会議以降は上級機関へそのまま取り戻されるようになった[234]。

公文4は、12月18日、中共ジリム・アイマック委員会の、各旗において「統戦事業について検査する計画」である。全体の内容を見ると、「検査する計画」ではなく、非党員幹部らを学習させるのが目的であった。「今回の統戦部事業の検査では、『八大』(中国共産党第八次代表大会)の文献と、『整風運動』を学習する内容が重要である。同時に、党の全ての幹部らに、党の統戦政策を重要事として深く教育し、また政策に関する思想を樹立させることである」と記されている。公文書の主な内容は以下の通りである。

1)「数年にわたって、各級党委の指導の下で、『人民の民主的統一戦線をさらに強固にし、同時に、さらに一層拡大することを続けて、力になれる全ての可能な力と一致団結し、我らの共同的目標のために奮闘する』という方針に従い、統一戦線の事業は良い成績に達した。まず、党の政策を基本的に貫徹して、執行した。例えば、各種の民主的人士との団結をすること。彼らに対しての教育と改造。彼らを雇うこと。彼らの生活に対する幇助。また彼らの積極性を発揮させたこと。少数民族出身の幹部らの風俗や習慣を尊敬して、民族との団結を強固にしたこと。非党員の幹部らをしっかり教育して、事業の任務を完成させた。そして、彼らの政策における思想を上昇させた上、積極性を発揮させた。非党員の幹部らに党の統戦する政策を宣伝して、彼ら

と民主的人士たちの政治的思想の状況を、常に了解しながら団結する教育を行なった。次に、社会主義の建設と社会主義の改造における新しい時代において、党の『人民の民主的統一戦線を大胆に拡大する』という政策を執行する勇気がなかった右翼的な保守思想をほぼ転換させ、団結する面を拡大した。例えば、鑑定する人物が去年にはわずか46名であったのに、今年、220％増加した。そのうち、科学芸術界においては5倍で、文化教育界においては3倍増加した。そのことは、党の政策に合った上、我が盟の実際状況にも合った。(省略)。これらは、基本的な面であり、必ず肯定できることである。」

2)「その一方、我らの事業における作業にも不十分な点や過失がある。例えば、民主的人士に対して、尊重や信用が足りない。彼らのレベルが低い、能力が弱い、思想が落伍であることなどを重要視したが、彼らの積極性を発揮させる面では、不十分である。彼らの意見を聞き取らなかったため、彼らは『役職があるものの、権限が失われた』という感想を持った。大胆に事業作業を行う面でも不十分である。(ある幹部が)憲法の通りに事務を行なっていない現象もある。人民委員会議が形式的であり、負担であり、面倒であると認識し、民主的人士を『冷たい椅子に座らせる』機関もある。民主的人士の中で上層分子を主にして、中間分子や落伍分子を軽視する現象もあった。(少数)民族の上層に対しては、『彼らの出身が悪い、歴史が不純、思想が落伍』と認め、敷衍して述べた。知識界においては、(省略)要求に達していない。宗教界においては、具体的、有効的な方針や措置を採用しなかった。そのため、宗教に消極的であった。今後、これらを改め、強めていく。」

3)「そして、党の統一戦線事業を強め、党と非党(非共産党)との関係を改善させるために、我が盟における各旗・県・市の一級の指導幹部らに、統戦政策を執行している状況についての検査を行い、全ての党員と非党員人士との間で、団結・合作することを教育し、全ての党員を動員して、統一戦線の事業を各面へ広げさせることが必要である。(省略)」

4)「検査する内容：①各方面における民主的人士(資産階級分子、民族の宗教における上層分子、知識分子、非党員幹部などを含める)。②彼らに対する政治的

思想の幇助、教育、改造などに存在している問題。③各民主的人士と常に能動的に交渉し、その交渉での彼らの態度、仕事のやり方。④彼ら（民主的人士）の生活に関しての幇助に存在する問題。」

5）「検査する方法、順次①まず、盟、旗、県、市における統一戦線の幹部らをはじめとして、『八大』の文献と中央の（1956年から1962年にかけての統一戦線事業の）方針、（民主党派、民主的人士に対する統一戦線事業の）意見を再び学習させ、幹部らの思想を向上させる。（省略）②統戦部は、各機関の責任者（負責同志）に、とくに民主的人士がかなり多く含まれる機関の責任者に対して、計画と予定にもとづいての会議を行い、統一戦線の政策が貫徹されているかどうかを検査する。③各機関（宣伝部、文化、財政・貿易、政協、商工聯など）が、各階層の人士と代表性のある非党員人士に対して、それぞれ座談会（これは主なる手段である）と個別な意見を聞き取る形で、民主的人士が我らに関する意見を言い出せること。④各旗・県・市と盟における人民代表大会中、民主的人士の思想の動き、反映、意見などを把握することに注意する。会議以降に、党委の名義で、彼らを招請して座談会を行い、彼らの意見、批評を受け取り、党の政策を貫徹する。」

6）「時間：盟委員会統戦部と盟直属機関においては、12月下旬に開始し、来年2月末に終了する。各旗・県・市においては、来年1月から開始し、3月上旬に終了する。（省略）」

以上の公文書を分析すると、これは「検査」ではなく、「社会主義改造」の続きであることが分かる。公文4は、今まで一貫して行われた（党委からの）民主的人士に対する事業（社会主義教育、改造）をまとめた上で、その事業がどの程度まで進んでいるか、今後何を強調すべきなのかについて、詳しく示している。それ以外に、今回の「検査」における内容、方法、順次、時間などを言い出している。

1）中共ジリム・アイマック委員会が次から次へと行なった統一戦線会議や教育、改造、座談会などは、中共中央の「一緒に団結して、力になれる全ての可能な力と団結し、我らの共同的目標のために奮闘する」という方針に

従っている。すなわち、中央からの命令でこの活動が行われたのである。当時、共産党の党員の数は今と比べると少ない上、共産党の社会における勢力も相対的に弱かった。共産党は自分でも自分の勢力を疑っていた。当時、共産党の勢力と抵抗する可能性がある唯一の勢力は、民主的な人士と非共産党の人々であった。モンゴル地域においては、モンゴル人社会における上層人物と宗教界の上層人物、さらに数の少ない商工聯合の人物たちであった。共産党にとって、彼らは非常に不安定的な要素であり、彼らの心を徹底的に「統戦」し、改造し、粛清するようになった。闘争する相手になる可能性があった民主的人士らを統戦によって仲間にし、彼らの積極性を発揮させるのが共産党の目的であった。公文書の内容を見ると、共産党は、民主的人士らに対して、最初は慎重であったが、のちに、「大胆に統戦する」ようになったことが確実である。だからこそ、統戦される人物の数が「220％増加」したのである。とくに、知識界の人物の数が増えた。共産党の立場からすれば、これは当然「肯定」される「成績」である。だが、モンゴル人の立場からすれば、これらの改造は、モンゴル人の気勢を消滅させることである。

　２）党委は自らの統一戦線事業の作業において「不十分な」点を言い出した。民主的な人士に対して「尊重や信用が足りなかった」と言うのは、党委の統戦部が、彼らを「改造や教育する」ために、最低限度の人道的な扱いもなく、人間としての尊厳を無視したということである。また、数多くのさまざまな会議や「教育」を行なったことに対して、人々が嫌がり、「民主的人士を冷たい椅子に座らせる」という意見も出たのである。「民族の上層に対して」と言うのは、モンゴル人に対することである。公文書では『彼らの出身が悪い、歴史が不純、思想が落伍』と認め、敷衍して述べた」とある。すなわち、モンゴル人からなにがしかの「間違い」を任意に作れなかったため、彼らの「出身、歴史、思想」から「間違い」を探ることになった。「出身、歴史、思想」は、「解放」以前の時代におけるモンゴル人の歴史、モンゴル人アイデンティティーなどを指している。「出身」とは、「解放」以降、共産党が言い出し、区別に用いた「地主、富農、反革命者、悪い者」（地富反壊）を指し

ている。これについては、2章の「三反運動」で、すでに述べた。注目すべきこととして、民主的人士の中で、かつて日本軍隊に参加した人物や当時の満州国興安省の役人及び日本に協力した人物が全て「悪い人」として「教育、改造」を受け、さまざまの拷問や過酷な懲罰を受けた。それも、ほとんどモンゴル人であった。宗教界については、「具体的、有効的な方針や措置を採用しなかった。そのため、宗教に消極的であった。今後、これについて改めて強めていく」と明確に示した。その結果、1958年に、後旗の宗教界に対して過酷な粛清「運動」が起こり、1966年に「後旗のチョルート公社における案件」が起こった（4章を参照）。

3）中共ジリム・アイマック委員会は、中共中央委員会の統一戦線政策を執行するにあたって、己の幹部らをも信用できないため、「我が盟における各旗・県・市の一級の指導幹部らに、統戦政策を執行している状況についての検査を行う」ことがあった。そして、まず各級における幹部らを「教育し」、次に非党員との「団結・合作」を広げさせた。

4）検査する内容について、「統戦される」対象を発表し、次に検査する方針、順次を言い出した。順次は、まず「盟、旗、県、市における統一戦線の幹部ら」であり、その次に「各機関の責任者」と「民主的人士がかなり多い機関の責任者」であった。その下で、「各階層における人士と代表性のある非党員人士に、それぞれ座談会を行う」ことであった。公文4は、座談会を「これが主なる手段である」と明確に強調した。この座談会は、人々の意識を変える重要な環境である。「検査する方法、順次」の「④」で言い出した「方法」は、今までに効果を果たしてきた各種の方法の一つである。共産党は、「各旗・県・市と盟における人民代表大会で、民主的人士の思想の動き、反映、意見などを把握することに注意する」ことを重く見る。すなわち、人民代表大会に参加する人物の中で、非党員の人物が「代表」として参加することに非常に注意し、何回も政治的「監査」を行い、彼らを党の「仲間」と認識した上で、「安全的」に参加させる。「人民代表」の人物が、会議に参加した場合にも、党やその政策に対する発言の限界を慎重に把握しなければならない。何回も

の政治的「監査」にも関わらず、「人民代表大会」に参加した人物が、民衆の利益と党の利益が互いに矛盾した際に自らの意図で民衆の利益を主張すると、それは「党の規則」に「違反した」ことになる。その場合は、党が「会議以降に、党委の名義で、彼らを招請して座談会を行い、彼らの意見、批評を受け取り、党の政策を貫徹する」ことになる。その結果、人々のイデオロギーやアイデンティティーの独立性が失われ、党のイデオロギーや共産主義式アイデンティティーが生じ、徐々に「共産主義戦士」になるのである。

　5）検査する期間はかなり長く、2ヵ月以上であった。それも、まず盟委員会と盟直属機関の幹部らの事業を検査し、次に各旗・県・市を検査し、最後に区、ガチャー、村などの基層行政を検査する順次であった。

　以上の4つの公文書の内容とその分析によって、中共ジリム・アイマック委員会が、商工業者と民主的人士に対して、社会主義改造や社会主義建設を行なった目的、過程、結論が分かるようになったと思われる。中共後旗委員会は、商工業者と民主的人士に対しては、上の4つの公文書の通りに行なった。これらの公文書で、「我が盟における各旗・県・市」や「各機関が互いに協力する」と明確に示して、各旗でも同じく社会主義改造や社会主義建設「運動」を起こした。

　本稿の研究の中心地域である後旗へ、これらの公文書が次から次へ伝達され、旗の直属機関から銀行、商工聯合会、合作聯合社、牧場、農場、学校、各区、ガチャー（村）にわたって、公文書の内容通りにさまざまな運動が行われた。1955年末から1956年末まで、この運動によって、無数の人々が「教育され、訓練され、改造され」、拷問され、処分された。

後旗においての動き

　中共後旗委員会は、上級機関に合わせて、1955年12月に、「中共後旗委員会紀律検査委員会」（紀検委と省略する。この委員会は今日まで重要な機関として存在している、それも、中央紀律検査委員会から自治区（省）、アイマック（盟・市）、旗（県）、ソム（郷）、ガチャー（村）まで、それぞれある）

を設けた[235]。 12月11日、後旗紀検委は各区に対して公文書を出し、農村（農村・半農半牧）での党組織の紀律を強めることを通達した。そして、党委の中にある「疑わしい分子」を取り調べるようになった。

　この公文書には、「1955年3月に中央委員会で行なった『農村の党員における紀律検査事務座談会』と、11月4日に内モンゴル自治区党委で行なった『行政区、地盟委紀検委書記、副書記会議』の指示に従い、我が旗の状況に基づき、全区における党員、幹部に対して、この公文書を伝達し、貫徹する[236]」と書かれている。公文書の主な内容は「今は、農村における階級闘争が複雑で、さらに鋭くなる段階である。農村の党員や幹部らの中で、資本主義の搾取する行為、汚職行為、腐敗行為などが厳重に存在し、党の紀律に違反する現象が確かに存在している。例えば、最近、第4区の党員会議で発表された状況を見ると、今年5月から6月にかけて、農村における食糧の供給に余裕がない状態なのに、5名の党員が高価な食糧を売り、中央からの食糧供給政策に違反した。そのうち、三江村の党支部の候補党員である王寛氏が、6月に第5区の庶民（老百姓）から3斗の粟で買った豚を数日以降に、42元で他の人に売った。平安堡村の支部の党員である牛徳高氏が、高価で2斗の食糧を売った。のちに、支部会議での批評や教育によって、自分の過ちを改め、元の斗当たり7元で売った金のうち4元を払い戻した。ソゴインオボ（草干泡）村支部の党員である宝貴（元の軍人）氏は食糧問題について一貫して不満な世論を広げ、党からの指導に抵抗し、区から紹介状（介紹信）をもらい、それによって200キロの食糧を買い、親戚に送った。彼は三江口（町の名前）鎮に行き、地主の女と結婚して、村に戻らない。継承村の劉風山（党員）氏は、家族がすでに入社（互助合社）したが、自分は入社せず、農業互助合作社に抵抗した。第12区元ガンジッガ村支部の党員である海宝氏は、常に投機的取引（投機倒把）をして、商売を営み、農業生産に参加しない。第6区のアガジョッド（阿嘎洲）村支部の党員であるバムブル氏（行政村長）が公金を133元流用し、投機的取引者と仲間になり、公けの畜を売った（そして党籍を取り消した）。第2区の大衆村の党支部書記である王公郷氏が

婦女と乱倫（乱搞男女関係）し、腐敗し、堕落した（そして党籍を取り消した）。第8区のある村の支部書記、村長、公安委員ら3人が、反動分子の噂話と破壊行動を聞いたのに、上級の党委と政府へ報告しなかった上、自分たちも反動的な噂話に動揺し、反革命分子を逃がした。

　以上取り上げた例は、それらの案件の一部だけである。この事実から見ると、党員や幹部らの中で、資本主義思想・行為がかなり存在している。また、我が旗の購買販売協同組合（旗供銷合作社）の幹部らが盟の第2次合幹学校に28名参加したが、彼らのうち27名の幹部が汚職していた。これらのことに対して、各区における党委が、中央と自治区党委の指示に従い、問題を処理する区別が以下の6つの条例である（省略）。」

　この公文書に記載されたように、後旗においては、各区や村で社会主義改造運動が行われ、数多くの人々が処分された。それに関わる人物の多数は、モンゴル人であった。以下それによって生み出された問題を分析していく。

第5節　「社会主義改造」によって生み出された問題

　さまざまな処分された人物の中から、例として幾つかを挙げる。
　ア、中共ホタン（浩坦）区委員会のジャンゴータイ村支部の党員であるデルゲル氏が党籍を取り消された。時期：1956年6月14日。理由は党に混入した悪い分子、党における監察事業政策の第1条1項の原則に違反し、基層における党組織を粛清するためであった[237]。
　イ、中共アドーチン（阿都沁）区委員会のイケ・ホトンタラ村支部の党員である七十三氏に対して党籍を保留し党内にとどめて観察する処分をした。時期：1956年6月14日。理由は「党に不忠誠で、不誠実である。思想や態度が一貫して腐敗し、堕落し、共産主義道徳を腐敗させた」だった[238]。
　ウ、中共後旗の購買販売協同聯合委員会の党員であるビルグン・ダライ氏は、公金を流用し、群衆の意見を聞かず、資産階級の個人的思想が明確であ

るため、彼の支部委員の職務を取り消した。時期：1956年6月14日。理由は「彼は人民・群衆の監督を受け入れず、党の政策事務の第7条1項の原則に違反した」のであった[239]。

エ、中共モードト区委員会のバイシント村支部の党員であるイェーシ氏は、利己的であり、個人主義思想が明確であるため、党籍を保留して党内で1年間観察することに加え、公安委員の職務を取り消した。時期：1956年6月14日。理由は「群衆から離れて、党の監察政策の第3条3項に違反した」のであった[240]。

オ、中共アドーチン（阿都沁）区委員会のマリン・ホドック村支部の党員であるモーエルジケ氏は、地主分子・富農階級との境界を区別できず、品格も悪いため、党籍を取り消し、一切の職務を無効にした。時期：1956年6月14日。理由は「敵と自分を区別することができない、党の監察事務政策の第1条1項の原則に違反した」のであった[241]。

カ、中共アドーチン（阿都沁）区委員会のイケ・ホトンタラ村支部の党員であるラーチ氏は、個人主義思想と資本主義思想が明確であり、警告処分された。時期：1956年6月14日。理由は「社会主義の闘争中、階級的立場が曖昧のため」であった[242]。

キ、中共アドーチン（阿都沁）区委員会のマリン・ホドック村支部の党員である牡丹氏は、党の組織に従わず、党の団結を破壊させ、党の政策と決議を執行しないため、党籍を取り消された。時期：1956年6月15日。理由は「党の思想と組織を浄化し、党の損失を減少し、全ての党員を教育するため」であった[243]。

これ以外に、中共アドーチン（阿都沁）区委員会のイケ・ホトンタラ村支部の党員であるジクスル氏、同支部の党員である包金良氏、中共第10区購買販売協同組合（供銷合作社）支部の党員であるエンヘ氏、中共ジリガラン区委のオルター氏、中共後旗人民銀行支部の党員である趙海山氏、セーゲン（舎根）村支部の党員であるボル・チョロ氏、第3区タリン・ブドント村支部の党員であるオーラ氏と候寛氏、タリン・アイル村支部の党員である劉芳氏、

第 6 区アェルスン・ウンドルガチャ支部の党員であるポーブリョ（跑不了）氏、中共ホタン区委の党員、区長であるガーダ氏、ジリガラン中学校支部の党員、校長であるタルビ氏など多数の人たちが処分された。本稿では字数の都合上、以上の人たち全員の具体的事例は省略し、代表例として、区長であるガーダ氏と校長であるタルビ氏が処分されたことを取り上げて、分析する。

　ク、中共ホタン（浩坦）区委員会ホタン区・区長であるガーダ氏は、個人主義思想が強く、兄弟民族の団結を破壊し、党の組織に不満であったので、厳重警告処分を受け、行政的職位を移動され、第 3 区へ派遣された。時期：1956 年 11 月 22 日。理由は「遼寧省の康平県小城子区委員会書記らの 3 人が、ホタン区に行き、牧場や水利問題について協議した際、ガーダ氏が遼寧省からの漢人らに対して『東北人の恥知らず、彼らを帰らせよ』と言い出した。これは、モンゴル人と漢人の間の「民族団結する」ことに反することであった。あらゆるところで、党の組織に不満な文句を言い、党の紀律を守れない」のであった[244]。

　ガーダ氏の処分について、中共後旗委員会は、後旗の各区へ通報し、厳しく批判し、遼寧省の康平県委員会とジリム・アイマック委員会へそれぞれ通報の報告を出した。本稿において、彼に対して出された「通報[245]」の公文書を分析してみよう。「通報」の内容は以下の通りである。

　「中国共産党内モンゴルホルチン左翼後旗委員会　通報：総号（56）122、秘密程度・機密送付先：各区委、ガチャー総支部、旗直属支部、附属送付先：盟委、監査委、康平県委、各部委、人事科。1956 年 12 月 22 日印刷、発布。

ホタン区の区長・ガーダ同志の過ちを処分する決定に関する通報

　ガーダ同志、34 歳、男、モンゴル族、本人の成分は農民、家庭出身成分は貧困農民、1947 年に革命に参加し、1947 年に中国共産党に加入し、役人、公安補助員、区長などの職務であった。ガーダ同志は、入党以来、党の長期的育成や教育の下で、党の事務に努力し、ある程度の成績を果たした。しかし、本人が農民出身であり、文化的レベルが低く、また事務を行う際、党からの

政策と原則についての学習が不足だった。そのため、実際の執務中に、問題を処理することと、同志との間での問題を処理する際に、党からの民族政策に違反して、表現が傲慢であり、思想が非常に劣悪である。その結果、党の『民族団結を強化し、近隣地域の群衆との関係をうまくやる』という政策に非常に悪い影響を与えた。例えば、今年（1956年）10月初旬に、遼寧省康平県から派遣された貴県の水利課の陽同志と水利技術者及び小城子区の区委書記の李氏など3人が、牧場問題と水利問題を解決することについて、我が旗のホタン区（第3区）のグーン・ホーライ（Gün Hongrai 公河来）ガチャーに来た。彼らは、このガチャーの付近で放牧することと、グーン・ホーライ・ガチャーのダムを利用することについて、地元の村幹部らと相談会を行なった。その際、兄弟民族（漢族のこと）に対してのガーダ氏の態度は、辛抱強く説得せず、情熱的に帮助するでもなく、彼らの困難に無関心であり、風刺して非難した。それも『この東北人たちは、本当にずうずうしいやつだ、たて続けに来るのだな、帰らせよ』と言った。ガーダ氏のこのような言論と野蛮な行為はまわりの民衆から批判されなかった上、逆に李春明（元ガチャー長）氏に称賛された。その結果、康平県のその3人の幹部は、悲観的な見方をして、帰った。

　ガーダ同志のこのような過ちは、その性質が重大であり、モンゴル族と漢族との団結を固めることに影響を与えた。これは、党内部での地方民族主義の残余の思想の反映である。ガーダ氏は、自分も共産党員であり、区の責任者であるため、この問題に対して、理屈をわきまえ、兄弟民族の幹部や群衆に情熱をもって対応すべきである。しかし、ガーダ氏が、逆に上で述べたような劣悪な言論、思想、やり方で対応したのは、党の紀律に違反し、党の民族政策にも違反している。絶対的な過失だ。我が委は、区委の反省と、盟からの派遣調査組の調査に基づき、ガーダ同志及び我が旗における党内外の幹部らを教育し、影響を挽回し、近隣地区と仲良くし、兄弟民族との団結を固めるため、ガーダ同志に党内で厳重警告処分を与え、ホタン区から離させる。同時に、ガーダ同志は自己批判をした始末書を書き、康平県委へ謝る。一方、この通報を我が旗の各区、各ガチャー党内外の幹部へ公布し、その始末を盟

委へ報告する。」

　この案件は実はモンゴル人と漢人の間の土地利用の問題である。後旗の土地は、近辺の漢人により徐々に狭くなった。そうした背景がこの案件と絡んでいる。モンゴル人が土地や草原を守ることは、漢人にとって「民族団結」に影響を与え、党の民族政策に反することになり、党委から圧力を受ける。公文書の内容を以下のように分析してみよう。

　1）、この「通報」に出る「遼寧省の康平県」は、従来、後旗の地域であった。清朝の順治7年（1650年）、ホルチン左翼後旗は、「旗」として建てられた時期、総面積35,156平方キロメートルであった[246]。清朝の嘉慶7年から道光12年（1802〜1832年）の間、清朝の「土地を借り、民を養う」（借地養民）などの詔令によって、数多くの漢人が後旗の領域へ移住し、チャント・エルケ（　　　常突額勒克）、東西頬荒、八面城、フトル（　　　庫都力）荒などの地域が開墾された。その結果、それらの地域は漢人の県に属され、移入した漢人により社会治安が混乱した。それを管理するため、清朝は1806年、チャント・エルケ（常突額勒克）地区で、理事通判庁を設けた。これを1876年に昌図府に上昇させた。そして1880年、フトル（庫都力）地域で康平県を、1902年に鄭家屯で遼源洲を、1906年に後旗の南境で法庫庁をそれぞれ設けたのである。当時のモンゴル人は後旗の地域とその開放地の府、州、県との間で、土や石を積み上げ、辺境線を標識していた。清朝の法規によると、モンゴル旗の牧民は境界を超え、放牧や狩猟してはいけない、開放地の民も境界を超えて耕地してはいけなかった。のちに、清朝が崩壊し、中華民国時代になっても、後旗の地域はあまり変わらなかった。だが、満州国時期、1934年7月、興安省と奉天省が境界を分け、康平県の第7区からタブン・ゲル（　　　五家子）、三合城、ジャージン・タイ（　　　沙金台）、メーリン・トブ（　　　梅林套布）、東ヨロント、西ヨロント（東、西姚攬頭）、馬家梁、ツルテン（茨尓騰）、ゴルベン・フアー（　　　古力本花）、タイジ・フアー（　　　台吉花）、タイジ・アイル（　　　台吉営子）、マリン・アイル（瑪拉哈営子）、八張鋤、ワンイン・オボー（王仁窩堡）、馬架子、李少

奎オボー（李少奎窩堡）、常家オボー（常家窩堡）、ハラガント（⟨mong⟩ 哈拉干吐）の 17 個の村を後旗に返させた。それでも 1947 年の時点で、後旗の総面積はわずか 7791 平方キロメートルになった。1949 年 5 月、中共遼北省人民政府は、東金宝屯など 19 個の村の 144.6 平方キロメートルの地域を双遼県に属させ、康平県の二道河子村、西屯村と昌北県の勝利村及び双遼県の向陽、三江など 18 個の村のあわせて 14 平方キロメートルの地域を後旗に属させた[247]。のちに、内モンゴル自治区の内部地域（例えばジリム・アイマックのフレー旗と開魯県）を後旗に移し、1956 年末になると 11,535 平方キロメートルになった[248]。このように変遷を繰り返しながら、後旗の面積は当初の 3 分の 1 しかなくなった。他の地域は近隣の遼寧省と吉林省に属した。

　後旗の領域でも、開墾された牧場は少なくない。1899 年、清朝の王であったアムルリングイ親王（阿王）の批准により、旗内のザサクの官吏、牧主、漢人などに、アルイン・タラ荒（今の東大荒のステップ）で、1,484 頃[249] の土地を売り出した。のちに、1924 ～ 1930 年にかけて、阿王の批准により、スフヘイ、ソンゴンイン・タラなど 11,600 垧のステップを開墾した。1944 年、満州国時代に、黄色甸子（今のホタン・ソム）で 1,500 垧のステップが開墾された[250]。

　2)、以上の資料からみると、1650 年から今の時代にかけて、後旗の地域は徐々に狭くなったことが分かる。それも、隣の遼寧省と吉林省は、後旗から土質がよいところを引き取り、土質があまりよくない地域を漢人と共に、後旗に返したのである。その上、後旗に取り戻された地域に残された漢人は、元の地域での災害から逃げ、生業を得るために来た人々や、主に開墾を目的としてきた漢人で、ほとんどが文盲者であった。後旗のように面積が狭くなり、漢人が大量に移民されたケースは、ほかの旗にもある。内モンゴル地域はこのようなケースの積み重ねで徐々に狭くなり、漢人とモンゴル人の人口比率も異なるようになった。その上で、河川、牧場、土地などの資源について、当地のモンゴル人は、近隣に居住する漢人とたびたび摩擦してきたのである。

　3)、「通報」で述べたガーダ氏は、ダムと牧場を保護するために、康平県

の幹部ら（漢人）、または後旗の幹部らに対して抵抗し、このことが厳しく「通報」された。彼自身は、「三反運動」やさまざまな「教育、訓練」を体験し、自分は区長であり、共産党員でもありながら、このような「抵抗」をして漢人の幹部らを帰らせた。このような抵抗をすると、その後で何が起きるか、彼には、はっきり分かっていたはずだ。彼のその抵抗は、当地のモンゴル人の利益のためであり、「まわりの人々」に譴責されなかった上、元村長の支持をも得ていた。そうしたことから見ると、彼の動機は、民衆の利益のためであり、正義の抵抗だった。この２人（ガーダ氏と元の村長）の当時の心境は、「モンゴル人の利益のために、自分の土地のために、正義の抵抗をせねば」という勇気が、党が「恐ろしい」という心理的圧力に打ち勝ち、人間性、理性、道徳が上回ったのであると考える。また、当時のモンゴル人出身の共産党の幹部らの心に、モンゴル人であることの思いや正義などの概念がかなり存在していたことが分かる。その一方、ガーダ氏が、党からの厳しい「処分」を受け、全旗の各区、ジリム・アイマックまで通報されたのは、党委はけっしてモンゴル人の利益のために存在するのではなく、彼らの言う「民族間の団結のために」が正しくないことを示していると言えるのではなかろうか。「通報」の内容から推察すれば、ホタン区のグーン・ホーライ村の牧場を康平県の漢人たちに貸し出し、彼らとダムを共同で利用した場合は、ガーダ氏は党から「モンゴル・漢民族の団結」を評価され、近隣の党委と仲良くしたり、それによって後旗の「労働模範」になり、「民族団結の模範」になり、昇格していく。そうさせていくのが、党委の目的であった。だとすれば、党委の目的はモンゴル人たちの利益と異なっているのではないか。

　また、ガーダ氏の「この東北人たちは、本当にずうずうしいやつだ、たて続けに来るのだな、帰らせよ」と言う言葉は、中国の憲法で明確に定めた「公民の言論の自由を認める」に違反していない。しかし、党の民族政策に違反したことになり、「党内部での地方民族主義の残余の思想」になった。その結果、ガーダ氏は、党から全旗におけるすべての党員や幹部らに「教育」される事例になり、「党内外」に存在する「地方民族主義の思想」を粛清する

道具になったのである。これには、その他の党員や民衆に対して、モンゴル人の利益を保護するために何かをした人物が、必ず悪い結果に至るというイメージを宣伝する目的があったからではないか。他の地域でも「地方民族主義の思想」が粛清され、モンゴル人のアイデンティティーは徐々に弱くなった。

ケ、タルビ（ᠲᠠᠷᠪᠢ）氏は、満州国時代に日本式の現代教育を受け、家庭出身も富農であり、また満州国の記者であった。その上、ジリガラン中学校の校長になってから、仕事に真面目で、教師や役人に対して厳しくあったため、個人主義思想が問題という原因で、党委からの何回にもわたる「教育、訓練、対話、談判」などを通して、学校から移動させられた。後旗党委がタルビ氏を処分することについて提出した「意見」を分析して、このことを明らかにしよう。「意見」は、1956年12月17日に、後旗監察委員会が後旗党委、ジリム・アイマック委員会、後旗各機関に提出した公文書である。「意見」は大変長いが、具体的内容は少ない。主な内容を以下の通りにまとめる。

1)、「我が旗のジリガラン中学校の校長であるタルビ同志の過ちに関する初歩的な処理意見」（草稿）我々が、ジリガラン中学校（学校と省略する）の教育事務主任であるヤンセンジャブ（ᠶᠠᠩᠰᠡᠨᠵᠠᠪ 楊申札布）同志（予備党員）の告発、本校の教員であるブテェークチ（布吐格喜 ᠪᠦᠲᠦᠭᠡᠬᠦ 予備党員）氏、ゴンゴルジャブ（ᠭᠣᠩᠭᠣᠷᠵᠠᠪ 宮格札布）氏、エミン・ブヘ（ᠡᠮᠦᠨ᠎ᠡ ᠪᠥᠬᠡ）氏の3人の口頭報告及び中共ジリガラン区委書記であるガワバヅル同志の口頭報告、また我々がタルビ同志との2回の談話をもとに、了解した通り、彼には重大な過ちがある（省略）。

タルビ同志：36歳、男。家庭出身、富農、満州国職員（偽満職員）、満州国青旗新聞社[251]の記者、文化レベルは満州国優秀学生、今の大学に等しい。原籍は我が旗第7区のバヤン・オダ・ガチャーである。1946年に職員になり、1949年3月23日、中国共産党に加入し、1年間の候補期を経て1950年3月23日に正式の党員になった。かつて事務員、副区長、旗政府民政課の課員、遼北省教育課員、中学校教務主任、副校長、校長などを務めた。

タルビ同志は、革命に参加してから、党の長期的育成や教育の下で、戦争と平和的環境での厳しい試練に耐えて、政治的思想、理論レベル、事務を行

う能力などの面で、確かに進歩的である。とくに1953年、上級の党委と政府が彼を我が旗のジリガラン中学校に就任させて以降、ジリガラン中学校は確かにさまざまな良い成績を達成した（以下ほとんど肯定して褒めた内容であるため、省略する）。

　2）、但し、彼には仕事と思想の面で、自慢したがる個人主義的な思想と主観主義的な思想が存在している。①傲慢、驕慢な個人主義的思想。例えば、1954年、本校に自転車を買い取り、帰り途中に100元を紛失した。我が委が、タルビ同志に公金を紛失した経緯について尋ねた際、彼は党組織に不満な気持ちを抱え、党が彼に対して余計な疑いを抱いていると抵抗した。また、党委が彼の人格を傷つけていると言いながら、党委の公文書を引き裂いてゴミ箱に捨てた。彼のこのような党と群衆からの監督を受けつけない思想と行為に対して、党委は教育するために党内で忠告する処分を与えた。しかし、彼は忠告に一顧もせず、逆に表現が悪くなり、党組織に不満で、学校の教師や役人の中に不満な言論を散布した（省略）。②仕事中に、問題を個人的に決定し、主観主義的な思想が強く、個人の信望を高め、民主を抑圧する。例えば、教務主任であるヤンセンジャブ同志（予備党員）が支部の生活会議で、タルビ同志の思想や仕事の態度を言い出した。それ以降、タルビ氏はヤンセンジャブ同志に冷たい態度になり、教員会議でもヤンセンジャブ同志を攻撃した。また、タルビ同志は「君は私と権力競争をしたいのか」とも言った（省略）。エミン・ブヘ教師は「夕校長は、満州国のジリガラン優秀学校[253]の日本人の校長先生であった丸田（元稿では「万」と書いていた）氏とよく似ているね、人々に言われることに譲ろうとしない」と言った（省略）。③タルビ同志は、仕事の面で重大な過ちがあり、地元の民衆との関係がよくない。また、自分の妻に非道徳的、精神的な虐待をしたこともある。例えば、昨年10月1日、建国記念日に、中学校とジリガラン街の『業余の劇団』が旗委の大ホールを利用することで、互いに対立が発生した。その際、1人の生徒が街民を蹴り、民衆の不満になった。地元の人は「学校は満州時代の学校と同じになり、校長先生の官僚風が大々的である」と噂していた（省略）。

そのため、(省略)我々がタルビ同志の問題を研究し、上級党委に反映し、監察委と旗委の指導たちは調査組を結成して、最後の決定を出したのである。すなわち、党組織の面で、彼の旗候補委員を取り消し、行政の面で彼に指令してジリガラン学校から移動させること(省略)」

この「意見」によると、タルビ氏が「重大な過ち」と言われたのは、学校において教員や役人の仕事に対して見せた厳しさ、真面目さなどが主な要因であった。「意見」に出てくる主人公は、タルビ氏のほか、ヤンセンジャブ氏、ブテェークチ氏、ゴンゴルジャブ氏、エミン・ブヘ氏などであった。そのうち、主な「主人公」であったのはヤンセンジャブ氏である。彼は予備党員であり、教務主任であり、また党委への告発者でもある。相手になるタルビ氏は、「富農、満州国の職員、満州国青旗新聞社の記者、文化レベルは満州国優秀学生」であった。「三反運動」のところで述べたように、当時の家庭出身が「富農」である人々は、共産党の「反対する敵」であった。また、日本人と関係がある人はすべて「外国帝国主義侵略者との協力者」と言われ、「革命」させる対象であった。タルビ氏は、「富農」でもあり、「日本新聞社の記者」でもあり、それも、文化レベルは「満州国優秀学生」であった。このような非常に「危ない者」が、党委や行政機関(学校の校長)の中に「平和的に存在」することは、共産党にとって、あり得ないことであった。共産党にとって、タルビ氏が「二重に悪い」人物でありながら、ヤンセンジャブ氏などの「歴史がきれいな」貧下中農と「競争」するのは、想像できないことである。「意見」によると、タルビ氏は、日本式教育を受けたため、教員や役人に対しての管理が厳しく、仕事や学校教育の成果を得ようと、真面目で、積極的であったことがうかがわれる。このように、モンゴル人の仲間同士を矛盾させ、互いに分裂させることによって「異議分子」を疎外させるのであった。

他の人が党委へ告発し、口頭報告した内容を見ると、具体的な「犯罪」はまるでなく、ただの人間関係におけるプライベートな矛盾に過ぎないことであった。だが、それも党委の立場からすれば、党は社会主義的な改造や建設を目的として、愛国主義や集団化思想を提唱しているのに、タルビ氏は個性

が強く独自な思想を持っており、それが党のイデオロギーと矛盾するのは、当たり前であった。その結果、その他の党員（予備党員）らに告発させることによって、タルビ氏の「旗委の候補者」と「校長」などが失われたのである。タルビ氏のような人物を粛清するのが、党委の目的であったことが分かる。その時代、幹部らは共産党に対し、最初に党委のイデオロギーや党の目的と一致さえすれば、徐々に昇格することができ、次から次に行う政治的活動で「英雄」になっていく、と感じていた。残念ながら、党委のその時期その時期の目的や規則は時期によって変質し、複雑になるため、慎重に努力して、どのように一生懸命頑張って他人を「摘発」しても、注意せねば知らないうちに自分も他人から「摘発」される対象になる。例えば、ヤンセンジャブ氏は、タルビ氏を告発して、学校で出世し、正式な党員になり、さらに昇格していくと思っていた。この時期、彼の目的は党委の目的と一致した。6章に出る「後旗における民族分裂案件」で、彼は再び「主人公」の1人として、党に忠誠を尽くそうと「努力」した。だが、それが文化大革命の時期になると、党委との目的と「一致」しなかったため、彼は「紅衛兵」に「摘発」された。

　以上、後旗の商工業者と民主的人物に対する社会主義的な改造に関しての公文書を分析し、改造する運動のプロセスを述べ、この運動によって党委がどのようにして目的を成し遂げていったかを述べた。中国共産党中央委員会と下級機関である中共内モンゴル自治区委員会及びさらに下級機関である中共ジリム・アイマック委員会が、中共後旗委員会に出したさまざまな公文書によって行われた社会主義改造の「社会主義教育、社会主義建設」は、地元に暮らすモンゴル人にどのような影響を与えたのか。その目的は、誰のために、誰が執行したのか。どのようなプロセスで行われたのか。また、視点を変えて、原住民であるモンゴル人の立場からすれば、このような運動がモンゴル人のアイデンティティー、生活条件、社会の安全、農業、牧業などさまざまな面で、どのような結果をもたらしたのか。これらの問題について、明らかになった。

自治制度の主要な点は、本来、自分のことを自分で解決することである。一方、今挙げた地元のモンゴル人たちをめぐる数々の変化と、自治制度を執行する前の社会とを比べると、ハード面では、自由に商業を営む権利がなくなり、農業における食糧の生産と売買をする権利、牧畜における営みと売買をする権利などが失われたのである。ソフト面では、言論の自由、人間関係の自由往来権、人々の政府や党委への信頼感と信任などが大きく変化した。このような状態では、自治制度が執行されてから、国家の中で「民衆」・「人民」・「公民」の位置や存在はいかに定義していいものなのか、という問題が問われるのではないか。この問題を基本に考えてみれば、自治制度とは何であったのかが明らかである。

【註】

194. 中国政府が農業・牧畜業を公有するために行なった方針・政策の一つである。農業・牧畜業の集団化の初期段階において、生産手段の私有のもとで、数戸や十数戸の農業戸或いは牧畜業戸を一つの「組」として組織し、お互いに助けあう原則で共同作業を行う「労働組」である。地域によって、「小組」、「生産小組」とも言う。
195. 「区」は、満州国時代に作られた行政機関である、1947年からそのまま使って、後に「人民公社」になった。村（大隊、小隊、組）の上にある行政機関。
196. 牧畜業を営みながら、ある程度の土地を持ち、農業も営む事。政府側は「半農・半牧」と定義している。本稿では、この名詞をそのまま使った。
197. 内モンゴル地方誌叢書、ホルチン左翼後旗誌編集委員会主編《科尔沁左翼后旗志（1650〜1988)》、内モンゴル人民出版社、1993年版、88〜91頁。
198. ホルチン左翼後旗档案局、旗委档案（永久）、108巻、タイトルは「中共后旗委、旗盟工作组关于互助合作运动中三位一体的阶级政策、社员投资、农业社争分等工作报告、意见等」(1955年1月3日〜1955年9月19日)、32〜33頁。
199. 内モンゴル地方誌叢書、ホルチン左翼後旗誌編集委員会主編《科尔沁左翼后旗志》(1650〜1988)、内モンゴル人民出版社、1993年版 (Huhehot)、40頁。
200. ホルチン左翼後旗档案局、政府档案（永久）、63巻10頁。またはジリム・アイマック人民政府公文字第225号、タイトルは「为发去各旗县长会议总结由」(1951年8月31日)——「各旗县长联席会议总结报告」(哲里木盟人民政府)。
201. ホルチン左翼後旗档案局、旗委档案（永久)、53巻1〜7頁。公文書タイトル「1952年爱国增产竞赛运动初步总结——中共科左后旗委员会」(1952年12月9日)。
202. 当時ジリム・アイマックは、中共中央蒙綏分局の管轄に属していた。
203. ホルチン左翼後旗档案局、旗委档案（永久）、53巻49頁。タイトルは「中共内蒙东部区委、盟地委、旗委、工作组、吉区委、关于爱国生产运动、生产纪要、重农轻牧、互助组长训练班等问题的通报、总结报告」。
204. 中共内蒙古东部区党委办公室公文書第349号。タイトルは「兹转去蒙绥分局对你们9月20日所报"互助组长训练班总结"的批示意见、请注意执行」(1952年10月28日)、2頁。
205. ホルチン左翼後旗档案局、政府档案（永久）、125巻、タイトルは「统计表一本卷内、55年度综合表格:合作部之牧畜增减、农社互助组基本情有关数字、规建设计划、农业分类、政治情况、信代社情况表格」、12頁。表のタイトルは「各类型互助组状况调查表」(後旗政府)。
206. リンチン著「内モンゴルの牧畜業の社会主義的改造の再検討」、『アジア経済』、第

49 巻、第 12 号、2 〜 24 頁。

207. 王鈬主編《当代中国的内蒙古》、「当代中国」叢書編輯部出版、1992 年、北京、248 〜 250 頁。
208. ホルチン左翼後旗档案局、旗委档案（永久）、53 巻 1 〜 7 頁。公文書タイトル「1952 年爱国増产竞赛运动初步总结 —— 中共科左后旗委员会」（1952 年 12 月 9 日）。
209. ホルチン左翼後旗档案局、政府档案（永久）、62 巻、タイトルは「旗政府：基本数字的五种表格 1、6、8、9、10、11、12 区呈报土地调查、农业生产方面的五种调查表格」「中共后旗委、旗盟工作组关于互助合作运动中三位一体的阶级政策、社员投资、农业社争分等工作报告、意见等」（1955 年 1 月 3 日 〜 1955 年 9 月 19 日）、32 〜 33 頁。
210. ホルチン左翼後旗档案局、旗委档案（永久）、108 巻、タイトルは「中共後旗委、旗盟工作組関予互助合作運動中三位一体的階級政策、社員投資、農業社争分等工作報告、意見等」（1955 年 1 月 3 日 〜 1955 年 9 月 19 日）、32 〜 33 頁。
211. 同上巻、30 〜 31 頁。
212. ボルジギン、ブレンサイン著「内モンゴル東部地域における農耕村落形成の一断面——ランブントブガチャーの事例分析から」、『早稲田大学文学部東洋史研究室』(21)、1999 年 12 期、115 〜 138 頁。
213. ホルチン左翼後旗档案局、政府档案（長期）、57 巻、2 〜 6 頁。公文書のタイトル「关于垦荒移民扩大耕地面积增产粮食初步意见的报告」（1955 年 8 月 18 日印刷公布）、中共ジリム・アイマック委員、1955 年公文書（総第 118 号）第 18 号。
214. 李双喜主編《哲里木盟农垦志》、哲里木盟農墾誌編審委員会、哲里木盟農牧場管理局発行、1998 年、通遼。271 〜 279 頁。
215. 同上書、17 〜 19 頁。
216. 同上書、18 頁。
217. 同上書、341 〜 342 頁。
218. 同上書、342 頁。
219. 同上書、343 頁。
220. 李双喜主編《哲里木盟农垦志》、哲里木盟農墾誌編審委員会、哲里木盟農牧場管理局発行、1998 年、通遼。17 頁。
221. 中共中央統一戦線部編《中国共产党建国以来文件选编》（1956 年部分）。
222. 中国政府は、個人的思想や価値観を持ち、公の利益に関する立場から意見を言う非共産党員の人々を「民主人士」と呼ぶ。後旗においては、モンゴル・アイデンティティーが強い、非共産主義的イデオロギーの人々を「民主人士」と呼ぶ。その人物は、幹部出身の人もあれば、教師もおり、ラマ、農民、牧民、小商工者もいる。本稿で、それを「民主的人物」や「民主的人士」と翻訳した。

223. ホルチン左翼後旗档案局、旗委档案（長期）、61 巻、タイトルは「盟统战部：关于喇嘛教工作及党的宗教政策，召开一届二次政协会议的通知、终结、传达报告；统战、宣传部关于1956到1957年帮助民主人士、资产阶级分子、宗教界人士进行政治和理论学习的规划」、(1956 年 1 月 27 日〜1956 年 12 月 18 日)、10 〜 14 頁。
224. 同上档案、同上巻、20 〜 26 頁。タイトルは「中共内蒙古哲里木盟委员会盟委批准盟委统战部、宣传部关于1956到1957年帮助民主人士、资产阶级分子、宗教界人士进行政治和理论学习的规划」（盟委 1956 年 11 月 5 日印发、第 253 号）。
225. 同上档案、同上巻、16 〜 19 頁。タイトルは「中共内蒙古哲里木盟委员会统战部、宣传部关于工商业者讲习班工作计划」。
226. 同上档案、同上巻、33 〜 37 頁。タイトルは「中共内蒙古哲里木盟委员会批转盟委统战部关于"检查统战工作"的计划」（1956 年 12 月 18 日印发、第 288 号）。
227. 中国政治协商委员会、政协とも省略して言う。当時、政协は中央、自治区（省）、アイマック（盟）までで成立し、一部の旗（県）級の行政機関では、また普及していなかった。
228. 商業、工業聯合会とも言う。中国語では「工商聯合委員会」や「工商聯」とも言う。
229. 「通遼市政府サイト」に基づき、筆者が作成。
230. 原文では中国語で「討論中注意避免倒糞」と書かれている。「倒糞」は「動物が排泄する糞」と「同じ話題を頻繁に繰り返すこと」の２つの意味がある。中国の東北地域では、冬や春の季節、田畑に使うために準備した肥料を何回も繰り返し発酵させて、完全に発酵させる。これを中国語で「倒糞」と言う。同じ事業を繰り返す、また同じ話題を繰り返すことにも使う。肥料が発酵したため、臭くて、嫌がられる事業なので、とくに公文書では学習されている人々がみな同じ言葉を繰り返すことを注意するため使った。
231. 何清漣著《霧鎖中國》、黎明文化事業股份有限公司出版、2006年、台北。121 〜 125 頁。
232. 同上書、123 頁。
233. 同上書、129 頁。
234. 同上書、126 頁。
235. ホルチン左翼後旗档案局、旗委档案（長期）、76 巻、34 頁。
236. ホルチン左翼後旗档案局、旗委档案（長期）、76 〜 102 巻。公文書のタイトルは「当前农村党的纪律检查工作的中心任务及对有关问题处理的政策界限」、1955 年 12 月 11 日に、後旗紀律検査委員会から後旗における各区へ出した公文書。34 〜 41 頁。
237. ホルチン左翼後旗档案局、旗委档案（長期）、101 巻、22 頁。
238. 同上档案、24 頁。
239. 同上档案、26 頁。

240. 同上档案、30 頁。
241. 同上档案、32 頁。
242. 同上档案、36 頁。
243. 同上档案、38 頁。
244. 同上档案、81 頁。
245. 同上档案、113 〜 115 頁。タイトルは「中共内蒙古哲里木盟科左后旗委員会，关于对浩坦区区长嘎达同志所犯错误的处分决意的通报」、総号（56）122、1956 年 12 月 22 日。共 3 頁。
246. バガン著「科左后旗境域沿革」、閻天倉主編《科左后旗文史資料》、2005 年、科左後旗政協委員会。297 頁。
247. 同上書、297 〜 298 頁。
248. 同上書、299 頁。
249. 頃、市頃とも言う。土地面積の単位、1 市頃＝ 6.6667 ヘクタール。
250. 泉山、バガン著「科尔沁左翼后旗开荒始末」、閻天倉主編《科左后旗文史資料》、2005 年、科左後旗政協委員会。287 〜 291 頁。
251. 内モンゴル図書館編《建国前内蒙古地方报刊考录》、1987 年、フフホト市、19 〜 20 頁。青旗新聞社、「青旗社」とも言う。満州国時代に「大青旗（ᠶᠡᠬᠡ ᠬᠥᠬᠡ ᠲᠤᠭ Yihe huh tug, モンゴル語双月刊）」という雑誌を編集していた。1943 年 1 月 20 日に創刊され、1945 年 6 月まで発行された。社長は菊竹、編集長は竹内正、編集者はマーニジャブで、編集社の住所は新京（長春）市東 3 路 23 号であった。青旗社は、元「モンゴル新報」（蒙古新報、Shin Mongol Setgul）のもとで 1941 年初に誕生した。満州国の建国理念とモンゴル人に関わる政論、訳著、戦況報道、科学知識、生活常識、詩歌、マンガなどを中心内容として、知識生と啓蒙性があった。すべてモンゴル語で出版されていた。
252. 共産党のすべての支部が、必ず週に 1 回会議を行うこと。「支部の生活会議」も一つの内容である。
253. 王魁著「伪满时期科左后旗的警察组织机构」、閻天倉主編《科左后旗文史資料》、2005 年、科左後旗政協委員会。303 〜 305 頁。後旗のジリガラン鎮は 1954 年まで後旗の旗府であった。満州国時代に、日本の統治を受け、警察署、学校、行政公署はほとんどが日本人の役人だった。その時、ジリガラン学校の校長は万田という姓の日本人。タルビ氏は日本式教育を受けたため、仕事に真面目であった。

第 4 章　宗教への打撃

第 1 節　後旗における宗教の歴史的背景

　モンゴル人は元朝時代から仏教と密接な関係があり、歴史上の長い間、ラマ教（仏教）の影響を受けてきた。近現代の内モンゴルにおける政治運動、すなわち土地改革、反革命者を鎮圧する運動、反右派闘争、四清運動、文化大革命などのすべてが宗教問題に関わっている。1911 年に清朝が崩壊して以後、外モンゴルで、ジェブツン・ダムバー（ᠵᠠᠪᠽᠤᠨ ᠳᠠᠮᠪᠠ）活仏は独立を表決し、モンゴル国が建てられた。彼は仏教を信仰する活仏であった。内・外モンゴルでは仏教を信じる人々が多かった。当時、内モンゴルにあった 49 旗のうち 38 旗がジェブツン・ダムバー活仏に共鳴して、内・外モンゴルを合併し、モンゴル大国を建てることを希望していた[254]。ジェブツン・ダムバーは、独立国の元年（1911 年）12 月 1 日に、独立したことの宗旨書をモンゴル語、ロシア語、チベット語、中国語、満州語などで公布した。とくにモンゴル人と漢人が混じり住むアイマックや旗へその宗旨書を宣伝した[255]。それに対して、当時のアイマックや旗の首領をはじめ、普通の庶民も共鳴し、支持するようになった。このことが当時の中華民国政府及びその後の中国共産党に警戒された。

　その宗旨書は、主にラマや庶民によって社会に広まった。その後、土地改革運動、反右派闘争、四清運動、文化大革命などの政治運動において、ラマたちに対する社会主義教育や鎮圧運動、「民族分裂集団」を鎮圧する運動、「新内人党をえぐり出す運動」などが発生する主な原因になった。後旗でも「ラマを改造する」、モロー・ラマ事件、民族分裂集団案件、チョルート公社のラマ案件、新内人党案件などに「ボグディーン・ビチック」（ᠪᠣᠭᠳᠠ ᠶᠢᠨ ᠪᠢᠴᠢᠭ　ジェブツン・ダムバーの宗旨書、「聖書」とも言う）が関わっている。その宗旨書に関

することが政治運動でも繰り返し取り沙汰されて、ラマ案件の主な目的になった。後旗の王宮と高層貴族及び高僧らが、当時の名声や権勢を捨て、モンゴル国（当時の国名はモンゴル人民共和国）に亡命した例もある、ナスン・エリビジフ（ᠨᠠᠰᠤᠨ ᠡᠷᠢᠪᠵᠢᠬᠤ アルフワ公）はバーブ・ジャブ氏と一緒にモンゴル国に亡命し、ホルチン左翼前旗親王のゴンチック・ツェーリン（ᠭᠣᠨᠴᠤᠭᠴᠡᠷᠢᠩ）もモンゴル国に亡命した[256]。その時期、モンゴル国は、大国のソ連に頼っており、中国の勢力はソ連に比べて弱かった。その上、1950年代に中・ソ関係が悪化したことが中国にとっては重い負担になり、幾つもの予測されるシナリオを抱いていた。もし内モンゴルがモンゴル国に頼ってソ連の支持を得たなら、内・外モンゴルが合併する可能性がある、とも推測していた。土地改革の時期には、後旗の人の中にもモンゴル国へ逃げた人々がいる。

　ホルチン部落では、シャーマン教とラマ教が時代によって相互に影響しあいながら競争してきた。後旗における宗教の変遷を論じる際に、とりあえず、その歴史的背景、特にいわゆる「新中国」が成立する前、後旗において宗教はどういう状態であったのか、という問題を述べておく必要がある。

　後旗では、清朝の時代からラマ教が急速に広がり、康熙時代になると大量に普及した。康熙十九年（1680年）に後旗のドロ（多羅）郡王であるブッドジャブ（布達札）が、ションホル（双和尓）山の付近に寺院を建て、釈迦牟尼像を安置して祭っていた。これが後旗の最初の寺院であり、ザサック[257]からの支持を受けていた[258]。雍正八年（1730年）に、チベット医者であるボルジギン・ドゥバ（包・徳巴）がザサック郡王の支持を得て、後旗の鎮であるジリガラン付近にオタチ寺（敖特奇廟）を建て、道光年に改修して、それを「広福寺」と名付けた。そこには700人余りの僧侶がいた。康熙から乾隆までの百年余りの期間に、後旗ではラマ教が発展段階に入り、道光から光緒年の間は、まさに最盛期であった。光緒三十二年（1906年）、後旗において僧侶は4,868人おり、全旗の男性の26.2％を占めていた。満州国の時期には、後旗のジリガランで、日本人によってラマ教学校が作られ、ラマを日本に留学させていた。1937年の後旗において、ラマの数は1,728名であった[259]（表4-1）

表 4-1 後旗における寺院及びラマ数[260]（1947 年）

寺廟名前	法名	建設時期	部屋数	ラマ人数	所属ガチャー
オゥタチーン廟	広福寺	雍正八年	120	247	ジリガラン
シルド・スゥム		嘉慶十九年		16	オゥスン・アイルソム、ミョウスチャー
新廟	新寧寺	光緒三年	19	3	常勝鎮新廟村
ボゥルヘンタイ廟		嘉慶十五年	37	39	ホゥルス・ノールソム、ボゥルヘンタイガチャ
メィル廟		光緒三十一年	21	6	ザンドゥ・ソム、メィル・アイル
ザングータイ廟		宣統二年	21	27	グゥーン・ホーレソム、ザングータイガチャー
ホルテル廟	普善寺	光緒三十年		6	チャルソウ・ソム、小崴子ガチャー
ハラ・ブラグ（城五家子）廟	湯泉寺			5	チャルスゥ・ソム、オゥラン・ガチャー
ガチャー廟	慧豊廟	同治四年		45	ブドゥン・ハルガン・ソム、ガチャー廟ガチャー
ホゥルガン廟	永慕寺	民国十四年		13	ブドゥン・ハルガン・ソム、ゴゥルグルタイ・ガチャー
ヒャルートゥ廟				22	ヒャルートゥ・ソム、ヒャルートゥ・ガチャー
バヤン・マンヘェ廟	祉福寺			9	バヤン・マンヘェ・ソム、バヤン・マンヘェ・ガチャー
ザンデェン・ブラッグ廟				12	バヤスゴゥラン・ソム、ザンデェン・ブラッグ・ガチャー
エドゥム廟	永福寺	道光二十年	＊49	71	アドゥーチン・ソム、エベイ・ホゥチン・ガチャー
トゥスラッチ廟	太豊寺	道光二年	＊9	＊19	アドゥーチン・ソム、マリーン・フォドッグ・ガチャー
タリン廟	慈祥寺			27	アドゥーチン・ソム、タリン・ダル・ガチャー
バヤン・オゥドゥ廟	延豊寺	光緒十三年	＊25	26	エメル・ソム、バヤン・オゥドゥ・ガチャー
ザラン廟	延安寺	光緒三年	＊25	34	エメル・ソム、ザラン・アイル・ガチャー

廟名	寺名	年号			ソム・ガチャー
ブグダ廟	永全寺	道光三年	＊25	53	モドートゥ・ソム、ブグディンスゥム・ガチャー
大爺廟					モドートゥ・ソム、ベィスイン・ホロー・ガチャー
タリン廟					モドートゥ・ソム、タリン・ガチャー
ハラ・オゥス廟		乾隆三年		165	オラン・オド・ソム、オラン・オド・ガチャー
ベィル廟		乾隆十年		52	オラン・オド・ソム、ベィリン・タラ・ガチャー
アゴゥイ廟				13	オラン・オド・ソム、アゴゥイ・ガチャー
ションホル廟	双福寺	康熙十九年	356	350	オゥール・ソム、オゥール・ガチャー
公音廟	愛心寺		10	8	オゥール・ソム、テケシ・バヤル・ガチャー
サイフゥドゥグ廟			4	16	オゥール・ソム、サイフゥドゥグ・ガチャー
ハーラグタイ廟			10	8	ノゥゴゥスタイ・ソム、ハーラグタイ・ガチャー
ジョーギン廟			68		花灯ソム、トハイ営子・ガチャー
エケ・タラ廟	徳恵寺		30	29	エケ・タラ鎮
ホゥラトゥ廟			25	58	エケ・タラ鎮、ホゥラトゥ・ガチャー
スゥーゲン廟			5	26	エケ・タラ鎮、デルス・ガチャー
ガンジュル廟			11	76	バッガ・タラ・ソム、ガンジュルスゥム・ガチャー
ジョーゲン廟	普佑寺	嘉慶十八年	25	8	バッガ・タラ・ソム、ジョーゲン・ガチャー
ヘェスゲ廟		光緒十一年	15	15	ヘェスゲ・ソム、ヘェスゲ・ガチャー
ホゥジル廟			25	39	ヘェスゲ・ソム、ホゥジル・ガチャー
トゴス廟		乾隆二年	41	51	ヘェスゲ・ソム、トゴス・ガチャー
ヤマート廟	福広寺	乾隆五十五年	18	29	ヘェスゲ・ソム、ヤマート・ガチャー
チョホイ廟				90	チョホイ・ソム、チョホイ・ガチャー
シャラ・タラ廟				30	シャラ・タラ・ソム、シャラ・タラ・ガチャー
ギンジ廟	経寿寺			46	チォルト・ソム、ギンジ・ガチャー
ホォスタイ廟	寿寧寺			113	チォルト・ソム、ホォスタイガチャー

				101	チョルト・ソム、ヒァクト・ガチャー
ヒァクト廟					
ホゥーチン廟					バヤン・モド・ソム、ホゥーチン・ガチャー
オゥルト・タラ廟					ハル・エリク・ソム、オゥルト・タラ・ガチャー
ブイト廟					チャージンタイ・牧場
＊広全廟		民国十二年	18	15	ホティン・ソム
	＊永常寺	光緒二十三年	21	15	ホティン・ソム
	＊永長寺	光緒三十年	3	5	ホティン・ソム
＊ボル・ホゥジル廟		＊康徳五年	＊25	＊10	

付注：前に「＊」があるのは政府档案1947年10月21日～1947年11月19日（第8巻）に基づき、筆者により追加された内容である。

　上の表によると、当時、後旗におけるラマの総数は2,048名であり、寺院は50個であった。僧侶の数は総人口（1949年10月、126,310人[261]）の1.62%を占め、男性（男の総人口68,813人[262]）の2.98%を占めていた。一方、1906年頃だと、後旗におけるラマの数は4,868名であり、男性の26.6%を占めていた。1910年および1914年の人口調査[263]から推算すれば、1906年頃、後旗の総人口は36,000人余り、うち男性は18,580人余りであると考えられる。

　内モンゴル自治区の民族宗教研究者、内モンゴル自治区民族宗教事務局局長、中共内モンゴル自治区委員会民族宗教委員会副主任で、1951年から1993年まで革命の事務を行なっていたデルック（徳勒格）の研究によると「統計では、清朝の中期に内モンゴル地区におけるラマの数は15万人。清朝末期には約10万人であり、男子の人口の30%～40%を占め、個別地域では50%～60%を占めていた[264]。」　オラーンフー（雲澤）は、1951年11月5日に、「綏遠省の幹部会議における報告」で、「ラマについての問題は、広大な人民に関する問題である、シリンゴル盟のラマ数は青年男子の30%を占めている」と言った[265]。中国側の研究では、「解放した当初、内モンゴルにおけるラマの人数は、約6万余りであり、モンゴル人総人口の約8%を占め

ていた。ラマの人数が集中していた盟、旗では、地元のモンゴル人の10％
〜20％を占め、男子人口の20％〜30％を占めていた、ある所ではさらに
高い比率を示した[266]」と書かれている。あるいは、「清朝時代におけるチャ
ハル、シリンゴル地域では、シャリーン教（黄教[267]）が大量に広がり、ラマ
の人数は総人口の30％を占め、98％の人々は非識字者であった。清末から、
あるホショー（旗）では塾や寺院学校が創られていた[268]」とも言われている。

　上述デルックをはじめ中国側の研究によれば、清朝末期、内モンゴル地
域におけるラマの総人数は、当時のモンゴル総人口の約10％〜20％を占め
ていたと考えられる。表4-1で出ている1947年の統計で、後旗のラマの
数が総人口の1.62％（男性の2.98％）を占めていたという結果を合わせれば、
1906年から1947年末までの後旗におけるラマの数が推算されることにな
るだろう。総人口（126,310人）の約10％を占める人口数は、約12,631人
であり、統計した結果の数（2,048人）と比べると、本来いるべき人数よりも
約10,000人のラマが少なくなったことが分かる。1906年〜1947年まで
の40年余りの間に、内モンゴル地域において、宗教に関して何があったの
かを論じる必要がある。

　1911年10月10日、武昌蜂起が勃発し、辛亥革命が成功し、1912年に
中華民国が成立した。その一方で、1911年12月に、外モンゴルは独立し、
内モンゴルの王宮、貴族、高僧らの一部がモンゴル国に亡命し始めた。それ
に対して、1912年（民国元年）8月21日、袁世凱大統領は「モンゴル待遇
条例[269]」を公布した。この条例は以下の9つの項目からなる：

　……今後、各モンゴルはひとしく属領の待遇でなく、内地と同じ待遇であ
る。中央はモンゴルの行政機関に対して属領や植民地のように見てはなら
ない。（嗣后各蒙古均不得藩属待遇，応与内地一律，中央対于蒙古行政机关，亦不用理藩、
拓殖等字样。）

　モンゴル各王公が従来管理してきた管轄は、一律に従来のままとする。（各
蒙古王公原有之管辖治理权，一律照旧。）

　外モンゴルのハーン、王公、タイジ、諸侯は、依然として爵位を保持し、

旗においての特権は依然として変わらない。(外蒙古汗，王公、台吉、世爵各位号，应于照旧承袭，其在本旗所享之特权，亦应照旧无异。)

タンヌゥ・オリャンハイの五族、アルタイ・オリャンハイの七族は副都統及び総管の統治下に属し、元の副都統及び総管を引き継ぐ人物に爵位を授ける。(唐奴乌梁海五族、阿尔泰乌梁海七族，系属副都统及总管治理，应就原来副都统及总管承接职任之人，改为世爵。)

モンゴル地域におけるホドクト、ラマなどに与えた冊封は従来のまま有効である。(蒙古各地呼图克图、喇嘛等原有之封号，概仍其旧。)

モンゴルの対外交渉と辺境の防衛は、中央政府によって管理する。しかし、地方においての重要な事務に対して、中央政府は、地方行政に頼り、参議させた上で、施行することとする。(各蒙古之对外交涉及边防事务，自应归中央政府办理。但中央政府认为关系地方重要事件者，得随时交给个地方行政机关参议，然后施行。)

モンゴル王公、諸侯に与える俸給をできるだけよく支給する。(蒙古王公世爵俸饷，应从优支给)

ツャハルと商都の牧畜を営む地方は、既に開墾した地方を除き、その他の地域はモンゴル王公に利用させる。(察哈尔及商都牧群牛羊群地方，除已开垦设置之外仍旧设治外，可为蒙古王公筹划设计之用)

漢語に通暁したモンゴル人が法的資格者であるならば、北京以外の各文武職位に勤めることができる(蒙古人通晓汉文，并合法定资格者，得任用京外文武各职)

以上である。殆ど宗教を許しており、酷い状態ではなかった。

1912年10月30日と同年11月4日に、中華民国はそれぞれ命令を公布して、ジャンジャ・ホゥドックトを北京に招待し、彼の宗教的地位や政治的地位を高めた[270]。1912年3月、袁世凱大統領は、さらに命令を公布して理藩院を取り消し、同年の7月に、「蒙蔵事務局」を設けることが参議院で決議された。1914年5月、袁世凱政府は蒙蔵事務局を「蒙蔵院」と改称し、カラチンのグンサンノルブを総裁として任命した。1928年3月、国民党中央委員会の決議により、蒙蔵委員会が成立し、1929年2月に、閻錫山が委員長に任職した。委員にはパンチン・エルデニ、ジャンジャ・ホゥドックト、

ヌゥナ・ホゥドックトらが就任した[271]。その後、民国政府は、ラマ教に関する幾つかの政策や措置を定めた。例えば、1929 年に「蒙蔵委員会施政綱領及び進行順序」を定め、1932 年 6 月 6 日には南京政府立法院の 145 会議によって、「モンゴルラマ教における寺院監督条例」を修正し、「ラマ登記規則」などが公布された。1936 年 2 月、南京政府は「ラマ教輪廻方法」(伝世)を公布し、乾隆皇帝時期以来の輪廻方法を認めたのである。

　要するに中華民国及び南京政府は、モンゴル王公、ラマ、ホゥドックト、ゲゲン、タイジ（台吉）たちの政治的地位、経済的利益、官職などの地位を認め、さらに高めたのである。

　それに続き、1931 年「9.18 事件」以後、満州国と蒙蔵政府は、ラマ教に関する幾つかの政策を実施していた。1932 年 12 月 24 日、ヒンガン・ザサック（興安総署）は、ラマ教に関する条例を発議し、1940 年 8 月 19 日に、満州国政府が「ラマ教を整頓する綱要」を公布した。同年の 12 月に、新京（長春市）で「満州国ラマ教宗団」が成立し、満州国におけるラマ教の事務を管理した。その一方、1941 年、「モンゴル聯合自治政府」がチョクラルト・ハールガ（　　　　　　　　張家口）で、第 1 回のモンゴル仏教復興会議を行い、「モンゴル仏教復興会」が成立した。翌年の 5 月 20 日に、同じ場所で第 2 回モンゴル仏教復興会議を行い、「ラマ教総会」を設立した。当時、内モンゴル地域における王爺廟、ゲゲン廟、ガンジョル廟、ドゥロン・ノール廟、ベイス廟、シリン・チャガン・オボー廟、バト・ハールガ（百霊廟）廟、オゥダン・ジョー（五当召）などの大きな廟で、日本人ラマたちが集まり、モンゴル人ラマたちと交流し、お互いに訪問することがかなりあった[272]。1939 年 4 月 1 日に、満州国東科後旗公署は、当時の旗府＝ジリガラン鎮の広福寺大廟の西北に日本の近代的教育の性格のラマ学校を作った。校長は、後旗から日本の京都にある知恩院に留学したドロム・ラマの仁忠であり、日本から来た吉田三朗ラマが教務官であった。100 名以上の児童ラマが満州国の小学校の教科書で教えられていた。主な授業には、モンゴル語、日本語、美術、体操、絵画、音楽、労作などがあった。生徒のうち 8 人は日本の高野山、知恩院

などに留学させていた[273]。

　中国側の研究でも、中華民国時代と満州国時代の宗教について詳しく書かれている。例えば、1924 年にホルチン地域の全旗のラマの人数は 1,083 人であった。バイリン左旗においては、1935 年に 14 個の寺廟があって、ラマは 785 人であった。カラチン旗において、1910 年にラマは 2,148 人であった。フルンボイル地域の新バルッグ右旗と新バルッグ左旗において、1945年にラマは 3,000 人余りであった。オルドスの郡王旗において、1939 年にラマは 1,747 人であって、ザサックト旗に属するラマは 992 人であった。ウーシン旗において、1949 年にラマは 4,120 人であったと書かれている[274]。ほかに、キリスト教とイスラム教の教徒がかなり多かった[275]。

　以上の文章を見ると、清朝末期から 1945 年の「8・15」までは、ラマ教に対して種々の政策が実施されたが、ラマの人数を減らしたりラマを殺すなどのケースはなく、ほぼ清朝末期の通りであったことが分かる。ラマ教全体として言えば、逆に発展していたとさえ言える。

　1945 年 11 月 27 日、オラーンフーは「内モンゴル自治運動の現代における方針について[276]」において、「ラマ教に対しては、自由に信教する政策を継続すること、すなわち、我々は人民の不信教と信教に対しては、強制的であってはいけない、我々は、彼らを説得して教育する方式を通じて、若いラマを学校で勉強させ、将来は社会主義事業に参加させる。普通のラマに対しては、彼らを教育して、民族事業に奉仕させること」と発表した。翌年の 5 月 27 日に発表した「ヒンガン（興安）省政府施政綱要」の中でも、「信仰することは自由であるが、不信仰することも自由である、強制的に命令してはいけない、青年ラマの学校で勉強することを奨励する」と述べた。

　しかし、土地改革の時期になって状況が変わった。1948 年 7 月 30 日に出された「内モンゴル幹部会議における終結報告の提綱[277]」では、「1947 年 12 月から 1948 年 2 月まで、我々は事業中に 6 つの過失を犯した（中略）宗教政策の中で違反した。民衆が宗教、迷信を捨てることは、革命教育の長期的な過程に応じてその目的に達することである。しかし、各地域では、ラマ

に対して闘争を行い、寺を破壊した。ヒンガン・アイマック（興安盟）では、28 廟のうち 16 廟が破壊され、その他のアイマックはもっと深刻であった。（中略）毎回闘争するたび、人を殺して、興、納、呼三盟（東における 3 つのアイマック）では 2,222 人が殺された。別の地域では、もっと深刻である」と、記されている。

　この内容からもうかがえるように、後旗においてラマの人数が減ったのは、1945 年「8・15」から 1949 年の間であった。先に 1906 年～1947 年までの 40 年余りの間に、割合から見て本来いるべき約 10,000 人のラマが少なくなったことを挙げたが、要は 1947 年 8 月から 1949 年 12 月までの間にラマが少なくなったとも考えられる。

　シャーマン教（薩満教）は、モンゴル人の原始的宗教であり、ホルチン地域でかなり継承されてきた。数多くのブゥー（Buu、博）、オゥドゲン（Udgen, 烏達根）というシャーマン及びラマ教とシャーマン教の間のレイチン（Leiching, 列慶）があって、モンゴル人社会ではかなり高く位置付けられていた。後旗のモンゴル人はシャーマン教を信仰しながら、ラマ教も信仰してきた。内モンゴルのモンゴル人は、殆どの家庭で仏像を設け、焼香していた。農暦の毎月 1 日や 15 日には、仏灯を供え、ラマに祈りや教えを乞い、読経を受けていた[278]。モンゴル人社会におけるシャーマンや仏教の具体的な影響を言うと、例えば病気や医療及び日期の運勢、結婚式、葬式、オボー祭り、山祭り、ロス（luus）を祭祀する、シャンシ樹（Shangshiin・Mod）を祭祀する、ナードゥム、宴会、行方が分からなくなった家畜、子供の誕生を祝うなど自然界と人間社会のさまざまなことに大きな影響を与えたのである。それらの文化や習慣の中から、オボーやオボー祭りを挙げる。

　オボー、またはそれに類するものは、匈奴の昔からあり、もとはシャーマニズムに関係し、シャーマンが祭儀を司っていた。だが、16 世紀後半に流入してきたチベット仏教に圧倒され、シャーマンはオボー祭祀から排除された。しかし、シャーマンが祭るオボーは、ホルチンやバルガなどに残り、ホ

ルチンには、ラマを近寄せないオボーがあった。オボーは、オボーのある土地の守護霊の住む場所である。モンゴル人の土地とは、個人や家族の所有ではなく、地域の社会集団が共有するものであった。それゆえに、ある土地のオボーは、そこに住む社会集団の守護霊の住まう場所であり、それらの集団が祭ってきた。19世紀後半〜20世紀初期は、清朝が衰退・滅亡し、中華民国とボグド・ハーン政権が登場した混乱・激動の時代であり、そこには複雑な国際関係も絡んでいた。長年の政治・社会体制が動揺し、多くの複雑な問題が噴出し、内モンゴル東部では、上述した各種の問題が生じたこともあって、政治は混乱し、経済は逼迫し、社会は激動し、モンゴル人は不安な日々を過ごしていたのである。そのため、モンゴル人が旗やソムでオボー祭りを行うことは容易でなく、オボー祭りは不振であった。満州国崩壊後の1947年に内モンゴル自治区が成立すると、社会主義的土地改革が実施された。このときオボー崇拝は迷信として否定され、大半のオボーが祭りをやめた。少数のオボーは祭りを続けたが、それらも1958年に人民公社時代に入ると、大部分がやめた。1966年の文化大革命勃発から1977年にそれが終息するまで、祭りは全く不可能となった。のみならずオボーの多くが壊され、埋設物が暴かれた。要するに近現代における内モンゴルの、オボーの最大の危機は1947年からの30年間であった。これは社会主義政策がオボーにもたらした危機である、と論じる研究者もいる[279]。

　後旗のオボーは、旗のオボー、ノタック・オボー、家族のオボーなどがある。旗オボーは「アラタン・オボー」があり、ジルガラン鎮の「南坨崗」である、ノタック・オボーは8つあって、3年に1回祭って、旧暦の7月13日に行なわれていた[280]。

　社会主義の改造が宗教に与えた影響は、ラマ以外の数多くのブゥー、オッダガン、レーチンにも及んだ。それらの全てを「封建的思想、封建的迷信、封建的階級」と定義して、社会主義の無神論的思想で圧倒的に「改造」したのである。このように「定義」された結果、今日における中国や内モンゴル自治区の学者や研究者たちは、ラマ教とシャーマン教について、「それらは

封建的迷信、科学技術からの落伍の産物で、人間が自然界を理解することができない時代に創られたもの」と、マルクス主義の無神論から分析している。例えば、「まとめて言うなら、新中国の成立後、原始的宗教の形であったシャーマン教は、科学や文化の攻撃を受け、日増しに衰亡した。シャーマン教を信仰する人々は少なくなった。迷信は破られ、一種の歴史や文化的価値として後代に残されるのである[281]」。また研究者である費孝通により、それぞれの民族文化は「多元一体が分化分局した中華文化」の一部であるとされ、少数民族の文化は「非主流文化[282]」にされ、「多数の分散し孤立して存在していた民族単位が主流と接触、混雑、聯結、融合すると同時に、分裂や滅亡を起こして多元統一体になる。それが中華民族になる[283]」のように人為的に作られていったのである。社会主義的「改造」の時期は、後旗の宗教に対する「社会主義的な初級段階」であり、すなわち、いわゆる「新長征」の「第一歩」であると定義されている。続く「社会主義中級段階」では、どのようになったのか、これを次に解明していく。

第2節　宗教会議の問題点

　後旗においてラマ教、シャーマン教は、いかに変遷してきたか。この問題を明らかにする際、とりあえず、内モンゴル地域で行われた宗教会議を分析して、その問題点を論じる必要があると考える。すなわち中国共産党が、いかに無神論を「宗教化」させたのか、その理論がいかに施行されたのか、これらの問題を検討する必要がある。

　1951年3月7日〜27日、内モンゴル自治区政府は、チョクラルト・ハールガ（張家口）で、第一期ラマ会議を開催した。この会議における主な内容は「抗美援朝[284]」の形勢にあわせて宗教の任務を解釈し、全ての民衆がアメリカに抵抗し、朝鮮を応援する義務があることの遂行を目指すことだった。そして、内モンゴル自治区全体で「抗米援朝」というテーマの活動が、宗教

界だけでなく、普通の庶民社会及び学校の教科書の内容までに、深く影響した。朝鮮戦争に対する中国側の研究者の定義は、他の地域の研究者と異なり、政治的な、魅力的な戦争とされているのである。以下は、その戦争がいかに宗教に関わったのか、という問題をめぐって論じる。

「新中国」が成立して1年もたたぬ1950年6月27日、冷戦の最前線だった朝鮮半島で戦争が勃発した。北の朝鮮民主主義人民共和国と南の大韓民国はそれぞれ朝鮮半島における唯一の正統な政府であることを主張し、統一をめぐって厳しく対立していた。38度線における衝突をきっかけに、共和国の朝鮮人民軍が大挙南進し、一気にその主導下で統一を実現しようとした。アメリカが圧倒的な影響力をもっていた国連総会は、1948年に韓国政府を唯一の合法政府とする決議を採択していた。これに基づき、アメリカ政府はただちに安保理事会の開催を求め、ソ連不在（中国代表権問題に抗議して欠席中）のまま開かれた理事会で、朝鮮人民共和国を攻撃する決議が可決され、6月27日、アメリカ軍は国連軍の主力軍として戦争に武力介入した。最初は、朝鮮人民軍が圧倒的に優勢で、南部深く洛東江左岸の三角地帯まで進撃した。だが、9月15日、アメリカ軍が仁川に上陸したことをきっかけに形勢が逆転し、10月1日、米韓連合軍は38度線を越えて朝鮮人民共和国領内に進撃し、10月中旬には、中国との国境・鴨緑江近くまで達した。6月28日の周恩来声明で、中国政府はアメリカの新たな朝鮮・台湾政策を、「アメリカ帝国主義の中国侵略とアジア独占」の企みとして厳しく批判した。10月中旬、韓国軍、アメリカ軍が中国国境まで迫ってきた時、ソ連の強力な介入勧告もあって、彭徳懐を総司令官とする中国人民志願軍を、鴨緑江を越えて朝鮮人民共和国領内に進撃させた。中国軍は、夜間の待ち伏せ攻撃によって、アメリカ軍に大打撃を与え、年末までに、朝鮮人民軍とともに、38度線まで押し返した。中国の反撃に対し、マッカーサー国連軍司令官は、台湾の国府軍15万人の華南進攻、東北への原爆投下を提案した。11月20日、トルーマン大統領は「原爆の使用も考慮している」と声明した。1951年4月、トルーマンは、マッカーサーを罷免し、7月にソ連の提案を入れて休戦会議を開催

し、世界大戦の危機は回避された。それからも1953年7月の休戦協定調印まで、38度線一帯でなお激しい陣地戦が繰り返された。

「新中国」の成立後、まもなく起きた朝鮮戦争への介入は、中国にとって、いわば余儀なくされたものであり、それによって、米ソの直接対決、すなわち第三次世界大戦を回避することに寄与したものの、発足したばかりの新中国は人的・物的に多大の犠牲を強いられ、また対外政策の選択の幅を著しく狭められた。アメリカとの関係修復を長期にわたって不可能にされ、否応なくソ連との結合を強めなければならなくなったのである[285]。

この間、中国内部では、全国で「抗米援朝運動」が展開された。中共はこれを通じて、中央政府の民族的統合を強め、各地域における支配権を強化したのである。朝鮮戦争について、1950年から今日まで、内モンゴル地域の小、中学校、高校及び大学で使用されている教科書は全く同じ傾向で書かれている。「誰が最も可愛い人か（誰是最可愛的人）」というテーマの文章が、今の学校の教科書に記載され、愛国主義的内容として教えられている。この文章では、朝鮮戦争に参加した人民解放軍の勇敢な奮闘を讃えあげ、皆の模範にされるべく書かれている。この経験は、中国共産党が、毎年必ず行う抗日戦争勝利記念日（8月15日）、建党記念日（7月1日）活動の先駆的役割をも果たしてきたのである。これらの活動を通じて、社会全体における共産党の正当性を高め、愛国主義を強めるチャンスになったのである。

抗米援朝の内容は本来、宗教とは密接な関係がないのに、当時のラマ会議では主な内容になった。このようにしてまとめられたのが、ラマについて定めた「愛国公約」である。この公約は、当時の中国共産党の、宗教に関する重要な政策の核心的な内容であり、現在まで引き継がれている。それらの具体的内容は7つある：

……毛主席を擁護し、中国共産党を擁護し、中央人民政府を擁護し、共同綱領を擁護すること。アメリカ帝国主義が台湾と朝鮮に侵略することに反対し、アメリカ帝国主義による日本の再武装に反対する。「抗美援朝」運動に参加し、世界の平和を保護する。政府の反革命に対する鎮圧を擁護し、政府

と協力して、反革命分子を告発すること。噂話を信じてはならない、噂話を宣伝してはいけない、噂話作りに反対する。生産に参加し、労働することを提唱する。ラマ医術を改進させ、内モンゴル人民のために疾病を治療させる。ラマの学校を作り、民族文字を勉強させ、民族と国家を愛する覚悟を高める。未成年の少年、児童を強制的にラマにしてはならない[286]。

のちに、内モンゴル自治政府が中国の省レベルの「内モンゴル自治区人民政府」になり、フフホト（Huhehot、今の首府）市に移って以後、1953年6月25日～7月23日に、第二期ラマ会議が行われ、続いて1955年11月15日～12月2日に、第三期ラマ会議が行われた。各地域から、特にフルンボイル盟、ヘンガン盟、ジョーオダ盟、シリンゴル盟、チャハル盟、エケージョー盟、オラーン・チャブ盟、フフホト市、ボゴド市などから選んだラマ代表がそれぞれ39名、53名参加した。自治区副主席であるハーフンガーと、主席であるオラーンフーは、ラマ会議に参加した代表たちと面会した。主な内容は、第一期会議で定めた「愛国公約」を強調し、国と民族への愛を高め、法律を守り、中国共産党の指導を擁護し、社会主義を擁護することであった。

その一方、1953年5月30日、中国中央政府は、仏教会議を開催して、中国仏教協会を成立させた。内モンゴル地域の宗教の高僧であるツァガーン・ゲゲンとガルサン・ゲゲンが、それぞれ名誉会長、副会長に就任し、オソル・シルラマとサムダンラマが、常務理事と理事にそれぞれ就任した。中国中央政府は、ラマ教の高層であるゲゲンたちを味方に引き入れ、高僧たちの口や影響力を利用して、宗教の価値観を変化させつつあった。そして、1957年4月12日～18日に、内モンゴルで会議を行い、「内モンゴル自治区仏教協会」が成立した。

この会議では、「愛国主義に関する学習を広範的に組織し、愛国主義活動に積極的に参加し、毛主席、中国共産党と人民政府の指導で、全国の各族人民と強固な統一戦線を結成すること。内モンゴル自治区における仏教界の団結を強調し、仏教界が共産党と政府による宗教信仰の自由政策に積極的に協力すること。仏教界は、全自治区における仏教信徒の学習を指導し、全自治

区における仏教信徒を社会主義建設運動に積極的に参加させることを推し進める。仏教の優良な伝統を発揚し、国と民に有利になり、世界の平和を保衛するために努力する」[287]と提唱され、中国仏教協会のもとで、内モンゴル自治区仏教協会規約（章程）を定めた。

　中国仏教協会の代表大会に伴い、1963年6月28日〜7月27日、内モンゴル自治区の仏教協会の第二期会議がフフホトで開催された。この時には、毛沢東の「階級闘争を絶対に忘れてはいけない」（千万不要忘記階級闘争）の指示に応え、階級闘争を綱要として、仏教界における内部階級闘争を展開し、摘発することが言われ、「愛国公約」を改修し、「ラマ教制度改革意見17条」を決議した。のちに、「改革開放」の時期になって、1983年9月1日に内モンゴル自治区仏教協会第三期会議が開催され、「中華人民共和国憲法」と「鄧小平理論」を学習することを主な内容として、「内モンゴル自治区仏教協会事業簡則」が定められた。続いて1989年10月25日に、第四期会議が開催され、「内モンゴル自治区仏教協会規約（章程）」が改訂された。その後、1994年6月15日〜19日第五期会議が開催され、鄧小平理論、江沢民理論を学習し、「規約（章程）」がまた改訂された。その3年後の1997年8月18日、内モンゴル自治区仏教協会成立40周年記念会議が開催され、オラーン・ゲゲンが「巨大な変化、実り多い成果（巨大変化、豊碩成果）」というテーマで事業報告し、自治区政府副主席であるボヤン・デルゲルらが、「愛国・愛教」活動に貢献した17個の寺院を表彰した[288]。

　「会議」を行うたびに、会議の内容（任務）や会議で定められた規則には、政治的意味が強められ、強調されている。「会議」の開催時期を見れば、土地改革、「三反運動」、「反右派闘争」（1957年）、「大躍進運動」（1958年）、チベット事件（1959年）、「四清運動」と「民族分裂案件」（1964年）、文化大革命、「六・四天安門事件」（1989年）、ハダ氏らの南モンゴル民主連盟事件[289]などの政治運動に関連し会議が開催されたことが分かる。後で述べるように、政治運動を行うごとに、ラマや寺院の数が減り、高僧のゲゲン、ホドグトらの政府での地位が徐々に高められ、ラマのモンゴル社会への影響が徐々に低め

られた。学習させた内容は主に、社会主義教育、労働改造教育、「ラマを労働に」、生産に導く教育、愛中国・愛共産党教育、若い人（子供）がラマになることの禁止、共産党指導者の思想を勉強させること、など宗教と無関係である。

その一方、会議を行う直前、裏側でも、複雑な政治的活動が行われていた。さて、中共は、どのような方法や手段で、東部地域における宗教信仰、とくに、後旗における宗教信仰を変遷させたのか。後旗におけるモンゴル人社会では、なぜ宗教信仰が失われたのか。中共の一貫として宗教信仰の自由を認めるという政策は、果たして本当であろうか。これらの問題を、明らかにするため、中共ジリム・アイマック委員会の公文書を事例として分析する。

第3節　宗教に関する公文書の分析（1）

公文書1

1957年4月、中共内モンゴル自治区委員会と自治区人民政府によって、「内モンゴル自治区仏教協会」が成立した。その4ヵ月後の8月15日に、中共ジリム・アイマック委員会が、中共内モンゴル委員会とアイマックの各委員会（アイマックの直属機関委員会）、各部（統戦部、武装部、組織部など「部」の文字を付けたアイマックの直属機関）、工、青、婦、政法党組（「工」は「工会」ともいう工人階級、労働組織、「青」は中共青年団委員会、「婦」は党の下の婦女聯合会、「政法党組」は公安処、（公安局）、裁判所（法院）、検察院における党の組織）に対して、「中共ジリム・アイマック宣伝部、全アイマックにおける迷信活動状況に関する報告[290]」という公文書（以下は「公文1」と省略する）を公布し、さらに、1958年3月14日には、中共内モンゴル委員会、アイマックの各委員、統戦部、政法党組、各旗（県）委員会に対し、「中共ジリム・アイマック委員会が、ラマ教・イスラム教における社会主義教育座談会を開催する計画・報告[291]」という公文書（「公文2」と省略する）を公布した。

公文1は「我が盟の農村の各地域で、迷信活動が連続発生し、デマを広め民衆を迷わし、社会秩序を攪乱し、当面の生産に深刻な影響をもたらしている」と言い、ラマが患者を治療すること、民衆がお寺に行ってお祈りすること及び信仰思想などを含めて「迷信活動」としている。また、「人民・民衆の生命や財産に、厳重な損失をもたらしているので、各級の党組織は、十分重視し、絶対に勝手に見逃してはいけない」と言い、当局は、人民の生命や財産を保護するためとのもっともらしい「目的」を作り上げ、民衆に呼び掛けている。次に「それが広がっても、簡単な荒っぽい方法を採用してはならない、当面の生産に関連させながら、広大な民衆への科学的宣伝・教育を行うべきである」と言い、民衆の生産労働に影響を与えず、思想や精神的な面を変えることを指示している。「証人と物証から、迷信が人柄を損害し、生産を破壊している重大な結果を具体的に暴露する。そして、民衆の思想的自覚をたかめ、迷信を打ち破る。その一方、迷信活動分子への教育を強化し、彼らに国家の法律・紀律を遵守していくことを戒め、違法活動を禁止すべきである。社会主義教育が進行中に、民衆への科学の宣伝をよく行い、彼らの医療に関する困難を確実に解決し、この問題を適切に解決すること」と言い、「社会主義教育」を中心にするとの目的に言及している。文章では、宗教と迷信の区別がはっきりされておらず、ほとんどが迷信とされている。宗教の「厳重性」を指示し、民衆の力（民衆への宣伝によって、ラマを醜悪化する）で、生産・労働と結合しながら打ち破るという方針が明らかである。使用する手段としては、具体的にある人物を捕らえ、「サンプルを作る」ことが、次の詳細項目「附」により、明らかである。

「最近、ジリム日報の読者からの手紙及び下郷幹部（行政機関から下級行政機関の事業を検査する目的で、派遣された幹部）らの報告によると、フレー・旗（庫倫旗）、ザルード・旗、ホルチン左翼中旗、ホルチン左翼後旗などで、ラマの活動が広がっている。また、『大神や大仙が跳び踊る』（跳大神、鬧大仙。チベット仏教の踊りで、神や鬼などの踊りがあるが、それらを指す。後述の「神踊り」、「鬼踊り」なども同じ）が猖獗し（激しく暴れ回ること）、（省略）民衆以外にも、少数

の党員、団員幹部たちがこの迷信活動を信奉している。これに関する状況報告は以下の通りである。①迷信活動の状況。真剣に仕事をしていない社会のゴロツキ分子が、神や鬼の姿をとる手段で、流言飛語で民衆を迷わし、社会治安を攪乱し、当面の生産を破壊している。ア、後旗のオロイン・アイル（村名）で、一貫として、装神弄鬼してきたゴロツキ・詐欺師（流氓騙子）のチョギー氏は、酒で病気を治療し、どの病気でも治せるとの噂を広めた。噂は天津、瀋陽、ザルード旗、開魯県まで伝えられた。前後、500人余りが、彼によって、治療され、日によって、看病してもらう患者が42人にものぼり、患者から送られた酒が300瓶あまりある。イ、ホスタン・ガチャーのラマであるハーツレン氏は、黒赤の木の板に、チベット語（蔵文）で刻み、あちこち、民衆の家に行き、家に鬼がいると民衆を脅かし、それによって、民衆は豚や羊を殺して、彼にごちそうを出した。ある地域のラマも、このような手段で民衆を騙していることが少なくない（省略）。ウ、巫医（巫術で治療する）活動も活発で、悪辣な手段にて、党の政策を歪曲し、民衆の中で、それを合法化している。ゲルマンハ・アイルのブテーグチ氏、ボヤン氏が、親戚4人の患者を治療させるために、迷信巫術医であるウリジトタラー・アイルのツァガーン・バラ・ブォー（博）氏を招いて、治療を頼んだ。そのため、手遅れで死にいたった。（省略）これらのゴロツキ・詐欺師たちは民衆に対して、党の『百花斉放』の『百家争鳴』政策を執行すると宣伝しながら、実は『毒草』を放出している。エ、後旗の幾つかの地で、陰陽家の活動が現われ、ナイマン旗のヤメン営子（衙門営子）区で、社主任（公社主任）が、11歳の娘を陰陽家に頼み治療させたため、娘の命が奪われた。後旗の第12区の新生屯に、陰陽家が行き、全屯の70％を占める人々が迷信活動に参加した。オ、農村部で、『かつてのラマ教が全部消沈し、世の中に災難をもたらす』と噂話が広がり、民衆は災難を免れるため、ラマに頼み、あるいはオテェ（五台山）に行くことになった」

公文書の分析

　この報告における情報の源は、「ジリム日報」の読者と「下郷幹部」から

の手紙であり、「迷信」とみなされたのは、ラマとシャーマン教におけるブォーが神々であったと言っていたからである。「ジリム日報」は、各レベルの「日報」と同じく党委員会の下に置かれ、何を内容として記載し、何の目的で書くのかは党の宣伝部が定める。誰からの「手紙」、読者が誰であるかは隠されている。公文1に出ている人物は、名前からモンゴル人であることが分かる。公文1の内容から見れば、宗教を根本的に否定し、ラマやブォーの活動を「猖獗、ゴロツキ・詐欺師（流氓・騙子）」などの言葉で侮辱するのが当局の目的であった。

続いて、公文1は、この活動が「猖獗」した原因について、以下の通りに解釈している：「ア、近年、農民の文化と科学技術がかなり高まっているものの、一人ひとりには、種々の迷信思想に対して摘発や反駁を行う能力がない。また、迷信思想の社会基礎が根強い、とくに、年老の人々には深刻である。その一方、今年の春、疾病が氾濫し、流行性感冒と麻疹が発生し、医療や衛生が遅れている。それ故に、民衆は疾病を免れるために、迷信思想の支配の下で、神に祈り、自分の精神を慰めたのである。その結果、社会のゴロツキ・詐欺師、巫術医、ラマにチャンスを与え、宗教の迷信が活動する条件を得て、公然と活動したのである。イ、党の農村における宣伝や教育の中で、農業合作社の優越性と、「極力1957年農業大豊作を争う」（力争1957年農業大豊収）を単なる宣伝ととらえ、疾病が農業大豊作に影響をもたらすことに注意しなかったのである。（省略）豊作を勝ち取ることと収入が増加する有利な点だけを宣伝し、民衆における政治　思想の覚醒を高めなかった。ウ、農村部の一環としての衛生や医療の条件が極めて悪く、漢・蒙医療（漢人医者とモンゴル人医者）を実施している一部の人たちの態度が悪く、フレー旗の7区では、15名の中・蒙医のうち、5名は民衆からの頼みをすぐに受けていない（省略）。エ、前月、各地域で新聞に、右派分子が党・社会主義に反したと報道して以後、農村部では、少数の地主・富農分子がそれを利月して、噂話や侮辱を広げたのに、一部の民衆がそれに対して反駁しなかった。オ、宗教の迷信の活動の中で、ラマの活動は最も広範である。後旗の154人のラマが、寺院を求め

る申請をし、あるラマたちは宗教の影響を進行させ、とくに、チベットから戻ってきたハダーラマは、『五・一』時期に、フフホトで内モンゴル自治区成立10周年大会に参加した際に受け取ったバッジ（記章）を持ち、民衆には『毛主席（毛沢東）が私の活動を許して、このバッジ（毛沢東の記章）をくれた』と噂話を広げ、民衆を迷わして、宗教や仏を信じるようにさせたのである」

　以上の内容を見ると、いわゆる迷信活動が勃発した原因は、「党の政治宣伝が足りなかった」ことである。「医療機関の不足」も少し強調されている。宗教が確実な迷信であるならば、科学技術が進んでいくことにより、さらに衰退していくはずなのに、なぜ「猖獗」したのか。党の宣伝が足りなかったと言うならば、共産党がいなかった長い歴史の間、モンゴル人社会では、なぜ宗教の信仰があったのか。この公文書が「迷信活動」の源を探るのは、ラマやブォーたちの中から具体的人物をとらえ、彼らを侮辱、攻撃及び迫害することが目的であると考えられる。具体的事例にされた幾つかの人物及び彼らの動機を見ると、シャーマン教とラマ教及びモンゴル医師など、伝統文化における医学事業とモンゴル庶民との間の、治療する側と治療させられる側との関係である。このことは迷信や「猖獗」までには至らない。また、地主、富農など階級のことが言い出されたことは、モンゴル人社会に、故意に矛盾を起こさせ、互いに敵視させることにつながり、このことがこの公文書の目に見えない目的であると考えられる。後旗の154人のラマが、寺院を求める申請をしたというのは、当時、ラマやモンゴル人社会の人々が、宗教の自由を得るため、勇敢にふるまったことである。無理やりに党員にされた人物も党の政策に反して、宗教の自由を求めていたとも考えられる。

　公文1が最終的に目指した「いくつかの意見」は、以下の通りである。「ア、党員、幹部における教育を強め、迷信活動は厳重に注意しなければならない。党の内部から始め、種々の迷信活動の危害を摘発し、批判し、党員たちに、唯物主義思想を打ち立てる（省略）。イ、各地域における社会主義教育を行うたびに、民衆に迷信・噂話の活動の真相をすっかり摘発するよう準備する、（省略）とくに、青年・壮年へ広範に宣伝し、彼らの思想の基礎教育、さ

らには年寄りたちへの教育を行うこと（省略）。ウ、農村公社における思想政治事業を強め、階級教育を進め、彼らの社会主義的自覚を高め、悪質分子の噂話を打ち破る。党における宣伝・教育隊列を強め、民衆への宣伝・教育活動を日常化し、形式にこだわらない宣伝を展開する（省略）。エ、農村における漢・モンゴル医療（中蒙医）に対する指導に注意して、その遅れている面に関しては、折り合うわけにはいかない。漢・モンゴル医療の組織システムを通じて、批評と自己批評の教育を進行させる（省略）。オ、各級のリーダーたちが、農村における社会状況と思想動向を把握することに注意し、時期ごとにおける異なる思想状況に対しては、分析して教育すること（省略）」

　この「意見」では、主に党員やリーダーたちの政治思想を強め、彼らの唯物主義思想をさらに強めることによって、農村部への宣伝や教育を強め、伝統文化に対する党の支配権を高めることが記されている。また、モンゴル社会における青年、壮年の思想を変化させることに重きを置き、青年や壮年を利用して、年寄りへの宣伝をすることによって、社会全体に唯物主義思想を広げ、ラマとボーなど宗教界を変化させていくのが目的であることが分かる。下線付けした部分は、中国共産党が毎年のように使用する手段の一部である。共産党は内モンゴル地域を統治し始めてから、そのさまざまな政策や思想を「宣伝と教育」と名乗り、それを日常化して、絶え間なく続けてきたのである。

公文書2

　公文2では、「（1）、我が盟（アイマック）における『宗教界に社会主義教育を進行させる計画』精神に基づき、1958年4月中旬に、ラマ教とイスラム教座談会議を開催し、社会主義教育を進行することになった。予定期間は約1ヵ月である。参加させる人数は120－140名である。対象はラマ教に対しては、読経を職業としている者を主に、読経しながら労働している者はその次で、しかも、参加させる者はみな高層、中層の人物及び高い地位にありながら頻繁に活動しているラマたちである。イスラム教に対しては、布教

者（アコウ、阿衡、阿訇）が主であり、そのほかに、イスラム教を強く信仰する<u>年寄り約20名</u>を引き入れて、参加させる。我が盟における宗教の状況に基づき、座談会議で、<u>政治的態度の比率の要求は左派が20－30％を占めて、中間派が50－60％を占める。</u>そして、<u>左派に頼って、中間分子を教育させ、団結させて、右派を分解させ、孤立させていく。</u>また、それによって、<u>できる限り、悪辣な右派の言行及び少数の極端な右派分子を孤立させることを原則にする</u>、そして、団結ができるすべての人々と団結して、<u>左派の力を引き上げ、拡大させる。</u>」と書かれている。

公文書の分析

　上の文章で、下線付けした部分が公文２の主な内容である。参加させる人物及び人数、それぞれの比率まで、明確に指定されている。目的はラマたちを右派、左派、中間派の３つに分けて、共産党が左派を把握し、それによって、中間派を把握し、右派を孤立させることである。そして、共産党の無神論と直面していた強硬な右派の勢力を弱める目的を達成する。共産党は自分の「手」で操作するのではなく、相手を分散させ、分けて、それらを互いに「争わせ」て、目的を達し、最後の最後まで「偉大、正確、光栄」になってきたのである。もうひとつ注意すべき点がある。ジリム・アイマックにおいてイスラム教の影響は非常に弱い。それは、信仰する人々が極めて少ない上、主に漢人に関わる問題でもある。では、なぜ公文２のタイトルに、イスラム教という言葉が書き込まれたのか、これには理由がある。このように書けば、漢人もモンゴル人も関わる会議に見られ、モンゴル人社会にあまり注意されず、疑われる必要もないからだ。実際に会議を行う場合には、右派勢力の高層ラマを中心に、攻撃するのである。

座談会

　続いて、公文２における次の内容を見てみよう。「(2)、宗教座談会の具体的計画　ア、目的と要求。宗教に対して、一括した、システム的な社会主

義の正面教育を進めることである。学習と論争することによって、彼らに認識させる。宗教は党の指導を受け、社会主義の道へ歩むことが必須である。一切の事業は必ず、祖国の統一と民族団結に有利で、民族の繁栄と発展に有利で、広大な人民・民衆の利益からスタートすることに有利であるべきである。宗教界の人々は、必ず国を愛して、法律を守る。何が政治問題であり、何が宗教問題であるかをよく分かること。宗教界の人々に、愛国、愛民族、愛宗教が一致していることを明確にし、宗教を愛することの先には、必ず国を愛することを明確にさせる。必ず宗教自由政策を全面的に宣伝し、執行すること。イ、学習内容と論争テーマ。毛沢東の『人民内部における矛盾を正確に処理する問題に関して』の講話と周恩来の『政府事業報告』を中心に学習する。祖国の統一、各民族の団結と、各少数民族の繁栄、発展との関係は何か。宗教界がなぜ全国の人民と一緒に中国共産党の指導で社会主義の道へ歩むのか。要するに、なぜ、資本主義ではないのか、それらとの利害関係は何か。宗教信仰の自由と、宗教界の愛国、遵法との関係は何か、宗教信仰の自由政策をいかに理解するか。ウ、方法と措置。政治課程により教育を進める。ラマ教人士とイスラム教人士が一緒に進め、内容と講義は同じである。討論する際は区別する。ラマたちに便宜をはかるために、この計画の通り、3月に、モロイン・スム（莫力廟[292]）における50名のラマは、その地元の廟で訓練を受ける。まず、動員する報告をし、学習目的を発表し、それと同時に、全住民に対して行う正風運動の意味を知らせる。右派とは何か、なぜ右派に対して反対する運動を行うのか。なぜ、宗教界における社会主義教育を行う必要性があるのか。これらの問題を明確に知らせ、学習する態度をきちんとさせる。次に、公文書を学習すること。公文書を講釈しながら、実例と結び付けて説明する。そして、のちに行われる右派の言行の摘発のために、リーダーたちは意識的に種々の言行を記録し、分析し、並べて、次の段取りの基礎とする。その次は、論争と批判段階である。公文書を学習した上で、彼らが見たこと、聞いたこと、思ったことなど、一切の問題から始め、論争を深めるように導き、そして、上に述べた3つのテーマで論争させる。これ

らの基盤で、徐々に、宗教内部に存在する種々の右派言行を分析、批判する段階へ進み、ラマ教における右派分子であるマラー、シルッブ・ラッワ氏とイスラム教における右派分子を糾弾する。最後は、具体的右派言行に反論して、批判する。

　一般的な批判と典型的な人物に対する批判が終結後、ラマ教界で広がっているいわゆる『ダライ・ラマ聖書』に対しては、彼らを論争させ、彼らにその実質を明らかにさせ、それに迷わされないようにしておく。(省略)」

分析
　公文2に書かれた「ア」部分の内容は、社会主義における「正面的」教育がポイントとして示されている。今回の座談会は、共産党の立場から見れば、もちろん「正面的」であるが、ラマたち、とくに宗教の立場から見れば、けっして「正面的」ではなく、逆に反面的である。次の「党の指導を受け、社会主義の道へ」というのは、共産党・社会主義とラマ教・宗教とでは根本的な理論、価値観が違っており、むしろ正反対の面があることを無視しているので、論点として成立しないのは明らかである。

　人民・民衆の利益を代表しているかどうかは、人民・民衆からの選挙によって分かることである、それは、特定の誰かが、あるいは、特定の集団及び党派によって決定される問題ではない。近代政治学で、国家と民衆及び宗教は異なる3つの概念であり、それぞれとの関係が非常に複雑であり、簡単に「一致する」ことではなく、とりわけそれらへの愛は、もっと複雑なことである。

　「イ」部分で、学習する内容は、毛沢東と周恩来の文章である。この2人の指導者は、宗教信仰者（教徒）ではなく、もちろん、ラマ教やイスラム教の教徒でもない、それなのに、彼らの文章を「学習」するというのは、言うまでもなく別の目的がある。

　「ウ」部分で、ラマ教とイスラム教に対しての座談会では、「政治課程」、「学習内容」は両者が共通して受け、「討論」では両者は区別されている。これは、その2つの宗教に対する運動が異なることを意味する。要するに、どちらが

「重要」で、どちらが「非重要」で行われることかを示している。また、今回行う座談会では、段取りがはっきりしており、計画が詳しい上に、最後の目的も明確であり、その方法や手段まで決まっている。始める前から誰が重要な対象になるかが一目瞭然である。説明する必要があるのは、下線を付けた部分の内容である。この公文２の第一頁では、「３月15日に印刷され」（印刷数31）、最後の頁では「３月16日」と書かれ、座談会は「４月中旬」から始めるということであった。一方、モロイン・スム廟で、ラマたちを訓練させるのは「３月」と書かれている、これらの点から、モロイン・スム廟で訓練する期間は約１ヵ月と考えられる、あるいは、短くとも20日間であると考えられる。この50人のラマは、公文２で指している「左派」や「中間派分子」になりうる対象であると推測できる。なぜならば、座談会の前に、「訓練」を受けるというのは、さまざまな手段により、彼らを左右することができるからである。「訓練」がなぜモロイン・スム廟で行われたのか、この点について、簡単に説明しよう。

　当時、モロイン・スム廟は、共産党にとって、非常に重要な場所と見られていた。モロイン・スム廟（　　　　　集寧寺）は、清朝（1785年）時代に建てられ、そこに属している寺は12ヵ所あって、352人余りのラマが読経していた[293]。通遼県から45キロと近く、シャラムルン河（遼河）がカーブになっているので、「モロイ（湾曲したところ）－イン・ガジル」という意味から名付けられたとも言われる。内モンゴル自治区でモンゴル人の人口が最も多いジリム・アイマックのモンゴル地域の中心で、清朝、中華民国及び満州国など、それぞれの時代において地理的位置が極めて重要な場所であった。そのため、のちに成立した中華人民共和国においてモロイン・スム廟が注目されていたのである。モロイン・スム廟について、後旗の档案では、以下のように書かれている：

　「1936年９月、日本関東軍司令部が、高級特務（スパイ）――金川耕作を通遼市特務機関本部へ派遣した。彼は司令部の第二科からの直接指導を受け、本部には、若干の支部を設けていた。周知の通り、通遼のモロイン・スム廟

(当時、廟内は、3名の日本人のラマがいて、そのうち、太田覚民は、日本の高級特務分子)と毛皮公司（日本側の会社）は、本部に所属する2つの支部であった。1941年3月に、本部がオラーン・ホトへ移動したのにも関らず、この2つの支部は、一貫して『八一五』まで、活動を続けていた。康徳の8年間、特務機関の頭目であったメーテル・ジャブが、ザルード旗のメーリン廟（梅林廟）に在住し、周囲の廟のゲゲンを集め、会議し、活動していた。それから見ると、彼ら（日本スパイ）は、ラマの寺院を通して、特務・間諜活動を進めていた[294]」。この経緯から、モロイン・スム廟は中共委員会からは、永遠に疑う場所と見られ、そこのラマたちは、「学習」や粛清や改造を受ける主要な対象であった。

また、公文書には、「（省略）1936年の時期、民族のクズ（民族敗類）、日本の忠誠な走狗である徳王が、日本のために命がけで働いていた時期に、モンゴル人から多くの兵士を募集していた。当時、師団長のサイン・バヤル、サン・ドゥーレンの2人が徳王の命令を受け、通遼、後旗などの地域で、大量の兵隊を募集した。彼らが前後2回にわたり募集し、後旗だけで約300余りの人が入隊した。兵隊を通遼県のモロイン・スム廟と鄭家屯にそれぞれ集中させ、馬に乗せ、北営子、ドロン（多倫）、蒙保[295]などに渡り、シリンゴル盟へ率いた。（省略）1945年、日本が投降して以降、全師団は商都で、ソ連軍によって、捕虜になった。のちに、700余りの人が、モンゴル人民共和国へ突き出された、そのうち、後旗のモンゴル兵士は100名余りであった[296]（省略）」と書かれている。この2つの公文書から見ると、中共ジリム・アイマック委員会にとって、モロイン・スム廟のラマたちに対しての社会主義教育は、極めて重要であり、彼らに対する社会主義「改造」や「整風」は、ラマ教「教育」のスタート地点であった。このためにモロイン・スム廟で「訓練」をし始めていたのである。

その一方、統戦部や宣伝部による民衆への宣伝も共産党の無神論の思想普及に大きな効果を果たした。例えば、上述した通り、後旗における「三反運動」の時期、モンゴル人の民謡に、共産党の政策を宣伝する内容を書き込み、民

謡の歌詞を改編させた。また、1947 年から、内モンゴル東部地域では、ラマを侮辱、侮蔑し、「世間の嘲笑を買う」などの歌がつくられ、歌われてきた。それ故、モンゴル人社会におけるラマやラマ教のイメージが悪くなり、とくに小、中学校の教科書に記載された内容が原因で、モンゴル人の青少年に宗教の影響が失われてきた。共産党は、高僧を会議に勧誘すると同時に、初級のラマらを労働改造や労働生産へ「勧誘」し、労働生産に参加させた。極めて少数のラマをサンプルとして新聞や会議で取り上げて、宣伝に利用する「人物」とした。さらに、上級政府の奨励を受け、そのサンプルを民衆や委員へ宣伝する上での「労働模範」にした。これらのサンプルを創り上げる方法は、中国共産党が戦争時期から行なってきた「伝統手段」である。例として劉胡蘭、王潔、張思徳、雷峰、焦裕禄、張海廸及び大寨（農業学大寨）、大慶（工業学大慶）、内モンゴル自治区エケ・ジョー・アイマック（伊克照盟）でのウーシン・ジョー公社、姉妹のモンゴル人の龍梅氏と玉栄氏などがある。

　モロイン・スム廟で、ラマを訓練することについて、この公文書が出されて 10 日後に、1958 年 3 月 25 日、中共後旗委員会統戦部が、各区委員会、郷支部（村における共産党支部）へ公文書を出し、訓練を受ける 20 名のラマの名前を指定した。それと同時に、訓練に参加させる前に、後旗の共産党委員会によって、地元で「鑑定」させることになった。以上に述べた 2 つの公文書は、中共が宗教に対する様々な訓練、改造、会議、粛清などの活動を行うことを示すほんの一部である。しかし、この内容だけでも、党委が宗教に対して採択した計画、行動、指示、方針をうかがうことができるであろう。さらに、次の節で、より深く理解できるケースを分析していこう。

第 4 節　宗教に関する公文書の分析（2）

　1956 年までに、後旗の寺院はほとんど破壊され、仏像と経巻及び仏具も焼却された。多数のラマが僧籍を離れ、還俗され、社会主義の労働生産に「参

加」させられた。これに関しては、当時、ジリム・アイマックの統戦部と中共ジリム・アイマック委員会が各旗・県に出した公文書で詳しく見ることができるのである。

　中共後旗委員会の上級機関である中共ジリム・アイマック委員会が1956年1月27日に出した公文書には以下のように書かれている。「我が盟におけるラマ教については、1945年の光復[297]の時期に、寺院が153所、ラマが12,000人余りだったが、その後、大きな変化にいたった。<u>土地改革の時、上層部のラマたちが、国民党や地主分子と結託し、人民革命に反対した。</u>その一方、我々が党の宗教政策を深く理解しなかったため、執行中に過失が生じた。これらの故に、ラマ教の労働力がほとんど叩きつぶされ、寺院も取り壊され、さらに、占用された。寺院の仏像、経巻、法器が破壊され、大部分のラマは還俗した。これらの原因で、我が盟におけるラマ教は、大変な打撃を受け、形式的に存在しなくなった[298]」

　中国共産党が、自ら宗教に対して政治的運動を行なったのが事実である。だが、この公文書では、下線を付けた文章から、その原因をラマに押しつけたことが分かる。ラマたちが人民革命に反対したと言うことで、すっかり責任を逃れた。その一方で、共産党は自らラマ教についての破壊を認めていることが分かる。上級から下ったこの命令的な公文書に対して、下級の後旗委員会は、地元でどのようなプロセスで事業を進めたのか、果たして、共産党は自ら過失したことを承認したのかどうか。後旗委員会からの報告公文書がこの問題に答える。

公文書

　1958年12月13日に、中共後旗委員会統戦部[299]が上級の中共ジリム・アイマック委員会に年度報告書を出した、タイトルは、「1958年度における統一戦線の一応の事業の終結」である[300]。この公文書の主な内容を解りやすくするために、「A、B、C、D」に分けて分析する。

　「A、我が旗の統一戦線が、党委員会の直接の指導の下、全民に対して進

めた社会主義教育活動は、政治戦線と思想戦線で、決定的な勝利をもたらした。工人階級と共産党の主導する地位がさらに高まり、工人階級と農民階級の聯盟の社会主義における基礎をますます固めた。(省略) 我々が、全農村部における社会主義教育を行うと同時に、各少数民族に対しても真剣な教育を行い、従来、民族特徴を強調しすぎていた人々や、狭隘な民族主義者らに、正面的教育ができた (省略)。

　B、この1年間、大躍進の大きな流れに従い、党からの人民に対する社会主義・共産主義の教育運動によって、人民の共産主義的な思想がますます高まった。宗教界の人士に対しての思想改造事業を具体的に深める運動によって、宗教界では、根本的な変化を果たした。従来の宗教を信じる人々と読経する人々が減少し、宗教への興味が次第に薄らいできた。全旗で、仏像に供える人々が、従来の（総人口の）35％から、8％余りまでに減少し、読経する人々が25％余りから、4％余りまでに減少した。もっと具体的に言うなら、ジリム・アイマックの事業グループが、ジリガラン（吉日嘎朗鎮）鎮の経堂で行なった調査によると、1957年には、全鎮における518戸（世帯）の中、宗教を信仰する戸は227戸であり、総戸数の48.3％を占めていた。1958年になると、宗教を信仰する戸数は、わずか50戸になり、全戸数の8.8％になり、昨年に比べると4倍余り減少した。ラマに願って読経する戸数は、1957年には155戸、全戸の30％を占めていたのに、1958年になると、わずか2戸、全戸の0.38％になった（仏に供え、読経させるのは、年寄りが多い）。

　C、人々の共産主義に対する意識を高めることに伴って、我が旗における各項の社会主義大躍進が、ラマ教界で、深刻な影響をもたらした。<u>過去に、彼ら百人余りが集まり、連合署名運動を行い、寺院を復興しようとしていた。</u>今では、その力を社会主義建設事業に用いるようになった。(省略) 全旗における50余りのラマたちは、彼らの体力の程度によって、さまざまな労働へ配置された。<u>ジリガラン鎮の金星社[301]には16名のラマがいた。うち30％を占めるラマが農社（ガチャー）に「五保戸[302]」として身を寄せ、40％を占めるラマが農社に頼って、その他のラマが、親戚からの助けや社会からの救</u>

177

済に依拠して生活していた。今年から、彼らを1つの組に組織して、ラマ生産組を成立させた。この組には、9名のラマが参加し、6.3坰[303]の土地で耕作をさせた。耕作した穀物には（省略）。そして、政治の面においても、経済の面においても大きな収穫を得た。

D、その一方、ラマたちに対して、随時に検査、批判、論争などを受けさせた。（省略）また、彼らに、「内モンゴル日報（モンゴル語版）」を一部注文しておき、7日間で1回集め、学習し、討論させた。彼らの年齢は、40〜50歳以上のラマが60％を占め、60歳以上のラマが40％を占めていた。

これらは、アイマック委員会統戦部の正確な指導により、達したことである。（省略）我々が、24名のラマを、内モンゴル自治区とジリム・アイマックのラマ訓練コースへ送り、訓練させた。それらの訓練を利用して、ハダ喇嘛への信用を失わせ、ラマ教界を覚醒させた。（省略）また、41名のラマに対して、「党に腹の中を打ち明ける」運動が行われた。その結果、彼らは全部で1,459項目、1人平均36項目を言い出した（省略）」

公文書の分析

この公文書の［A］部分からは、今回の運動が行われた目的は、いわゆる「社会主義」教育でなく、「工人階級と共産党」の指導地位を高めることであることが分かる。すなわち、「工人階級と農民階級の聯盟の社会主義における基礎を高める」ことであった。いわゆる「工人階級」と言うのは、漢人と当局の幹部らを指しているか、公文書でははっきりと書かれていない。1959年、ジリム・アイマックの農業人口（半農・半牧生業人口を含む）は1,144,371人であった[304]。一方、非農業人口は195,566人であった。非農業人口は、町や鎮に住む人と、商業や商売を営む漢人のことであり、約1割いた。後旗では、モンゴル人が総人口の70％を占め、ほとんどが農業や半農・半牧で生業し、牧畜業を営みながら、農作をしていた。モンゴル人社会では、「工人階級」がほとんど存在していなかった。工業労働者は多くなく、1949年〜1959年まで、ジリム・アイマックの工業は、電力工業1ヵ所、小型食

品工業 58 ヵ所及び小型の紡織、皮革などで、大中型工業はなかった[305]。

公文書の中で、「各少数民族に対しても真剣な教育を行い、従来、<u>民族特徴を強調しすぎていた人々</u>や<u>狭隘な民族主義考ら</u>に正面的教育ができた」と言うのは、明らかに、当時のモンゴル人社会の「ビチック・タイ・フゥン[306]」（知識界）、ラマなど、モンゴル・アイデンティティーがかなり強い人々のことを指している。また、「各少数民族」という言葉が言われている。後旗においては、1940 年に、モンゴル族が 77,207 人、漢族が 33,899 人、回族 21 人、鮮族が 160 人、日本人[307]が 42 人であった[308]。1980 年の統計によると、後旗における人口構成は、総人口 340,606 人、モンゴル族 197,088 人、漢族 141,884 人、回族 544 人、満州族 831 人、朝鮮族 236 人、その他 23 人であった[309]。

当時、後旗の人口構成で、モンゴル人は 7〜8 割で、それ以外は、漢人を除くと、極めて少数の満州族、回族などしかいない。上の統計数字から見れば、公文書における「少数民族」は明らかにモンゴル人に対する言葉だ。そうだとすれば、この運動はモンゴル人に対しての意図的非難であったと言うことができる。

Bの部分では、中共後旗委員会が、宗教に対して、社会主義・共産主義の思想改造の運動を行なったことを書いている。それによって、宗教界に「根本的な変化を果たした」との具体的結果を言っている。その勝利した結果を表として挙げる（表 4-2、表 4-3）。

表 4-2　後旗における宗教の変遷された状況

	1957 年	1958 年
仏像に供える人数の割合	35%	8%
読経させる人数の割合	25%	4%

注：後旗の公文書に基づき筆者が作成。

表 4-3　後旗ジリガラン鎮における宗教の変遷された状況（全518戸＝世帯）

	1957年	1958年
信仰する戸	48.3%	8.8%
読経させる戸	30%	0.38%

注：後旗の公文書に基づき筆者が作成。

　Cの部分では、1957年〜1958年の間、中共後旗委員会が「政治の面においても、経済の面においても大きな収穫を得た」とまとめている。下線付けした部分にポイントがあると考える。社会主義・共産主義「教育」によって、ラマたちが、結社の自由と自由な人権を奪われたことは確実である。その結果、ラマたちは、生きて行くために、強制的な「労働生産」へ参加するほかなかったのである。

　以上の状況と比べるために、過去の状況、中国側の研究者らが旧社会と言う中華民国と満州国時代に、後旗の寺院がどのような状況であったかを少し説明して置く。いわゆる「解放」以前に、後旗には、寺院に所属する農地、家畜、雇われ農民など私有財産や経済的勢力が存在していた。共産党政権によって行われた「反革命鎮圧」と「三反」運動及び社会主義「改造」によって、寺院の財産が没収され、農地が「民衆」に配られ、雇われ農民も地元へ帰された。このため、生き残ったラマたちの生活が大変苦しくなり、自分の親戚や故郷の人々に頼るしかなくなった。寺院の財産について、本章で筆者が作成した表4-1には、後旗の当時における各寺院に属される「部屋数」を記載した。それ以外に、寺院における多数の「財産調査表」（公文書）から、2つの事例を挙げよう。1947年11月20日、後旗（当時は「東科後旗」）政府旗長のゴゥンブ・ジャブ氏は、各ノタックに命令を出し、全旗における寺院の数、庭の面積、財産などの数を調査させた[310]。

　バヤン・オダ・ノタックでは、寺院5ヵ所、ラマが134人、生徒が25人、教員が4人、教科書（教材）が医書2冊と医学2冊、部屋（地元で「間」と言う）が133間、5つの寺院の周りの面積が合わせて900丈[311]、土地（下等）が40

垧、砂丘地が15垧、牛車が4台、馬が4疋、牛が73頭、毎年の穀物収穫が約33石[312]であり、土地利用方法が「雇人種」と書かれている[313]。

続いて、1947年時点での、「ションホル（ᠰᠣᠩᠬᠤᠷ ᠤᠨ ᠰᠥᠮ᠎ᠡ Shonghor・sum)・スム」（寺院）について、当時の統計資料によると、以下の通りである。「ホルチン左翼後旗のションホル・スムにおける統計は、バヤン・ボド・ノタックのションホル・スムで、ラマは192人であり、財産が、土地504垧（そのうち、砂丘地が115垧と黒土222垧を雇われ農民によって耕作）、1年での収穫した穀物が199石、そのうち136.7石を売って、625,340元（当時の元）、民衆が寺院へ寄付した募金（ウルグチェ）108,080元、アドゥー（馬）199頭、駱駝30頭、ロバ9頭、ヤマー（山羊）40頭、牛車6台、フルッグイン・オナー（犂をひかせる牛馬）6頭。これ以外に、寺院に属する地目が、南北10里[314]、東西20里。寺院の地盤が、南北1里、東西3里[315]。」

Dの部分からは、中共後旗委員会の統戦部が、労働の苦しみの中に放り込まれたラマたちを、精神的にも「改造」していた方法が一目瞭然で分かる。この運動は、自治区、アイマック及び旗委員会の3つの行政機関（自治区－盟－旗）が力を合わせて進めたことが明らかである。

後旗公安局の「機関誌」

上で分析した公文書は、後旗委員会が上級機関の命令に従って行なった事業の一例を挙げたものだが、このような出来事は、毎年続けられてきたのである。とくに、1959年3月に、「チベット騒動」（中国では、「西蔵反乱」と言われる）が起きて以後、後旗委員会は、宗教に対し更に厳しくなった。1951年1月、中国共産党中央政府は、「人民解放軍の基本的課題は、本年中にチベットを帝国主義の手から解放することにある」との声明を出し、チベットを侵略する意思を明確にし、その宣言通り、カムやアムドの国境地帯に人民解放軍が徐々に集結し始め、訓練や戦争の準備を始めた[316]。それから中国政府は、チベット地域でも内モンゴルと同じく、宗教を「社会主義へ改造する」活動を絶えまなく続けてきた。とくに、1959年のラサ蜂起から文化大革命期まで、

仏教は徹底的に弾圧、破壊された[317]。以下、チベット蜂起の後、1964年に行われた「四清運動」の翌年（1965年）に、後旗委員会に属する公安局の「機関報」の内容を事例として取り上げる。この「機関報」は、ただ後旗委員会の人物と公安局で事業を行なう人物にのみ見せる情報であり、当時は極秘事項であった。

　後旗公安局の機関報「工作簡報」（第5期、1965年3月5日）には次のように書かれていた。旗委員会の統戦部が、2月末、ラマ会議を開催した。我が局から事業人を派遣して、参加させた。今までに発生した状況を、とりあえず簡報に載せる。今回の会議に参加させたラマの数は60名である。そのうち、活動しているラマは15名で、60名中25％を占める。常に読経するラマは11名で、一般的な読経をするラマが6名である。まず、統戦部の指導者が、ラマたちを動員する報告をし、パンチン・ラマが党・人民に反対した犯罪を紹介し、ダライ・ラマが国家に謀叛し、敵の陣営に投じたことを紹介した。次に、ラマたちを討論させた。討論中では①大ラマは、元のとおり「毒素」を言い張っている。例えば、スゥヘ大ラマは「革命がきて、我らのすべての財産を分けた、そうでなければ、家族の中で紛争がやまない、今は、死にいたっても、心配することはない。現在は、ただ、国家に頼り、口を噤んで、死を待つほかない」と言った。チェージ・ホルロ・ラマは「経文は良いものだけれども、人間は良くないものである。悪い人物が金持ちたちの中には多くて、貧乏人の中には少ない、仏教は、すべての人々に好意を寄せる、チベットは、衆生済度を得させる地方である、仏陀は、貧乏人や金持ちに関わらず、すべての人々に、喜びを得させる」と言った。しかし、彼は、「共産党（の社会で）は、仏陀というのは存在していない」と言えなかった。（省略）ある人は、「ダライ・ラマとパンチン・ラマの前世は活仏である。だから三世を統治する。現在は党と政府が仏陀に似ている」と言い、また、ある人は「共産党、毛沢東と同じように、全人類の面倒をみられるのは、それは仏陀だけであり、他の誰にもできないことだ。パンチン・ラマとダライ・ラマがいなければ、仏陀がいないということではない」とも言った。（省略）②我らが、

ダライ・ラマとパンチン・ラマが国家に謀叛し、敵の陣営に投じたことなど党・人民に反対した犯罪を紹介した。この中で、一部の貧困な家庭（貧下中農）出身[318]のラマたちが、党の指導を信じるようになり、ダライ・ラマらの犯罪行為について、ようやく認識した。例えば、ボ・ナムジラ氏は「今は、誰が我らの友達であり、誰が我らの敵であるかについて、深く理解するようになった。我々にとって、貧困な農民は友達であり、資産階級は敵である。ダライ・ラマらが、ラマ教であるのに、活仏を名のり、インドへ行き、中国を攻撃するのは、彼らにとっても良いことではない」と言った。ブリン・ラマは「パンチン・エルデニという名前で『パンチン』は氏名であり、『エルデニ』は『宝』の意味である。彼らの行為から見ると、彼の『宝』と言うのは、犬にさえ及ばない。彼らは、宗教の名義で、共産党を攻撃して、宗教を徹底的に壊滅させる我らの敵になった」と言った。続けて、あるラマは「パンチンらは、飼った犬にさえ及ばない、良い犬であれ、誰かの餌を食えば、そこの庭を見守る」とも言い出した。現在、ラマ会議は開催中なので、これからあらわれる状況や問題について、次の簡報をみること[319]。以上である。

　後旗公安局のこの簡報では、次のことが分かる。会議の内容は宗教を破壊するものであり、ダライ・ラマとパンチン・ラマの行為をただ「紹介」し、罪を犯してもいない彼らは党・人民・国家の「犯人」にされた。これでは近代国家の制度ができていたとはとても言えない。「解放」してから、文化大革命が終わるまで、政治体制は完膚なきまでに破壊されたのである[320]。②、スゥヘラマの話によると、共産党により行われた革命は、ラマたちの私有財産と言論自由の「命」を「革（あらた）めた」のである。言論の自由が奪われ、寺院とラマたちの財産が、全部「公有」的資産として没収され、生きていくことも難しくなった。チェージ・ホルロ・ラマの話から見れば、ラマたちが統治者と一緒にいたいと切願していたわけではないことが明らかである。また、彼は「仏教は、すべての人々に好意を寄せる。仏陀は、貧乏人や金持ちに関わらず、すべての人々に、喜びを得させる」と言い、仏教における最低限度の常識及び人間における普通の価値観を述べていた。だが、共産党に

とって、これらの理性的な考えが「毒素」に見られ、「革める」対象にされた。だとすれば、共産党の目的が何かと問われれば、答えは「非理性」に達することと言わざるをえない。③ラマの意見は、ダライ・ラマらに対する「侮辱」や「攻撃」だと言うより、共産党による様々な政治運動が社会に「不安、恐懼、脅迫」的心理をもたらしたと見るほうが、適切である。

　後旗の宗教に対する改造がこのように進められ、絶えまなく続いたので、無数のラマたちが還俗され、労働改造や「学習」を強制された、何万人のラマが、僅か15年で、数十人までに減った。同時に、内モンゴルの東部地域のモンゴル人のアイデンティティーも変形されてきた。生き残りのラマは非常に少なくなった。さらに翌年に勃発した「無産階級の偉大な文化大革命」にあたって、もう一度厳しく粛清された。このような手段や方法や政策は、内モンゴル東部地域だけではなく、西部地域でも、また、ウイグル人やチベット人にも例外なく実施されてきたことである。ダラムサラのチベット亡命政府は、中国支配の結果として1950年から1984年までの間に、死んだチベット人は120万人以上にのぼるとしている[321]。

後旗に残る2つの寺の1つは学校の敷地内にある。

内モンゴルのラマ寺院

第5節　チョルート公社における宗教弾圧

　以上述べた公文書の指導によって、後旗では宗教に対して、種々の「改造」、「整風」運動が行われた。その中で最も典型的な運動は、後旗チョルート（ᠴᠢᠯᠠᠭᠤᠲᠤ 朝魯吐）公社[322]でのラマ教に対する運動である。

1. チョルート公社の概況と政治的背景

　これまで述べてきた通り、1946年〜1965年、ラマ教や仏教にも「反革命の鎮圧、労働改造、社会主義教育」などの粛清運動が行なわれた。とくに、1957年6月、中共中央は「力をあわせて、右派分子の猖獗に反撃する[323]」指示を出し、ラマ教界中にも、右派を区分する5つの基準が規定された。統計によると、1958年8月、「党に腹の中を打ち明ける[324]」（向党交心運動）運動には、シリンゴル、オラーン・チャブ、ジョーオダ、ジリム、フルンボイルなどのアイマックにおける高僧ラマ182人を参加させた。彼らはラマ教界における高僧の総人口の30％を占めていた。年末になるとこの数が80％まで上昇した[325]。中国共産党政権により1957年から全国的に始まった社会主義教育と社会主義改造運動は、内モンゴル自治区の農村部、牧畜区でも行われ、一貫して「文化大革命」まで続いた[326]。

　チョルート公社は、後旗の首府町であるガンジガ（Ganjig）鎮から西北65キロ離れ、牧業を中心生業とするモンゴル地域である。従来は、ホルチン左翼前旗に属し、1949年にフレー旗に属され、1955年7月からは再び後旗に属した。「チョルート」というのは、日本語の「石」、あるいは「石がある地域」の意味。1980年、チョルート公社の総人口は16,378人であり、そのうち、モンゴル族が16,107人、漢族が271人であった[327]。1984年12月に、「人民公社」が取り消され、それまでのチョルード公社はチョルート、バヤン・ボド、シャラ・タラの3つのソム[328]に分けられた。1988年の後旗人民政府の統計を見ると、当時、ガチャーが16個、村が18個あって、総人口は6,446人であり、そのうちモンゴル人が6,341人、漢族が100人、

満州族が 5 人であった[329]。中国政府と内モンゴル自治区政府の「城鎮化」政策により、2000 年 12 月に、中共ホルチン左翼後旗委員会が行政機構「改革」を行ない、従来のシラ・タラ・ソムを取り消し、チョルート・ソムと合併して、チョルート鎮と名付けた。また、2006 年 10 月に、従来のバヤン・ボド・ソムを取り消し、チョルート鎮に加入させた。

　チョルート公社の案件を述べる前に、当時の政治的背景に触れておく。1950 年、中国の人民解放軍は、平和な独立国家であるチベットに侵攻し[330]、同時に、チベット地域について、中国共産党政権は「17 条協議」を発表した[331]。ついに 1959 年 3 月 17 日、ダライ・ラマが 600 人あまりの僧侶と一緒にインドへ亡命した[332]。そして、3 月 20 日、解放軍はラサで「平叛」し始め、28 日に中国国務院の命令により、チベット地方政権を取り消し、中共西蔵自治区準備委員会が成立した[333]。この事件は「1959 年チベット事件」とも言われる。この事件は中国共産党政権の宗教に対しての「不信感」を盛り上げた。さらに 1957 年〜 1959 年の間に行われた「人民公社化」、「大躍進」、「反右派」、「社会主義教育」、「整風」など、次々と続いた政治運動及び中・ソ関係の悪化により、中国の経済は非常に困難な状態に落ち込んだ。その結果、1959 年〜 1961 年の間、中国で 3000 万人あまりの農民が餓死した。これは「八年抗日戦争」中に戦乱により死亡した人数の 1.5 倍である[334]。中国共産党は農民の餓死した原因を一貫して百年間なかった「三年自然災害」と「定義」してきた。だが、研究者からは、この「定義」は「実際の情況と一致しない、この事件の存在を歴史から取り消したいのではないか」という批判も出た[335]。この間、内モンゴル自治区仏教協会、中共ジリム・アイマック委員会は次々と会議を行い、宗教へのコントロールを強めた。中共後旗委員会も、上級機関の命令に従って次々と会議を行い、宗教への姿勢をさらに厳しくしたのである。

　周知の通り、中国では、「十年文革動乱」(「文革」「文化大革命」) が 1966 年に発動され、67、68 年と続いて中国社会を未曾有の大混乱に陥れた。文革における闘争と混乱は、実質的に開始当初の数年で一挙に頂点に達しており、

その後は理念なき権力闘争が続き、その結果としての退廃が残されただけであった[336]。その原因については、「文革は国家による犯罪だ」、「文革は国家における政治体制の基本的機能そのものによって発動された[337]」、または、「文革での虐殺と暴力は国家のマシン（国家機関）が動いたもので、すなわち、政府が公民を直接的に殺戮したものである[338]」、「文革中における青年学生たちの状況は、ドイツのナチ党時代における青年たちと同じである。勃発した原因について言うと、スターリンが逝去してから中・ソ両国が仲違いし、その上、毛と劉少奇の間で権力闘争があったことである、または、中国の専制制度が原因である[339]」と、さまざまな角度から研究されている。

　後旗での庶民たちのインタビューをまとめると、「文化大革命が後旗の宗教に大きな影響を与えた。宗教は根本的に否定された。無数のラマたちが、肉体的、精神的に迫害を受け、寺院は燃やされ、仏像、法器、仏具が盗まれた」と言われている。後旗全体における「文化大革命」に関することは後で詳しく述べるので、本章では、ただ宗教に関わる内容であるチョルート公社においてラマたちが迫害された出来事を例として取り上げる。

2. チョルート公社の宗教における弾圧のプロセス

　1966年9月、後旗に「革命委員会」がまだ立ち上がっていなかった頃、「文革指導組」の組長、漢人の崔金銘氏を中心とする後旗委員会の下で、主な活動をしていたのは「後旗公安局」の人々であった。文化大革命が始まって、公安局、裁判所、検察院などが実権を失っており[340]、「後旗公安局」と言うが、実は「文革指導組」のことである。1966年11月20日に、「文革指導組」は「後旗公安局」を名乗る公文書を上級機関へ報告した、それは1966年9月6日から11月16日までの80日間で「反革命的集団」を鎮圧した報告書である。この報告では、後旗のラマたちをチョルート公社に集めて、粛清した事実が書かれている。また、その活動の始まり、過程、結果及び影響が詳しく書かれていた。以下、その内容を分析して問題点を明らかにしよう。

「案件」の公文書

その公文書には、以下の内容が書かれている。

「9月6日に、我々は、ジリム・アイマック公安処と後旗委員会に登録し、批准を得て、偵察（審査）した。80日間かかって、この案件が、『反動ラマたちを中心に、大神、地主、富農、反動分子及び悪い分子たちをかき集めた封建勢力を回復させる反革命的な集団事件』（以反動喇嘛為主、糾合大神、地富反壊分子進行復辟封建勢力的反革命的集団案件）であることを明瞭にした。この案件の組織者であり、画策者である人物には、ホゥスタイ廟の大ラマであるリンチン・ネンブ（仁欽寧ト）、サンギン大ラマであるノルデク・サンブ（遼日徳格昌布、元は地主で、財産を没収され、暴力を受け、のちに、『上中農』まで格下げされた。日本のスパイであったとの疑いがある。現在、チョルート公社の医学校の教員である）、大ラマであるフリル・トゴー（胡林套稿）、シォンホラー（松胡拉）などがいる。今も公然と活動し続けている人物は、ノルデク・サンブと公社医院副院長であるチェージ（却吉）（元は『中農』、ラマ出身であり、日本のスパイ分子であったと疑いがある）の2人である。中堅幹事の人物は、ラマであるゲルク（格力格、ホゥスタイ廟のラマ）、デクジルフー（徳格吉日呼）（通遼県モロイン・スム廟のラマ）、ゴンブー（関布）（ゴロッキ分子流氓）の3人である。

80日間審査した結果、上で取り上げたホゥスタイ廟における反対者のラマたちは、解放以降に共産党が崩壊するのを待ちながら、蒋介石が大陸に反撃してくるのを待っていた。彼らが、長い間、反動勢力の統治を回復させることを目的に起こした反革命的な集団案件である。

案件の推移と犯罪活動は以下の通りである。

案件の流れを2つの段階に分ける。第1段階は、47年9月～64年7月まで。画策者はリンチン・ネンブ、フリル・トゴー、シォンホラー、ノルデク・サンブらである。64年7月までに、リンチン・ネンブ、フリル・トゴー、シォンホラーの3人が亡くなった。第2段階は、64年7月から今まで。画策者は、ノルデク・サンブ、チェージの2人である。彼らの反革命的な活動の具体的内容は実力を保つ、復活を待つということである。

1947年9月、リンチン・ネンブ、フリル・トゴー、シォンホラー、ノルデク・サンブ、プルレ（普日来）などのラマが、72名のラマを集め、廟会を開催した。彼らは、我が党の呼びかけに応え、チェジン（却井）・ラマであるゲルクとラシツレンを神がかりにした。ゲルクが『60歳以上になり、帰るべき家がないラマは、廟に残る、他のラマは全員解散して、郷へ帰る』と言い出した。画策者たちは、郷へ帰るラマたちに、宗教への信仰や信念を保持するようにと強調した。ノルデク・サンブが2人のチェジン・ラマに、『解散した後、いつまた廟へ集まるのか？』と質問すると、2人のチェジンは『ただ皆様が自らの信仰に忠誠であれば、集まる時期は早めに来る』と答えた。そして、ほとんどのラマが、解散し、郷へ帰った。同時に、活仏の田倉を家に帰らせた（現在、ムメー・アイル、莫麦屯）。土地改革時期になって、フリル・トゴー、バラデン（巴拉登）、チェジ・オツル（却吉遜斯尓）、ドルブッケ（道日布格）、ソルナイ・ジャムス（蘇日乃札木蘇）、ウリジ・トグタック（勿力套吐格）、ダンツン（丹申）の7名のラマが、今のホゥスタイ二組（第二生産隊）（7ラマ屯）に移り、労働しながら読経した。廟の財産は全部没収され、分けられた。積極的に自らを偽って、内部に混入し、不当に指導権を占め、合法的な身分で、反革命的な活動を続けた。

　主犯であるノルデク・サンブは、土地改革の前期において、ホゥスタイ廟の大ラマであった。彼は、地主成分であり、二地改革時期に、肉体的な暴力を3回受け、人民に対して、骨髄に徹する恨みを抱いている。のちに、48年から村の秘書として働き、52年に（合作社運動時期）、自ら2間の部屋を提供し、チェージ、オユン・ダライ（烏雲達来）、アイルップ（愛力布）など3名のラマと一緒に、4人組の診療所を成立させた。今、その診療所は公社の医院になった。診療所は実は、ノルデク・サンブとチェージの2人が反革命的な活動を進行させる隠れ蓑（黒店）である（省略）。1953年、彼らがサユル（沙有拉）・ラマを診療所へ引きいれた。それから、合法的なやり方で、リンチン・ネンブ、フリル・トゴー、シォンホラーの3人の大ラマとつながり、活動するようになった。

189

家で、『今は、政府が我々を監禁しないから、公然と読経してもよい』と言った。62年に、蒋匪賊（蒋匪帮）が大陸へ反撃すると喚き立てている時、リンチン・ネンブとノルデク・サンブが、医院の診療室で、『今回は、この国がおだぶつになる』と言いながら、国家がおだぶつになってから、どのぐらいのラマが、廟へ集まるだろうということを予想していた。

反革命的な活動の『合法』化

　チェージとノルデク・サンブは、医院では１～３等の薬を調剤していた。指導者や幹部に対しては、１等の薬（牛黄、真珠、麝香などが入っている）を提供する。一般的な幹部に対しては、２等の薬を提供する。普通の社員（公社の員）に対しては、３等の薬を提供する。彼らは、１等の薬で、アイマック委員会の書記であるサイン・バヤル、統戦部長であるアルスラン、旗委員会書記であるバートル・サン、公社副書記であるノルブなどの病気を治して、上の人物たちの信頼を得た。そして、62年冬から63年春まで、ノルデク・サンブは、許可を得て、フフホトに行った。途中で、北京の雍和宮から、モンゴル語による医学経巻を持ってきた。ノルデク・サンブは、雍和宮で、ガラサン・ゲゲンと前後３回も会って、ガラサン・ゲゲンがサインした経巻などを持ってきた。のちに、63年春、ノルデク・サンブとチェージの２人が、経巻を清書するという合法的な名目で、旗内外から13名のラマを、医院に招き寄せた（省略）。

　合法的な形で、大衆へ反動「毒素」を宣伝し、異なった思想を広めた。ノルデク・サンブは、経巻を受けてから、アイマックと旗の指導者の許可をもらい、ホゥスタイ公社医院に医学校を成立し、自ら教員になった。63年の春、13名のラマが集まってから、ノルデク・サンブら６名のラマたちが共同で『四部医典』という本を書き上げ、生徒に『毒素』を宣伝した。彼の主要な言論：『医学を学ぶ時は、必ずオトックや仏を信じないといけない、医学を学ぶことは、皇帝のためである。疾病には、404種類ある。それは、薬での治療、呪文での治療、自らによる治療、治療できない病気など４種類があって、

それぞれ101種類である。チベット医学の経巻は、医学の源である、だから、医学を学ぶ際には、おのずと先にチベット語から始めることになる』などである。そして、毎朝、生徒たちに空腹なまま経巻を読ませた。また、生徒たちに教えた内容には、呪文、占なども含まれていた。『午年に時代が変わる。ある日の夜、彗星を見て、それで凶兆をみた。医学を学んだら、一生の飯の種を得て、時代が変っても構わず、心配することがない』(省略)。

彼らは隠れ蓑で、紅い光を禁止していた。ノルデク・サンブとチェージの2人が公社医院に務めてから、一貫して党組織の指導に反対してきた。彼らは、『公社の党委員会は民衆の話を聞かないで、積極分子[342]たちの話だけを聞いている』と言っていた。(省略)59年から64年までの間、後旗委員会からチョルード公社医院へ、ダンツン・ドルジとダムリンをそれぞれ副院長と支部書記の職務として派遣したが、その2人のラマによって反対され、排斥された。ラマらは、幹部を『牛が建てた政権に、馬がそこに腰かける』、『狗の群れと豚の群れが一緒にいる』とも言っていた。

内と外の力を合わせ、公然と活動した。

64年以来、ノルデク・サンブとチェージの2人は、合法的身分で医院で活動しながら、医院以外のラマとも連なり、活動した。(省略)64年の秋、山に登って薬の材料を採集した際には、村人のアムル・サナーに、『まもなく午年になる、時代が変わる』と言い、66年3月、オングツ大隊の社員であるショーシンガとゲルケに、『午年になると時代が変わり、人々が我らの話を聞くようになる』と言った。66年には、チェージ、ポンソック、サユーなどの人々に対して『午年で、時代が変わる、改権が変わる』と言った。

64年以降、ゲルク・ラマが、ゴンブー、デクジルフーらの大ラマらと連なって公然と活動した。これらの活動の具体的証拠は、以下の通りである。

64年12月、デクジルフー・ラマは、村の患者の病気を治療する目的で、通遼からチョルート公社のアムテッガ生産大隊にいる親戚のラーシ氏の家に来た。彼は、自分を『モロイン・スム廟においてのハラ・タムチェ(チエジン)

ラマである』と言い、サイック（沙義嗄[343]）、赤薬などで、群衆の病気を治療した。のちに、ゲルケら5人が結盟し、『神仏を復興させるために、忠義を尽くして、一生努力する』と誓った（省略）。この5人が誓った活動は、1954年からノルデク・サンブとチェージらが行なった『午年に時代が変わる』活動と、完璧に同じ目的であった。

　65年8月、ゲルケは、トゥブ屯[344]（中国語で「特必」或いは「図布」と言う）の富農である龍套や大神である田米の紹介で、ゴロツキのゴンブーと結託し、神や鬼がかりになって踊った。同時に、パンチン・ラマとジブツン・ダンバーの反動宣伝のビラを配り、『人々には十大災難がある、時代が変わる』と言い出し、民衆を欺いた。この活動は、ノルデク・サンブとチェージらの活動と同じである。ゲルケの話によると、ゴンブーとデクジルフー・ラマらは、ノルデク・サンブおよびチェージらと直接的な関係がある。（省略）　66年2月、ゴンブーは、外で活動しているたびに、社員に発見された（省略）。ノルデク・サンブとチェージらは、かつて使用した道具を、ゲルケに提供させた。以上に述べた事実が証明するように、この反革命的な集団において、ノルデク・サンブとチェージの2人に、主犯という罪名を下した。

犯罪活動によって脅かした危害及び悪の報い

　影響を拡大して、組織を発展させた。ゴンブー、ゲルケ、デクジルフーらは、64年以来、（省略）パンチン・ラマとジブツン・ダンバーの2つの反動宣伝のビラを配り、盛んにデマを広め、民衆を欺いた。そして、影響を拡大し、組織を発展させた。彼らが活動していた地域は、チョルート公社における17個大隊、公社直属医院、銀行（営業所）、供銷社、獣医站、林牧場の6つの機関である。これ以外に、本旗においては、イケ・タラ公社のフワゲン（花根）生産隊、満斗公社の西満斗と龍大隊、ハラ・オゥス公社のハラ・オゥス小隊などである；本旗以外に、通遼県において、義興和公社のザフサン屯（札布倉、加福倉屯）、フレー旗において、六家子公社の杏樹大隊（杏樹洼村）、エレスン（額勒順）公社のボルーソヘック（保尔斯稿）大隊[345]、瓦房公社のブォ

ルガス・タラ牧場などの8つの機関である。全部あわせて、10個公社の24個大隊に関わり、644人が関連した。そのうち、後継者大ラマ1人、ルンス大ラマ2人、活仏1人、新仏3人、将軍21人、新大神4人などが、あわせて35人いる。恢復させた老大神4人、チェジン1人で、あわせて5人である。活動地点は14ヵ所ある。

政治面では、群衆を毒し、幹部を堕落させ、指導権を奪い取った

民衆を立ち上がらせ、あばいて公表した結果、644人の中に、敵に堕落した党員が14人、団員が23人、民兵連長が3人、小隊長が4人、分隊長が1人、銃を握る民兵が14人、生産隊幹部が26人（大隊幹部が2人、小隊幹部が19人、婦女幹部が5人）、貧協代表（貧農協議）10人で、あわせて95人である。ある部分の人が、敵に利用されて、完全に敵に握られた。（省略）我々の事業組が村に入り、民衆を立ち上がらせ、事業を進めることに対して、ラマたちは、公然と民衆を扇動して、騒動を起こそうと企んでいた。（省略）ある大隊の党組織は、事実を知っていたのに、告発しなかった。むしろある党員は敵の中堅になり、積極的に活動していた。例えば、シャラ・タラ大隊のツャスン・ゲル小隊、バヤン・モド大隊のアムテック小隊、ホゥスタイ大隊の第2小隊などである（省略）。

祖国の統一を破壊し、民族分裂活動を進行させた

この集団におけるゴンブー、ゲルケ、デクジルフーの3人は、2つの反動宣伝ビラによって、公然と活動を続けてきた。内容は『長城はモンゴル民族と漢族との境界線である。午年に時代が変わる、ダライ・ラマが北京に来て、事務を主管する』などである。

ノルデク・サンブは、医学校の生徒及び医者に対して反革命的な世論、すなわち『現在は漢人の天下である。チンギス・ハーンの時代はモンゴル人の天下である。長城以北の地域は、モンゴル人の居住する地域であり、長城以南の地域は、漢人の地域である。内モンゴルと外モンゴルは、一貫して一つ

の祖先である、時代は車輪のように上下に転回する』などである。また、58年に、医者の六十三氏に『今は、10戸で1つの刀を共用することになった』と言った。64年に、上級機関から医院へ1名の漢人炊事係が派遣されてきた。彼は仕事に非常に真面目であるのに、ノルデク・サンブは、彼に対して極端に反抗し、職員全員の目の前で『医院はハラ・ヒタッド[346]の天下になった』とも言った。

今、文化大革命が行われるに従って、反革命分子たちが、もはや時代が変わる日々になったと認識し、ゴンブー、ゲルケ、ナドメッドらは密談をしていた。(省略) 9月に (66年)、ゴンブー、ゲルケらの公然の活動が発見された。このことに対して、ノルデク・サンブは『2人のことは大丈夫である、オラーンフーが、北山で2万の兵隊を駐屯させ、反乱を起こすための準備をしている。甚しくなれば、モンゴルへ逃げる』と言った (省略)。

人を騙して、命を奪い、婦女を手込めにした

ゴンブー、ゲルケらは、神や鬼に変装し、サイックによって治療するなどの手段で、595人を詐欺した。(省略) 25人の婦女が彼らによって手込めにされた。

悪い道に誘い込み、『牛鬼蛇神[347]』を起こし、生産を重大に破壊した。

この犯罪集団は、民衆の住居が分散しているところで活動するので、常に夜間に集会をし、『神踊り』させるのである。民衆は、自らの家から近くであれ、遠くであれ、夜間に歩いて行ったり、来たり、犯罪集団に騙され、生産に影響をもたらした (省略)。チョルート公社の範囲で、15名のラマ、大神、巫女などが一緒に活動して、450人を騙した。

この案件について、初歩の段階での結論と処理意見

我らは、後旗委員会と公安処の直接指導の下で、主席（毛沢東）の階級及び階級闘争の網に細密に連なり、林彪同志の指示にしっかりと従った。(省略)『人民民主専政を論じる』、『人民における内部矛盾を正確に処理する』など

を学習し、党の方針や政策を民衆に手渡した。毛主席の階級闘争の思想の通り、多数の民衆や幹部を立ち上がらせ、武装して、80日間にいたって、案件の事実を明らかにした。（省略）この案件は、確かに組織者があり、指導者があり、計画に基づいて、反動宗教、反動統治を復活することを目的としての、反革命的な集団によるものであった。今はこの案件の主犯者を調べて明らかにしたので、続ける必要はない。反革命的な者であるので、完全に粉砕した。対象になるメンバーをケースに応じて逮捕、監禁、批闘などで片づけ、この案件を大々的に処理することを通じて、全旗の幹部と民衆に、主席の階級闘争についての思想教育を行い、階級意識を高める。具体的意見は以下の通り。

　犯人に対して正々堂々たる処分をすることで、敵を震え上がらせ、民衆を教育して、反動ラマを徹底的に醜く描き出す。事業組は、反革命分子を粛正することについての党の『厳粛と慎重を結び付ける』という方針に従い、チョルート公社における『牛鬼蛇神』の特徴及び冤件の状況に基づいて、案件メンバーを区分する8つの条例（八条杠杠[348]）を定めた。この8条に基づいて、644人の中から2度抽出して49人が選び出され、メンバーにされた。

　49人は：ラマ16名、巫女4名、地富反壊34912名、ゴロツキ、不倫（破靴）2名、神仏（新）3名、その他、積極的に活動に参加した人12名である（このうち党員2名、団員3名、公社直属医院、林業場、牧場などの職員4名である）。

　この8条は：ア、反革命的な集団の組織者、画策者、指導者。イ、積極的に反革命的な集団に参加し、公然と活動した中堅分子。ウ、積極的に貢献し、反動宣伝のビラを配り、噂話を広げ、民族の団結を破壊し、群衆に悪い結果をもたらした分子。エ、冊封されて以降、積極的に活動し、案件において重要な役割を演じた者。オ、反革命者と結託し、彼らをかくまい、内報者、反革命的な活動を応援した人物。カ、階級的な復讐の機をねらって、反革命的な集団の活動に参加した者。キ、一貫して資本主義の立場を保ち、社会主義制度を敵視して、積極的に集団に参加し、反革命活動を行なった分子。ク、反革命活動分子ではないものの、読経や神踊りによって、人々の命と健康及び財産に損失をもたらした人物。

党の『自白した者は寛大に、抵抗する者は厳重に処分する（省略）』政策に基づき、初歩的にそれぞれ6人を逮捕、12人を監禁した。12人には批判を通じて、レッテルを貼ることにし、2人が自白したため、その扱いにした。15人を批判教育にし、2人の党籍を取り消すなど、それぞれ処分した。

処分した形式について

　この案件に関わる地域は広く、民衆にもたらした影響が大きく深いので、処理する時、敵に厳しく打撃を加え、党の政策を発表する。そして、民衆の同感を得て、敵を分解消滅させ、民衆を「社会主義的教育を行う」目的に達するようにすること。これをもとに処理した形式は以下の通りである。

　チョルート公社において、すべての幹部と民衆が参加する全公社大会を開き、会議によって主犯を批判して、告発した。のちに大会の中で、民衆の意見を求め、主犯者のノルデク・サンブ、チェージ、公然的活動をしたゲルケ、ゴンブー、デクジルフー、活動に積極的に参加した中堅分子ゴンチック・ジャブの6人を逮捕した。

　反動的立場のガヤ・ラマ、資本主義の敵分子であるハラ・アムルサナ、反革命的な活動に積極的に参加したツァガーン・バラ、反革命分子を匿ったアラタン・ツツック、内報者のバヤンサン、資本主義の道へ歩み、反革命的な活動に積極的に参加した楊海山、反革命的な者を応援したトゥメン・ジルガラ、婦女を手込めにしたシルム、反革命的な者を応援した歴史的匪賊分子タブハ、反革命的な者を応援した葡萄、活動者のラレハ・ジャブ、反革命的な詔書を宣伝した富農分子のリンチン・ドルジの12人に、反壊分子の帽子をかぶせ、批判闘争をして、のちに民衆の監督を受けさせ、労働生産させた。

　階級的復讐の機をねらって、反革命的な集団の活動に参加した龍套、ラシツレン、ポンツック、田所、ツデン、ウリジ・トグタック、マンダック、ゴニガ・ネンブ、孟・ウリジなど12人を民衆によって、批判闘争し、監禁した。反革命的な活動に参加したものの、自白した者として扱われたエルデ、ガンジョル・ジャブなどの11人を批判教育した。反革命的な集団に参加したが、

主犯や従犯の事実を告発することに手柄を立て、良い表現をした、ナドメット、アムル・サナーを寛大に扱い、処理しない。集団に参加するかたわら、内報活動をしたが、影響が比較的軽いヌヘス、徳順、蓮花（良花）、ダムリン・ジャブの4人は処分しない。支部書記ウリジ・トグタックと党員の胖丫頭は、党籍を取り消した。白宝山、王金花などの党・団員の党・団籍を取り消した。

　犯人を処分する一方、民衆の事実的教育を行う。そして、主席の階級・階級闘争についての理論思想を学習する。それを実現するため：

　全チョルート公社にわたり闘争大会を開いて、主犯を逮捕する。事業組が村々へ足を運び、民衆に対して、主席からの人民民主による専政と人民内部の矛盾を正確に処理する指示を学習させること。（省略）そして、ラマたちを醜く描き出す。批判闘争される分子に対する道理をわきまえさせ、その場で民衆に任せ、民衆の監督で労働改造する。案件を処理するたびに、この案件に関する宣伝資料を作り上げ、全旗にかけて、犯罪事実を告発する。民衆を立ち上がらせることによって、全旗の範囲で、このような利敵的活動を告発する。主犯らを逮捕して以降、この案件において、背後に修正主義分子や民族分裂主義分子の指揮があるかどうかを深く掘り下げて調査する。また、ラマと老敵のスパイ及び日本のスパイが裏で策動しているかどうかを深く掘り下げて調べる。案件を処理するに伴い、この公社における四類分子と敵の社会的土台を全面的に調査・登録して、彼らのことを再び審査する。同時に、『牛鬼蛇神』を大々的に鎮圧する。

　案件が終結して以降、すべての幹部を組織して、終結討論を行う一方、教訓をくみ取って仕事を改善する。なぜ、敵がこれほど長く活動してきたのに、我々はなかなか発見できなかったか。（省略）1966年11月29日[350]」

3. 公文書の分析

　地元での現地調査を通じて、年寄りの人々は「文化大革命時期のことだ[351]」と、若い人々は「ラマたちの問題だ[352]」と、さまざまな角度から語るにも関わらず、モンゴル人社会は今まで、この「案件」に関する本格的な認識

がまだ足りないことがわかった。この「案件」についての私なりの観点は、ある政権・政府が宗教に対して行なった大量殺戮である。それも、肉体的だけではなく、精神的にももたらしたのであり、共産党が宗教に対して「根本的に否定する政策」における「最高のピーク」である。さらに、後旗では1947年から一貫して行われてきた政治運動が、文化大革命開始後の1968年から1969年にピークとなる。

　ほとんどの研究者が、文化大革命は1966年からスタートしたと言っている。すなわち1966年5月16日、中共中央政治局が拡大会義によって、陳伯達らが起草した文化大革命を発動する「五・一六通知」を決定し、かつての「文化革命五人小組」を廃止し、新たに中央文革小組を成立させ、政治局常務委員会に属させた。28日に、中共中央が「中央文革小組」の設立に関する通知を公布した。組長が陳伯達で、顧問官が康生であった。29日に最初の『紅衛兵』組織が作られ、6月1日に「人民日報」で、陳伯達の「一切の牛鬼蛇神を取り除く（横掃一切牛鬼蛇神）」が社説として載せられ、文化大革命が始まったと言われている[353]。内モンゴル自治区では、1966年5月に、華北局から北京の前門飯店を訪れて開かれた会議が内モンゴル文化大革命の開始であり[354]、1967年9月から「内モンゴル人民党（内人党）」を探し出す運動が開始したとも言われている[355]。1968年1月に、内モンゴル自治区で「群専」（群衆専政総指揮部）が正式に成立されたとも書かれている[356]。

　1965年5月に、中共内モンゴル大学委員会の書記であった郭以青が、中共内モンゴル自治区委員会へしばしば秘密の手紙を書いて「民族幹部」に関しての報告を行い[357]、彼の手紙や報告に基づく「具体的行動」が始まったのは、1967年のことであった。だが、内モンゴル自治区公安庁から出された「1966年における事業計画」では、すでに「政治を『最優先の課題』として、毛沢東思想によって客観的観念論と主観的観念論を改造する[358]」ことが発表された。すなわち、1966年に始まる前に、すでに「計画」されたのである。中国や内モンゴル自治区で、すべての行政機関と学校及び企業などが、「暦年の始まりの計画」を出す時期は2月～3月の間のことである。この「事

業計画」は1966年2月に作り上げられ、中共自治区委員会へ出されたのは、3月24日であった。

　この「1966年における事業計画」では、「修正主義と特務に関することを冷酷に扱って、辺境地域の民衆事業を強める。(省略)ソ連とモンゴル(外モンゴル)の修正主義分子が我が区において行う特務活動の歴史的状況や現実的特徴及び6種類の対象を調査して研究する。(省略)宗教における反動的本質を披露し、その首脳分子と反動分子を探し出して、彼らに対して批判し、闘争すること。そして、彼らの政治面と組織面でのスキャンダルを流し、彼らの思想を大いに弱める。これを目標として働く[359]。(省略)」と書かれており、全自治区で宗教を攻撃するスタートであった。他の例を挙げると、中共内モンゴル自治区委員会政治部の公文書には、以下のようにまとめられている。「1964年1月から1965年1月まで、内モンゴル自治区で、主な反革命的な階級案件及び復讐を目的とした階級案件で逮捕された人数は、1,267名で、そのうち1,264人に刑罰を下した。(省略)去年(1964年)11月と12月に逮捕された人数は、9月と10月に比べると218％上昇し、過去の10カ月間で逮捕された総人数の79.9％を占める。そのうち、12月に逮捕された人数は、最近の3年で一番多かった。11月、12月に殺された人数は過去の10ヵ月に殺された総人数に相当する[360]。(省略)」

　中共ジリム・アイマック委員会の公安処による1966年事業計画も、同じように宗教を攻撃するスタートであった。同公安処の1966年の事業計画には「1965年に、我が盟の公安機関は、党と上級公安機関(自治区公安庁のこと)の指導で、全盟における各族人民の支持を得て、毛沢東思想の偉大な旗印を揚げ、政治を主として進めてきた。その結果、各方面である程度の成績に達した。(省略)今年(1966年)は、政治をさらに『最優先の課題』として、毛沢東の思想をすべての公安幹警[361]の頭に叩きこませ、主観的主義論を改造し、一切は革命のためなる人生観と世界観を樹立する。(省略)できる限り、案件の発生率を削減し、反革命的な乱暴と会道門[362]の復活及び敵などの問題があったらただちに発見し、厳密にコントロールすること。案件の解決率を高

め、1965年の72％から1966年に80％まで達すること。(省略) 教会、反動的な会道門については、上半年に歴史的な詳細をある程度検討し、現時点における活動を調べて明らかにすること。とくに反動的な会道門に対しては、その組織、メンバー、活動地域の広さ、活動の状況などを調べ、第14回公安会議の精神をもとにして、群衆を立ち上がらせ、打撃して処理すること[363] (省略)」と書かれている。この公文書は1966年2月28日に作られた。この公文書から見ると、後旗のチョルート公社における「案件」は、文化大革命の発生より、かなり前に「計画」されたのである。そして、中国で文化大革命の勃発した時期が「1966年5月」と言われていることは、内モンゴル地域で行なわれた「文化大革命」の勃発した時期と異なっている。

　「案件」に関わる時期と人物を見ると、この「案件」は1947年9月から1964年7月までが第1段階である。この時期は正式に定義された文化大革命の勃発時期とはあまりにも関係がない。「案件」の画策者である人々の一部は文化大革命の前に亡くなった。例えば、1964年7月までに、リンチン・ネンブ、フリル・トゴー、ションホラーの3人は亡くなった。

　以上述べた経緯から見れば、結局、「案件」の源は、中共内モンゴル自治区委員会と、自治区公安庁、アイマック公安処、後旗公安局など3つのレベルの公安委員会及びそれらをコントロールしているそれぞれのレベルにおける中国共産党委員会らの「事業計画」である。またはこの3つのレベルの統戦部である。ただし、彼らを動かしているのは、さらに上レベルの機関である中央公安委員会及び政治局である。

　「案件」のプロセスでは、①「反革命的な集団」と定義された最も有力な「根拠」は、1947年からの統治者が行なった「反革命鎮圧」と「社会主義改造」運動で、財産を奪われ、寺院を破壊され、仏像や法器などを没収、損傷されたが、ラマたちの心の底では宗教の信仰が生きていたことであった。また、1957年から1959年にかけて行われたいわゆる「反右派」、「人民公社化」、「大躍進」及び1964年の「四清運動」も、ラマたちの心を左右させなかった。多くのラマが還俗され、「統戦」され、「労働改造」されたが、少数

のラマは自らの信念や信仰を堅く守り、それによってその他のラマを導き向上させ、モンゴル人社会における影響を継承させてきたのであった。公文書には「主犯であるノルデク・サンブは、土地改革の前期、ホゥスタイ廟の大ラマであった。彼は、地主成分であり、土地改革の時期に、肉体的暴力を3回受け、人民に対して、骨髄に徹する恨みを抱いている」と書き、統治者がラマたちに対して、無数の拷問、身体刑を行使したことが分かる。

②1947年から1966年まで、ラマたちの生業環境は複雑で、困難に満ちていたが、彼らは機智に富み、勇敢であった。ラマたちは、寺院が破壊されたことに伴い、農地や土地も奪われ、従来の経済的収入もなくなり、生き長らえることさえ難しくなった。その上、拷問にかけられ、名声も度々醜く描き出された。それでも、いっこうに頓着せず集結し、統治者の本質を言い出していた。公文書のノルデク・サンブを紹介する文章には日本のスパイであったとの疑いがあると書かれた。チェージラマを紹介する文章には、「元は『中農』、ラマ出身であり、日本のスパイ分子であったと疑いがある」と書かれた。すなわち、2人は「日本スパイ（特務）」の「疑い」があるわけだが、そうであるならば、47年から64年まで、統治者はなぜその「疑い」を法律によって明らかにしなかったのかと言わざるをえない。

4．まとめと結果

1949年9月21日に開かれた第一次中国人民政治協商会議で発表された「共同綱領」の第六章で、民族問題について4つの条例が定められた。その中で少数民族の言語、風俗習慣、自決権力などの内容が注目される。その次に、1952年8月、中国共産党は「中華人民共和国民族区域自治実施綱要」を発表し、「少数民族の経済、文化、言語、風俗習慣、宗教を認め、民族の平等を要求する[364]」と言い、1954年に公布された「中華人民共和国憲法」には「少数民族において、各民族の宗教信仰の自由を認める」という内容も書かれている。これらのもと、「中国仏教協会」の規定と「内モンゴル自治区仏教協会」の規定、規約にも「宗教の自由を認める」ことがいろいろと書

き込まれているのは事実である。だとしたら、後旗のチョルート公社の「案件」で、それらの規定、規約、法律などはいかなる役割を果たしたのか。中国共産党が「民族においての宗教の自由」と「各民族の平等」と言うのは、果たして何の目的があるのか。

中国の多数の研究者たちは、民族区域自治制度を実施してからの「成績、収穫」について、多数の書籍、論文で「肯定」し、偉大な勝利を果たしたことを「研究」している。これらの研究によると、1949年から中国では、近代国民国家における裁判所、検査院、公安局などの政治システムがすでに構成され、運営されているともされている。では、なぜ、ラマたちのことを法律や裁判によって解決しなかったのか。「日本のスパイ」が約20年余りの期間に、後旗で反革命的な活動を行なっていたのだとしたら、なぜ逮捕して、明らかにしなかったのか。亡くなったラマたちが亡くなって以降にあらためて「反革命的な者」になったのはなぜか。少数民族地域の自治制度の結果、宗教の「自由」がもたらされたと言われるが、近代政治学理論に基づけば、後旗での宗教の歴史の流れは、ただ「宗教を否定する、破壊する」ことでしかなかったのではないか。

公文書がラマたちを「犯罪人」にした「根拠」は、普通の神事のほか、ほとんどが何を言ったかによってもたらされている。

① 1966年11月に、すでに亡くなったリンチン・ネンブ、フリル・トゴー、シォンホラーの3人のラマが「犯罪者」になった。根拠と言えば、彼らが1947年9月に、72名のラマが参加する廟会を開いたこと。ノルデク・サンブが1948年から1952年にかけて、4人のラマと一緒に結集して、診療所を建てたこと。そして、患者の病気を治す「活動」をしたこと。1953年旧暦の12月に集会し、いかに寺院を復興させるかについて研究したこと。1954年の正月7日に、15名のラマが会議し、神がかりになり、「宗教復興」の時期について、検討したこと。会議後、廟付近で、神がかりや鬼がかりになって踊り、神事を行ったことなどだ。

② 公文書で書かれたラマたちの言論をまとめると、神事や宗教を復興す

るための普通の話であり、言うまでもなく犯罪にいたらないことばかりだ。

　③　公文書には、統治者によって作られた「言葉の暴力」がかなり現れている。生きているラマと亡くなったラマを理由のいかんによらず、任意的に「反革命的な集団」と定義した。モンゴル人社会の普通の人々やラマたちは、崇拝すると「彼ら（国民党や蒋介石）が戻って統治する」ことなど興味がない。ラマたちの言葉から見ると、「宗教の復興、或いはパンチン・ラマとダライ・ラマ及びジフツン・ダンバ」などの言葉がよく出ている。当時、国民党のことは、共産党の関心事なのに、それをラマたちへ無理やり押し付けたのだ。ラマ教における神事、例えば神を祭る儀礼、行事、踊り（チャムィーンブジック）などはすべて「牛鬼蛇神」にみなされた。ホルチン地域のラマ教のチャムの踊り[365]、マーニン・フラル（マーニの祭り[366]）、モンゴルシャーマン教におけるボゥーの踊り、アンデ、テンゲリ祭祀、オボー祭祀、シャンシーン祭祀などはホルチン・モンゴル社会に深く影響している[367]。これらが中国共産党によって、「牛鬼蛇神」と名付けられ、その風俗習慣を「反革命活動」と関係づけられ、定義されたのである。

　④　「案件」において「主犯、従犯」を懲罰した法律的根拠は<u>後旗委員会と公安処</u>の直接指導の下で、<u>主席（毛沢東）の階級及び階級闘争</u>という領域に厳密につながり、<u>林彪同志の指示をしっかりと受け止めた上で</u>、<u>『人民民主専政を論じる』</u>、<u>『人民における内部矛盾を正確に処理する』</u>などを学習し、<u>党の方針や政策が民衆に行きわたったこと</u>。すなわち、上級委員会の指示と共産党における主導者の文章及び彼らの思想が、「案件」を解決する法律依拠になったのである。

　大衆が自由に集会したり、誰かによって集会が開かれることは、中国共産党政権にとって非常に危ないことであったと考えられる。ラマたちが、民衆の中で、かなりのよい影響を与え、それがどんどん広がっていたことは、中国共産党にとって非常に恐ろしいことだった。

　「案件」は裁判所によって「処理」されず、処理する権力を「民衆に渡して」、<u>民衆闘争によって、解決したのだった</u>。このことは実際には、共産党から故

意にモンゴル人社会の中で矛盾を起こさせ、従来は相対的に平和・友好であった民衆とラマ教の関係を破壊し、双方をそそのかしたのである。「案件」を「処理」する前に、ラマや連座した人々に対して、すでに80日間の恐怖と拷問及び身体刑を与え、全社会を恐怖に落とし入れたのである。

　この「案件」の「処理」、宣伝、「教育」によって、後旗のモンゴル人たちは仏像を取り外して廃止し、代わりにマルクス、エンゲルス、レーニン、スターリン、毛沢東らの像を壁にかけ、心の中の祖先であるチンギス・ハーンと神様は徐々になくなり、共産主義者の「戦士」になるように歩み始めた。のちに大々的に行なった文化大革命の時期を経て、共産主義の指導たちの姿が後旗の隅々まで氾濫し、代々続いて人々の心に刻まれてきたのである。1983年に統計すると自分をラマと認める人物は1人もなかった。その次に1986年に、政府から補助を与えるという政策に呼応して、自分をラマとして認める人物が出てきて、272人が自分をラマとして登録し、60歳以上で、未だ還俗せず、隠れていたラマは僅か149人であった[368]。

　以上、民族区域自治制度の方針、政策、規定、条例などが後旗の宗教及び宗教に関する活動にもたらした影響を述べた。今日の後旗では2つの寺院しか残っていない。それも、寺院にはラマは1人もいない。後旗のモンゴル人社会で、大勢の人々が無神論になり、自分の祖先であるチンギス・ハーンの崇拝も弱々しくなり、共産主義・社会主義のアイデンティティーに変化した。学校での社会主義教育によって、人々の価値観やイデオロギーは完全に改造された。この結果、後旗のモンゴル人社会は共産党の指導に忠誠を示す「左派」になり、この地から生み出された知識人たちはジリム・アイマック、さらに内モンゴル自治区の役人になり、大々的に採用されてきたのである。内モンゴル東部地域では、20世紀の前半期から農耕化によって伝統文化が失われてきたが、民族区域自治制度によって生み出された宗教の変遷は、東部地域の人々を精神的に「農耕化」したことが明らかである。そして、宗教の変遷は、東部地域の社会を変化させた原因の一つであると言える。民族区域自治制度によって変化されたその他の点を次の章で述べていく。

【註】

254. ウルゲダイ・タイブン著《二十世纪前期内蒙古政治变迁史研究：丑年之乱考》、内モンゴル教育出版社、2006 年（Huhehot)、118 頁。
255. 同上書、96 頁。
256. 同上書、125 〜 134 頁。
257. 清朝時代、モンゴル地区に建てた行政機関の名。旗のレベルの行政は「ホショー・ザサック」と言われていた。
258. 内モンゴル地方誌叢書、ホルチン左翼後旗誌編集委員会主編《科尔沁左翼后旗志》、内モンゴル人民出版社、1993 年版 (Huhehot)、889 頁。
259. 同上書、889 〜 890 頁。
260. 内モンゴル地方誌叢書、ホルチン左翼後旗誌編集委員会主編《科尔沁左翼后旗志》、内モンゴル人民出版社、1993 年版 (Huhehot)、898 〜 902 頁の資料及び「ホルチン左翼後旗政府档案（永久）、第 8 巻，」に基づき、筆者が作成。
261. ホルチン左翼後旗政府档案（永久）、第 35 巻、「科尔沁左翼后旗人民法院事业报告……1949 年 10 月 22 日」を参照した。
262. 同上資料。
263. 内モンゴル地方誌叢書、ホルチン左翼後旗誌編集委員会主編《科尔沁左翼后旗志》、内モンゴル人民出版社、1993 年版 (Huhehot)、161 〜 165 頁。
264. 德勒格、オヨンゴゥワ編《内蒙古喇嘛教近现代史》、遠方出版社、2004 年、Huhehot、28 頁。
265. オラーンフー研究会編《乌兰夫论民族工作》、中共党史出版社、131 頁。
266. 德勒格、オヨンゴゥワ編《内蒙古喇嘛教近现代史》、遠方出版社、2004 年、Huhehot、57 頁。
267. 曹永年主編《内蒙古通史》、内モンゴル大学出版社、2009 年、フフホト市。第 3 冊、404 頁。中国側で「シャリーン教（黄教）」について、「黄教はラマ教、チベット仏教のこと（黄教又称喇嘛教、藏传仏教)」と定義されている。
268. 内モンゴル自治区少数民族教育研究学会編《民族教育論文集》（モンゴル語版）、内モンゴル教育出版社、1987 年、Huhehot、259 頁。
269. 内モンゴル档案館「内蒙古档案」、全 440 巻、15 号。
270. 德勒格、オヨンゴゥワ編《内蒙古喇嘛教近现代史》、遠方出版社、2004 年、Huhehot、31 〜 32 頁、(「中華民国政府公報」、上海出版社、352 頁)。
271. 黄奮生編《蒙藏新志》（上）、中華書局、217 頁。
272. 德勒格、オヨンゴゥワ編《内蒙古喇嘛教近现代史》、遠方出版社、2004 年、

Huhehot、34 〜 48 頁。
273. 内蒙古自治区委員会文史資料委員会編《伪满兴安史料》（第 34 集）内蒙古政協文史和学習委員会、1989 年、Huhehot。138 〜 139 頁。
274. 曹永年主編《内蒙古通史》、内モンゴル大学出版社、2009 年、フフホト市。第 4 冊、468 〜 471 頁。
275. 同上書、471 〜 479 頁。
276. オラーンフー研究会編《乌兰夫论民族工作》、中共党史出版社、9 頁。
277. 内モンゴル自治区档案館編、《中国第一个民族自治区诞生档案史料选编》、遠方出版社、1997 年、Huhehot、112 頁。
278. 内モンゴル地方誌叢書、ホルチン左翼後旗誌編集委員会主編《科尔沁左翼后旗志》、内モンゴル人民出版社、1993 年版 (Huhehot)、889 頁。
279. 早稲田大学アジア地域文化エンハンシング研究センター編「アジア地域文化学構築―21 世紀 COE プログラム研究集成―」、平成 18 年、雄山閣、256 〜 266 頁。
280. 内モンゴル地方誌叢書、ホルチン左翼後旗誌編集委員会主編《科尔沁左翼后旗志》、内モンゴル人民出版社、1993 年版 (Huhehot)、891 頁。
281. 徐万邦、祁慶富著《中国少数民族文化通论》、中央民族大学出版社、2006 年、北京、277 頁。
282. 同上書 29 頁。
283. 費孝通著《中华民族多元一体格局》、中央民族学院出版社、1989 年 7 月、北京、1 〜 2 頁。
284. 「抗美援朝」とは、アメリカに抵抗して、朝鮮を応援すること。当時における共産党の政策や活動はこれを名乗って行われていた。
285. 小島晋治、丸山松幸著『中国近現代史』、岩波新書（336）、1986 年、東京、205 〜 208 頁。
286. 徳勒格、オヨンゴウワ編《内蒙古喇嘛教近現代史》、遠方出版社、2004 年、Huhehot、74 頁。
287. 同上書、79 頁。
288. 同上書、106 頁。
289. 1995 年 12 月、内モンゴルの知識界の人々が参加した抵抗運動が勃発し、内モンゴルに高等の自治を実施することを目指した。活動のリーダーのハダ氏及び家族全員は、今も不自由な状況に置かれている。
290. 中共ジリム・アイマック委員会、総（1957 年）121 番号公文書、「中共内蒙古哲里木盟委員会批转盟委宣传部关于哲盟迷信活动情况的报告」、ホルチン左翼後旗旗委档案（長期）、第 99 卷、47 〜 51 頁。

291. 中共ジリム・アイマック委員会、総（1958 年）44 番公文書、「中共内蒙古哲里木盟委员会关于召开喇嘛教与伊斯兰教座谈会议进行社会主义教育的计划报告」、ホルチン左翼後旗旗委档案（長期）、第 102 巻、23 〜 26 頁。
292. ジリム・アイマック（今の通遼市）にある大寺、後旗のすぐ近くにある寺、満州国時代に日本からのラマとモンゴルラマたちが付き合う場所としていた寺である。満州国における警察機関や情報機関の人もこの寺に住んでいたという資料がある。モロイ廟は、モンゴル語で、「湾曲している」という意味、シラムリン河がその処で湾曲しているので、それにて名付けられた寺である。
293. 徳勒格、オヨンゴウワ編《内蒙古喇嘛教近現代史》、遠方出版社、2004 年、Huhehot、232 頁。
294. ホルチン左翼後旗档案局、公、検、法档案「政保类」（長期）、文書処理番号 27、第 34 頁。また、ジリム・アイマック公安処（哲里木盟公安処）から、1960 年 9 月 25 日に、各旗、県、市の公安局へ出した公文書（60 公政字第 42 号）、タイトルは「关于深挖敌特状况和今后工作计划」の第 2 頁。
295. 「北営子、ドロン（多倫）、蒙保」は、地名である、モロイン・スム廟からシリンゴル地域のスニッド右旗へ行く道にある鎮である。
296. ホルチン左翼後旗档案局、公、検、法档案、230 巻、「旗公安局 1966 年度文件」（永久）、64 〜 65 頁。また、後旗公安局から、1963 年 5 月 16 日に、アイマック公安処第一科への報告、タイトルは「科左翼后旗公安局：布敦、伯忙哈公社搞蒙修調査研究试点工作状況的报告」の第 1 〜 2 頁。
297. 内モンゴル自治区では、現代史における資料、文献、公文書などに、「1945 年 8 月 15 日」以降のことを「光復以降」と書かれている場合が多い。本稿でそのまま使用した。
298. ホルチン左翼後旗档案局、旗委档案（長期）、61 巻、3 頁。中共ジリム・アイマック委員会から、1956 年 1 月 27 日に、各旗・県へ出した公文書（指示）、タイトルは、「対盟委统战部 "关于喇嘛教工作情況及今后贯彻党的宗教信仰自由政策的意见" 的批示」、3 頁。
299. 中国共産党中央委員会統一戦線部と内モンゴル自治区統一戦線及び中共ジリム・アイマック委員会の指導で、中共後旗委員会が 1953 年 11 月 18 日に、公印を使い始めた。
300. ホルチン左翼後旗档案局、旗委档案（永久）、第 220 巻、1 〜 10 頁。公文書のタイトルは、「中共科左翼后旗委员会统战部：关于 1958 年度统一战线工作初步终结」、総号 20、印刷数：5、時期：1958 年 12 月 13 日。
301. 大隊の名前である。

302. 還俗されたラマを故郷や親戚がある村に戻し、孤立させるために、村の1つの家に設置し、大隊や親戚からの食べ物で生活を維持させる措置である。このような措置を受ける人は、年寄りの独身の人も含まれる。それらの人物を含めて、5種類の人々に生活を保護する措置をしていた、「五保戸」とも言う。改革開放時期になって取り消された。
303. 土地面積の単位、1垧＝ 15 ムー（畝）、1 ムー＝ 6.6 アール。
304. ジリム・アイマック統計局編《哲里木盟国民经济统计资料》（1949 〜 1978 年・絶密）、第 5 頁。
305. 同上書、101 頁。
306. 後旗では、40 年代〜 70 年代において、ある程度、歴史についての知識を身に付けた人を「ビチック・タイ・フゥン」（知識のある人）と言う。現地調査によると、今の時代でも、後旗の村で、75 〜 85 歳のモンゴル人のうち、日本語、モンゴル語、漢語が分かる人がかなりいる。
307. 資料では、「大和民族」と言い、すでに地元で結婚して家族になった日本人。
308. 内モンゴル地方誌叢書、ホルチン左翼後旗誌編集委員会主編《科尔沁左翼后旗志》、内モンゴル人民出版社、1993 年版 (Huhehot)、162 〜 166 頁。
309. 同上書、167 頁。
310. ホルチン左翼後旗档案局、政府档案（永久）、第 8 巻、3 頁。公文書のタイトルは、「为呈送庙宇状况调查表由 ――」、1 頁。この公文書は、中華民国三十六年十月二十一日に、東北行政委員会令「―― 为颁发古迹古物保管办法仰查照由 ――」によって配られたと考える。档案局で一緒に縫い付けてあった。
311. 「丈」は、長さの単位である量詞、1 丈＝ 10 尺、約 3.3 メートルに当たる。
312. 「石（Dan）」は、容積の単位である、1 石＝ 10 斗、1 斗＝ 10 升。
313. ホルチン左翼後旗档案局、政府档案（永久）、第 8 巻、11 〜 12 頁。タイトル「巴音乌达努图克庙宇状况调查表」、「巴音乌达努图克庙宇经济状况调查表」。
314. 「里」：長さの単位、「市里、華里」とも言う、1 里＝ 500 メートル。
315. ホルチン左翼後旗档案局、政府档案（永久）、第 8 巻、29 〜 30 頁。タイトル「巴音宝吐努図克廟宇状況」（モンゴル語）。
316. ペマ・ギャルポ著『中国が隠し続けるチベットの真実：〜仏教文化とチベット民族が消滅する日』、扶桑社、2008 年、東京、40 頁。
317. 同上書、53 頁。
318. 「貧困な農民出身」：当時、中国共産党（1950 年 7 月 20 日、「中央人民政府政務院が、農村における階級を区分する決定」）によって、農村社会における家庭や人々が、種々の階級に区分された。その区分によって、人々の「成分」や「出身」が決められる。

内モンゴル東部地域では、農民を「雇農、貧農、中農、富農、地主」などに分けた、その中にも、さまざまな階級がある。たとえば、「中農」は「下中農、中農、富裕中農」などと分けていた。「貧下中農」は、「貧農」、「下中農、中農」を含める階級。市町や都市社会における家庭や人々の階級区分は、農村社会と違って、「資産階級」、「無産階級」、「工人階級」などさまざまである。

319. ホルチン左翼後旗档案局、公、検、法档案（長期）、411巻、タイトルは「科左后旗公安局、秘书类、工作简报蒙古文件」、23～24頁。
320. 国分良成著『現代中国の政治と官僚制』、慶応義塾大学出版会株式会社、2004年、東京。168頁。
321. ペマ・ギャルポ著『中国が隠し続けるチベットの真実：～仏教文化とチベット民族が消滅する日』、扶桑社、2008年、東京、67頁。
322. 本稿では「公社」の名前をそのまま使用した。「公社」とは、1958年10月～1984年11月まで、共産党政権により使用された「人民公社」を示す基層行政機関であり、中国の行政機関の「郷」と同等である。後旗では、この基層における行政機関は、さまざまな名前が使用されてきた。1912年～1931年までは「ソム（Som、漢語で、蘇木）」、1932年～1956年までは「ノタック（Nutug、漢語で、努図克）」、1956年～1958年9月までは「区、または区合乍社（ガチャー、Gacha、漢語で、嘎查）」、1958年10月～1984年11月までは「公社、または人民公社（Gongshe、漢語の公社であり、モンゴル語で、『ニケデル』と言うが、東部地域では、ほとんど漢語で使用される。文化大革命時期に、モンゴル語で『公社』とも書かれていた）」、1984年12月から2000年11月までは「ソム」、2000年12月以降は「鎮」と、それぞれ変遷してきた。
323. 徳勒格、オヨンゴゥワ編《内蒙古喇嘛教近現代史》、遠方出版社、2004年、Huhehot、124頁。
324. 漢語で「向党交心運動」。自らの黒い心、悪い心、反党の心、反社会主義の心などを党へ言い出し、純正な心を残すこと。
325. 徳勒格、オヨンゴゥワ編《内蒙古喇嘛教近現代史》、遠方出版社、2004年、Huhehot、125頁。
326. 同上書、125頁。
327. ホルチン左翼後旗統計局編「科左后旗国民経済指標統計」（1980年データ）、「1980年人口与民族人口統計」より。
328. 「ソム」は、「公社」の代わりに出てきた行政機関の名前である、本稿の序論に詳しい説明がある。
329. 内モンゴル地方誌叢書、ホルチン左翼後旗誌編集委員会主編《科尔沁左翼后旗志》、

内モンゴル人民出版社、1993 年版 (Huhehot)、120 〜 121 頁。

330. ジャムヤン・ノルブ著、戸根由紀恵訳『これが中国の国家犯罪だ』、文藝春秋、2006 年、東京、85 頁。
331. 王力雄著《天葬：西藏的命運》、明鏡出版社、1998 年、第三版、香港、120 頁。
332. 同上書、180 頁。
333. チベット農牧学院マルクス・レーニン教研室とチベット自治区党校理論研究室合編《西藏大事輯録、1949 年〜 1985 年》、1986 年、100 〜 123 頁。
334. 何清漣主編《20 世紀後半葉歷史解密》、博大出版社、2004 年、香港、205 頁、「天問 ── "三年自然災害"」（論本）。
335. 同上書、214 頁。
336. 同上書。
337. 同上書、248 頁。單正平「文化大革命－神權政治下的國家罪錯」（論本）。
338. 宋永毅主編《文化大屠殺》、開放雜誌社、2002 年、香港、19 頁。
339. 嚴家其、高皋著《「文化大革命」十年史》（上、下冊、改訂版）、台湾潮流出版社、香港宏業書局。9 〜 14 頁。
340. 内モンゴル地方誌叢書、ホルチン左翼後旗誌編集委員会主編《科尔沁左翼后旗志》、内モンゴル人民出版社、1993 年版 (Huhehot)、631 頁。
341. オラーン・ホト市（モンゴル語であり、日本語で紅い市という意味である。中国語で、「烏蘭浩特」）。この市には満州国の興安省の省府があって、後に東モンゴル自治政府の首府になり、その後、内モンゴル自治政府の首府になった。現在はヘンガン・アイマック（興安盟）の政府所在地。
342. 共産党の組織機構が、群衆から仲間を選び、それを「積極分子」と言う。
343. ラマやシャーマン教のボーが、病気を治療する時に使うもの。普通は、黒色や白色の布及び糸に、呪文を唱えて出来あがったものである。それを主薬にして、その上にさまざまな副薬をあわせて、「サイック」と言う。副薬は主薬の前、または同時に服用する。
344. トゥブは、村の名前である、清朝時代に、ベントゥ旗の王とナイマン旗の王とフレー旗の王は、この村に来て、互いに交渉し、相談していた、この村は 3 つの旗の辺境にある場所である故に、トゥブと名付けられた。中心という意味である。中国語で「図布」と書いていたが、後に同化されて、「特必」と書くようになった。ジリム・アイマック（哲里木盟）地名委員会、ノミン主編《哲里木盟地名志》、ジリム・アイマック地名弁公室、1990 年 12 月、通遼市、402 頁。
345. 村の名前、砂漠の左側が凹んでいるので、それによって名付けられた村。ジリム・アイマック（哲里木盟）地名委員会、ノミン主編《哲里木盟地名志》、ジリム・アイマッ

ク地名弁公室、1990 年 12 月、通遼市、402 頁。
346. ハラ・ヒタッドは、モンゴル語で、腹黒い漢人と言う意味である。ジリム・アイマック地域のモンゴル人は、漢人をハラ・ヒタッドと言う。
347. 1966 年 6 月 1 日、中国共産党中央委員会が、「人民日報」の社説に「横掃一切牛鬼蛇神」（一切の牛鬼蛇神を取り除く）を載せ、「無産階級文化大革命は、何千年から一貫として、人民を害毒した搾取階級における旧思想、旧文化、旧風俗、旧習慣を取り除き、広大な人民・群衆に、無産階級における最も新しい新思想、新文化、新風俗、新習慣をつくり出す」と語ったこと。
348. 中国語で「八条杠杠」と言う。「杠杠」の意味は、程度の基準のこと。
349. 地主、富農、反動分子、悪い分子。
350. ホルチン左翼後旗档案局、公、検、法档案（永久）、230 巻、タイトルは「科左后旗公安局 1966 年度文件」、40〜57 頁。または「科左后旗公安局（66 公侦字第 8 号）关于对朝鲁吐公社发生的反革命集团案件侦查结束对案犯处理意见的报告」。
351. 筆者が行なったホルチン左翼後旗における現地調査より。「年寄り 10 人の語ったこと」、2005〜2009 年。
352. 筆者が行なったホルチン左翼後旗における現地調査より。「若者 10 人の語ったこと」、2005 年〜2009 年。
353. 何頻総画策「真相」シリーズ（4）、趙無眠編著《文革大年表》、明鏡出版社、1996 年、香港、115〜119 頁。
354. アラタン・デレヘイ（阿拉腾徳力海）著《内蒙古挖肃灾难实录》、禁書、1999 年、1 頁。
355. 同上書、7 頁。
356. 宋永毅主編《文化大屠殺》、開放雑誌社、2002 年、香港、67 頁。
357. アラタン・デレヘイ（阿拉腾徳力海）著《内蒙古挖肃灾难实录》禁書、1999 年、7 頁。
358. ホルチン左翼後旗档案局、公、検、法档案（長期）、415 巻、タイトルは「1966 年度自治区公安庁、盟公安処、旗公安局文件、外省・市・県通緝令」、21 頁。または、「内モンゴル自治区公安庁公文書（66 公办研字第 5 号）―1966 年全区公安工作計划」、1〜2 頁。
359. 同上公文書、4〜5 頁。
360. ホルチン左翼後旗档案局、公、検、法档案（長期）、414 巻、タイトルは「政法三机关：打击现行制服敌人、整顿政法队伍和今后意见的报告」、5〜6 頁。または、「中国共产党内蒙古自治区政法小组（报告）：内蒙古党委政法小组关于当前打击敌人现行破坏活动的情况和今后意见的报告」（65・政法 24 号）、1〜2 頁。（公文書の日期は 1965 年 2 月 20 日）。
361. 公安部門の幹部と警官及び警察の併称

362. 会道門：民間信仰組織、民間信仰団体。「会」は宗教団体や組織を指す。「道」道教を指す。
363. ホルチン左翼後旗档案局、公、検、法档案（長期）、415 巻、タイトルは「1966 年度自治区公安庁、盟公安処、旗公安局文件，外省，市，県通缉令」、78 頁。または、「哲里木盟公署公安処（66 哲公字第 4 号）——1966 年哲盟公安工作安排意见」、1〜9 頁。
364. 施聯朱著《施联朱民族研究文集》、民族出版社、2003 年、北京。111〜118 頁を参照。
365. べ・ゲルレト著「踊り芸術チャム及びその研究に関して」、モンゴル語・文学（雑誌）、1982 年第 2 期。
366. サイン著《蒙古民俗学》、民族出版社、北京、436 頁。または、フレルシャー主編《科尔沁民俗文化研究》、内モンゴル教育出版社、2003 年、フフホト市、643 頁。
367. フレルシャー主編《科尔沁民俗文化研究》、内モンゴル教育出版社、2003 年、フフホト市、499〜534 頁を参照。
368. 内モンゴル地方誌叢書、ホルチン左翼後旗誌編集委員会主編《科尔沁左翼后旗志》、内モンゴル人民出版社、1993 年版 (Huhehot)、563 頁。

第5章
「反右派闘争」と「大躍進」がもたらしたもの

第1節　問題意識の所在と政治的背景

　I. 周知の通り、1957年から1958年にかけて、中国では、2種類の運動が行われた。それは「反右派闘争」と「大躍進」であった。反右派闘争は、知識界に対する運動で、大躍進は「三つの紅旗」（三面紅旗、中国で、共産党の「総路線、大躍進、人民公社」という3つの運動を一体として、1960年の5月までは、「三つの法宝」（［三個法宝］と言い、同年5月以降、「三つの紅旗」と言うようになった。）の一つであり、農業、牧畜業、商工業などに対する運動であった。内モンゴルの「反右派闘争」と大躍進も、中共中央委員会の指導で行われたのは、言うまでもない。要するに、ジリム・アイマック及びその下級機関である後旗における反右派闘争と大躍進も、中央委員会と内モンゴル自治区委員会の指導で行われたのである。本章では、後旗における「反右派闘争」と「大躍進」という2つの運動を論じて、それらの実態はどうなのか、それらが後旗のモンゴル人にどのような影響を与えたのか、それらの真相や事実が中国側の研究者の定義とどう違うのか、これらの問題を明らかにする。

　とりあえず、中国側の研究を見てみよう。中国共産党の公式党史は、反右派闘争について、「当時ごく少数のブルジョア右派分子が、『大鳴』、『大放』なるものを鼓吹し、党と新生の社会主義制度をほしいままに攻撃し、共産党の指導にとって代わろうとした。この攻撃に反対したことは全く正しく、かつ必要だった。だが、反右派闘争はあまりに拡大されたため、多数の知識人、愛国人士や党内の幹部をまちがって『右派分子』ときめつけ、悲しむべき結果をもたらした[369]」と評価している。一方、日本側の研究で、毛里和子は、「『放』

（自由化）から『収』（ひきしめ）へのあまりにもドラスティックな転換、恣意的な『右派』攻撃の熾烈さ、そしてこれ以後党内でも自由な議論や研究がまったくできなくなり、知的荒廃を招いたこと、やり方や論理が八九年天安門事件に酷似していることなどを考えると、反右派闘争こそ毛沢東政治、中国政治そのものではないかと思われる」とまとめ、また「6月8日（1957年）『人民日報』社説が『少数の右派分子が共産党と労働者階級の指導権に挑戦し、共産党は下野せよと公然とわめいている』と述べてから右派狩りが始まった。右派のレッテルを張られた党員も非党員も次々に屈伏していった。職を追われ、農村で労働改造され、或いは長い沈黙を余儀なくされた『右派』とその家族は100万人にのぼる[370]」とまとめた。反右派攻撃の嵐で、批判勢力が全面的に屈伏し民主主義が死んでしまっただけではない。更に「右派」とは何かがまったく曖昧なままスタートし、しかも大衆運動だったため、無制限に拡大してしまった。1957年10月になって初めて「右派の基準」なる文書が出たが、その定義も曖昧である。右派と確定され、追放されたものは公的には55万人にのぼるとされ、党員は3.8万人だったという。それに対して1979年に「右派ではないのにまちがって右派にされた」として名誉回復されたのが53万人、驚くべき「冤罪事件」である[371]。

Ⅱ. 1957年7月7日、すなわち反右派闘争が始まってから1ヵ月後、上海で30名あまりの文化教育の場で、毛沢東が商工界の人士と接見した際、翻訳者である羅稷南が毛沢東に「もし魯迅が今まで生きていれば、彼はどうなるのか」という質問をした。毛沢東はそれに対して「魯迅なら、彼は牢屋に入れられ、文章を書き続けるか、あるいは、一言も言わないでいるだろう」と答えた[372]。全国で右派として追放された55万人は、当時における全国の知識界の総人口の11％を占める[373]。そして、この運動は、たんなる党内だけでの闘争ではなく、普通の庶民にも関わった。

1958年になると、毛沢東は自分自身で指揮した「陽謀」が勝利したことを土台に、「大躍進」運動を発動した。そして、全国において「人間がより大胆になれば、畑がより豊作になる」（人有多大胆、地有多大産）というスロー

ガン、畝（中国の耕地面積の単位、1畝＝6.6アール）当たりに「何万斤」あるいは「十何万斤」の食糧を収穫するという掛け声を広げ、また「3年間で共産主義を実現する」という夢までを広げた。

その結果、全国的に大量に鋼を製造することで、多くの森林がすっかり破壊され、使えない大量の鉄くずが山ほど積もることになった。「衛星を打ち上げる」ことになぞらえた農業も結局は掛け声だけに終始し、1959年から1961年にかけて、全国で4千万人が餓死し、人類の歴史上、空前の惨事となった。これは、毛沢東が扇動と鎮圧の2つの手段で統治したことの必然的な結果である。それでも、中国共産党はこのことを「自然災害」と名付けているのである。しかし、実際は、この3年の間、中国の気候は基本的に異常ではなく、深刻な旱魃や広範囲な冠水などもなかったのである[374]。

III. 当時、中国は外国との関係が複雑であり、社会主義国家との間でも複雑であった。毛沢東は一貫して恐怖的なやり方を政治的手段として用いていたが、対外関係が原因で、そのやり方はさらに強化されたと考えられる。ソ連から軍事的技術を輸入し、軍事工場を増やすことが毛沢東の夢であった。朝鮮戦争の時期、1952年12月17日に、毛沢東は、スターリンに核兵器技術を求める電報（長さは8頁）を打電した[375]。

翌年に、その要求がさらに強められた。すなわち1953年2月2日、アメリカの新任のアイゼンハワー（Dwight Eisenhawer）大統領が演説で、中国に原子爆弾を投下する可能性があると暗示したゆえであった。また、毛沢東はスターリンから軍事技術を得るため、朝鮮戦争の時期に、「アメリカは細菌兵器を使用した」と偽の情報をつくり、アメリカを非難させる目的で各国に対する陰謀を図ったこともある。

そして、スターリンが亡くなって以降、彼に代わった継承者らが、毛沢東に91個の大型項目を売り出したのである。それによって、毛沢東は、1953年6月15日に、中国工業化の「青写真」である「総路線」を発表したのである。その目的は軍事工業化を中心としたものである。そして、毛沢東は、軍事工業化を早めに完成させ、中国を軍事大国にし、死の前に（その時60歳

前後）全世界に中国の「話に耳を傾けさせる」ことを目的としていた[376]。

その目的のため、「10年間から15年間で軍事工業化」を達成すべく、1953年の秋、全国の糧食を「統一買い付け、統一販売」（統購統銷）する政策を実施し、農民を「互助合作」させ、農業収穫を外国へ輸出し、それでもって軍事工業化へ貢献させるようにした。そのため、数多くの農民が餓死した。それにも関わらず、1956年2月24日、ソ連共産党「第二十回大会」では、フルシチョフ（Nikita Sergeevich Khrushchev）がスターリンによって行われた粛清、殺人、独裁、工業化などを非難したため、9月10日の中共「第八次大会」によって、毛沢東は軍事工業の「スピード」を一時的に「緩和」し、劉少奇らと「妥協」したが、それも「10年間から15年間で」を「相当長い時間で」と変更しただけである[377]。

その一方、1956年6月、ポーランドのポズナニ（Poznan）の「スターリン工場」で、民主化を求める暴動が起こり、ハンガリーでは、非スターリン化を求める市民と政府側との武力衝突が起こった。これらのことが毛沢東とフルシチョフに互いに利用されることになり、とくに毛沢東は、共産主義の国々の中での自分の印象をフルシチョフと「対等」にしたいと考えた。そして、ソ連側が1957年10月4日に世界初の人工衛星を打ち上げたことが、毛沢東に「衛星夢」を再び見させることになった。

これらのことが毛沢東の軍事工業化の夢の心理的要素になっていた。そのため、再び恐怖的手段で、可能性のあるすべての潜在的な批判的な言論を弾圧し、上から下へ一切の障害を取り除くようにした。そして、道具として、知識界を選び、知識分子から始めて、反右派闘争を行った。これによって、毛沢東のみを指導者とする集団化が促され、軍事工業化を進めることを加速させた。そのため、1953年の「10年間から15年間かけて」成功させる計画が8年間、7年間、5年間になり、更に短く3年間になった。

IV. 毛沢東はこれを「大躍進」と言い、ソ連から軍事設備や技術を輸入するため、全国の農業の生産量を増やし、食糧を輸出することで、鋼を錬り、軍事大国の「大躍進」を進めることになった[378]。その一方、毛沢東は、「管

理しやすい」ように、農民たちを「人民公社化」したが、それは実際は強制収容所であり、奴隷制であり、5億5千万の農民が奴隷になることとなった[379]。人民公社化によって、農民の食糧が減らされ、かなりの農民が餓死した。中国の統計によると、1958年から1961年にかけて、毎日1人当たりの平均カロリーはわずか1534.8であり、韓素音の研究によると1200よりも低かった。ちなみにナチス収容所のアウシュビッツ（Auschwitz）での「犯罪人」は、毎日1人当たりのカロリーは1300〜1700であった。中国の農民たちは、食糧があまりにも足りず、飢え、餓死した者が少なくない。生きていくために、人の肉を食べた地域もかなりある。例えば、安徽省の鳳陽県では、1960年の春、人間の肉を食べたことが63回起こった。甘粛省の通渭県では、3分の1の人口が餓死し、人間の肉を食べることが普通であった[380]。

反右派闘争と大躍進が原因で、1958年から1961年にかけて、中国で異常死した人数については、さまざまな統計がある。中国の人口学者である楊子慧の編集した《中国歴代人口統計資料研究》では、1958年から1961年にかけての、中国の人口死亡率はそれぞれ1.2％、1.45％、4.3％、2.8％であり、その前後の3年間においての平均的死亡率は1.03％である（1957年に1.08％で、1962年に1％で、1963年に1％）。これらの数から推計すると、異常死者数は3,767万人であった。他方、1958年と1959年とを合わせて、中国の輸出した食糧は700万トンであった[381]。

V. 内モンゴル自治区においても反右派闘争と大躍進が行われた。中国では、共産党についての研究は「政治的問題」に触れるため、研究のレベルが「深く」なりにくい。内モンゴル自治区でモンゴル人出身の学者がこれらの問題について研究する場合には、昇進や「未来」の職業に関わるため、「深く」なりにくかった。「改革開放」時代になり、とくに1992年以降、日本や外国に留学したモンゴル人の学者が、徐々に「政治的問題」に「触れる」ようになった。例えば、ボルジギン・フスレの「内モンゴルにおける文化大革命直前の政治状況についての一考察[382]」、リンチンの「『大躍進』期の内モンゴルにおける放牧地開墾・人口問題[383]」、「内モンゴルにおける『三面紅旗』

政策に関する考察[384]」、「反右闘争におけるモンゴル人『民族右派分子』批判[385]」、「1950年代の内モンゴルにおける民族政策：土地改革、協同組合化、言語問題[386]」などがある。

　彼らの研究は、内モンゴル全地域において、中央からの政策、自治区党委のもとで「民族右派」と定義された特別の例を中心に詳しく研究し、多くの問題点を明らかにした。だが、アイマックレベルの地域に、または旗レベルの地域における反右派闘争と大躍進について、とくにソムや村など最も下級な機関での研究はまだ足りないと考えられる。

　そのために、本稿は最も下級の行政機関である村、旗などを具体的事例として研究することを目的にした。本稿は以下の諸問題を論じる。下級がどのような状態であったか。とくに、モンゴル人の人口の多数が暮らしている東部地域の旗で、どのような経緯があったのか。反右派闘争と大躍進によって、内モンゴルの東部地域のモンゴル人社会がどのように変化したか。それらの問題を、当時の公文書を踏まえて具体的かつ詳細に論じることである。

第2節　後旗における「反右派闘争」とその影響

I　はじめに

　先行研究によると、「1957年6月15日、『内モンゴル日報』は、『批判だけを許し、逆批判を許さないようにしてはいけない（不能只許批評、不許反批評）』との社説を発表し、これが内モンゴルにおける反右派闘争の端緒となった。7月1日の社説『右派分子を容赦なく攻撃しよう（狠狠攻撃右派分子）』はさらに徹底的に右派を攻撃せよと大衆に呼びかけた。9月20日から10月9日まで開かれた中国共産党第8次3回会議では、『地方民族主義』がさらに政治問題として取りあげられ、原則が制定された。その直後、10月15日、中国共産党中央は、『少数民族地域で整風と社会主義教育をおこなうことについての指示』を発し、非漢民族地域での民族主義に反対する運動の推進が

強調された[387]」とされている。

　現代では、後旗の反右派闘争について、中共ホルチン左翼後旗委員会は、「全旗に対して行なわれた反右闘争で、右派として攻撃された人物は52人である[388]」と、公式に認定している。1961年12月、中央の指示に従い、後旗で17人の右派帽子を取り消した。1962年2月、中共後旗委員会は、1958年から1961年にかけて処分された各級幹部を調査し、結論を見直した。「処分された人物のうち、基本的に誤った結論で処理された幹部が35.8％を占め、完全に誤った結論で処理された幹部は28％を占める[389]」という結論を認定している。この結果から計算すれば、後旗で処分された幹部らの中で、政治によって誤って処分された者が63.8％を占めていたと言える。幹部以外の普通の「人々」はどうだったのか。以下で具体的に論じる。

II　初期の自殺者の記録

　後旗における反右派闘争は、中共内モンゴル自治区委員会と中共ジリム・アイマック委員会の下で、1957年6月15日の「内モンゴル日報」の社説から始まった。9月7日、中共後旗委員会整風指導事務室（旗委整風領導弁公室）が中共ジリム・アイマック委整風指導事務室に提出した「旗直属機関の幹部においての整風学習に関する終結報告[390]」では、「我が旗の直属機関の幹部における整風学習は、上級党委の指示で、幹部らに対しての理論と文化の学習を停止し、6月20日から、全体幹部が毛主席の最高級国務会議での、人民内部の矛盾を正しく処理する問題についての報告を学習するように転送した」と示されている。この内容からみれば、後旗での反右派闘争は、1957年6月20日からスタートしたと見なすことができる。同時に、この運動は幹部らに対する運動であるように見える。しかし、この運動によって、無数の人々が闘争に巻き込まれ、拷問され、処分された上、自殺した人もかなりある。以下、後旗での反右派闘争による自殺を最もよく証拠だてる公文書を分析し、それらの自殺した人々のサンプルをあげ、その真相を考察する。

　1、1957年11月29日、後旗委員会から中共ジリム・アイマック委員会

に「鎮柱氏が自殺したことに関する報告[391]」(報告と略記する)が提出された。この「報告」の内容は以下の通りである。

「鎮柱氏」は、中共ジャングタイ郷の総支委員会の書記(去年9月に派遣された幹部)である。1953年から仕事に参加し、党からの正しい指導と教育、育成を受け、仕事である程度の成績を上げた。かつて銀行の仕事で先進事業者に選ばれ、奨励を与えられたことがある。だが、彼は派遣されて以降、私利私欲をむさぼる資産階級の個人主義思想を芽生えさせ、重大な過失を犯した。それ故に、今回の社会主義大弁論中、党からの教育と同志からの幇助を受け、自分の過失の重大性を認識したが、完全に反省する決心に至らなかった。そして、過失から逃避するために自殺した。これらは党に対する違反であった。

彼の過失の事実は、以下の通りである。

① 1956年の秋、派遣されて以降、彼は、農社(農業合作社)建設時に借りた家畜に独断で値段をつけ、その替わりに農行豪合作社から一頭の馬を受け取り、農社の規定を犯し、人々の不満を買った。

② 今年5月、旗委員会からの通知の通り、本郷において家畜を処理する際、彼は独断で1頭の乳牛(小牛)に35元との値段をつけ、(人々の話によると50元の値がある)売り出し、私腹を肥やした。

③ 今年の春、彼の2歳の娘が病気になり、彼の家族がラマに頼み、娘に読経させたことがある(当時、彼は家にいなかった)。のちに、そのことが区に発見され、区が彼に聞くと、彼はそのことを拒否した。家へ帰って、妻から聞いた後、党と組織を騙したとみなされるようになるため、彼は総支副書記と事務組の組長に自己批判をした。

④ 今年4月、郷での集団食堂の食料が不足したため、農社から1000斤のアワを購入する際、彼はその中から200斤を自分の家に持ち帰った。

この4つの問題が今回の整風問題と密接に関係している。彼は、自分の郷の主要なリーダーであるのに、重大な過失を犯していたため、今回の運動での指導は消極的になるのである。一度、これらの問題について区から批判を受けたので、本人も区委員会と事務室に対し過ちを自己批判した。だが、区

委員会と事務室の同志らの、この問題に対する注意や解決への努力が不足したため、彼の思想傾向は全く除去されなかった。その結果、自ら破滅への道を歩んだ。これについては、旗委副書記であるボヤン・トクス同志が事務組室を指導して現場に行き、調査した結果、事実であることが分かった。同時に適切に処理した。鎮柱氏は、確かに党に対して過失を犯したのであり、さらに調査した上で、決定に従い彼の党籍を取り消した」

　以上の「報告」の内容からみると、鎮柱氏は、1953年から党の「仕事」に参加し、1956年の秋までは、「成績」が優秀であり、「先進事業者」として「奨励」を与えられたこともあった。彼に「資産階級の個人主義思想」が芽生えたのは、1956年の秋に派遣されて以降のことであった。そして、それから自殺までは1年余りの時間であった。彼が、1953年から1956年まで、党の「指導、教育、学習」を得て「優秀」になったと言えるならば、1956年から1957年までの1年余りにも同じく党の「指導、教育、学習」を得ていたはずで、党の「指導、教育、学習」を受けているのに、「資産階級の個人主義思想」が芽生え、自殺まで「果たした」のは、逆に党の「指導、教育、学習」を受けて「先進事業者になり奨励を得た」ことが主な原因になるのではないか。「報告」の内容から判断できるのは、鎮柱氏は、1953年までは「資産階級の個人主義思想」がなかったことだ。そのため、共産党員になり、総支委員会の書記になった。これは明白なことである。もしその時に、資産階級の個人主義思想があるならば、当然党員にもなれない。それならば、共産党組織は、もともと「健康」であった彼を党員に加入させ、「指導、教育、学習」を受けさせ、「先進事業者」までに育成したという判断もできる。その結果、「資産階級の個人主義思想」が育まれたのではないか。ここで考えられることは、「先進事業者」になることと、「資産階級の個人主義思想」が芽生えることとは矛盾することではなく、平行して生じていたのではないかということである。

　公文書で、鎮柱氏の過失は4つの項目でまとめられている。内容をみると、①は、農業合作社を建設する際、党や区の幹部らは人々が私有する家畜を任

意に、強制的に、タダで扱ったことがある。そして、鎮柱氏の場合は、彼個人が所有する牛が農業合作社に無償で取り扱われ、毎年利息として僅かの金をもらっていた。彼が自分の所有する牛の替わりに馬を受け取ったことが農社の規則に「違犯」したという。党における農社の規則、政策にこそ違反したが、個人的財産の保護、群衆の利益、社会の公平や公正などの立場からみれば、彼の動機は、正当であると言えるだろう。②は、農社が痩せさらばえた老牛などを越冬する前に売り出す時、彼は他の人々と人間として平等である立場で、同じく一頭の牛を買い、さらに売り出したことである。当時私有制は完全には廃止されておらず、他の人々ではなく彼だからこそ「犯罪」とされたのである。

　③は、普通の人間ならば、誰でも病気になる場合がある、彼の妻は、娘の病気を治すために、ラマに頼んで、読経してもらった。党委が病気を治療させないから、ラマに頼り、命を救いたいと思うのは当然のことである。モンゴル人は、何百年も前から、ラマや医者に頼って、病気を治療してきたのに、共産主義になってから、それが「党に違反した」ことになるということは、人間の生き方と調和するものではない。だが、それには要因がある。モンゴル人の精神から宗教を取り払い、チンギス・ハーンを自分の祖先と認めていたモンゴル人の思想を消し去り、その代わりに階級闘争、暴力革命、社会主義、共産主義など無神論の思想を植え付け、マルクス、レーニンを自分の祖先として尊敬させていくことが、党委の目的であった。もし普通の人間なら、ラマやボゥーに頼り読経してもらっても重大な問題になる可能性は低い。鎮柱氏は、総支委員会の書記であるのに、彼の家族が無神論に「変遷」しないので、ラマに頼るようなことがあれば、それが人々の「模範」になり、誰も無神論へ「変遷」していかず、党委が取り潰される恐れがあるため、彼の行為は「党に反した」とされたのである。④は、当時、党委や政府の食料政策によって、鎮柱氏及び彼の家族、また群衆、すべての人々が餓死する恐れがあり、片栗粉（でんぷん）などでお粥をつくり、日々を生き延びていたため、やむをえないことであった。

中央と自治区で6月に運動が開始し、半年余り後に、幹部や書記が自殺するまでになったのは、党委の原動力と呼び掛けのパワーが非常に強かったからである。だが、残念なことに、中央と自治区が社会主義建設を始めて60年余りになるが、後旗の医療や社会保険制度はいまだ解決されていない状態である。このことからみると、党委は、ある運動に対しては猛烈なパワーを発動し、ある政策に対しては非常に軟弱な力であると考えることができる。以上は幹部の出来事であるが、以下では普通の庶民（公社の社員とも言う）の例を見てみよう。

　2、1958年1月7日、中共後旗委員会総合事務室から後旗の各区へ出した「通報[392]」で、家族全員が自殺したことが書かれている。その内容は以下の通りである。

　「ハダン・ガチャーのホルボート第三社の社員であるウリジ氏の家族3人が自殺した事件に関する通報。1957年12月28日、中共ハダン・ガチャー総支委員会からの報告（26日に報告した）を受け取った。本ガチャーのホルボート社のウリジ氏（63歳、出身は貧農、今は中農、もともとある地主の農奴であった）と妻の代少老（59歳）及び息子のツェールブ氏（舎力布、29歳、元1年間余り満州国の兵士となり、何日間か匪賊にもなった）など家族全員3人が、25日の夜、弁論会議以降、自殺し、同時に2軒の家と財産を全て焼やした。

　29日、旗から派遣された特派員がガチャーで調査を行ない、その原因を調べた。25日の夜、社の主任であるシャラ・バラ氏と事業員のムングンサン同志の組織によってホルボート三社の全体社員会議を行なった。会議で、ムングンサン同志が合作化に関する弁論を行いながら、ウリジ氏と息子の問題を提出した。その夜はウリジ氏と息子に対する7日目の弁論であった。ウリジ氏が1952年に公的林を伐採したことと、1954年に自分の農業生産量を隠したこと、及び彼の反動的言論などが問題とされた。息子のツェールブ氏の男女関係にけじめがないことと、タバコ5元を盗んだことなどの問題を弁論する際、ウリジ氏が一部の問題を承認したが、ツェールブ氏は人々の提出した問題を一切承認しなかった。そのため、主催者が彼らによく考え

るための時間を与え、次の日に行う会議で再検討することになった。だが、ツェールブ氏は、会議場から出る際に、『死んでも君たちの党へ屈服しない』と言った。その時、ムングンサン同志は、ツェールブ氏の是非を分別しない強硬な態度を厳しく批判した。すると、ツェールブ氏は、翌日に自分の問題と、父を動員して父の問題をも弁明させるとした（その際、ウリジ氏の表現が異常だった）。その夜、11時頃、ウリジ氏の東側に住むザムツェレン氏の妻が外に出た際、隣のウリジ氏の家が燃えているのを発見し、幹部に報告した。人々が現場に到達したが、家はすでに全焼し、救助したが、すでに手遅れであった。翌日、郷の党支部書記と旗と区の事業員が現場を調べた結果、ウリジ氏の家族3人の死体を発見した。（省略）」

　以上の「報告」は、普通の家庭であるウリジ氏一家が自殺したことについての内容である。ウリジ氏は、書記ではなく、党員でもなく、ごく普通の裕福ではない「社員」であった。「報告」の内容からみれば、ウリジ氏と彼の息子であるツェールブ氏親子は、一貫して党の政策に抵抗していた。例えば、1952年、ウリジ氏は「公的森林」を伐採した。のちに社会主義改造を行なった際、個人的に所有されていた森林が区党委や幹部らによって、「公有制」や「互助組」の所有に変更された。ウリジ氏は、1952年に、個人の財産であった林を伐採し、売り出したことが、1957年になると人々に告発される「違法な」ことになり、また、1954年に、個人の労働によって収穫した食料を売り出していたことが、1957年になると「党の食料政策に違反した」ことになった。その上、ウリジ氏は「反動的言論」を広げていたとも書かれている。もう1つ、彼の息子がかつて満州国の軍人になっていたことが当局にとって非常に「危ない事」であった。

　これらのことは、現代の国民国家における国民の権利、人権、法律などの視点からみれば、信じ難いことである。党委と幹部らは、後旗の社会にどのような役割を担ったのかという問いが起こってくる。中央委員会と中央政府の民族区域自治制度は、後旗の社会にとって何であったのかという問いも出てくる。幹部であれ、書記であれ、普通の人であれ、区別なしに互いに闘争し、

摘発し、拷問されたが、これらについても、後旗党委と後旗政府には、その正当性や合法性が問われることになる。一方、地元のモンゴル人たちは、生きていくために、当局に対して必死に抵抗しており、当局が言うモンゴル人が自分たちの意志でこの道を進んだとの定義にも当てはまらない。

息子のツェールブ氏は「死んでも君たちの党へ屈服しない」と言ったが、「君たち」とツェールブ氏の間には、どのような境界線があるのか。この言葉には、民衆側の立場と党側の立場という2つの立場があって、互いに両立できない状況が現われている。毎日深夜まで「社員大会議」が開かれ、人々の間に矛盾と敵をつくり、互いに「弁論」させ、「摘発」させ、牧歌的な社会で階級闘争を行い、人と人との間の信頼や愛情を失わせ、社会全体が恐怖的な雰囲気に包まれているのである。例えば、「報告」では、ウリジ氏に対する闘争が7日目の弁論であったと書かれている。また、「深夜の3時頃」とも書かれている。「知識界に対する反右派闘争」が半農・半牧地域である後旗の村々までに、どれほど深刻に浸透したかが分かるだろう。

3、1959年12月30日、中共ジリム・アイマック委員会の整風事務室が中共内モンゴル自治区委員会に「後旗のノゴスタイ公社のホイト・フベー村（北辺屯）の党支部書記であるボイント（宝音陶）氏の自殺事件に関する通報[393]」（通報と略記する）という公文書を出した。事件についての調査報告も付けられている。主な内容は以下の通りである。

①「ボイント（宝音陶）氏（宝氏と略記する）、今年39歳、男、モンゴル族、家庭の成分は中農で、本人の成分は浮浪者（流氓）、1954年7月20日に、ボイン・チョグラ氏と初一氏の紹介によって、中国共産党に加入し、農社の主任、村委員であり、1956年に党支部書記など重要な職務を担っていた。1959年12月15日に、処罰を恐れて自殺した。彼の主な違法活動は以下の通りだ。彼は土地改革の前に、2人か3人を雇用していた。家に一部の土地（42垧）があって、長期に人を雇用し、人民を搾取した。日本軍隊で甲士長を担当したことがある、自分の勢力で4、5人の少女を独占した。土地改革時期に富農成分になり、本人もひどい目に遭わされた。1948年以降、中農成分

に確定され、1954年に偽装して、党内へ潜入した。それ以来、仕事の上で一貫して男女関係を乱し、合作化運動で、群衆を扇動して10頭の牛を馬に偽装して登録させた。

② 宝氏の行為は非常に悪く、彼と性的関係をもった女性は8人以上であり、そのうち二人の女性が彼に侮辱された（省略）。彼は土地改革時期にひどい目に遭わされたため、階級的に復讐する気持ちがあり、地主、富農、反動分子、悪い分子（地富反壊分子）を組織し、土地改革の幹部らと人々に対して反撃した。そのため、多くの人々が党に対する不満を高め、党からの各種の方針、政策を無視するか、あるいは従わなかった。例えば、政府から社員の個人的土地（自留地）に関する布告を発布した際、彼が公然と反対して、群衆の前でその布告を引き裂いてしまい、公社化運動中に、群衆を扇動し公社化に反対した。今年の春、公社党委からの畑を分ける任務を拒絶し、生産を妨害し、党の指導に反した、1958年5月、独断で8頭の農耕畜の牛を売り出し、森林を破壊した、1957年から1958年までの2年間に、独断で85石の糧食を売り出し、糧食政策に一貫して不満を持っていた（省略）。

③ 以上に述べた事実からみれば、宝氏は搾取する階級分子であり、ゴロツキであり、階級の復讐を狙って党に加入したことが明確である。入党してから権力を得て、階級的仇を討ち、下級の人々を打撃し、党の政策を破壊し、人民公社に反対し、社会主義に反対しており、それらは確かに重大な破壊行為である。そのため、社会主義教育と社会主義整党運動の中で、処罰を恐れて自殺した（省略）。

④ （省略）事務組（工作組）は弁論の際に、不当な手段を用いた。宝氏の妻のオリナと親戚のザンダン氏を会議場に呼び、事実を確かめたため、宝氏には事務組のウリジ同志とナスン同志を敵視する思想が生じた。（省略）宝氏が弁論する際、公社党委の批准なしに、ナスン同志は、独断で進行し、弁論中に拷問したり、逼迫したり、ストーブの火に当てたりなどの体刑手段を使った。例えば、12月14日の夜、深夜の3時頃、弁論によって一部の問題を承認しないため、陳徳発氏（除名された民警、警察）は『老虎を打つ方法が分

かるか（会議場の管掌へ）』と問うと、エドヘシク同志（党支部の組織員）は『私は分かる以上にやった経験もある』と答えながら人々へ『宝氏など４人をこっちに来させ、ストーブの前へ近づけろ』と大きな声で叫んだ。当時、ナスン同志はその場にいたのに、制止しなかった。その後、ストーブを焚いて、真っ赤になった。そして宝氏をストーブの近くへ寄せ、頭の全体に汗が流れ、約15分間経った。その結果、宝氏からは何も聞けなかった。15日の夜、また弁論した際、宝氏は、恐れあわてていた。７時頃、エドヘシク同志が西部屋に行き、党員、団員、積極分子などを組織し、東部屋で会議しようと準備していた。西部屋の宝氏は人々が知らないうちに逃げ出し、牛小屋から縄（ひも）を持ち、村から５キロ離れた樹で、首をつり自殺した。

　⑤　我らの調査によると、宝氏は確実に処罰を恐れて自殺した。だが、ナスン同志の個人主義や、党の政策を真剣に執行せず、逼迫したり、ストーブの火に当てたりなどの体刑手段を使った要因もある。もしその手段を使っていなかったら自殺にまで及ばなかったかもしれない。」

「通報」の宝氏について紹介した文章には矛盾がある。宝氏が「ゴロツキ」であると明確に知っていたのに、彼はなぜ党員になれたのか。しかも「党支部」の書記になった。宝氏が入党する際に紹介した人物として２人の名前まで出ているのに、なぜ「偽装した」ことになったのか。「土地改革前に人を雇用した」ことと「日本軍隊の甲士長を担当した」ことが宝氏の罪になったのは自殺してからのことだ。そのほか、1947年以前の「生業スタイル」も、「悪い人か否か」判断する基準になった。「中農」や「富農」とされたのは、党委が名付けたことにすぎず、犯罪でないことはもちろん、人格の問題でもない。

「通報」の内容からみれば、宝氏の行動と党組織との間では、絶え間なく「対立」があった。宝氏と大勢のモンゴル人は、当時、共産党について、その「宣伝」だけを信じていて、他の選択がないやむを得ない状態の下で「党員」になった人も少なくないのである。宝氏は、土地改革の時期に、人々を組織して統治者に抵抗していた。そのため、「土地改革の時期に酷い仕打ちをうけた」ことがある。それにも関らず、のちに、彼はその宣伝を信じて、「党員」になり、

さらに書記になった。だが、信じていた「党委」や「幹部ら」が、彼の畑を没収し、農業「互助組」を建てると、彼は再び「党委」に抵抗した。のちに、「互助組」から「人民公社化」になり、彼の土地が全部「公社」の公的所有にされると、彼はまた自分の「党委」に抵抗した。このように、宝氏は自分が信じて参加した「党組織」と「戦ってきた」ので、その党組織によって自殺するまでに追い込まれた。

　更に宝氏が自殺したことは大勢のモンゴル人とモンゴル人出身の党員、書記たちの目を覚ませなかった。生き残った人々は党委からの絶え間ない宣伝に勧誘され、翻弄されていくようになった。それと同時に、次から次に続く猛烈な政治運動に絡まれ、モンゴル人の社会が日増しに変化していた。

　党委が宝氏に対して、真っ赤になるまで焚いたストーブに近寄せるなど、さまざまな残虐な体刑を加えて拷問し、毎晩続く過酷な「論難」が彼の命を奪ったのである。残念ながら、拷問した人々は、知らない人々ではなく、彼と同じ村に住み、一緒に生まれ育った、かつての友達であり、或いは親戚であり、或いは同胞である同じ祖先を持つモンゴル人であった。目に見えない「党委」という存在はどこにあるのか。最終的には、拷問したナスン「同志」であれ、拷問された宝氏であれ、両方とも過失と断定され、一方が自殺し、一方が処分された。これが、党委の神秘的な「魅力」ということであろうか。

　4、1958年1月14日、中共後旗委員会の総合事務室が中共ジリム・アイマック委員会に「後旗における運動中、発生した自殺した人物の名簿の報告[394]」を提出した。主な内容は、「我が旗における社会主義教育の運動中、人々に過失を論難され、摘発されたことによって自殺した人員は15名であり、旗委員会の調査によって事実であることを確認し、それらの姓名及び自殺した原因とともに（付表）上級機関へ報告した。」となっている。この報告に書かれた数字から、1957年の10月〜12月までの間の、3か月間に自殺した人物の名前と考えられる。以下はその付表である（表5-1）。

表5-1 運動中に攻撃され、群衆に摘発されたことによる自殺者の登記表 [395]

郷 \ 項目	氏名	家庭	年齢	性別	民族	死亡日	職業
ジンガラン鎮	フジッドマ	貧農	59	女	漢	57.12.1	家務
サンドー郷	ボース（包子）	富農	?[396]	男	豪[397]	57.12	
サンドー郷	留柱	富農	?	男	豪	57.12	
エルスン・ウンドル・ガチャー	■柱[398]	?	38	男	豪	57.12.9	
グーン・ホーライ郷	ホスバイヤル	富農	?	男	豪	57.12.3	
グーン・ホーライ郷	李淑英	富農	?	女	豪	57.12.3	
■■■	陳文	富農	?	男	漢	57.12.20	
アドーチン郷	オルト・ジルガラ	中農	46	男	豪	57.12.19	農
イヘ・ホタンタラ・ガチャー	希学	?	?	男	豪	57.12.15	農
二■営子■	張永和	?	?	男	豪	57.12.14	農
ホロス・ノール・ガチャー	シャラ	富農	31	男	豪	57.12.	農
ハダン・ガチャー	ウリジ	中農	63	男	豪	57.12.25	農
ハダン・ガチャー	代学老[399]	中農	59	女	豪	57.12.25	家務
■尔蘇郷	ボイン・ヘシク	貧農	61	男	豪	57.10.23	
シャラック郷	モーノハイ	中農	48	男	豪	57.12.27	農

表5-1の、自殺した15人のうち、13人がモンゴル人であり、漢人は2人しかいなかった。また、先に挙げたのウリジ氏と彼の妻の名前が記載されているが、彼の息子であるツェールブ氏は、書き込まれていない。このことから見れば、当時この表を作成する際、自殺した人々のうち、一部が記載され、一部が隠されていたことがわかる。自殺した人物の出身階層は貧農も中農も富農もあり、さまざまである。男も女もいる。表5-1からは、1人が10月に自殺したことを除くと、14人は12月に自殺したことが分かる。自殺した原因には1つの共通点がある。すなわち、「論難」、摘発、闘争、拷問などにより、彼らが自殺させられたことである。一部の人物は「論難」が開始される前に、自分が党委や支部に「論難」される対象として狙われたことを知った途端、自殺した。例えば、表の第8番目に明記されている「オルト・ジルガラ」氏の自殺原因について「この人は、上中農であり、論難される対象で

ある。しかし、論難される前に、それを恐れて首をつって死んだ」と示されている。その他の人物は、論難途中に、翌日の論難を恐れて自殺した。また、ウリジ氏の妻である代少老氏が自殺した原因について「彼女は、夫と息子に傷害された」とある。しかし、3人が、飢餓のために、「互助組」や農社の食料を盗んだことや、或いは国家による統一買い付けの食料を完全に上納しなかったことなど論難される対象になったのは先述の通りである。

5、後旗で反右派闘争によって免職され、転職させられ、拷問された人は、かなりいるが、本稿では例として、以下の人々を取り挙げる。

ア、小学校の教師であった金山氏が転職させられたことについて、公文書で以下のように書かれている。「金山はオゥーラ小学校の教師であった時、重大な過ちを犯した。党委が彼を教育し、改造するため、1958年9月、反右派闘争が終わる時、後旗新華書店に転職させ、職に留めおく観察処分を与えた。右派闘争、教育、整風運動などを経て、自分の過失の重大性が分かるようになった。右派闘争が彼を救い、党が彼を救ったのであり、組織が彼に与えた処分は非常に適切だった（省略）[400]」

イ、ソーゴン・ホルショー（供銷部）のスタッフである馬喜順氏の処分について、公文書で以下のように書かれている。「スタッフである馬喜順氏は、個人主義思想を持ち、指導に従わない。ジリガランで仕事をしていた時、人々からの意見がたくさん出たため、党委が彼を免職することになった。しかし、我々が一人の青年の前途を閉ざさないために、彼をガンジッガの商店に転職させた。だが、彼は人々に対する態度を改めず、人々と喧嘩し、何回もの教育を受けても、注意して改めないのである。そこで、このような思想が不純な分子を粛清するため、人々に対しての党の影響力を挽回することを目的として、彼をクビにした[401]」

ウ、チョロート・ホルショー（供銷部）のスタッフであるエーシ（業喜）氏の処分について、公文書で以下のように書かれている。「スタッフであるエーシ氏は、資産階級の個人主義思想を持つ様になり、資産階級の生活スタイルを羨望し、そのため、革命の紀律と国家の法律を無視して、汚職し、腐敗し

た（省略）。1957年8月から12月にかけて、115元の賄賂を取った。その経過を調査して、彼の公職を解く処分を与えた[402]」

筆者が以上の資料を集めていた際の、後旗の档案局の管理人たちの話によると、後旗の档案は、文化大革命時代から3～4回ほど上級の公的検査を受けたが、かなりのデータが紛失していたとのことだった。ある機密データが、検査によってなくなったという話も聞いた。当時のことを証明する人物も亡くなり、自殺した人々に関する確実な数字を計上するのは、難しいことであった。

エ、以上の事例以外に、後旗では反右派闘争が2年間余りの時間を経ていたのに、まだ「結論」がなく、残されていた事例があった。これについて、後旗公安局の公文書を見てみよう。1960年3月になると、この運動で何千人もが「批判される対象」として拷問され、「訓練され」、迫害を受けたのであった。後旗の公安局が旗委へ出した「事業報告」には「14個の公社において、『五類分子』を調査した結果によると、2,530人の『五類分子』がおり、内訳は地主分子が700人、富農分子が1,019人、反革命分子が414人、悪い分子（壊分子）が378人で、右派分子が19人である。いまだに破壊活動を行なっている人物が165人で、去年より7.6％増加した。（省略）粛清した機関は21個であり、旗の全機関の25.6％を占め、拷問した人が1,126人で、そのうち、過去の身分が不明な人物が207人で、審査しようとしている。（省略）拷問によって粛清され、すでに結果が出た機関と結果を保留する機関はあわせて58個であり、旗の全機関の73.54％を占め、人数は1,768名である。そのうち調査して処理する人物が83人で、内訳は地主分子が4人、富農分子が4人、悪い分子が3人、右派分子が11人で、身分が不明の人が61人である。1958年の粛清以降、問題が残っている人物が21人で、粛清されたのにまた新たに問題を発生させた人物は51人、新たに生じた右派分子が11人で、全機関の総人口の4.69％を占める。内部で粛清することや別々に審査する人物が284人であり、総役人の14.2％を占める（省略）[403]」と示されている。この公文書は、後旗の公安局が後旗党委とジリム・アイマック公

安処に提出した事業の報告である。これらを見れば、この運動はまだ継続して行なわれていたことが明らかである。

　この「事業報告」には、また「右派分子」や人々の言論について幾つかの項目が記載されている。例えば、「我ら（公安局と党委）に対して、当面の『五類分子』が反動的言論を盛んに宣伝している。例えば、平安公社の反動小隊長である包子停氏は『誰も共産党を信じていない、私は共産党を信じない、共産党は人民のために働いていない』と言った。反革命分子である曹範国氏は『現在、河南省の人たちが食べるモノがなくなり、すべての食堂が解散した。ある生産大隊で、200人余りの人が餓死し、残りの人々が四方に逃げた』と言った。拘束されていた反革命分子の王春生氏は『日本人は良くない。しかし、共産党は日本人に及ばない。現在は、食物と着る物にあり付くことが出来ず、いつまでも食い足りなくて、これを社会主義と言えるのか』と言った（省略）[404]」と書かれている。

　これらの「反動的言論」は、短い言葉で党委の急所をずばり言い当てていると言えるだろう。当局は、3人の言い出した問題を「盛んに宣伝している」と指摘している。これは、彼らの話がある程度、人々の共通の話題を代弁したものだと言うことができよう。後旗の年寄りの人々の話によると、当時、後旗の田舎には、河南省や河北省及び山東省から来た乞食をする漢人がかなりおり、1980年代の初めまで乞食をする漢人の姿を見ることができたのである。また、王春生氏の話がもっと典型的であり、15年前の日本人と一緒に暮らしていた情景を言い出した。後旗についての資料によると、満州国は、1933年から東北の各省、市、県に「合作組」を設けた。同年に、東科後旗（満州国時代の後旗の名称）公署所のジリガラン鎮に金融合作社が設けられた。1937年に農事合作社を設け、1940年に、金融合作社と農事合作社を合併して「東科後旗興農合作社」になった。東科後旗興農合作社には、社長、理事長、理事、監事、参事などの官員がおり、旗長が社長であり、理事長は高松喜代氏で、理事が花村秋夫氏と中尾義夫氏及び菊池氏などであった。また、その下に実業系、信用系、総務系など3つの機関があって、金宝屯、ジリガ

ラン、イケ・タラなど3つの地方で、興農合作社の貿易機関として設置されていた[405]。しかし、満州国時代には、政治的運動による過酷な拷問や拘束、連座や餓死などについての記録は残ってないのである。

整風運動や反右派闘争について、後旗検察院が金宝屯農場に対して行なった調査では、以下のように記録されている。金宝屯農場は5個の作業部と1つの牧場によって構成されている。現有の職員が1,538人であり、そのうち在来の反革命分子が775名で、総職員の50.3％を占める。悪い分子は710名で、総職員の46.2％を占める。その他の犯罪分子は53名で、総職員の8.5％を占める[406]のであった。すなわち、後旗の金宝屯農場では、半分以上の職員が反革命分子や犯罪分子として迫害されたのである。

Ⅲ 「反右派闘争」に関わる公文書とその問題点

1、反右派闘争が「素晴らしい勢いで繰り広げられた」とされる頃の1957年10月15日、中国共産党中央委員会が2つの公文書を出した。すなわち「中共中央の『右派分子を確定する標準』に関する通知[407]」（「標準」）と「中共中央の『中等学校と小学校の教職員の中で、整風闘争と反右派闘争を展開する』ことに関する通知[408]」（「通知」）である。

右派分子を確定する「標準」を出した1957年10月15日、後旗での運動はすでに「素晴らしい勢いで繰り広げられた」段階であり、自殺が始まっていた。すなわち、10月15日の公布の前に、各地域の党委が基準もなしに運動を指導し、知識分子、商工界、学校の教師、農村や牧区の人々など社会の隅々まで「論難」を働かせ、人々を互いに闘争させていたことを意味する。「標準」もこのことを認めている。「反右派闘争が始まってから、数多くの地域と機関は、それぞれ右派分子を確定する基準を制定し、中央からの審査や批准を求めていた。中央は、各地域における闘争中の実際の需要を考えて、統一した基準を制定した。各機関が右派分子を確定する際に、行動のめどを知らせる必要があるためだ[409]」。「標準」は、概ね3区分に確定された。それは、右派分子、極右派分子、非右派分子の3つに分けることである。右

派分子には 6 項目の基準内容が、極右派分子には 4 項目の基準内容が、非右派分子には 6 項目の基準内容が適合するとされる。中国側の研究では、この「標準」や反右派闘争は「知識界」だけに対した運動であったと言われている。それは、毛沢東の意図した「知識界からはじめる」からの推測と考えられる。しかし、反右派闘争は、ただ知識界に対してだけ行なわれた運動ではなく、これまでも紹介してきたように農村の普通の農民や牧区の牧民をはじめとして、農村の党委書記や支部書記も含めて、社会の隅々まで行なわれたと考えることができるのである。

「通知」では「学校における整風運動と反右派闘争によって、教育界に存在する主観主義、官僚主義、セクト主義（セクショナリズム）を批判し、攻撃すること。そして、広範な教師や役人に対して偉大な政治闘争と思想闘争の鍛錬を通じて、思想的覚悟を高め、社会主義の立場を確立し、名に恥じない真の人民教師になることである[410]」とされた。だが、今回の「通知」の目的は、「中央からの統一的な一律の運動ではなく、各地域や学校が自らの具体的条件に基づいて、計画的な段取りで、その運動を行う[411]」ことであった。具体的に言えば、「中等学校や小学校の教師、役人は 200 万人であり、大学よりも複雑である」ため、「指導者たちの配慮が難しいので、期間を分け、何回かに分けて進行する。都市における学校の教師、役人に対しては各機関の整風の方法によって、農村における学校の教師、役人に対しては地元の農村での社会主義大弁論でそれぞれ行うこと。のちに農村の大弁論中に解決できなかった思想、政治問題を、冬休みと夏休みに集中させて、問題を解決する[412]」ことであった。「地元の区委、郷委総支部、支部らが小学校の教員、役人を掌握することで運動を進め、各地における学校の教師隊列を浄化し、とくに学校に党組織を発展させることに注目する[413]」ことであった。

中央からのこの 2 つの公文書によって、整風運動や反右派闘争はさらに激しくなりつつあった。とくに、小、中学校に対しての「通知」によって、過去には短い間で終了すると思われた運動が、期間を広げ、長期的運動へと変更された。また、小、中学校での教師たちの思想を「浄化」し、学校で党組

織を作り、「社会主義の立場を確立し、名に恥じない真の人民教師」を目指すようになってから、中国での教育思想の方針は、人類社会が発展することに役立つ科学技術者や人材を育成することが目的ではなく、共産主義の後継者（中国語では「共産主義接班人」）を育成することが目的になった。そのため、運動からまだ10年にもならない文化大革命の時期になると、有名な「紅衛兵」を育成することに繋がった。社会主義や共産主義における教育は「党性」と「階級性」を重要視し、理性や人間性を二の次にする。その時代から始まった社会主義や共産主義式の教育を受けた人々が中国の教育界や政治の表舞台に登場し、再びその教育を繰り返し、代々に育成された人々が「党性」を精神的な支柱としてきたのである。その結果、それらの共産主義の後継者たちの価値観は日本や欧米とは全く違って、「中国特色」の政治家、理論家、教育家、学者、芸能人、詩人、作家、スポーツマンなどの各方面での「人材」が「生まれ育った」と考えられる。1980年代に幾らかの西洋的価値観の自由な立場の書籍が翻訳され、教育界に自由思想や民主的思想が芽生え、六・四天安門事件にいたったが、タンクや機関銃によって、その声は殺され、再び「党性」教育へと変更されたのである。それがのちに、反日運動、反フランス運動、反アメリカ、反資本主義、反自由化などの運動につながり、近年には「民族主義、愛国主義教育」運動へと変更されたと考えられる。

2、以上述べた（中央からの）2つの「公文書」が公布された前後、中共内モンゴル自治区党委と中共ジリム・アイマック委員会から多数の公文書が配られ、運動は激しくなった。以下で、次から次に出された公文書を見てみよう。

ア、1957年8月15日、中共ジリム・アイマック委員会が「ジリム・アイマック委員会の宣伝部からの迷信活動についての状況報告[414]」を全ての旗、県に公布し、宗教界における整風運動、反右派闘争が始まった。そして、後旗のラマたちが拷問され、寺や仏像が破壊された。

イ、1958年1月14日、中共ジリム・アイマック委員会が、中共内モンゴル自治区委員会に「商工界における整風、反右闘争の状況報告[415]」を提出し、半年間のことを報告した。通遼市（当時の通遼市、今の通遼市とは範囲が異な

237

る）における商工界に対する整風運動は、1957年の12月14日に正式に開始した。これについては、1958年1月27日に、中共ジリム・アイマック委員会が中共内モンゴル自治区委員会に報告した「簡報[416]」で明確に書かれている。「通遼市で、繰り返し確かめた上、確定された闘争の対象となった右派分子は18名であり、全市における1,145名の商工業者の1.6%を占める。そのうち、資産階級右派分子が12名であり、224名の資産階級分子の5.8%を占める。小商業者の悪い分子で弁論の対象になるのは6名であり、小商業者の総数の0.66%を占める」であった。これらの「報告」から、党委は、商工界に対して整風、反右派闘争を行い、商工界での指導地位を徹底的に強めたことが分かる。ただし、通遼市は後旗と同じく旗・県レベルの行政機関であり、人口は後旗よりも多かったのにも関わらず、右派分子とされ、闘争の対象になった人数は後旗の自殺者よりも少なかった。この原因は、通遼市における商工界は、ほとんどが漢人であったからである。

ウ、1958年3月14日、中共ジリム・アイマック委員会が、中共内モンゴル自治区委員会に「ラマ教、イスラム教において座談会議を開いて、社会主義教育を進行する計画の報告[417]」を提出した。これは党が宗教について運動を強めることで指導的地位を高めたことを報告した公文書である。それによって、各旗、県での運動はさらに激しくなった。

エ、1958年3月26日、中共ジリム・アイマック委員会が、中共内モンゴル自治区委員会に「ジリム・アイマック直属機関おける双反運動においての状況報告[418]」を提出した。アイマックの直属機関における双反運動は、「3月5日に開始し、昼夜を分かたずに1人当たり70個の壁新聞（大字報）を書き出し、挑戦した[419]」のである。全部の直属機関は、「あわせて191,342個の壁新聞を書き出し、3月18日での統計によると、441,957個書き出し、平均的に1人当たり1,101個で、直属機関の4,012名の役人のうち、5名の役人を除いて、皆参加した」としている。直属機関には、行政機関と党委機関以外に、鉄道、医薬公司、貿易システム、学校なども含まれた。全盟の中学校は「6つの比較」（六比）、「四つの学習」（四学）を提唱した。「六比」

とは、紅くなることを比較する（比紅専）、労働することを比較する（比労働）、働きながら（学校を）営むことを比較する（比勤工弁学）、働きながら勉強することを比較する（比勤工俭学）、質量を比較する（比質量）、指導することを比較する（比領導）、衛生を重んじ、八害[420]を除くことを比較する（比衛生除八害）である。「四学」とは、マルクス・レーニン主義を学習する、ソ連から学習する、教育を学習する、先進を学習する（学马列主義、学蘇連、学教育、学先進）の4つである[421]。この各面で「比較する」ことが徐々に「大躍進」の道に合流していったのである。

オ、1958年6月17日、中共ジリム・アイマック委員会が中共内モンゴル自治区委員会に「農村部における社会主義教育運動の基で、整党、整団、整社事務の総結報告[422]」を提出した。この公文書は「三整」について書かれている。目的は、まず党内を「整理整頓」し、その次に団内（共産主義青年団）を「整理整頓」し、次に農社を「整理整頓」することである。3つを整理整頓し、そして更に浄化することである。党と農社を「大鳴・大放」させ、書記や幹部らで互いに意見と文句を大胆に言わせ、また人々からも言わせ、のちに「大論難」や批判をする。そして、典型的なサンプルを取りあげ、互いに論難するか人々から批判させる。サンプルのA氏の「問題」が終わったら、続けてB氏へ移し、次から次へ「整理、整頓」して、浄化するのであった。公文書を見ると、今回で「48名の党員の党籍を取り消し、64名の党員の党籍を保留して党内にとどめて観察し、84名の党員の党内での職務を取り消し、298名の党員に処分を与えた。それは党員総数の19%を占める。全アイマックで、脱落した幹部は2,879名であり、幹部総数の7.9%を占めた。そして、幹部の隊列を社会主義に限りなく忠実である貧下中農分子で充当させた。そのため、貧下中農の優勢がより一層しっかり確立し、全アイマックの24,251名の社幹部のち、貧農が14,326名で59%を占め、下中農が6,924名で28.24%を占めた[423]」のであった。その上で、党、社、団をそれぞれ3種類に分けて、3類目を徐々に消滅することになった。「統計によると、全アイマックで1,746個の党支部があって、整頓を通じて一類支部は965個

増加し、二類支部が618個増加して、三類支部は減って120個になった。2,100個の団支部のうち一類支部が1,101個増加し、二類支部が748個増加して、三類支部が減って260個になった。2666個の農社のうち一類社が1,361個増加して、二類社が1,122個増加して、三類社が減って183個になった。そして、今年の年内で、三類支部と三類社を消滅することが可能である[424]」と書かれている。

　共産党の各級機関は、一貫して、上級公文書の指示の通りに下級機関が働いていく。後旗では、その公文書の内容に従って、「整党、整団、整社」運動が行なわれた。この「三整」運動で、後旗党委は「216個の党支部を整頓し、それは農村支部総数の65％を占める。451個の農社を整頓し、それは総社の87％を占める。223個の団支部を整頓し、それは総団支部の63％を占める[425]」のように「三整」したのである。

　「三整」によって、党、社、団がかなり浄化され、資本主義的な思想傾向がある個人主義、右傾主義などがなくなり、社会主義の道へ順調に歩むことになった。内モンゴル自治区が全国の「模範自治区」になるように、中共ジリム・アイマック委員会も自らの「貢献」を捧げてきたのである。

　カ、同じく1958年6月17日、中共ジリム・アイマック委員会が、中共内モンゴル自治区委員会に「資産階級と資産階級知識分子及び党外の各界人士に対して、党に腹の中を打ち明ける運動を展開することに関する状況の報告[426]」を提出した。この「報告」には、資本主義的な「個人思想、個人主義」を党に告白し、自分の「思想に存在する」資本主義のさまざまな「汚れ」を党に白状し、社会主義の知識分子になることが述べられている。

　キ、1958年12月27日、中共ジリム・アイマック委員会は、その下級機関である統一戦線部から各旗・県に出された指示を批准した。その指示とは「アイマックの直属機関に地方民族主義を普遍的に批判する運動を展開する指示[427]」(「指示」と略記する)であった。「指示」の目的は、「アイマックの直属機関だけではなく、各旗・県・市でも、この問題を社会主義・共産主義教育運動の一つの内容として行ない、各種の形式での民族主義の傾向を批判す

る。とくに、地方民族主義を批判する」と明確に示された。「指示」の主な内容は以下の通りに書かれている。

「今展開されている社会主義・共産主義教育運動中の見通しによると、アイマックの直属機関、企業と学校の党員、幹部と教師及び役人の中で、重大な地方民族主義の思想と言論が存在している。その表現は、①党が少数民族を指導していくことを疑問視して、我らの活動の個別な弱点を捉えて、党の指導を侮辱し、攻撃している。例えば、第一ロ学校の朝鮮族の教員は『地元の党委は少数民族に対する配慮が不足である』と、党委を侮辱して、『通遼市は正義も道理もない暗黒社会（通遼是暗黒天日）』などと言い、『第一中学校の朝鮮族クラスをオラーン・ホトへ合併する』と主張している。また『現在のモンゴル語教育は、5〜10％の人が進歩している以外に、過去の最も発展した時代に及ばない、その原因は、各級においての指導者に大民族主義が存在していることだ』と公然と明言している。モンゴル語の諺で『旗を何処かへ振れば、兵はそこへ行動する』と言い、『今後、漢語で書くことを徐々に止めて、モンゴル語に替える』と主張している。②党の民族政策を『同化』政策と疑問視し、『党が民族の特徴と形式を軽視して、通遼市は民族地区の特徴を体現していない』と恨み言を言っている。『ホゥールスン・アム、シャル・トス、スゥ・サーリ（ ᠁ 炒米 ᠁ 黄油 ᠁ 奶食品）[428]などを食べる民族の風俗や習慣が封建的習慣とされ、なくされるのは正しくない』、『モンゴル人が漢人と結婚した場合、以降に生まれた子供は、モンゴル語が話せない、これは実際に、モンゴル人を同化させている。』モンゴル人教師の中で、ある人はモンゴル語の『純粋性』を保護することを言い訳にして、中学校と機械工場が合併した場所で働きながら勉強する半工半読の革命措置に公然と反対している。ある人は、保育所の保育員がすべて漢人であるため、児童たちが同化させられると認識している。また、何々課の課長は人々と常に連絡するため、行政機関の民族化を口実にして、モンゴル人が担当すべきだとも言った。あるダフール族は、『将来、ダフール族は3つの民族に変えさせられる、すなわち、モンゴル族、漢族、ウイグル族である』とみだ

りに推測している。③モンゴル人なら、モンゴル語で話せることを強調し、民族言葉の『純粋性』を保持し、モンゴル語での混合語を使わないことを主張している。『混合語（これは各民族が融合していくことが必然的に齎す結果である）はモンゴル語の純粋性を破壊させる』。モンゴル語の純粋性を保護することを言い訳にして、『東部と西部で民族的調整をして、モンゴル人が漢族と別居し、内モンゴルはモンゴル人民共和国と合併する』と主張している。また『今後、漢人の子供はモンゴル学校に通って、モンゴル語とモンゴル言葉を学習すべきだ』とも主張している。

以上の状況から見れば、このような地方民族主義の芽生えは、民族幹部と労働人民との関係、民族と民族との間の友好関係に影響を及ぼし、祖国の『大家庭』を固めることと、社会主義の事業を建設することを破壊するのである。その上、党の少数民族に対する正確な路線、政策、方針を貫徹することを深刻に阻害するのである。

そのため、我々が社会主義・共産主義の教育運動の中で、アイマックの直属機関、企業、学校に対して、地方民族主義を専ら批判し、論難する必要がある。この批判や論難を経て、党、団、幹部、教師、役人などに存在している民族問題における愚かな観念を解消させ、地方民族主義に白旗を揚げさせる。そして、党の民族政策を正確に貫徹し、民族団結を固め、マルクス・レーニン主義の無産階級の民族概念を樹立し、党の社会主義総路線を貫徹することである（省略）」

以上の「指示」の内容には、中国共産党が一貫してモンゴル人や他の非漢民族に対して行う重要な「根拠」の一つが現れている。チベット人であれ、ウイグル人であれ、その民族の利益、尊厳、伝統文化などに対して、一貫して「地方民族主義」と「定義」付け、攻撃してきたのである。このやり方は、その後の文化大革命、改革開放、西部大開発などの時期における次から次への「民族政策」を執行するプロセスでの主なやり方、内容でもある。

「指示」の目的は、「指示」の中に明確に示されている。「重大な地方民族主義の思想と言論」の「表現」の①には「モンゴル人が党を疑問視し、侮辱し、

攻撃している」とある。これは、中華人民共和国が国家として成立してから、社会におけるすべてのマスコミを一元化して、党が強く掌握し、民衆の言論や世論の自由を失い、党のみが発言し、公布し、宣伝することになったためである。その結果、それに対し何を言っても「誰かが誰を疑問視する、侮辱する、攻撃する」と断定されてしまうことは、当然のことであろう。また、「指示」によると、「混合語（漢語とモンゴル語を混ぜた言葉）」について、朝鮮族や、ダフール族や、モンゴル人達が、主張したことは実際的なことであるのに、党委からは「地方民族主義」と定義されていることも明らかである。当時、党委や政府からの公文書などがモンゴル語でも発布されていたのは、事実である。しかし、1956年〜1958年にかけて、内モンゴルではモンゴル語を漢語に替える試みが何回もあった。現在では、党委や政府の公文書は、漢語でしか書かれていない。

　「指示」では、民族の利益や尊厳及び伝統文化についての言葉や話を「愚かな観念」と定義し、それを「地方民族主義」の「白旗」と侮辱し、逆にマルクス・レーニン主義の無産階級の民族観念を「紅旗」として樹立し、社会主義の総路線を貫徹させていくことを肯定したのである。この「指示」によって、党、団、幹部、教師、役人などに存在していたモンゴル人の民族精神が繰り返し攻撃され、民族アイデンティティーが次第に弱くなった。そして、同じモンゴル人でありながら党、団、幹部、教師、役人などの陣営のモンゴル人と普通のモンゴル人との間に徐々に目に見えない「壁」が立てられるようになった。この「壁」が、文化大革命時期にいたって、さらに「堅く、高くなり」、モンゴル人社会が2つに分けられるようになった。のちの、改革開放時代になると、この「壁」の存在がもっと顕著になり、「強大な利益集団」と「弱小な勢力集団」になった。新しい世紀になると、この2つの勢力がお互いに対立するようになったのである。

　3、後旗での整風、整社運動と反右派闘争は1961年まで続いた。これについて、後旗の下級機関である人民公社の幾つかの公文書を見よう。「ホタン人民公社のグーン・ホーライ管理区の核標隊の整風、整社事業の終結[429]」

という公文書を見ると、公社党委と隊の党支部の指導で「幹部らを徹底的に整理整頓し、農業生産も勝利を果たした」。しかし、「事業の過程で、不足点もかなり存在していた。(省略)例えば、1960年の冬、小隊の幹部らが独断的に家畜の飼料を30,000斤売り出し、660元の収入を得た。しかし、幹部らは175元の汚職をした。それ以外に、タバコと茶を買い、幹部らが享受した。その飼料を売ったため、家畜に与える飼料がなくなり、数多くの家畜が死んだ。小隊の幹部である包文会氏と胡才氏が大隊の羊を馬車2〜3車分売り出し、91元を得て、そして小隊の労働力1人当たりに400株を配った。このように自分の小隊だけのことを配慮し、大隊の利益を配慮しない動機の行動は、無組織、無規律である。(省略)支部書記である趙大龍氏と稲子地小隊の隊長である張文氏(党員)は大人を殴ったばかりでなく、子供も殴った。また、社員に対して、1人分の食糧を減らすことを処罰として事業を行なった。ペイスンダ小隊の隊長である"孫発"氏は欠勤した労働者に対して日当たり食糧の50%を減らした。更に、婦女労働者が生理日であったのに、動員して、労働させた(省略)。支部書記である達龍氏は、彼の母が病気になった際、大隊の豚を殺して母に食べさせた」などのことも示されている。

アドーチン公社ダライン・アイル管理区のジョルガン・ゲル生産大隊が後旗党委に出した報告には以下のように書かれている。「我が生産隊は、3つの村(自然屯)があって、農・牧業を結合し、106戸(世帯)で、480人(男274人、女206人)の貧困な生産隊である。中央党委と毛主席の指導で、また内モンゴル自治区党委や各級党委の正確な指導で、先に党内を、次に党外を整理し、先に幹部を、次に群衆を整理したのである。大会議、小会議、老年会議、婦女会議、座談会議、個別な拷問などさまざまな形の会議を行ない、講義しながら学習し、宣伝しながら鳴放(意見を言い出すこと)し、また現場を処分するなどで整風、整理したのである。整風整社しながら生産や生活を行ない、249人が運動に参加した。この数字は8歳以上の人口の78.4%を占めた。参加すべき16歳以上の人口は258人であり、参加した人口は96.5%を占めたのである。『鳴放、弁論』における闘争の過程で、数多くの

社員や住民が怒りだして、主張した意見も多い、大会議ではひっきりなしに泣いていた。例えば、德楽氏、アガバヤル氏、ハルバラ氏、メーデック氏、エルデニ氏など（省略）[430]」

これ以外に、「ノゴスタイ公社整風・整社の状況報告」、「ジリガラン公社エケ・ノール生産隊の報告」、「モードト公社人民武装部が民兵を整頓する事業の終結報告」、「オール公社整風整社事業展開状況の報告」、「ガンジッグ公社整風整社運動と生産・生活措置状況の報告」、「チョルートの生産と当然における事業について初歩の措置意見の報告」、「エケ・タラ公社整風整社弁公室『整風整社簡報』（第1期）」、「金宝屯種豚場の整風整場中の幾つかの問題についての請示」、「城五家子生産大隊の整風整社事業に関する終結[431]」などの報告がある（紙幅の都合で省略した）。

こうした闘争によって、全社会が恐怖の雰囲気に覆われ、各方面の人々が党委の厳しさを感じて、ある人は過酷な拷問を受け、殺され、人々の党委への抵抗力がなくなり、社会の正義、公正、公平が失われた。その一方、党委の指導力が急速に高まり、党委の社会での地位が極端に増大しつつあった。後旗の党委の立場から見れば、整風運動、反右派闘争は、徹底的に勝利したのである。まず、党、団、幹部、教師と役人、商工界の業者、小商業者、村など社会の隅々まで、党委の指導的な地位が絶対的に高まった。その上で、それらの組織の中に存在していた「資本主義的要因」を取り除き、浄化したのである。しかし、視点を変えて、後旗のモンゴル人社会の立場から見れば、数多くの人々が殺傷され、「弁論」され、拷問され、また自殺したので、残酷な歴史として、人々の記憶に残ったのである。そのため、モンゴル人としての精神的なあるべき意識が失われ、人間としてのあるべき尊厳が失われ、宗教の自由と言論の自由も失われた。また、主権国家の領域で、普通の庶民として、安定的に牧業や農業を営む権限が失われ、生業する自由も奪われた。

Ⅳ　自殺、逃亡、殺人

　同じようなことは、他の旗・県でも起こっていた。各旗・県の公安局が政府と党委と協力し、右派分子と闘争しながら、右派分子の逃亡に関しても厳しく監視していた。1960年になると、各旗・県や自治区における各地域で反右派闘争によって圧迫され、責め立てられ、逃亡や自殺に追い込まれることが起こっていたのである。以下では、このことを論じていこう。

　1、ジリム・アイマック公安局（公文書での中国語では「公安処」と書かれている。以下「公安局」とも翻訳する）から各旗・県・市へ出された「緊急通知」で、以下の内容が書かれていた。「アイマックの法院（裁判所）の呉斌副院長が後旗で事務を行なった際、後旗公安局の陳良同志の報告を見ると、彼らが後旗のある公社で『集訓』（集団訓練）する時、25％を占める人々が、『五類分子』になっていないのに、『集訓』されていた。また、後旗では、『集訓』中に、9名の『五類分子』が死亡した。その原因を聞くと、ある人は『集訓』する通知書を受け取った途端に自殺した。ある人は、年寄りになり、体が弱々しくて、『集訓隊』に行かせられ、病気になった。そして家に戻ってから死亡した。その他の原因について当局が監査を行っている。

　我らの調査によると、別の旗・県・市でもこのような状況が発生している。君たちがアイマックからの指示に従い、しっかり検査し、訓練する方と訓練されている方を含めて、公社と管理区に対して1回の検査を行なうことを希望する。その場合、訓練する時、ゆったり過ぎたことがあるかどうか。程度がどれぐらいかについて数字で説明する。逃亡した人数と死亡した人数、原因など、また、訓練の過程で逃亡した人数、『五類分子』が党に腹の中を打ち明ける運動の展開された状況などはどうか。（省略）アイマックの公安局に報告してください[432]。」

　「五類分子」を集団訓練させる際、総数の25％を占める人々が「五類分子」ではないのに、拷問され、訓練された。また、「訓練」中に死亡した9人が上で述べた自殺した人々の名簿に記載されていなかったことも分かる。「集

団訓練」の通知を受けた途端に自殺した人も存在していた。

　ある人は「集団訓練」の厳しさを恐れて、その他の地域へ逃亡したのであった。例えば、後旗から1500キロあまり離れているシリンゴル・アイマックのジュウン・スニッド旗の公安局が、後旗公安局に提出した公文書で以下のように書かれていた。「ホルチン左翼後旗公安局へ。貴旗のブドーン・ハルガン公社のオラーン・ガチャーのテメー・アイルの社員であるラッドナ氏についての状況を知りたい。ラッドナ、27歳、モンゴル族、男、家庭成分は地主である。今、この人は我が旗に在住している。聞くと、この人は1959年に家に帰らせられて労働改造を受けさせられていると答えた。その原因は何か、事実であるかどうかについては分かりにくいのである。のちに、3月16日に逃亡して、3月22日に我が旗に着いた。そのことを我が局に報告した。しかし、報告が曖昧であるため、彼が自分の原籍にいる時、問題があったのかどうかについて、貴局からの説明を至急に転達してくることを希望する。ジュウン・スニッド旗の公安局より[433]」

　以上は、後旗公安局とジュウン・スニッド旗公安局の間で、調査された「地主」であるラッドナ氏に関するやりとりであった。具体的に言えば、ラッドナ氏は、後旗に居住する公民であり、反右派闘争によって「逃亡」し、シリンゴルに移動した。しかし、内モンゴル社会ではすべての政治的な「網」が共産党に支配されているがゆえに、普通の庶民にとって、「逃亡」することは無謀であった。「3月22日に着いて」以降、3日間の短い内に、向こうの公安局から後旗公安局へ報告が出され、28日に後旗公安局に返信させた。もちろん、さまざまな拷問や「訓練」などの過酷な苦難をなめて、我慢できないため「逃亡」したのである。

　2、1960年2月1日、内モンゴル自治区党委は、「整風運動と社会主義教育運動において発生する自殺事件と殺人事件を防止することに関する意見[434]」（以下は「意見」と略記する）を自治区内の各地へ発布した。この「意見」には「フルンボイル、ジリム、バヤン・ノールなどからの報告によると、機関幹部に対する整風運動と社会主義教育運動で、殺人事件と自殺事件がかな

り発生した。ボゴト市鉄道工程第一処の保衛幹事である雷兆普（党員）氏と集寧鉄道第四処の隊長である申志（党員）氏は、批判される対象とされた時、ピストルと刀で、それぞれ自殺した。ジリム・アイマックの後旗のノゴスタイ人民公社のアルイン・フベー（北辺屯）村支部書記であるボイント（宝音陶）氏と臨河市糖工場の工人である傅守謙氏は社会主義教育運動の中で自殺した。ハイラル市が人民公社を建設する運動で、（省略）楊其文氏が斧で、彼に意見を提出した崔永芳氏の頭を2回打ち、殺そうとしたが、他人に発見され救われた。これらの事例から見ると、今回の整風運動と社会主義教育運動は、深刻な鋭い階級闘争である。この闘争の中で、資産階級の立場と世界観を堅持して、死んでも屈服せず抵抗する人が存在しているが、彼らは極めて少数である。しかし、このような自殺事件や殺人事件の責任は、彼ら自身にあるが、政治の上では党に損を与えた。（省略）」と書かれている。

以上の「意見」から見れば、反右派闘争と整風運動及び社会主義教育運動によって、自殺事件や殺人事件などが、内モンゴル自治区の東端のフルンボイルから西端のボゴド市にかけて、大々的に発生したことが分かる。また「意見」では、党委は自殺事件と殺人事件の責任を「彼ら自身」に押し付け、「党に損を与えた」とする。すなわち、殺人事件と自殺事件は党委に関係がなく、すべての責任を個人個人のことであると定義している。

中共ジリム・アイマック委員会から上級機関への報告にも、反右派闘争により自殺した件が書かれている。1959年6月24日の「叛党分子である陳泉（録）氏が人を殺して、自殺したことについての通報[435]」（以下は「通報」と略記する）には以下のように書かれていた。「モリン公社（茂林公社）の元党委書記、モロイン・スム林場（森林管理区）の場長であった陳泉氏は、重大な過失があって、公社の党員と社員代表大会が行われていた間に、自分の過失を恐れて自殺した。陳泉氏は、男性、36歳、モンゴル族、出身家庭は中農である。彼の主な過失は、階級的立場を深刻になくしたことである。彼が原則を無視して、当林場の会計員である安静氏（富農）と男女関係を発生させ、彼女の夫である孫永祥氏（地主）と李桑杰氏（地主、国民党員、陳泉氏の妻の兄）

を管理員として昇格させたため、人々が彼に対してさまざまな意見を言った。しかし、陳彔氏は親戚で集団的に林場の指導権と財政権を掌握し、深刻に腐敗し、浪費した。そのため、林場の職員を管理できなくなった。孫永祥氏は自分で銃を所持し、不倫な男女関係を発生させ、李富（林場の工人）氏の婦女を強姦した。しかし、陳彔氏は、書記でありながらこれらのことに無関心であった。（省略）5月26日に、アイマックから工作組を派遣し、林場の代表大会を行い、陳彔氏に対して批判し、清算した。批判する会議の間、2回の監査を行い、男女関係についても批判が行われた。その結果、6月5日に、陳彔氏は自分の事務室で、安静氏を殺して、のちに自殺した。（省略）陳彔氏が人を殺して、自殺したことのすべての責任は、彼自身の責任である。しかし、アイマック工作組の彼に対しての圧力にもある程度の責任がある。アイマックの韋副書記への彼の手紙にもそれは書かれていた（省略）」

　この「通報」で、陳彔氏が「原則」を無視して、自分の親戚を「昇格」したことと権利が集中したことによって「腐敗、浪費」した原因は、林場における組織管理に、選挙するシステムがなく、権力を監督するシステムもないことにもあるのではないか。幹部を選挙によって昇格させるようにすれば、「住民」が自分の利益を代表する人物を自由に選び、監督によって「腐敗や浪費」を防ぐのである。また、治安に関しても裁判所、公安局、検査院がすべて党委にコントロールされた故に、党委が動かない限り、その他の機関が働くことができないのであった。

　3、反右派闘争について、1962年2月6日、中央事務拡大会議で、内モンゴル自治区の主席であるオラーンフー(雲澤)が以下のように定義した。「過去の何年の間、我が区における事務の中で、<u>確かに偉大な成績を果たした。</u>同時に、<u>数多くの弱点と過失が存在している。</u>これらの弱点と過失は、各級の党委として言えば、真っ先に自治区党委が主要な責任を取るべきだ。（省略）我々の活動における弱点と過失は、主に1958年以来の主観主義、官僚主義、命令主義、分散主義などがある程度発展し、党の民主的集中制度を貫徹することが足りなかった上、とくに1959年の後半年から1960年にかけて、よ

り重大であった。我が党における事実に基づいて真実を求めるという伝統と民衆路線のやり方に違反し、党の民主集中制度の原則が弱くなり、損なわれた。<u>反右派を拡大化し、ある人物を誤って批判し、誤って処分したのである。これは、各種類の運動で、我らが一貫して、まず枠があって、次にその枠を証明するために、それに合う資料を捜査したが、ある資料がその枠に合わない時、冷静にその枠を疑わない上、下級に対する状況をも調査や研究をしなかった。</u>民主的なやり方が偏っていて、良いことばかりを聞き、良くないことを聞き入れなかった（省略）[436]」

　以上の公文書の下線部分に、反右派闘争についての自治区党委の定義が書かれている。党委にとっては、「確かに偉大な成績を果たした」のであった。かなりの民衆が迫害され、自殺したが、それは内モンゴル自治区党委にとって「数多くの弱点と過失が存在している」にすぎなかった。残念ながらこの反右派闘争とほぼ同じ時期に、「大躍進」運動が始まり、後旗の牧区地域と農村地区にさらに大きな影響を与えた。次の節でそれを論じていこう。

第3節　後旗における「大躍進」運動の実態

I　基本状況

　本節ではモンゴル人の多数が暮らしている内モンゴルの東部地域の旗（中国で県レベルの行政機関）で、その運動がどのような経緯を辿ったのか、「大躍進」運動で、内モンゴルの東部地域のモンゴル人社会はどのように変化したか、それらの問題を当時の公文書を踏まえて具体的かつ詳細に論じる。

　この運動について、公式の「ホルチン左翼後旗誌」には、以下のように書かれている。「① 1958年3月、旗党委は1,870名の幹部を試験畑で生産労働する目的で参加させ、旗直属機関から40名の幹部を労働に従事させた。全旗において、4万人が農業労働に参加して、1,000個の『衛星畑』と高収穫の『基本畑』を建設した。②中央からの『鋼鉄を大々的に鍛える』という

呼び掛けに従い、3,000 人がフレー、阜新などの地域に行って、採鉱し、土で高い炉を建て、鋼鉄を鍛えた。その結果、ガンジガ鎮（後旗政府の所在地）だけで、1,200 名の幹部や工人が昼夜を分かたずに工事を進め、9 つの高い炉を建てた。そして、1,300 トン土鉄（純粋な鉄になっていないもの）、100 トンの土鋼（在来の方法で製錬した鋼鉄）を鍛えた。また、ガラス工場、セメント工場、セメントパイプ工場、電池工場、綿厫工場などあわせて 554 個の工場を建設した。③モードト区のトゴルジン山の南の清河流域で、貯水池を建設して、それを『紅領巾水庫』（ピオネール貯水池）と名付けた。金宝屯鎮に三江揚水站を建設し、18,000 畝の畑を灌漑するようになった。④ 17 個の人民公社を建て、369 個の生産隊をつくり、1,800 余りの戸を転宅させた。金宝屯地域（金宝屯公社、向陽公社、双勝公社、チャルス公社などを含む）が『13 ヵ月で共産主義を建設する』試験点をつくった[437]。地元の人々は、当時の金宝屯公社は共産主義になり、僅か 18 日間で食料がなくなった[438]と言っている。

当時（1958 年）、後旗の総人口は 190,238 人[439]であり、343 人が 1 つの工場に当たるように建設されたのである。しかし、後旗の人口のかなり多くは、農民・牧民であった。統計によると、1949 年、農民と牧民は総人口の 90.65％を占め、1965 年には総人口の 91.05％を占めていた[440]。ならば 1958 年には、後旗の農民と牧民の数は総人口のほぼ 90％を占めていたと推測できる。以上の公文書と数字から見ると、数多くの農民や牧民が毎日農業、牧業などを生業として働きながら「整風整社運動、反右派闘争」、採鉱、「鋼鉄を鍛える」、工場をつくる、水利建設をするなど苦しい状態であったことが分かる。その上、開墾して耕作面積を大量に広げ、家畜に対しての「任務」も増えていたのであった。

後旗の「大躍進」運動は、農業における畑、水利を開発すること、工業における鋼鉄工場、人民公社などをつくることであった。すなわち、農業大躍進、工業大躍進、人民公社化であった。農業においては、「1957 年の 6,380 垧[441]の畑を、1958 年に増加して、13,000 垧にする。そのため、水利、肥料などを準備して、100％の畑に施肥する[442]」のであった。しかも、後旗での

大躍進は、自治区からの「農業大躍進、牧業大発展」政策の通りに、農業だけでなく、牧業についても大発展させ、国家へ「貢献」することであった。

放牧地は年々少なくなってきた

　これについて、当時、後旗において農・牧業の収穫物を集め、国家へ納入する任務を完成する重要な一環であった「後旗食品公司」の企画を見よう。「中国食品公司内モンゴル自治区ホルチン左翼後旗公司の1958年の事業を躍進する計画[443]」では、以下のように書かれている。

　「1958年は、我が国が国民経済の第一期の五ヵ年計画の完成のもとで、第二期の五ヵ年計画を迎える第一年である。第二期五ヵ年計画で、先に重工業を発展させた基礎の上に、工業と農業を一括する方針を実行し、我が旗を大いに発展させ、全面的に躍進させる一年である。同時に、中央から全国農業発展綱要（改修案）を公布して、15年間のうちに鋼鉄とその他の重工業製品の産量がイギリスに追いつく、或いはイギリスを超えることができると提案した。これらの人心を奮い立たせる偉大な目標を呼びかけることは、全国人民の最高の利益である。更に、全国人民の光栄な、偉大な歴史的任務である。（省略）[444]」と強調している。その具体的品目、数量を表（表5-2、表5-3）に示す。

表 5-2　1958 年に後旗が品物を集める任務[445]

品物	単位	合計	旗公司	フレー	金宝屯	ジリガラン
豚	頭	20,500	5,500	3,500	9,400	2,100
牛	頭	17,200	5,700	5,500	3,500	1,500
タマゴ	斤	1,000,000	340,000	350,000	310,000	
羊	支頭	5,500	1,000	4,000	400	100
老雑畜	頭	600	250	150	200	100
農耕ロバ	頭	5,000	2,000	1,500	1,700	300
その他	元	49,420	31,420		19,000	

表 5-3　1958 年に後旗食品公司に渡す品物の任務[446]

品物	単位	数量
豚	頭	17,000
牛	頭	13,600
タマゴ	斤	930,000
羊	支（頭）	3,500
老雑畜	頭	20
農耕ロバ	頭	5,000
その他	元	297,194

　以上の2つの表で示した家畜頭数は、旗の各公社や牧畜場が集めて、それらを旗食品公司へ「売り出す」任務である。しかし、当時の農業の収穫物と牧畜業の家畜を買い付ける際、値段を定める権限は旗食品公司にあるため、値段は大変低かった。「計画経済」になり、値段は党委の会議によって定められていたのである。しかも、表から見れば、半分以上の物を「任務」として国に納入するのである。残り分は、後旗の各級党委や各機関の幹部らに「提供」する物である。この2つの表に書かれている数字から、中央政府、或いは自治区政府の支配力がどれほど強かったかが分かる。2つの表を分かりやすくため、表（表5-4）にして比較する。

表 5-4　後旗食品公司の集めた状況（資料に基づき筆者が作成）

	豚	牛	タマゴ	羊	ロバ
任務の数	20,500	17,200	1,000,000	5,500	5,000
売り出す数	17,000	13,600	930,000	3,500	5,000
残り分	3,500	3,600	70,000	2,000	0

II　「大躍進」運動の「躍進」と災難

1. 後旗における「大躍進」運動の2つの面

　まず、党委の場合は、確実に「躍進」した面があった。①指導する地位の面で、「1,870名の基礎の幹部や40名の旗直属機関の幹部が、労働に参加[447]して、社会主義建設に役に立つ幹部の陣営が芽生えた。その一方、行政の面で、「人民公社を建設する」ことが成功し、従来の「互助組」、「協同合作社」により、さらに集団化され、党からの指導や管理が強化された。1963年2月になると、30個の人民公社が成立し[448]、それらが1984年11月まで社会主義建設に役に立ったのである[449]。②水利、用水設備を建設し、耕作面積が広大し、国に納入する収穫が一時的に多かった。数多くの工場や鉄を鍛える炉が増加し、国家の重工業化に「貢献」した。そのため、後旗は、ジリム・アイマック委員会と自治区委員会によって賞を与えられ、さらに中共中央委員会の賞をも与えられた。1959年に45個の「紅旗機関」が選ばれ、旗委員会の賞をもらった。同年2月に、後旗の党委書記であるダムリン氏と鉄牛公社林場の副工場長であるノミン・ダライ氏が、全国の「労働模範」になり、国務院からの褒賞が与えられた。10月に、後旗の14個の人民公社が食料を国に納入することに優秀な成績を上げて、中共ジリム・アイマック委員会に表彰された。12月から翌年の1月にかけて行なわれた自治区第八次農村事業会議で、後旗は「自治区の農業先進機関」に選ばれ、7個の公社が「自治区の農業先進機関」として選ばれ、自治区の賞をもらった。1961年6月、後旗の4個の生産大隊が自治区政府に「1960年において、

農業大収穫した機関」として、賞をもらった。1962年1月、後旗党委と後旗人民委員会（政府）が工業、農業、牧業における先進代表大会を開催し、262個の「先進団体」と159人の「先進個人」に賞を与えた[450]③後旗で党委の指導を宣伝する機関も「大躍進」して、ソフト面でも大きな成績を上げたのであった。「1957年に、後旗の人民ラジオ放送（広播站）が建てられ、翌年（1958年）3月に、後旗のモンゴル語での講談館（説書館）が建てられた。4月に、文化を宣伝する『文化隊』が建てられ、この隊がのちに、後旗のオラーン・ムチル（烏蘭牧騎）になった。5月に、『躍進号』という新聞が創刊され、後旗の党校が建てられた。10月に、後旗党委の機関誌である『科左後旗報』（漢語）が創刊され、1959年4月に、モンゴル語でも創刊された。同年8月に、中華人民共和国建国10周年に対応して、後旗の展覧館が建てられた[451]」のであった。すなわち、後旗における共産党のメディアがその時代の「大躍進」によって、作られてきたことが分かる。

　他方、「大躍進」運動は普通の農民、牧民に大きな災難を与えた。これについて、後旗党委の公文書では次のように書かれている。

　「1958年に、1200人の幹部や工人が昼夜を分かたず、鉄炉を建て、1300トンの鋼鉄を錬り鍛えたが、すべてが使えず、くず鉄になり、道路の舗装に使われた。同年の10月に、旗委員会が人民公社を建てるために、新しい計画を決議し、108個の村を合併して、1,800余りの戸の農・牧民が移住され、群衆に大きな経済的損失を与えた。11月に、金宝屯地区が『13カ月で共産主義を完成する』ことで、巨大な経済的損失になり、群衆の生産する意気込みをくじいた。全旗で554個の工場を建てたため、工業の貸付金が猛烈に増加して428万元になった。1960年6月に、国家へ納入した食料が多かったため、後旗のある公社や生産隊で、人が餓死した事件があった。同年、全旗の農作が極端に減産して、実際に収穫した食料は0.775億キログラムであった。しかし、旗の食料会議では生産量を1.5億キログラムと見積もり、国家へ0.45億キログラムの食料を納入するという決議をして、それは当年においての生産量の65％を占めた。その結果、農民に残された食料は毎日

1人当たり0.15〜0.25キログラムであった。1961年2月、満闘、オゥーラ、ジリガラン、ノゴスタイ、モードトなどの公社で、人が餓死した事件が発生した。1962年9月、満闘公社で、人が餓死した事件が発生し、アイマックと旗党委から事業組を派遣し、調査した結果、2名の幹部に刑事処分を与え、10名の幹部に紀律処分を与え、のちに、旗委がジリガラン、ノゴスタイ、オゥーラ、モードトなどの公社での異常死した事件を処理した。そして、旗委の常務委員会の1人、公社書記や副書記及び社長の7人、大小隊の幹部の何十人をそれぞれ処分したのである[452]」

2.「大躍進」運動の過酷な影響

　上で引用した公文書には、大衆が餓死した事件が2回書かれているが、実はほとんどの村で、食料が足りないため、餓死した事件が発生したのである。筆者が後旗で現地調査を行っていた際に、年寄りの人々から聞いた結果、共通点は「1958年から1962年にかけて、澱粉や野菜を主食とした」ということであった。本稿では、ジリガラン公社のある生産大隊の餓死した状況について、当公社が中共後旗委員会に出した報告をサンプルとして分析する。その報告に関する公文書は、1961年3月31日に、ジリガラン公社党委が後旗党委に提出した「エケ・ノール生産隊で発生した死亡事件の状況においての報告[453]」(「報告」と略記する)であった。この「報告」の主な内容は以下のAからGの通りである。

　A.「本隊の総戸数は201戸で、総人口が920人で、総労働力が391人で、そのうち婦女労働力が171人である。1960年に、総耕地面積は18,238畝で、総産量が746,720斤（373トン）で、国家に納入する食料任務は460,262斤であった。しかし、実際は488,728斤の食料を納入して、任務を超過達成した。10月1日に、全隊での自家用食料は169,224斤であった。10月1日から翌年2月末に、消費する食料は、99,634斤であり、1人当たり108.3斤を消費し、毎日1人当たり0.7斤である。

　食料について公社からの統一した標準的配給は、10月から12月15日ま

では、やや多く、毎日1人当たり平均で8両[454]（400グラム）程度である。12月15日、公社の支部書記会議で、統一した配給によって、(翌年)1月20日まで、毎日1人当たり平均で0.4両（20グラム）と定量された。1月20日から2月末までは、毎日1人当たり平均で0.5両、3月から(旗で開催する生活書記会議が終了する前)は毎日1人当たり0.6両と定量された。3月6日から7月までは、全部統一して0.8斤（1斤＝500グラム）になる。

　それにも関わらず、分配が不適切で、病人に必要な食料を減らしたため、病人が多くなり、死亡人数が往年の同じ時期より増えたのである。

　B. 本隊における死亡と発病の状況。1960年10月以降、本隊で45人が死亡した。そのうち、10月から12月にかけて9人が死亡し、1月から3月2日までに27人が死亡した。その際、公社が動き出して有効な措置を取った。3月2日から30日までに、9人が死亡した。死亡したのは男性が28人、女性が17人で、60歳以上が17人、40〜59歳が7人、16〜39歳が8人、15歳以下満1歳以上が11人で、幼子が2人であった。

　C. 死亡した原因。肺結核で6人、水腫で8人、心臓病で1人、脳炎で1人、腎臓病で1人、癲癇で2人、消化不良で3人、母乳が足りないで1人（幼子）、持病で12人、インフルエンザで1人、チフスで4人、浮腫（むくみ）で3人、合計して45人であった。

　3月2日に、整風事業を報告する際、死亡者の家族に適度に配給した上、すでに患った56人に治療を行なった。そのうち、胃の痛みと脚の痛みで28人、胃の持病者と気管支炎で15人、全身浮腫で13人がいた。

　以上に述べた病気の状況から見れば、ある程度には生活に関する配給と関係があるため、公社から社長と旗委統戦部の張部長らが、状況に応じて、以下の措置を採用した。①公社の衛生院（公社の病院）の院長と1名の医者を連れて行き、病気を全面的に監視下におき、薬を出した。同時に、13斤の紅茶を配備し、病人にそれぞれ食用させ、浮腫を治療した。そして、1人の医者が残されて治療した。②病人の栄養を増やすために、1人当たりにある程度のアワと野菜を与えた。1〜2頭の役に立たない家畜を殺して、病人の

需要する肉食に対応した。③公社が病人に30斤の鮮魚を提供した。

D. 今回行った同志（幹部）が最初に掌握した死亡についての状況を見ると、死亡した37人のうち、12人が持病と気管支炎で死亡した。肺結核で7人、癲癇で3人、半身不随で1人、腸閉塞で2人、インフルエンザで2人、胃の痛みと消化不良で6人、浮腫で1人、幼子2人であった。

　本隊（生産隊）における病気の状況が深刻であるため、公社が再び生活に関する責任者である党委書記を派遣し、配給の管理をさせた。アイマックの事業団の王団長の指導で、今の36名の病人に対して、3月9日から『専用の食堂（専竃）』を成立させ、毎日各人にアワ、野菜を提供し、豆汁を飲ませた。前後に死亡した3頭の牛（老い痩せて死亡した）と1頭の羊の肉を病人に食べさせた。その上にアイマックからの医療隊によって、状況に好転の兆しが見え、隊の『専用の食堂』で食べる病人が16人しかいなくなり、一部の人は労働に参加し、健康を恢復した。

E. 本隊では死亡した人が多く、病気の状況が深刻である、その原因は①生産隊においての整風が厳しく、人々の苦しみに関心がなかった上、ある幹部の専用食堂が特別にあって、それが特権であったため、人々の差し迫っている問題を適切に解決しなかった。例えば、亡くなったハプンガ氏の場合は、病気だったにも関わらず、（彼は）労働に参加しないという理由で、たきものを配給して貰えず、家が寒くて、その上飢餓と病気などでの三重苦に見舞われ、死亡した。デギン（呆汗）氏、バヤン氏、フレルトゴ氏らの死亡した原因も、食料が任意に減らされ、人々が無関心だったためである。②病人と妊婦に対する関心が足りない。本隊はお正月に病人に1両のバター（黄油）と15斤の粃（しいな）を調達する以外、年寄りに対して食べ物を調達しなかった。また、病人と老人及び健康な人に一律に澱粉パン（澱粉餑餑）を食べさせた。ある人は食料票を持ちながら、僅かの食料を要求したのに拒否されたのである。③1人当たり4両の食料が定量されているが、食料を提供する場合、いつも減らされ、社員になかなか4両分まで行かなかった。例えば、1人当たり4両の際、本隊はほとんど粃を食べさせた（このことについて公社の党委は

ある程度の責任がある。公社の生活会議で、冬は暇であるため、粕を食べ、春の忙しい時に良い食料を食べると提唱した）。（人々に）1斤の食料あたり8両の糠付け粉[455]に替えて提供し、その上管理人が着服することと、幹部の『小食堂』に横流しすることなどで、社員の食べられる量が少なくなった。例えば、第二小隊の管理人が自ら『小食堂』で食べて、食料をラクダで家へ運んだのに、社員にはわずか2両程度の食料しかなく、生活が深刻になった。

　F. 定められた量が少ないのに、更に減らされ、ご飯の替わりに澱粉を使うことになったため、食堂では大量の蕎麦の糠（蕎麦の花と果実の皮）、豆茎、コウリャンの粕などを使った（澱粉の原料として）。蕎麦の糠には、多くの硝酸カリウムが含まれているため、浮腫んだ。澱粉は胃腸に悪くて、栄養も不良である。病人がこれらによって死亡した。

　G. 以上に述べたごとく、発生した問題と原因についての種々の根拠から見れば、我が農社の指導者には、深刻な官僚主義が存在し、人々の体験への共感がなく、具体的な状況を了解しなかった。問題が深刻になった場合にのみ発覚し、政治に重大な影響を与えることとなった。公社と公社の党委に確かに責任がある。

　まず、官僚主義の習慣が幅をきかせているため、一方の言い分だけを聞いて、それだけを信じて、うわべだけの現象に惑わされた。例えば、本隊の第一小隊の食堂は、去年の秋から公社に『紅旗食堂』と認められた。また、この食堂が会議場としても使われた。冬になってから、本小隊が何種類かの澱粉を造り上げた。とくに、トウモロコシの棒（茎）で造った澱粉がかなり成功した。公社がその澱粉を肉眼で鑑定して認めたので、1月16日から全公社においての生活会議で、その澱粉造りの経験を押し広めた。（省略）出席した全員が本隊における澱粉工場を見学し、他の隊にも紹介した。また、本隊の食堂がその澱粉で13種類のパン（餑餑）をつくり出し、出席者たちに食べさせた。そして、皆はそのパンを褒めたたえた。その結果、本隊の生活手配が基本的に解決したと認識され、のちにも人々の生活に深く関わることはなかった（省略）。そして、人々の食料を管理する権力が他人（官僚）に掌

握されたため、人が死亡した（省略）。

　次に、生活手配について認識が足りなく、人々の苦しさに気を遣わなかった。本隊の食堂がけっこう良いので、また本隊は管理区の所在地であり、更に、管理地の書記が公社の党委委員であるなどが原因で、現場会議を終えて以降、事務組を派遣しなかった。そのため、全部のことを管理区の書記に頼った。いざ問題が発生し、人が死亡した場合でも、彼らは公社へ報告しなかった。更に、追及しなかった。その結果、事務組が動き出す前に、この問題がずっと表ざたにならなかった。その上、事務組が公社へ報告したが、ある書記が重大視しなかった（省略）。旗委が我らの今後の仕事の改善に役立てるために、適度の処分を与え、教育することを要求している」

　以上の「報告」に書かれているAからGの事実から見れば、餓死したことの主な原因は、当時における中央や自治区の食料政策と地元の党委及び幹部らにあったと言えるだろう。このことを以下で具体的に分析する。

　実は、エケ・ノール生産隊の人々が耕作し、当年に収穫した食料は充分に足りるのであった。例えば、当年で収穫した746,720斤は920の人口1人当たり811斤になる。たとえ国に半分を納入することになっても、1人当たり400斤になる。そうすると、餓死などは発生しないのである。しかし、国家に納入する食料が実際には多過ぎるため、民衆が餓死するようになったと考えるのが妥当である。報告で書かれている0.7斤と言うのは、果実の重さでなく、粃と果実をあわせた量であった。その結果、0.7斤分の粃を取り消し、純果実になれば、5.6斤しか食べられないものになるのである。しかし、当時は、食料が足りていないため、粃とともに食べさせるのであった。0.7斤や0.5斤というのは、人間が必要とする栄養には不足である。その一方、当時の農作業はほとんど伝統的な作業であり、人力や犂で畑を耕していたため、普通の人より多い食料が必要であった。「報告」によれば、公社や管理区の党委が会議によって人々の毎日食べる食料を「計量」していたのであった。

　「報告」では、餓死した人物の病気の種類を明確に示している。920人のうち、3ヵ月の間で総人口の4.89％を占める45人が餓死したことは、非常

に厳しい状態であった。また、この「報告」は、3月31日に報告されたので、4月から6月までに餓死した数字や報告はなかった。後旗の自然や気候の条件から考えると、毎年5月中旬や6月になると原野の雑草や低木が芽生えて、楡の果実[456]が食べられる。7月になると食用になる野生植物が食べられる。共産党の各級機関の公文書の数字はその裏に何か隠されているかの考察が不可欠である。

　「報告」では、死亡した人々を「餓死した」と示していなかった。CやDで、死亡した人々の「水腫、浮腫、消化不良、持病」と言うのは、食べた澱粉による中毒や栄養不良が原因である。その4つをあわせると死亡した総人数の62％を占めている。また、Bの死亡した人々の年齢を見ると、「60歳以上が17人、15歳以下が13人」であり、あわせて30人であり、死亡した総人数の半分以上であった。すなわち、死亡した人のうち、年寄りと子供が半分以上を占めていたことが分かる。また、Cによると、病気になった「人々」が56人であって、胃の痛みや全身浮腫であった人数があわせて41人であった。残りの15人について「報告」では、「胃の持病と気管支炎」という原因を示した。実は、「胃の持病」というのも澱粉によって胃が悪くなり、「胃の持病」とされたのではないか。

　「報告」が示した状況に対して、党委の対応した状況をみると、治療の対象になったのは56人だけであり、残りの重病の45人は対象にならないで死亡した。そして、書記は56名の病人に対してたった1人の医者を連れていって治療させたのである。また、医者が病人に治療した対策は13斤の紅茶で病気を治す方針であり、党委はアワと衰弱で死んだ家畜の肉と、30斤の魚で病人の「栄養を増やす」対応をした。その次に、死亡した原因が「定義」されているが、浮腫の原因で亡くなった人は1人しかなかった。これは、公社党委と後旗党委が責任を隠していると考える。「報告」を作成した秘書の分析によると、「生産隊においての整風運動が厳しくて、人々の苦しみに関心がなかった」のであった。その秘書が「特権_」と「官僚主義」が主な原因だとまとめたのである。党委は、民衆に対して各種の毒素が含まれる植物

から澱粉をつくる「方法」を「押し広め」、各隊及び後旗全体へ「成績」として押し広めた。後旗で筆者が行なった現地調査によると、年寄り12人へのインタビューでは、当時における後旗で、ほとんどの大隊や生産隊で、澱粉を主食として食べていたことが分かった。更に、その時代、澱粉に投入する原料は、今の時代と異なり、「蕎麦の糠（蕎麦の花と果実の皮）、豆茎、コウリャンの粕など」であった。

「報告」の内容から見ると、民衆に澱粉を食べさせることは、公社党委と管理区党委及び幹部らの統一的な組織で、計画があっての意図的な「政策」であった。会議を行ない、「紅旗食堂」を「模範食堂」として、「肉眼で鑑定」して、民衆に食べさせたのであった。公社党委や管理区党委のすべての会議や行動が後旗党委の指示に従っていることは明らかである。なぜならば、公社や管理区の書記、公社の社長らにはそれほどの権限がないからだ。「報告」によると、幹部らが澱粉でなく、特別な「小食堂」で食事したことや「隊の食料をラクダで家へ運んだ」事実があった。その上、人が死亡し始めた時、下級の幹部や管理区の人物が上級へ報告しなかったのも事実であった。事故が起こった当時、公社と旗の党委が、解決する対策を講じたが、書記や社長との間で、互いに責任を言い逃れすることもあった。いつかどこかで、何らかの事故が起こった場合、上級の責任を下級に押し付ける「経験や伝統」は、中国共産党の伝統である。公文書の下線が引かれている部分で、「死亡人数が往年の同じ時期より増えた」というのは、往年にも餓死がかなりあったという意味である。つまりは1960年にも餓死があったことが分かる。

III　食料不足、健康悪化、治安悪化

1961年の後旗公安局の資料によると、「案件が直線的に増え、重大な案件が発生し、その危害も増加した。我が旗で1961年1月から今まで（3月12日）に、各種の刑事案件が40件起こり、去年の同期に比べると9倍に上がった。そのうち重大な案件が7件起こり、去年の同期に比べると3倍に上がった。とくに反革命的破壊や食料を盗む案件が増加し、危害もとても多かった。

牧畜を殺す案件が8件起こり、去年より100％上昇した。食料を窃盗する案件が12件起こり、去年より100％上昇し、損失した食料は5,887斤である。更に窃盗事件が逐次上昇する状況である。(省略)1月から今まで、食料を窃盗した案件と牧畜を殺した案件が26件起こり、発生した案件総数の56％を占める[457]」のであった。

　これと同じく、内モンゴル自治区のその他の地域でも、大躍進運動によって食料が足りなくなった。そして、澱粉やその他の有害な植物などが大量に食堂で使われたため、病人の数が日増しに増加してきた。そのため、浮腫の症状になった病人が特別に多くなり、病院の業務も重くなった。その影響が各病院の医者や看護婦に著しく現れた。1961年になると、この状況がさらに深刻になり、中共内モンゴル自治区委員会から公文書を出し、医療に関係する職員の食料を強制的に増やすことになった。

　これについて、中共内モンゴル委員会は、1962年1月に出した「医務人員の健康状況がよくない問題に関する指示[458]」で、「衛生庁の党組織の報告を見ると、最近、医務人員の健康状況が確かに深刻で、早急に解決することになった。このことは医務人員の事務に影響を与えるばかりでなく、広大な人民の衛生保健にも重大な関係がある。そのため、各級党委と人民委員会及び衛生医療に関する機関の党委、指導者がこの問題を必ず重視して、真剣に解決し、医務人員の生活条件を改善させること」と指示した。そして、「医務人員における食料と副食の提供を以下のように規定する。①医院は、全職員に対して、毎月1人当たりの食料を1斤増やすこと。この食料を医院が統一的に掌握して、重労働者と、夜間に手術する医者に対して提供すること。平均的ではない。②副食に関して、放射線科の人（光線者）に、毎月1人当たり1〜1.5斤の肉、1斤の砂糖、0.5斤の魚を増やして提供する（省略）」としている。

　また、この公文書では、自治区衛生庁党委の医務人員の健康状態に関する意見や報告を追加していた。この「報告」には、以下の内容が書かれていた。「最近、我が自治区における医院の医務人員の健康状況を調査した。その結果、

医務人員の健康状況がよくなく、疾病が多い。浮腫病も増加して、医療事業にある程度の影響を与えている。例えば、内モンゴル医学院付属医院における 610 名の職員に行なった健康診断で、肝炎が 76 人、発病率は総人数の 12％を占める。浮腫病は 260 人、発病率が総人数の 42.7％を占める。内モンゴル病院における 458 名の職員中、慢性病が 111 人、発病率が総職員の 24％を占める。浮腫病が 167 人、発病率が総職員の 35％を占める。フルンボイル・アイマック医院（呼盟盟医院）における 210 名の職員中、慢性病が 97 人、発病率は総職員の 46.7％を占める。ザラン・アイル（札蘭屯）結核病院における 235 名の職員中、浮腫病が 76 人、発病率は総職員の 31.6％を占める。慢性病は 36 人、発病率が総職員の 15％を占める。ジョーオダ・アイマック医院（昭盟盟医院）における 225 名の職員中、慢性病は 55 人、発病率が総職員の 21％を占める。そのうち、半休の人が 40 人で、総職員の 17％を占める。ボゴド市における 12 個の医院における 3,288 名職員のうち、慢性病は 959 人、発病率が総職員の 29％を占める。（省略）その原因は、栄養不足であり、食料の基準が一般幹部と同じであるため、体質に影響を与えたのである。（省略）これに対しては、職員を減らすことだ。（省略）医務人員の食料に関して、一般幹部より多め、毎月一人当たり 30 斤の食料を提供し、行政の職員の食料は以前と変えない[459]」

　公文書では、以上の医院以外に、フフホト医院、紅山口結核病院、内モンゴル精神病医院、フフホト市新城区医院、フフホト市回民区医院などの医院における健康診断の結果が列記されていた。これらの医院でも、医者や看護婦が病気になっていた。

　以上の分析から、大躍進運動によって、食料が深刻に不足したため、農村や牧畜区だけではなく、都会の人々にまで多大な影響を与えたことが分かる。

第4節　自治制度と「反右派闘争」、「大躍進」

　後旗において大躍進運動が、中共ジリム・アイマック委員会と中共内モンゴル自治区委員会及び中央委員会の直接の指示のもとで、大々的に行なわれたことの一端を示すことができた。この運動で中国側の研究ではまだ明らかになっていないことをここで示すことができた。すなわち、中国側の研究での「大躍進運動は農業を主な生業にする漢人に対して農業面だけで行われた」ということでなく、牧畜を生業にするモンゴル人の地域でも深刻に拡大し、牧畜地が大量に開墾されたという結果である。更に、この運動では、数多くのモンゴル人が有毒植物を食べさせられたりして病死したのであった。他方、内モンゴル東部地域に対して中国共産党の管理が更に一層強められ、その政策を宣伝する放送や機関誌が作られ、「全国労働模範」というモデルも打ち建てられた。この運動の影響は、農村や牧畜地域だけではなく、内モンゴルにおける都会の病院の職員にまで広がったことが明らかになった。

　後旗においての大躍進運動であれ、反右派闘争であれ、いずれも中共ジリム・アイマック委員会と中共内モンゴル自治区委員会及び党中央委員会の直接の指示のもとで、大々的に行なわれた。1947年5月から1957年5月にかけて内モンゴル自治政府が成立して10年が経過し、「自治政府」から「自治区政府」への変更があり、中央からの民族区域自治制度が実施されてきた。この自治制度が実施された10年の間で、内モンゴル地域で、「土地改革」をはじめとして、社会主義建設や社会主義改造の運動が相次いで発動された。そのうち、反右派闘争と大躍進運動は、ほぼ同じ時代に起こり、また人民公社化運動とも重なって、独特な連動運動の時代であった。この重なった独特な運動によって、内モンゴル自治区で数多くの「右派分子」が摘発され、多数の自殺事件と餓死事件が起こった。以下に、これらの事件の発生した原因と民族区域自治制度との関係を分析して示す。

　Ｉ、民族区域自治制度は、中華人民共和国憲法（以下は「憲法」と略記する）のもとで、「中華人民共和国民族区域自治実施綱要」（以下は「綱要」と略記する）

によって定められて執行された。「綱要」の第四章における自治権利について「第19条、<u>国家の統一した財政制度の下で</u>、各民族自治区における自治機関が中央人民政府と上級人民政府からの民族自治区財政権限の区分に基づき、本自治区の財政を管理すること」と定められている。また、「第20条、<u>国家の統一した財政制度と経済建設の計画の下で</u>、各民族自治区の自治機関が自治区における地方経済事業を自由に発展させること[460]」と定められている。

　上の条例の下線部分は、「国家の統一した」という前提があるため、後ろの内容が前文と矛盾して、前文の条件の下に把握されることになる。これは中央からのただの「綱要」に過ぎないものであり、法律にならないものであった。「国家の統一した」政策の下で、「食糧の統一買い付けと統一販売」（統購統銷）政策を執行して、後旗の各公社、すなわち上で述べたエケ・ノール生産隊などの食糧を納入することによって、澱粉を食べさせられ、餓死事件が起こったのである。同じく全国的に「統一した」反右派闘争によって、後旗の人々が闘争で自殺したり、闘争されたり、拷問されたのであった。中共内モンゴル自治区委員会や中共ジリム・アイマック委員会及び中共後旗委員会は、その「国家の統一した」政策や規則を執行する権利はあるが、自治区を「自治する」権利はなかったのである。公社党委もそれに従う権利があって、従わない権利はなかった。

　Ⅱ、「綱要」の第六章で「第35条、上級の人民政府が各民族の人民が各民族との間に平等、友愛、団結、援助などの観念が成り立つように教育し、幇助すべきこと。そして、各種の大民族主義と狭隘な民族主義の傾向を克服すること[461]」と定められている。また、「憲法」における第2章の「公民の基本的権利と義務」に「第35条、中華人民共和国の公民が言論、出版、結社、デモ、パレードなどをする自由がある[462]」と明確に書かれている。この2つの条文からすれば、上で述べた鎮柱氏の自殺事件、ウリジ氏の家族3人が自殺した事件、ボイント（宝音陶）氏の自殺事件や、「後旗において運動中に発生した自殺をした人物の名簿の報告」に書かれた15人の自殺は、すべて党

委や党支部の強制的な無理難題の責任追及で自殺したのだから、党委と党支部及び後旗委員会は、上の2つの「条文」を犯したことになる。公民の言論の自由と平等観念が芽生えている時に、党委の運動によって自殺したのである。

Ⅲ、「憲法」の第1章「総綱」では、「第1条、中華人民共和国は工人階級の指導で、工人と農民の聯盟を基礎とした人民民主専政的社会主義国家である。社会主義制度は、中華人民共和国の根本的な制度であり、どんな組織、或いは個人も社会主義制度を破壊することを禁止すること[463]」と定められている。第2章では「第49条、婚姻の自由を破壊することを禁止し、老人、婦女、児童を虐待することを禁止する[464]」と定められている。

上で述べた後旗における大躍進運動で、エケ・ノール生産隊が餓死した事件は、党委や党支部が社会主義を建設するために一所懸命に労働している農民の食料を強制的に「納入させる」ことによって、農民が社会主義を建設することを破壊したのである。また、餓死した人数のうち老人と婦女及び児童が多数を占めたのは、公社党委と党支部及び幹部らが老人と児童を虐待したということである。

以上3つの面から見れば、党委と政府が国家の憲法に違反したことは明らかである。社会主義制度であれ、「民族区域自治」制度であれ、党委と政府自身が憲法に違反している以上、成り立ちようがないのではないか。後旗の党委、公社党委、生産隊党支部などは自然的法則と同じく存在する正当性がなくなり、その合法性もなくなるのである。言いかえれば、党委と党支部が存在する正当性があれば、更に合法性があれば、それと対立している「憲法」と「綱要」が存在する正当性がなくなり、合法性もなくなるのではないか。

これらの事実から考えると、もし中国を国家と言うことが可能だとすれば、「反右派闘争」と「大躍進」運動は、国家が犯した罪である。すなわち、国家が任意にその官僚や党員を組織して、公民を迫害し、公民の人権を侵害したことである。その政治的責任は、国家にある。しかし、今までに、中国の2000以上の種類の法律の中に、「国家が犯した罪に関する法律や条例」は

見えない。中国が国際社会で言われている自由、民主、法制、人権などの概念を輸入し、それに従って政治や国家を機能させ、「人民」や「公民」が「国民」になるまで、かなりの距離があるということが分かる。国民が存在するからこその国家であると考える。

【註】

369. 毛里和子著『現代中国政治』、名古屋大学出版社、2004 年、40 頁。
370. 同上書、40 ～ 43 頁。
371. 同上書、43 ～ 44 頁。
372. 黄宗英著「我親聆毛澤東与羅稷南對話」、《文彙読書週報》、2002 年 12 月 6 日。
373. 王来棣著「毛澤東的知識分子政策」、何清漣主編《20 世紀後半葉歴史解密》、博大出版社、2004 年、香港、60 頁。
374. 同上書、43 ～ 61 頁。
375. 張戎（Jung Chang）、喬・哈利戴（Jon Halliday）著《毛澤東－鮮為人知的故事》(Mao: The Unknown Story)、開放出版社、2006 年、香港。324 頁。
376. 同上書、324 ～ 330 頁。
377. 同上書、331 ～ 337 頁。
378. 同上書、340 ～ 370 頁。
379. 同上書、380 頁。
380. 同上書、381 頁。
381. 同上書、382 頁。
382. 「學苑」№ 811、昭和女子大学総合教育センター、2008 年、24 ～ 37 頁。
383. 「現代中国研究」25 号、2009 年、93 ～ 108 頁。
384. 「中国研究月報」第 62、2007 年、20 ～ 39 頁。
385. 「アジア経済」第 48 号、2007 年、2 ～ 23 頁。
386. 「言語・地域文化研究」第 11、東京外国語大学、2005 年、183 ～ 205 頁。
387. ボルジギン・フスレ著「内モンゴルにおける文化大革命直前の政治状況についての一考察」（昭和女子大学総合教育センター、『學苑』、№ 811 （24）～（37）（2008・5）、26 頁。
388. バガン主編《科尓沁左翼后旗志》、内蒙古人民出版社、1993 年 10 月、フフホト。45 頁。
389. 同上書、48 ～ 49 頁。
390. ホルチン左翼後旗档案局、旗委档案（永久）、第 207 巻、26 ～ 30 頁。公文書タイトルは「关于旗直属机关干部整风学习总结报告」、1957 年 9 月 7 日、共 5 頁。
391. ホルチン左翼後旗档案局、旗委档案（長期）、101 巻、14 ～ 15 頁。タイトルは「关于鎮柱自杀一案的调查报告」、総号 132、中共科左翼後旗委員会、1957 年 11 月 29 日。
392. ホルチン左翼後旗档案局、旗委档案（長期）、102 巻、1 ～ 5 頁。タイトルは「哈旦嘎查浩力宝三社社员乌力吉全家三口人自杀事件的通报」、中共科左翼後旗総合弁公室、総号 36、1958 年 1 月 7 日。

393. ホルチン左翼後旗档案局、旗委档案（長期）、165 巻、94〜97 頁。档案巻のタイトルは「内蒙古哲盟党委关于整风运动终结和胜利结束整风运动的意见，批转工作组关于发现和改造落后村的报告，陈泉、宝音陶自杀的通报」、1959 年 2 月 20 日から 1959 年 12 月 14 日まで。公文書のタイトルは「中共内蒙古哲里木盟委员会关于科左翼后旗敖古台公社北边屯党支部书记宝音陶自杀事件的通报」、(59) 326 号、1959 年 12 月 30 日、共 4 頁。
394. ホルチン左翼後旗档案局、旗委档案（長期）、102 巻、13〜17 頁。タイトルは「关于我旗在运动中发生自杀死亡人员的报告」、(総号 37)、中共内蒙古科左後旗委総合事務室、1958 年 1 月 14 日。
395. 同上巻、14〜17 頁。この表は公文書にある表に基づき、「本人の政治状況及び人々による批判、弁論以降自殺した原因」という欄を紙幅の原因で取り消し、筆者が作成した。
396. 元表にある「？」をそのまま使った。
397. 元表にある「蒙」をそのまま使った。「モンゴル族」の意味である。
398. 元表にある文字が不鮮明な箇所は「■」を使った。
399. 上の公文書で「代少老」と書かれているが、この表では「代学老」と書いている。同じ人物である。
400. ホルチン左翼後旗档案局、政府档案（永久）、3 巻。16 頁。タイトルは「内蒙古科左翼后旗新华书店，关于呈请撤销金山的处分问题」、編号 31、1960 年 6 月 8 日。
401. 同上巻、22 頁。タイトルは「为呈索供销部销货员马喜顺的处理问题由」、(59) 商、第 38 号、1959 年 11 月 9 日、科尔沁左翼後旗商業局。
402. 同上巻、34 頁。タイトルは「为呈报干部的处理问题由」、(59) 商、第 37 号、1959 年 11 月 9 日、科尔沁左翼後旗商業局。
403. ホルチン左翼後旗档案局、公検法档案（長期）、390 巻、128〜134 頁。巻のタイトル「旗公安局、盟工作组关于金宝屯机农场情况的报告及敌情登记表的通知、通报」。公文書のタイトル「科左翼后旗公安局：关于当前敌我头争形势的认识和我们的工作情况的报告」、(61) 公秘字第 13 号、1960 年 3 月 2 日。
404. 同上巻、130 頁。同上公文書、第 3 頁。
405. 政协科尔沁左翼後旗委员会文史资料委员会编《科左后旗文史资料》、白广義「追述伪满农兴公社」、205 頁。
406. ホルチン左翼後旗档案局、公検法档案（長期）、390 巻、31 頁。タイトルは「旗公安局、盟工作组关于金宝屯机农场情况的报告及敌情登记表的通知、通报」。公文書のタイトル「关于金宝屯农场新生就业人员思想变化情况的典型调查」、検察院工作組から 1961 年 7 月 24 日に報告した調査。

407. ホルチン左翼後旗档案局、旗委档案（長期）、104巻、9〜11頁。タイトルは「中共中央关于"划分右派分子的标准"的通知」、中発[57]酉17号、中共中央弁公庁机要室。
408. 同上巻、12〜13頁。タイトルは「中共中央关于"在中等学校和小学校的教职员中开展整风和反右派斗争"的通知」、中発[57]酉19号、中共中央弁公庁机要室。
409. 同上巻、9頁。
410. 同上巻、12〜13頁。
411. 同上巻、1頁。
412. 同上巻、2頁。
413. 同上巻、2頁。
414. ホルチン左翼後旗档案局、旗委档案（長期）、103巻、47〜51頁。タイトルは「中共内蒙古哲里木盟委員会批转盟委宣传部关于哲盟迷信活动情况的报告」、総号（57）121、1957年8月15日。
415. ホルチン左翼後旗档案局、旗委档案（長期）、105巻、2〜9頁。タイトルは「中共内蒙古哲里木盟委員会关于工商界整风反右斗争情况报告」、総号（58）中共内蒙古哲里木盟委員会、1958年1月14日。
416. ホルチン左翼後旗档案局、旗委档案（長期）、105巻、63〜67頁。タイトルは「中共内蒙古哲里木盟委員会关于通辽市工商界整风反右情况的第二次简报」、総号（58）18、中共内蒙古哲里木盟委員会、1958年1月27日公布。
417. 同上巻、23〜26頁。タイトルは「中共内蒙古哲里木盟委員会关于召开喇嘛教与伊斯兰教座谈会议进行社会主义教育的计划报告」、総号（58）44、1958年3月14日公布。
418. 同上巻、28〜32頁。タイトルは「中共内蒙古哲里木盟委員会哲盟级直属机关双反运动情况报告」、総号（58）55、1958年3月26日公布。
419. 同上巻、同上公文書での内容より。
420. 当時、党委に定義された8種類の有害動物や昆虫。スズメ（中国語での〔家雀儿〕）、ネズミ、イナゴ、蝿、蚊、トコジラミ、ナンキンムシなど。中央からの公文書では「四害」と4種類であったが、ジリム・アイマックでは拡大されて「八害」になった。中央が1958年2月12日に出した「関予除四害講衛生的指示」は「10年間で、蝿、蚊、鼠、雀を完全に消滅する」と定めた。のちに「雀」を「南京虫」に替えた。しかし、東北地域では、党委が群衆に働きかけたことによって数多くの雀が「消滅」された。
421. 416と同じ巻、28〜32頁。タイトル「中共内蒙古哲里木盟委員会哲盟级直属机关双反运动情况报告」、総号（58）55、1958年3月26日公布、第3頁。
422. ホルチン左翼後旗档案局、旗委档案（長期）、105巻、34〜39頁。タイトルは「中

共内蒙古哲里木盟委员会关于农村在社会主义教育运动的基础上进行整党整团整社工作的总结报告」、総号（58）124、中共内蒙古哲里木盟委员会、1958年6月17日公布。

423. 同上巻、同上公文書の第3〜4頁。
424. 同上巻、同上公文書の第4頁。
425. ホルチン左翼後旗档案局、旗委档案（永久）、207巻、3頁。巻のタイトルは「中共科左后旗委员会三级干部会议、区书、区长会议终结；盟民政处拉副处长在三级干部会上的发言」、（1958年3月5日〜1958年8月27日）。
426. ホルチン左翼後旗档案局、旗委档案（長期）、106巻、20〜25頁。タイトル「中共内蒙古哲里木盟委员会关于资产阶级和资产阶级知识分子及党外各界人士中开展向党交心运动情况的报告」、総号128、（机密）、1958年6月17日公布。
427. ホルチン左翼後旗档案局、旗委档案（長期）、106巻、16〜18頁。タイトルは「中共内蒙古哲里木盟委员会对盟委统战部关于"在盟直属机关单位普遍开展一次批判地方民族主义运动的请示"的批转」、総号（58）292、（机密）、1958年12月27日公布。
428. モンゴル人の食べ物の名前。
429. ホルチン左翼後旗档案局、旗委档案（長期）、241巻、25頁。タイトル「浩坦人民公社公河来管理区、公河来核标队整风整社工作终结」。
430. 同上巻、代理番号726、タイトル「关于整风整社、生产、生活情况终结」（アドーチン・公社）。
431. 同上巻、公文書の代理番号732、749、755、762、827、945、1213、1437、1482。
432. ホルチン左翼後旗档案局、公检法档案（長期）、29巻、51頁。タイトルは「哲盟公安处：关于对急速清理案件的通知及案件的通报、报告」。公文書のタイトルは「哲里木盟公安处紧急通知」、（60）公治字第号、1960年8月15日公布。
433. 同上巻、97頁。タイトルは「ホルチン左翼後旗公安局へ：貴旗のブドーン・ハルガナ公社のオラーン・ガチャーのテメー・アイルの社員であるラッドナ氏についての状況を知りたい」（モンゴル語）、ジュウン・スニッド旗の公安局（公印）、1960年3月25日。
434. ホルチン左翼後旗档案局、旗委档案（長期）、196巻、95頁。巻のタイトルは「内蒙古党委办公厅：有关农村整风整社的十个中央文件」、公文書のタイトルは「批转内蒙古党委监委：关于在整风和社会主义教育运动中防止发生自杀和行凶事件的意见」、（60）旗024、1960年2月1日公布（モンゴル語と漢語の二言語版）。
435. ホルチン左翼後旗档案局、旗委档案（長期）、165巻、88〜92頁。巻のタイト

ルは「内蒙古哲盟党委关于整风运动终结和胜利结束整风运动的意见，批转工作组关于发现和改造落后村的报告，陈泉、宝音陶自杀的通报」、1959年2月20日から1959年12月14日まで。公文書のタイトルは「关于叛党分子陈泉行凶自杀的通报」、1959年6月15日印刷、24日公布。

436. ホルチン左翼後旗档案局、旗委档案（長期）、275巻、3～5頁。巻のタイトルは「内蒙古党委办公厅：关于印发乌兰夫检查要点、自治区党委历次检查汇集、自治区人代会政府工作报告、印发三个重要参考材料的通知」、公文書のタイトルは「乌兰夫同志检查发言要」、(62)旗040（机密）、1962年3月26日印刷公布。
437. バガン主編《科尔沁左翼后旗志》、内蒙古人民出版社、1993年10月、フフホト。43～45頁。
438. 筆者が(2009年9月)後旗で現地調査を行なった際、地元の年寄りのインタビューによる聞き取り。
439. バガン主編《科尔沁左翼后旗志》、内蒙古人民出版社、1993年10月、フフホト市、163頁。
440. 同上書、167頁。
441. 「垧」は中国で使われている土地面積の単位。中国の東北地域で1垧＝15ムー、西部地域で1垧＝3～5ムーにて使われている。
442. ホルチン左翼後旗档案局、旗委档案（長期）、153巻、25頁。公文書のタイトル「为农业大跃进牧业大发展服务是财贸各部门的中心任务」、発文総号2、1958年1月24日、中国共产党内蒙古科尔翼後旗委員会財政貿易工作部、第1頁。
443. 同上巻、90～106頁。公文書のタイトル「1958年工作跃进规划（机密）」、(机密)、1958年4月8日、公印に示された機関の名前は「中国食品公司内蒙古自治区科尔沁左翼後旗公司」であった。
444. 同上巻、同上公文書の第2頁。
445. 同上巻、公文書「为农业大跃进牧业大发展服务是财贸各部门的中心任务」、発文総号2、1958年1月24日、中国共产党内蒙古科尔翼後旗委員会財政貿易工作部。第4頁の表に基づき、筆者が作成した。元の表である空欄をそのまま置いた。
446. 同上注と同じ。
447. バガン主編《科尔沁左翼后旗志》、内蒙古人民出版社、1993年10月、フフホト。43頁。
448. 同上書、91頁。
449. 同上書、97頁。
450. 同上書、45～50頁。
451. 同上書、43～47頁。
452. 同上書、46～51頁。

453. ホルチン左翼後旗档案局、旗委档案（長期）、241 巻。代理番号 1482、タイトルは「伊和敖生产队发生死亡情况的报告」、1961 年 3 月 31 日、ジリガラン公社党委。
454. 両：中国での重量の単位、テール（teal）に同じ、1 両＝ 50 グラム（g）。
455. 当時、節約するために、トウモロコシ、アワ、コウリャン、蕎麦などを粉にする際、籾殻を取らずに果実とともに粉にする。
456. 楡、春楡とも言う。普通の場合は、毎年 5 月中旬や 6 月上旬になると楡の果実（中国語で「楡銭」や「楡銭子」と言い、モンゴル語で「ジョガー」と言う）を食用の植物として食べられる。筆者が子供の時、1983 年頃まで、楡の果実を食べたことがある。当時食糧が足りないため、それ以外に何種類かの野生植物を食べたことがある。モンゴル語で、ジョガー、ノイル・ノゴー、トール・ノゴー、スー・エベス、エルベ・ノゴー、ヤマーン・エベル、ハルガイ・ノゴーなどがある。
457. ホルチン左翼後旗档案局、公検法档案（長期）、390 巻、128 〜 134 頁。巻のタイトル「旗公安局、盟工作组关于金宝机农场情况的报告及敌情登记表的通知、通报」。公文書のタイトル「科左后旗公安局：关于当前敌我斗争形势的认识和我们的工作情况的报告」、(61) 公秘字第 13 号、1960 年 3 月 2 日。公文書の 1 〜 5 頁。
458. ホルチン左翼後旗档案局、旗委档案（長期）、275 巻、14 〜 16 頁。巻のタイトル「内蒙古党委办公厅：关于印发乌兰夫检查要点、自治区党委历次检查汇集、自治区人代会政府工作报告、印发三个重要参考材料的通知」。公文書のタイトル「内蒙古党委关于解决医务人员健康状况不好问题的批示」(62) 旗 017、1962 年 1 月 26 日公布。
459. 同上巻、同上公文書、3 〜 5 頁。
460. 国家民委弁公庁、政法司、政策研究室編《中华人民共和国民族政策法规选编》、中国民航出版社、1997 年、北京。3 頁。
461. 同上書、4 頁。
462. 西蔵自治区教育研究所、教育学会編《西藏自治区教育法律法规选编》、西藏人民出版社、1999 年、ラサ。13 頁。
463. 同上書、7 頁。
464. 同上書、16 頁。

第6章　後旗「民族分裂案件」

第1節　歴史的背景と政治的背景

　1964年、後旗のガンジガ第一中学校（甘旗卡第一中学校、以下では「一中」と略記する）で、「民族分裂案件」が発生した。この案件は1964年から1969年まで5年以上続いた。本章ではこの案件が発生した原因とその経過及び結果を述べていく。自治制度は後旗の教育にどのような影響を与えたのか。後旗でトップレベルにあった一中は、モンゴル人社会にどのような役割をはたしたのか。中共後旗委員会は、後旗のモンゴル教育に対しどのような態度であったのか。中共後旗委員会や中共ジリム・アイマック委員会から「民族分裂案件」と定義された本案件の真相はどうか。「案件」を作り出した目的は何か。これらの問題を後旗での現地調査に基づき、また当時の一次資料である公文書を踏まえて、明らかにすることを目的とした。

ガンジガ第一中学校（2009年10月に現地調査により筆者が撮影）

現地調査によると、後旗の人々、政府、社会全体がこの案件をほとんど一律的に「民族分裂案件」だと「公式的」に認識しているが、認識と事実の間にはかなりの距離があり、そのことはモンゴル人に対する教育に大きな影響を与え、これらの問題を明らかにすることは、現在の後旗におけるモンゴル教育及び内モンゴル東部地域のモンゴル教育の実態を理解する上で大いに役立つと考えられる。とくに、今まで公開されている資料としては扱われていなかった資料、すなわち中共ジリム・アイマック委員会と中共後旗委員会の公文書によって、これらの問題点を明らかにすることは、現在の研究の空隙を埋めることになるであろう。今後の研究の出発点としても役立つであろう。

日本人と後旗におけるモンゴル教育の概略

　後旗において近代教育の学校は、1905年のメーリン・シボ（ 麦林希伯）学校（モンゴル人の生徒のみ受け入れ）から始まった。この学校は、メーリンの身分であるウリジ・バヤル（ ）の住宅を校舎にして設立され、ウリジ・オチル（ ）が校長（学監）になった[465]。1925年に、メーリン・シボ学校は旗立小学校に変わり、モンゴル語、国語、算術、歴史、地理、博物、唱歌、図画、体操の9つを課程とした。もう1つ、1908年に、チャント（昌図府の郊外）のワンイーン・ホロ（スン・ワン、僧格林欽王の府）の付近に、1つの小学校（小学堂）が建てられ、モンゴル人生徒と漢人生徒を募集していた。課程には「修身、歴史、地理、算術、読経、体操」の6つがあった。1925年に、この学校は農科初級中学校に改められた。この時代の学校は、ほとんど王公たちの子供やその親戚の子供たちが主な生徒であった。

　調査によると、今日の後旗の田舎や村で暮らしている年寄りの人々、特に80代の老人のほとんどが青年の時代に、日本語を勉強した経験がある。また、1947年から1982年までに行なわれた様々な政治的運動の中で、迫害されなかった人はほとんどいなかった。その共通の原因は、満州国時代に彼らが日本に留学し、或いは日本軍隊（満州国軍人）に参加し、日本学校に教師として働いた経験があり、日本の僧侶と何らかの関係があるなど、日本人と繋がっ

ていたことであった。そして、各時期に次から次に行なわれた政治的運動で、彼らは「日本国の特務、日本人のスパイ、日本軍人、売国奴、裏切り者、反徒、逆徒、日本鬼子の走狗、日本人の子供」などと名付けられ、多かれ少なかれ拷問され、迫害された。

　1932年3月、新京（今の長春市）で満州国が成立して、その秋に後旗は、「東科後旗」という名前になって、満州国に属することになった。旗の所在地は、ジリガラン鎮であり、エリデン・ビルック（包善一）が旗長に任命された[466]。満州国の時期に、満州国の興安省の行政機関は、ある程度のモンゴルの土地を開墾し、財政収入を増加させたことがある。しかし、その代わりに興安省政府は、その時代のモンゴル王宮と協議して、モンゴル地域に近代的な学校を建て、モンゴル人の子供たちに教育を受けるチャンスを与えた。1933年（満州国時代）、日本人によって、後旗で2つの小学校が建てられた。1つは、東科後旗（科左後旗）の旗府の所在地であるジリガラン鎮の「第一初級小学校」であり、ウンドス（温都蘇、包喜春）が校長になった。もう1つは、公司五家子村の「第二初級小学校」であり、トグタフ（陶克図呼、包治平）が校長を務めた。のちの1937年に、満州国の興安省がこの2つの学校を初級小学校と高級小学校に改めて、さらに同年の5月に、初級小学校を「国民学校」（公司五家子村で）、高級小学校を「国民優秀学校」（ジリガラン鎮で）と名付けた。ジリガランの「国民優秀学校」の生徒は611名で、そのうち、優秀クラスが4クラス、国民クラスが8クラス、教師は11名であった。サーリンガ（薩楞阿、或いは張天恵）が校長、日本人の栗山清利が主事を務めていた。1939年に満州国興安南省がこの学校を「省実験初等学校」に指定した。一方、その他のノタックでも学校が建てられ、1939年になると、16個の小学校（各ノタック当たりに1学校）ができ、日本語を「国語」として、モンゴル語と漢語を「満州語」として学習していた[467]。1945年8月15日まで、後旗で「国民優秀学校」は10校、「国民学校」が5校あって、教師の人数は117名で、生徒が3,704名であった[468]。

　1938年の秋、満州国政府の興安局は、新京でモンゴル人に対する「土地

奉上」を執行する大会を開催し、各旗の王公を招待した。会議で、ボヤン・マンダフは、明朝と清朝時代に統治者たちがモンゴル人に対して行なった愚民政策を非難し、教育の重要性を主張した。さらに興安局は、蒙民厚生会（モンゴル人に対する厚生会）の具体的な事業を興安南省の省長である寿明阿と民政庁の長官であるマーニ・バダラに担わせた。満州国政府はモンゴル旗から借りた土地で農業を営み、その代わりに「報酬金」として毎年300万元を払い、その半分をモンゴル人に対しての厚生事業に使い、学校をつくり、農業、牧業、医学などの人材の育成に使っていた。それ以外に、国内の学生や留学生の奨学金、災害救済、ラマの祭事などを補助していた。それらの振興事業の中で、ワンギーン・スム（王爺廟）での「育成学院」と後旗のエケ・タラ（伊胡塔拉）での「産業技術学校」が有名であり、モンゴル人社会のために技術者を育成していた。以上の2つの学校の経費、教職員の給料、生徒たちの衣食、寮費などは、蒙民厚生会が提供していた。これ以外に、蒙民厚生会は、モンゴル人生徒やモンゴル人学生に対する補助金を確保し、モンゴル人の留学生であれば毎月60元の奨学金を支給し、高校に合格したモンゴル人の生徒に対して毎月40元の奨学金を支給していた。またワンギーン・スムに「皮革工場」を建て、職員はすべてモンゴル人であった。蒙民厚生会は、モンゴル人社会に対して、1944年に200万元を使い、チンギス・ハーン廟を建てた[469]。また、1939年4月1日に、満州国東科後旗公署は、当時の旗府＝ジリガラン鎮の広福寺大廟の西北に日本の近代的教育の性格を持つラマ学校をつくった。校長は、後旗から日本の京都にある知恩院に留学したドロム・ラマの仁忠であり、日本から来た吉田三朗ラマが教務官であった。100名以上の児童ラマに対して、満州国の小学校の教科書で教えていた。主な授業には、モンゴル語、日本語、美術、体操、絵画、音楽、労作などがあった。そのラマ校の生徒8人を日本の高野山、知恩院などに留学させていた[470]。

社会主義改造時期における教育

　1955年、後旗の政府がジリガラン鎮からガンジガ鎮に移動し、1958年

9月3日にガンジガ第一中学校（当初の名前は「ガンジガ中学」）を建てた（ジリガラン鎮の学校は、満州国時代に日本人によって建てられた「国民優秀中学校」であった）。この学校は当時の最高学府であった[471]。すなわち、後旗は中国共産党政権によって社会主義・共産主義の道を歩み、10年余りの年月を経て、1つの高級中学校を建てたのであった。しかし、資料によると、学校を作る際に、政府は「指示」を出したが、あまり出資しなかった。「5つのクラスと18名の教師があり、副教務主任はヤンツンジャブであった。校舎が足りないため、1960年7月16日から10月4日まで、副教務主任のジリガラ（ᠵᠢᠷᠢᠭᠠᠯᠠ）が教師であるヅゥルヘ（ᠵᠤᠷᠬᠡ）、オルト（ᠣᠷᠲᠣ）と一緒に百人あまりの生徒を連れて、ガンジガ鎮の東にあるハフハ村付近で、4万個の煉瓦をつくり、校舎を建てた。毎年春になると、教師と生徒が耕作し、水路を造り、畑で働いて、夏に畑の草を刈り取り、井戸を掘り、南河谷を整理する。秋に野菜を収穫し、冬にアルガル（牛のフン）を拾い、ホルス・タイ・ハック（北湖）から蘆を運んでいた。授業以外に、重い労働を担わされて、活気を失っていた。[472]」

1958年までの、後旗の各ノタックや村での小学校の状況については、歴史資料や公文書に書かれているが、ほとんどの学校は寺院を中心とした「伝統」学校や、満州国時代に建てられた「国民学校」を基にして作られた学校であった。後旗政府は、1949年に「後旗における学校の統計」を発布したように学校の調査は行ったものの、新しい学校は1958年までなかった。ガンジガに建てられたこの学校は、モンゴル人出身の教師とモンゴル人の生徒を中心とした、後旗におけるモンゴル教育の基盤となる学校であった。

1947年以降、後旗の政府と党委は、「土地改革」、「三反運動」、「社会主義改造と社会主義建設」、「反右派闘争」、「大躍進」と「人民公社化」などの政治的運動に主な力やエネルギーを注ぎ、モンゴル人社会の教育に対しては殆ど何もしてないに等しい。1957年から続いた「反右派闘争」と「大躍進運動」及び「人民公社化」運動が1961年末に大々的に展開されて、それが1960年からの「新三反運動」と「四清運動」に継続され、さらに1966年の「文化大革命」（以下「文革」の略記も用いる）に引き継がれたのであった。

本章で論じる「民族分裂案件」は、後旗において「反右派闘争」と「大躍進運動」がほぼ終わって、「文化大革命」が始まる前の頃の出来事であった。これらの政治的活動で、党委によって餓死したり、自殺したり、拷問された人々には、普通の「大衆」だけではなく、党委と一緒に「社会主義を建設」していた党員や幹部もいた。

後旗における「新しい三反運動」と「四清運動」の概略

1. 内モンゴルの現代史をみると、漢人や中共中央政府のモンゴル人の「民族主義」や「地方民族主義」に対する批判、非難、警戒は、絶えまなく続けられた。土地改革運動、三反運動、宗教や商工界に対する社会主義改造、反右派闘争、大躍進運動、人民公社化などの政治的運動を経て、モンゴル人の伝統文化をはじめ、政治、経済、教育、イデオロギーなどの面で、根本的変化をもたらしたにも関わらず、モンゴル人が自決権、自治権、内・外モンゴルの団結を言い出すたびに「狭隘な民族主義者」として批判し、政治問題になった。1959年から、中・ソ関係は完全に破局することにより、1960年代にはイデオロギーの論争から敵対国へと変化し、モンゴル人民共和国もその一味とされた。

また、中華人民共和国が誕生し、中国領内に住む各民族の人民を「輝いた幸せな社会主義社会へ導いた」と中国共産党が宣言してからも、内モンゴルのモンゴル人がモンゴル人民共和国に逃亡する「事件」が絶えず起きた。辺境である内モンゴル自治区のモンゴル人とモンゴル人民共和国の人々がなんらかの形で繋がっている……これを共産党中央部から見れば、オラーンフー（雲澤）を指導者とするモンゴル人たちは到底信用できないのであった。この問題もモンゴル人に対して粛清を行なう原因の一つであったと考えられる。

中国の立場から見れば、内モンゴル地域は、「祖国」の辺疆で、ソ連に対する反修正主義の前線であり、戦略的要地である。1963年8月に、毛沢東が「民族闘争はつまるところ階級闘争の問題である[473]」と言い出し、1964年に劉春（中共内モンゴル委員会の高層）は「民族問題は実質上階級問題である

[474]」という論を提唱したが、内モンゴル自治区では、すでに 1962 年 12 月に、階級闘争はすべて民族闘争と結びつけられていた。

1962 年 12 月 10 日に内モンゴル自治区民族事業会議が開かれ、その会議では、同年 9 月に開かれた中共第 8 次 10 中全会で提出された「共産主義への過渡期の全体にわたって階級及び階級闘争が続く」という内容が提唱された。会議で、オラーンフーは、「民族問題は実質上階級問題である」と指摘し、次のように「民族主義勢力をおさえなければならない」と述べている。彼は「最近、我が内モンゴル自治区には、ふたたび冷風を吹き付け、裏で人にそそのかし騒ぎを起こすものがいる。あるものは、民族区域自治区は、民族問題を解決できないと言い、内・外モンゴルを合併しようと動いている。彼らはまた、中国はモンゴル人の祖国ではないと言っている。これらの事は、牧畜地域ではなく、農業地域にも存在している。これらの人は民族分裂主義分子であり、民族を分裂し、祖国を裏切る邪魔な活動を行なっている。当面、我々は、こうした民族団結を破壊し、祖国の統一を分裂する陰謀活動を断固として暴き出し、闘争しなければならない[475]」、と中共の提唱をさらに強化させた。

1965 年 5 月、内モンゴル大学の副書記を務めた漢人の郭以青が数回にわたってオラーンフーに手紙を送り、「内モンゴル自治区の党・政・軍の機関に、膨大な『民族分裂集団』がある」、「自治区（とくに文化・教育会に）に反動派や政党がある」、「内モンゴル人民革命党（内人党）が内・外モンゴルを合併しようとしている」、「内モンゴル東部出身のモンゴル人幹部の中に、100～200 人規模の民族分裂集団がいる。それは内モンゴル人民革命党だ」、「彼らは、オラーンフー主席に反対的だ」、「もし、準備があっての、国際背景があっての、謀略があっての組織的民族分裂集団があるならば、我らは前面に対応しなければならない[476]」ことを示唆した。オラーンフーはこの漢人郭以青の離間策に引っかかって、東部出身のモンゴル人幹部に排他的になり、自分の同郷、すなわちトゥメト出身のモンゴル人を重宝した。郭以青も「民族分裂集団」を発見した功績で抜擢され、内モンゴル自治区党委員会代理常務委員兼宣伝部長になった[477]。

2.1960年5月18日、中共中央委員会は、「農村において『三反』運動を展開する指示[478]」を発布し、全国で「三反運動」が行われた。すなわち、農村における各機関の幹部に対して、「汚職行為に反対する、浪費することに反対する、官僚主義に反対する」（反貪汚、反浪費、反官僚主義）運動が行われた。機関ごとの幹部らの総人数に対して、罰を加える人数の比率をも指定していた。

1960年6月28日、中共内モンゴル自治区委員会の「三反指導小組」は、「三反運動中における若干の問題に関する意見[479]」を公布し、内モンゴル自治区における「三反運動」の範囲、処分する人物の比率、処分を受ける期間などを明確に定めた。この「意見」では、「農村での範囲には、公社と管理区の幹部、小隊の隊長、会計、管理員、保管員などを含める。公私互営企業の私営の人員と小商人、国家職員などを含める。汚職したことについては、1959年以降に汚職した人物を含める。工業、副業、運輸業、医院、獣医などの機関における幹部と会計員を含める。小、中学校（教師と職員）は、一律に『三反』運動に参加させない。高等学校と各種の幹部学校の教師と職員は、短期訓練を受ける。参加させる幹部の比率に関して、中央の指示と同じく3％とする（省略[480]）」と明確に示した。

この公文書では、「三反運動」に関する「範囲」に、「小中学校の教師と職員」を運動に「参加」させないと、明確に定められている。本稿の研究対象になる「一中」は「小中学校」に含まれないため、「三反運動」の「範囲」には含まれなかった[481]。

6月から始められた「三反運動」は7月末になると、自殺事件や逃走事件を引き起こした。その結果、自治区党委は、それを阻止する目的で「公文書」を出した。例えば、1960年8月1日、中共内モンゴル自治区委員会は「『三反』運動を健康でさらに発展させるための通報[482]」を出した。この「通報」では「『三反』運動が開始されて以降、各地域でひっきりなしに自殺と逃走事件が発生した。すなわち自殺事件が18件発生し、逃走事件が14件発生した。オラーン・チャブで自殺と逃走事件が9件で、フルンボイルで10件

発生した。東新バルグ旗のガラブル公社だけで7人が逃走した」と述べられている。9月12日にも「オラーン・チャブのチャハル前旗（察右前旗）とゾチ県（卓資県）において、『三反』運動中に発生した自殺、逃走事件の調査報告[483]が公布された。この「調査報告」によると「8月25日までの統計によると、全自治区における『三反』運動中で、自殺事件が40件起こり、逃走事件が33件起こり、どちらにも該当する事件が73件起った」と示されていた。しかし、もうすでに始まった運動にブレーキはかからなかった。

1962年1月29日、中共内モンゴル自治区委員会は、党委の宣伝として「農村、牧畜区で社会主義教育を確実に続けることに関する意見[484]」を出した。その主な内容をまとめると「農村と牧畜区に対して、幹部と党員を教育する。そして幹部と党員を訓練して、それによって農民と牧民に党の政策を宣伝し、教育すること。今回は弁論会議を行わせず、壁新聞（大字報）を書かせない」であった。同年の12月27日に、また公文書を出して、農村・牧畜区で「整風、整社」事業を行わせた。すなわち、「今冬明春に農村で整風、整社事業を行う通知[485]」を出し、「農村の幹部らと党員を整理し、公社や大隊を整理する」こととした。

3.1963年4月2日、中共内モンゴル自治区委員会は、「1963年に大学の入学試験に出願する高校生に対して、政治審査を行う通知[486]」を出した。公文書によれば、卒業する高校生に対する政治審査は、1962年から始まった。全国のすべての高校を卒業する生徒に対して、政治的審査を行い、大学が募集する学生の「政治的質量と成績を保証し」、たとえば、試験を受ける卒業生の政治的立場が「反動」であれば、大学に入学させないこととした。とくに、生徒の家庭出身が「地主、富農、反動分子、悪い分子、右派分子（地、富、反、壊、右）」であれば、「清浄な歴史」ではないため、試験に参加させないこととした。

4.1962年9月に中国共産党第八次十中全体会議で、毛沢東は「階級闘争を絶対に忘れるな（千万不要忘憶階級闘争）」という呼びかけを行ない、全国で社会主義教育が行われた。そして、翌年の2月に、中共中央の会議で、毛

沢東が「修正主義」を防止することを呼びかけ、農村で「勘定を清算する、倉庫をきれいに片づける、分業をはっきりする、財産を整理する（清帳目、清倉庫、清分工、清財産）」という「四清運動」が行われた。次にこの運動の内容が「清政治、清経済、清組織、清思想」という「四清運動」になった。その結果、1963年8月から11月にかけて、後旗で「四清運動」が行われた。この運動は、後旗の常勝公社を試験的な中心地にして、4ヵ月かけて、旗と公社合わせて130余りの幹部が参加し、社会主義教育を実施した。中共後旗委員会社会主義教育事務室は「『四清』を綱領とする社会主義教育によって、公社の幹部と各大隊の幹部を整理した[487]」のであった。

その一方、中共後旗委員会は、後旗における直属機関、公営企業、小中学校の教師や役人に対して、「粛反、整理」事業を行なった。「粛反整理指導組」を建て、1963年11月15日から「全旗においての粛反、整理事業の計画に関する意見」を出し、「過去に粛反、整理されなかった機関や学校を必ず1963年に探りを入れ、対象となるものを列挙して、1964年に徹底的に粛静する[488]」ことになった。今回の「粛反、整理」運動で、過去の「歴史的反革命分子」を真剣に粛清し、また、新たに発生した「反革命分子」をも粛清し、「敵の利用する可能性がある思想の基礎を掘り崩す」のであった。この計画には、ガンジガ第一中学校の教師、生徒、役人が含まれた。

以上をまとめて言えば、1960年から1964年にかけて、後旗の社会では「三反運動」、「農村、牧畜区における社会主義教育」、「高校卒業生に対しての政治審査」、「四清運動」、「小中学校の教師や役人に対して、粛反・整理する事業」などさまざまな運動や政治的活動が交錯して、人間関係は非常に複雑であった。その上、「反右派闘争」や「大躍進運動」による餓死事件や自殺事件や貧困問題と、更に1959年の「チベット事件」の宗教に関係する影響などが交錯し、社会に恐怖の気分が漂ったのである。

第2節 「民族分裂案件」のプロセス

I 生徒のラントゥー（趙・朗頭）氏と劉国卿氏

　ラントゥー氏（ᠯᠠᠩᠲᠣ 男、モンゴル人、1944年12月29日出生）は、1961年の夏、ジリガラン中学校を卒業して、同年の秋に、ガンジガ第一中学校（当初の名前は「ガンジガ中学」、以下は「一中」と略記する。「一中」とあるが、ラントゥー氏は「高中」。すなわち高校生である。）の高校1年第二班（クラス）の生徒として入学した。そして班長（クラス長）になり、成績も抜群に優秀であった。彼は他の成績の優れたクラスメイトと親しく交際し、自分たちの将来について話したり、遊んだり、勉強していた。更に、同級生の間で交流して、モンゴル族の将来のために、誰が何をするかという問いかけもして、各人に物理学、化学、数学、歴史などの科目をそれぞれ「任務」として分担させて、一緒に頑張っていくつもりだった[489]。

　翌年の秋の1962年10月上旬、一中の団委[490]は、一中の全クラスの団支部書記を改選した。改選の際、学校の団総支部書記が各クラスの担任教師と相談し、各クラスの団支部書記の候補者を選び、その上でクラスの団員会議での投票を通じて正式な団支部書記を選んだ。しかし、ラントゥー氏のクラスで団員会議によって選ばれた団支部書記は、団総支部書記と担任教師があらかじめ定めていた候補者ではなかった。ラントゥー氏はクラスの生徒たちを説得して、団支部書記の「選挙」を彼の考えた通りに実行したのである[491]。このことが「民族分裂案件」（以下は「案件」と略記する）が発生した導火線であった。当時、ラントゥー氏の担任教師は劉国卿氏であった。劉氏は、遼寧省モンゴルジン・ホショー（北票市）のモンゴル人であり、1962年8月、内モンゴル大学の数学部（数学系）を卒業して、9月に一中に教師として就職した。そして、高2の第二班、すなわちラントゥー氏のクラスの担任教師になった。

ラントゥー氏（2009年10月4日）現地調査で筆者が撮影

　中国で各クラスの党委書記と団委書記の職位は、誰が選ばれるか、それがいつ、どの形で選ばれ、いつ就任するかまで、上級機関からあらかじめ定められている。選挙に参加する人は必ず上級機関から指定された人物に投票することが、選ぶ人と選ばれる人にとっての「常識」になっていた。生徒のラントゥー氏が、党委や団委からの「常識的規則」を打ち破り、「自分たちの意志」で「自分たちの人物」を選んだことは、絶対に許せないことであった。その上、担任教師の劉国卿氏は、若くて、共産党の各級機関に関する「規則」を十分に理解せず、未経験であったため、生徒に味方をし、団総支部書記と喧嘩した。これらのことが学校の団総支部書記の怒りの元になった。

　各級における団支部書記という職位は、党支部書記の「後継者」であり、党委からの指導に無条件に「服従」し、党に対し非常に忠誠である人物が担う職位である。そのため、党委と直接に接触し、普通の職員より非常に「有利な」職位である。また、団支部書記の少しの「言行」は、党委の目に多く留まり、昇格に「有利」である。このため、団総支部書記が昇格したい目的で、一部の人々を「道具」にし、犠牲者にすることは、中国共産党の一貫した「伝統」である。当時の団総支部書記は、ラントゥー氏らと劉国卿氏の「民族意

欲」を「道具」として利用し、「民族分裂者」という犠牲者をつくり、自らが昇格する目的に利用したのであった。

　一中の団総支部は、1959年3月に作られ、王・ダワ氏が責任者として、事務を行なっていた。11月に王・ダワ氏は人民解放軍に参加したため、一中の団総支部の責任者に富山氏が就いた。1961年8月、中共後旗委員会は、同宣伝部の副部長であったデルゲル・サン（德力根昌）氏を一中の校長として派遣し、同年同月、ヅゥルヘ（ᠵᠤᠷᠬᠡ）氏が一中の団総支部書記として派遣された。9月18日に、一中の共産党支部が作られ、校長のデルゲル・サン氏が党支部書記を兼任し、他に党員はヤンツェン・ジャブ氏、ヅゥルヘ氏、ドブ氏、劉青柏氏、アルデル氏の5名であった[492]。

　1964年2月、副教務主任であったヤンツェン・ジャブ氏が後旗党委による「四清」運動に参加し、「社会主義教育」を受けるため、一時的に一中から離れた。3月に新しい学期が始まったところ、一中で、革命の伝統についての教育が行われ、同時に家族の歴史と村の歴史に関する活動が行われた[493]。社会主義・共産主義の国家で、政権の存在する根拠は、軍隊と宣伝にある。武装警察と軍隊によって異なる勢力を押し潰し、宣伝によって事実を歪曲する。そして、人々を無知の状態に置き、政権の「正当性や合法性」を信じ込ませるのである。後旗党委において宣伝部は、非常に重要な職位であった。宣伝部の副部長であった人物が一中に派遣され、党支部書記になったことは、一中のことが後旗党委にとって、非常に高い関心を呼ぶものであったと見ることができるのである。

II　ラントゥー氏の動機

　筆者が2009年9月に、ラントゥー氏に会って、彼の当時の動機について聞くと、彼は以下のように話した。「私の出身地は、後旗のブドゥーン・ハルガン公社のタリン・ブドネ・ガチャー（今のチャルス・ソムのタリン・ブドネ・ガチャー）で、高校時代にガンジガ鎮と家の間を往復する際には、必ず3時

間あまり汽車に乗る（ガンジガ駅と金宝屯駅との間）。私が毎回 1 人で汽車に乗り往来する途中で、漢人たちが互いに『老モンゴル（当地の漢人が言う老蒙古という方言）は何も分からないよ、商売をやるなら老モンゴル人にだ』と言って、笑ったりするのを聞いて、漢人のいつも自信満々な姿を見て嫌であった。高校の時、モンゴル人民共和国のツデンバラ氏が内モンゴルに訪問したことを聞いて、心が温まる思いがし、また、当時私の読んだある本の最後に『ハルハ・モンゴルとウブル・モンゴルは、1 つの祖先であり、同じ民族である為、いつか合併するはず。この任務を未来の青年たちに託す』と書かれていた。この一文からは、作者がその『任務』を我々青年に頼んでいると読み取れるので、我々が必死に頑張って、モンゴル人の将来のためできることをしたいと思って、クラスメイトの間で話題にしていた」

　当時（1962 年 10 月）の団支部書記の選挙について聞くと、彼は「クラスの団支部書記は、一中の団総支部と秘密な関係を結び、クラスの内部のことを報告していたと皆が感じていた。そこで、選挙の際、皆でクラスの団支部書記に投票しなかった。その上、担任の劉先生（劉国卿）も私や他の生徒と親しくなっていて、クラスの団支部書記とはあまり親しくなかった。クラスの団支部書記は学校側の団総支部書記といい関係であった」と話した。これについて、劉国卿氏は次のように書いている。「我がクラスで行なった団支部書記選挙の結果が、一中の庭で『爆弾のようなニュース』になった。そして、私と総支部書記との関係が微妙になり、総支部書記は私に不満を感じた上、クラスのラントゥー氏の仕業であるとも考えた。

　その頃、学校の党支部書記、校長であるデルゲル・サン氏と副教務主任のヤンツェン・ジャブ氏は常に会議などがあって、学校にいなかった。10 月 11 日、私は晩の自習の時間に、総支部書記にクラスの事務を報告しに行った。彼の事務室に入る時、我がクラスのある生徒が彼と何か相談していた姿が見られ、私を見た途端、その生徒が事務室から出て行った。書記は私にクラス長であるラントゥー氏の動機について問い質したが、私は当時若かったため、身分が高いこの書記と喧嘩した。

のちに、ある日、私がクラスの生徒たちを連れて、大根を背負って北ガンジガ（ガンジガ鎮の北にある地名）に行った際、生徒のラントゥー氏、デゲジルフ氏、トメン・ジルガラ氏、ツァガン・ショブー氏たちから『外モンゴルと内モンゴルはなぜ合併しないのか』、『中華の華と言う文字は漢族を代表しているのかどうか』、『貴方はモンゴル人であるのに、なぜモンゴル語を話せないのか』、『現在、民族は真に平等であるか』などの質問を問われた。のちに、私はこれらのことを学校のデルゲル・サン校長とヤンツェン・ジャブ教務主任に報告した[494]」

また「当時我がクラスで、数件の『政治事件』が発生した。黒板に『彭徳懐万歳！』、『オラーンフー万歳！』、『×××は、空洞な理論家である』と誰かによって書かれていた。これは自然に『階級闘争』での積極分子たちの材料になった。我がクラスのこれらのことは上級機関に報告されたかもしれない。その時、国際情勢も緊張していて、ソ連や外モンゴルとの関係が日増しに厳しくなった。1963年4月、後旗の宣伝部長が一中に来て、専ら民族問題についての報告をし、学校の指導者が我がクラスに行き、討論させていた。生徒たちは非常に緊張して、指導者に対して『熱烈』ではなかった。

のちに、1963年末に、後旗公安局がもう１つの『民族分裂案件』（白長水氏の民族分裂案件）に関して捜査を行い、我がクラスのラントゥー氏も連座された。白長水氏は、ガンジガのモンゴル人であり、鉄道の警察として、汽車での保安と乗務員の仕事をしていた。ラントゥー氏はガンジガ鎮と金宝屯との間で、いつも汽車に乗っていたが、貧乏のため、ある日汽車のチケットを買えなかった。そして、乗務員に発見されたが、ちょうど白長水氏によって『釈放』され、お互いに知り合いになった。のちに、白長水氏が『階級闘争』によって、当局に捕まって、拷問された際、ラントゥー氏と親しい関係にあると、言い出した。この理由で、生徒のラントゥー氏も公安局に呼ばれ、いろいろ拷問された。ある日、私が衛生監査する際に、男性寮に入ると、生徒のラントゥー氏が１人で、床に横になり、精神的負担が重すぎた状態であった。当時、私は生徒のラントゥー氏と話して、彼が公安局に呼ばれたことを

はっきり知ると、『君は民族分裂案件と関係がないから、心配しないで』と言いながら、授業に頑張るように励ました。のちに、このことは『階級の敵』を励ましたという処罰の『根拠』になった[495]」と書いている。

1964年の1月、ラントゥー氏のクラスメイトであるゲレルト氏が病気になり、休学して、北京の家へ帰った。ゲレルト氏の父は北京軍区の大佐（上校）であった。ゲレルト氏は北京に帰って以降、クラスメイトのラントゥー氏と手紙のやりとりをしていた。ラントゥー氏はすでに公安局に狙われていたため、1964年4月、ラントゥー氏への手紙があるクラスメイトによって学校の指導者に持って行かれ、開封された。指導者が手紙の内容を理解し、分析し、研究した上、後旗党委に出して、のちに後旗党委から公安局に移され、ゲレルト氏の個人データ（個人档案）に登録された。

手紙は以下の内容であった。ア、北京の状況は通常である。「5・1」（5月1日）にラジオで慶祝大会を行うので、もしザーナ先生の物理学の実験でのような鉱石検波器を利用すれば、貴方たちも北京のラジオが聞ける。イ、学校が「6・1」（6月1日）に体育運動会を行うと聞いたので、貴方たちは大いに才能を発揮して欲しい。ウ、うちのクラスの×××は、良いものではない。貴方たちは劉国卿先生の言う通りに従って欲しい[496]。

これについて、劉国卿氏は「学校と旗党委の指導者は『階級闘争や四清運動』の立場から、この手紙を『分析、研究』して、学校で『6・1』運動会を開催する際、厳密に安全措置を講じ、幹部、警察、保安などによって、生徒たちが『大いに才能を発揮する』ことを防止した。また、その年（1964年）の『全国統一高等学校試験（大学入試のこと）』はガンジガ鎮ではなく、甚だ不思議なことに通遼市で行われた。私とザーナ氏は、担任として生徒たちを連れて、通遼市に行った。ある晩、私はザーナ氏と一緒に通遼師範学院（今の内モンゴル民族大学）にいる高校時代のクラスメイトに会いに行った。かなり遅くなって、帰る途中で、道の傍の草叢や木の茂みに人が隠れていたことに気づいて大変驚いた。そして、私とザーナ氏及び我々の生徒が当局の重要な目標になったことが分かった。のちに、当局が安全保護隊を連れて、我々

を偵察し、尾行していたことが分かった[497]」と書いている。のちに、劉国卿氏とザーナ氏は「文化大革命」時代に、このことによって「有罪」になり、拷問され、訓練された。とくにザーナ氏は、生徒に対して行なった物理学の実験授業での鉱石検波器のことが「革命委員会」に「罪の根拠」にされ、迫害された。

III　恐怖の夏休み

「1964年の7月、通遼市で行われた全国統一高等学校試験を終えて、ガンジガの一中に戻った。学校は通知を出し、全本の教師と職員及び高3クラスが休みなしに政治運動を行なうこととした。7月22日の午前に、学校の書記、校長先生が政治運動を開始する動員指令を出し、『民族分裂集団』と闘争する政治運動を開始し、午後に後旗の公安局、検察庁、裁判所の工作組（公検法工作組）が学校に駐在した。23日にアイマックから工作組（盟工作組）が派遣され、『民族分裂集団』を摘発するために、学校に駐在した。そして、2つの高3クラスの生徒を合併して、報告を聞きながら各人と討論し、学校全体で昼夜をおかずに『民族分裂活動』に対して『開戦』した。2つのクラスの担任であった私とジョド（紹道）氏は工作組によって学校やクラスから疎外され、他の人物がクラスを担任した。私は旗政府の教育課に呼ばれて、中学校の試験データを計算する仕事をやることになった。そのため、一中で何が起こっていたかが分からなくなった。4、5日以後、ガンジガの映画館で、全体教師と生徒及び後旗党委、政府の幹部らが集まって、『民族分裂集団』を批判する大会議を行なった。私も呼ばれて参加させられた。会議の主催者により選ばれた生徒のツァガン・ショブー氏が高3・二班（うちのクラス）に関する『ラントゥー民族分裂集団』を摘発させた。私は舞台近くの座席に座っていたが、その瞬間、私は呆気にとられてぽかんとした。のちに、誰かが私を家に送ってくれたこともはっきり分からなかった。2年の間、担任として真面目にコツコツと教えたクラスが『民族分裂集団』になり、とくに、一番賢くて可愛い、信頼があるクラス長のラントゥー氏がそうされたことを思い

起こし、非常にくやしくて、つらかった[498]」と劉国卿氏は書いている。

　筆者が2009年10月、ガンジガ鎮に行き、劉国卿氏と会った時、劉氏はすでに定年で退職し、白髪まじりの老人であった。彼はこの「案件」に関する資料を渡しながら「幸いなことは、当時のいわゆる『民族分裂集団』の生徒たちが一貫して、担任であった私を集団のメンバーとして摘発しなかったことだ。運動が終了する際、私に対する指導者たちの結論は『集団のメンバーとして疑わしいが、事実的根拠がなかった。しかし、階級闘争に関する観念が弱くて、反革命集団を庇った過失だった』」と言った。しかし、これらのことは「文化大革命」の時期に、劉国卿氏が2回「反革命分子」とされた「根拠」であった。1964年の夏休みに、アイマック工作組と後旗公検法組及び一中の党委、団総支部によってもう1つの「民族分裂活動」が摘発された。すなわち、一中の化学の教師である包俊卿氏であった。包俊卿氏は、1958年、蘭州師範大学の学生として在籍していた時期、「党に腹の中を打ち明ける（向党交心運動）活動」の際、「私が走り幅跳をすれば、内モンゴルからモンゴル国の国境まで行ける」と言ったことがあった。それが「逃走」する意味とみなされ、包俊卿氏は「民族分裂活動者」として、拷問された[499]。

劉国卿氏（左2）、ラントゥー氏（右）、（ラントゥー氏提供）

IV　ラントゥー氏へのインタビュー

　1、筆者は 2009 年 9 月 30 日から 10 月 6 日まで、ラントゥー氏の住むアドーチン・ソムのハスオチル・ガチャーに行った。ハスオチル・ガチャーは、後旗の東北地域のダルハン・ホショー（ホルチン左翼中旗、科左中旗、達日罕旗とも言う）と隣接して、元のエメール（欧里）ソムの所在地である。この村は、元は「シンフ」という名前であったが、1948 年から「ハスオチル」という名前に変えられた。2 章の「後旗における土地改革」で、この村と「包・マンニュー」村の名前について論じた。1945 年 8 月 15 日前に日本人に協力した人々と国民党と関係があった人々は、1947 年以降、迫害される対象になっていた。しかし、人民解放軍に参加して、戦争や事故によって亡くなった人物は、「革命の烈士」として「擁護」され、彼らの子供や家族も「烈士」の御蔭をこうむったのである。この村の出身者のハスオチル氏は、人民解放軍に参加して、戦争で亡くなったため、1948 年に、後旗党委と後旗政府が会議を行い、この村の名前になった。

　資料によるとエメール（ᠣᠣᠷᠢ ᠨᠣᠲᠣᠭ）には、1939 年に日本人によって作られた「国民優秀学校」があった[500]。また、ハスオチル村には、満州国の南興安省のジリガラン鎮警察署の下級機関であるエメール（欧里ヌタッグ公所）公所があった[501]。1939 年、満州国の東科後旗（今の後旗）政府が 9 個のノタックを取り消して、15 個の区を建てた。そして、16 個の「国民学校」を建てた。アドーチン区の国民学校の校長は、ポンスック氏とオヤンガ氏であった[502]。1963 年にハスオチル村にエメール公社が建てられ、元の学校を基に、エメール中学校（欧里中学）が建てられた。

　筆者は、エメール中学校で、ラントゥー氏の生徒であった。その時、「ラントゥー案件」を聞いたこともあった。しかし、その時の教育により、モンゴル人の歴史や 1947 年からの歴史について何も教わっていなかった。筆者の学習していた歴史の教科書も間違いなく「中国歴史」であり、モンゴル人の歴史を勉強するチャンスがなかった。そのため、後旗で教育を受けた人々

は、モンゴルの歴史についての知識やモンゴル・アイデンティティーが非常に弱々しい。のちに、大学に入ってから、モンゴルの歴史について初歩の認識が芽生えた。とくに、日本に留学して、10年あまりの間に、故郷の内モンゴルと恩師のラントゥー氏を深く理解するようになった。

2、私が久しぶりに恩師のラントゥー氏に会った時、彼の一生に深く影響を与えた「ラントゥー民族分裂案件」について話題を向けた。ラントゥー氏は、「今までに共産党の良い面は私に見えなかった」と言い、何十年もの間、誰にも言えなかった心に溜まったことを話し始めた。私も先生も2人とも、何も言えなくなり、何分間か黙って、お互いにタバコで「話」していた。私は何十年もの間、自分の先生のことを正しく理解できていなかったので、悲しみや悔しがる気持ちでいっぱいであった。先生に何か苦労させて大変失礼したような気持ちだった。先生も、何十年もの間、無実の罪を着せられた事を思い出し、やりきれない思いをして、窓の外をじっとみつめていた[503]。

1964年7月、後旗党委によって行なわれた会議や階級闘争により「ラントゥー民族分裂集団」がでっち上げられ、9月に後旗の映画館で、全旗の幹部と職員たちの「会議」で「検討」させられた。「当局からは私に『自分の過失と思いを詳しく報告せよ』という強制的な命令が下った。しかし、私は皆の前に、舞台に出て行って、『私には過失したことが一切ない。今、自分もそう思っている』と発言し、過去のことに対して否定してはならないように明確に主張した[504]」

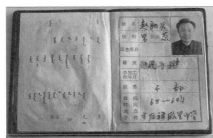

ラントゥー氏に与えた「障害者証書」（現地調査でラントゥー氏が提供）

彼はのちに、生徒たちと一緒に国家統一試験に参加したが、その結果を聞く権利もなしに、1964年の8月、一中の党委と後旗党委により、強制的に故郷に帰らされて、労働改造に参加させられた。彼の故郷であるホタン公社のタリン・ブドン村（今のシャルス・ソムに属する）に帰ってから、地元の大隊書記（村の党支部書記）により、民族問題の関連でしばしば村幹部会議で「批判される」対象になり、拷問されたりした。彼は「このようなことが絶えまなく続き、1966年になって、さらに厳しく批判された」と言った。1968年2月7日に、ジリガラン公社の郵便局の職員であるツツゲ氏と結婚した。1968年の3月10日になって、後旗党委は、彼を後旗の所在地であるガンジガ鎮に呼び、「内人党の民族分裂分子」として逮捕し、手錠をかけて、他の人々と一緒に「内人党隊伍」に連行した。その一方、彼の妻であるツツゲ氏は、ラントゥー氏と結婚したために同年の5月に郵便局を停職になった。当時の事について、ラントゥー氏は、「私と一緒に『内人党』と名付けられた人物の中に、1964年に後旗の党委書記であったバートル・サン氏もいた。彼は、後旗党委のトップの人物になり、全旗の幹部らを指揮し、その時（1964年）私たちを『民族分裂集団』と名付けていたのに、1968年になると、私と一緒に『内人党』になった。更に、彼は我々の行列の一番前に並ばせられて、『内人党』の隊伍を示している黒色の旗を背負って、皆で遊街[505]された。街や会議場で私は頭と上半身を下に向けて、足にまで汗が流れ、両方の足の感覚が麻痺し、大小便することも無感覚になった。監獄に入れられ、外国との連絡があるという原因でも、殴られたり、蹴られたりして、お正月を過ごして、1969年の6月に釈放され、家に帰された。監獄で蹴られたことにより、1本の肋骨が折れ、いまだに突出しているままである」と言いながら、肋骨を筆者に見せた。そして、家に帰ってから、厳しい労働改造を受けながら、折られた肋骨や病気を治療するお金がないため、医療知識（モンゴル語で「エミン・ジョル」と言う）を自習してきた。1978年に村で「赤脚医生（医者）」になり、翌年（1979年）に公社の学校に、「民弁教師」（牧畜区や農村における民間の教師）として従事した。のちに、彼がみずから後旗の党委と政府を何

回も訪ねて、自分の過去に起きた惨めな境遇を訴えた結果、文革の歪みを元に戻す中央の政策によって行われた試験を受けて、合格し、内モンゴル自治区教育学院で学んで 1981 年に正式に教員になった。翌年（1982 年）の 3 月 10 日に、エメール中学校（ᠡᠮᠦᠨᠡᠲᠦ ᠳᠤᠮᠳᠠᠲᠤ ᠰᠤᠷᠭᠠᠭᠤᠯᠢ 欧里中学）に、中学校の教師として就職した。今は、定年退職して、本を読みながら孫たちと過ごしている。

　この間、1968 年 3 月に、後旗党委はラントゥー氏をガンジガ鎮に呼び出し、逮捕し迫害しながら、ラントゥー氏の妻であるツツゲ氏から仕事を取り上げ、実家に帰らせた。ツツゲ氏は、当時のことを「当初、私は郵便局の職員であり、ラントゥー氏と恋愛していた。ラントゥー氏は、何らかの過失があれ、私にとっては好い人であった。2 月 27 日に結婚したが、2 週間余り後の 3 月 10 日に、党委は、夫のラントゥー氏をガンジガに呼び出し、逮捕した。また階級闘争の理念の為、私の仕事を無理やりに取り上げ、ラントゥー氏との関係を断ち切ろうとした。私は、ラントゥー氏の話を信じていた。彼のどの言葉にもモンゴル人の勇気と心血が流れていた。我々は、チンギス・ハーンの子孫であるという信念を持ち、ラントゥー氏の実家に行き、彼の両親の面倒を見て、人々の評判を気にしなかった[506]」と語った。ラントゥー氏は妻のことを「彼女は無名の英雄である」と言いながら、18 年余りの間の惨めな境遇を終わることなく話し続けた（紙幅の都合で省略した）。ラントゥー氏と妻のツツゲ氏が自分の孫たちに教えてきた言葉は、「我々は人間として、とくにモンゴル人としての尊厳を守りながら生きてきた。いかなる代価を払っても、モンゴル人や、モンゴル文化を守っているならば、いつでも、どこでも間違いない。逆に勇気がある勝利者になる」であった。

第 3 節　公文書での「民族分裂案件」

I　後旗公安局の捜査

　資料によると、1964 年 6 月 9 日に、後旗公安局が一中に対して行なった

捜査の内容は、ジリム・アイマック公安処一課と後旗党委にそれぞれ報告された。その報告の内容が公文書として残されていた。それは「ガンジガ中学における包俊清氏[507]をリーダーとする民族分裂集団に関して、新しい手がかりが見つかった状況の続き[508]」（以下は「新発見」と略記する）で、以下のように記述されている。（紙幅の都合で主な部分だけ示す）

　1.「1964 年 5 月 22 日、ガンジガ中学校（一中）の団委書記の話によると、5月20日、高3・二班の生徒であるツァガン・ショブー（ᠴᠠᠭᠠᠨ ᠱᠣᠪᠤ 査干少布）氏の申し込んだ「入団申請予備表」が団委の審査で批准されなかった。するとツァガン・ショブー氏は組織の基準を満たしていないことを納得していながら、個別の面談を行い、自分の思想や態度を主張する手紙を書いた。翌日、学校の指導者が彼と面談した際、彼がラントゥー氏をリーダーとする小組織に参加し、何回も密謀し、卒業した後、外モンゴルへ亡命すると計画したことなどを述べた。我々はツァガン・ショブー氏の自首したことを十分に分析し、研究した上、その情報を基本的に信頼あると認識した。しかし、事の顛末を充分に話してなかったため、我々がツァガン・ショブー氏と 2 回会って聞くことにした。その結果、彼は事の顛末を充分に話した。以下は、ツァガン・ショブー氏の述べたことの顛末と我々の事業の報告である。

　2. ツァガン・ショブー氏は、男、現在 19 歳であり、後旗金宝屯公社の小営子生産隊の人であり、ガンジガ中学校の高校 3 年の第二班の生徒である。以下はツァガン・ショブー氏の言葉である。「高 1 年生から、すなわち 1962 年から、民族の意欲と気持ちが高まり始め、クラスメイトのゴワンブ氏と一緒にモンゴル族を統一させることに関して議論し、漢人をモンゴル地方から追い出すことなども議論していた。のちに、高校 2 年生の時、ラントゥー氏、デゲジルフ氏、マンダ氏、トメン・ジルガラ氏、トグトンガ氏、テムレ氏、ノルブ氏などの生徒たちがモンゴル民族としての意識を高め、モンゴルを統一させることに関して常に議論し、内モンゴルと外モンゴルを統一させ、漢族を追い出すことについて議論していた。（省略）ある日、モンゴル語の先生であるアモル・ジリガラ氏が授業中に、『周恩来総理とモンゴル国の総理が

談判した際、もしソ連がブリヤードモンゴルをモンゴル国に返すならば、我々も内モンゴルをモンゴル国へ返すと言った』と話した。そして、生徒たちはこれを信じ、喜んで、その時を待っていた。そのため、生徒たちは、つねに寮内や校外を散歩する形で、互いに議論していた。また、彼らは小説や右派分子であるセードルジ氏の言論から影響を受けた。例えば、生徒のエルデムト氏は黒板に『彭徳懐万歳』と書き、『中華』の『華』は漢人を代表しモンゴル人を代表していないとか、内モンゴルはモンゴル国と合併してこそ生活がよくなると提唱していた。内モンゴル地域で、漢人が日増しに増え、権力を掌握しているがゆえ、モンゴル人には、職があるのに権利がない。内モンゴルは工業がある上、牧畜業も発展したことがあるから、外モンゴルと合併すれば、生活状況が上昇して、漢人に抑圧されないだろう。現在は、モンゴル人が漢人によって同化される危険が及んでいる。とくに、修正主義に反対する文献を学習して以降、ラントゥー氏などは修正主義者の放送局の宣伝を聞き、フルシチョフ（Nikita Sergeevich Khrushchev）氏の論じることが理に適っていると考えた。例えば『中国人は現在、1本のズボンを5人で共用している』の言葉は正しかった。毎年、1人当たりの布票[509]は6.5尺であり、5人の布票をあわせて、ようやく1人分の服がつくれる。綿花も足りないのに、なぜフルシチョフ氏の話に反対するのか。中国の指導者は自分たちが正しいとあれこれ言うが、実は、フルシチョフの方が正しい、などである。1964年になってから、さらに議論するようになり、とくに、5月×日、ラントゥー氏が会議を主催して、デゲジルフ氏、トグトンガ氏、トメン・ジルガラ氏、私などと相談し、モンゴルを統一させるため、ラントゥー氏がモンゴル語を、デゲジルフ氏とトメン・ジルガラ氏が物理学を、マンダ氏が体育を、私が医学をそれぞれ研究するように計画した。ともに、学内で生徒を説得し、組織を拡大し、卒業して以降、通遼市やガンジガで集まって、チャンスがあったら外モンゴルに行くつもりである。」

3.「互いに研究した結果、一致団結するために結党することを提唱した。私は『モンゴル人の利益のために努力し、モンゴル党を結党するために、党

の綱領を準備し、組織があって、指導者がある活動をする。モンゴル人を独立させることに貢献することこそ、価値ある人生であると認識し、もし我々の内部で秘密を守れなかった人物が生じたら、彼を殺す』と言った。要するに、各自が任務を分担し、活動するようになった。例えば、ラントゥー氏は、シャルス公社（協尓蘇公社）の獣医站の会計であるゾリグット氏を説得した。ゾリグット氏は、ガンジガ中学校の卒業生であり、民族意識が強いため、ラントゥー氏は常に彼と連絡をとっていたし、クラスメイトのボヤン・ダライ（~~Oyunrk~~）氏とジルムト氏とボヤン・ドゥーレン（~~Omgoloru~~）氏に打診してみた。」

4. ツァガン・ショブー氏は「ラントゥー氏たちが民族について議論する際、ウネン・ウリジ氏とフルチン・ビリゲ氏とは秘密な関係であり、3人がガンジガ駅交番の警察官である白長水氏と面識があった。ある日、白長水氏はラントゥー氏に、『生徒たちが民族意識を持つのは、問題にならない。たとえ悪い結果になっても、彼らが学校から追い出されるだけで、私とは別だ』」と言った。

5. 我々が民族に関する問題が発生した原因について聞くとツァガン・ショブー氏は「まず、外モンゴルの生活水準が内モンゴルより高いことである。内モンゴルは、漢人の圧迫を受けて、生活水準も低く、食べ物もよくない。ある地方では餓死も発生している。次は、マクセル・ジャブー氏のモンゴル歴史に関する小説と右派分子であるセードルジ氏の文書を読み、ソ連のラジオを聴いたためであった。学校の先生らとは何の関係もない。ただ、アムル・ジリガラ氏の授業だけは、内モンゴルを外モンゴルに返す内容であった。のちに、修正主義に反対する階級闘争に関する文献を学習してから不満を持った。その上、故郷で社会主義教育が行われたことがあった」と言った。また、ツァガン・ショブー氏が入団することに積極的であることに対して、ラントゥー氏たちは疑い、信任しなかった。

6. 以上で述べた状況に基づき、我々がツァガン・ショブー氏とさらに談話した結果、彼が話したことは事実であった。すなわち、彼の話したことは

我々がすでに掌握していた情報と一致している。もっとも、これらはツァガン・ショブー氏だけが言ったことであるが、ラントゥー氏たちから連絡してきたことに基づいていて、民族に関する言論や一緒に散歩したことは確かに行われたのであった。ラジオも聞いたことがあった。しかし、ツァガン・ショブー氏の話をそのまま信じるわけにはいかないので、さらに確かめる。

　7. これらの状況から見る限り、包俊清氏の案件とつながる手がかりはなかった。この案件は、ラントゥー氏を主としたモンゴル国に逃亡する集団的活動であり、ラントゥー氏によって自発的に起こったことである。彼らが民族を分裂し、集団的にモンゴルに逃亡する可能性がある。しかし、包（包俊清氏のこと）氏と劉（劉国卿氏のこと）氏2人の教員は、確かに民族意識が強いため、期せずして一致した可能性があり、生徒と教師が連帯して集団的案件になる可能性がある。（省略）この案件に関して、今後は以下のような計画である。発見した状況に基づいて、記録して、捜査を行う。（省略）すでに掌握した状況の基で、案件に関わるすべての人々を全面的に検査し、主と従に分けて、計画と目的があっての工作を行う。捜査を専門にする人物を派遣し、徹底的に明らかにすること」

　以上は、後旗公安局がラントゥー氏及びガンジガ中学校を捜査し始めたことであった。捜査は、すでに5月から始まっていたが、劉国卿氏とザーナ氏は、のちの8月に生徒たちを連れて、通遼市で行われた全国統一試験の際、捜査される「目標」になったことを感じたのであった。公文書における1の内容を見ると、当時、一中の団総支部書記は、公安局の工作員と協力しながら、生徒たちを「捜査」していたことが分かる。また、公文書からは、団総支部書記が生徒のツァガン・ショブー氏に対して、団員になれることを「餌」に利用し、彼の口を借りて、公安局や党委に報告する成果を得たことが明確である。その上、短くとも5月から8月まで、3ヵ月の間、生徒たちの「内部情報」がツァガン・ショブー氏と団総支部書記によって、公安局と党委へ「通信」されていた。公文書の2では、公安局の工作員がツァガン・ショブー氏に対して尋問した内容を書き込んでいる。すなわち、ラントゥー氏と

彼の先生及びクラスメイトたちの名簿、言論などを詳しく調査した。ちょうどその時代は、後旗で反右派闘争、大躍進運動と続いた結果、餓死することや自殺することが生じていた。大勢のモンゴル人が共産党によって行われた政治的運動の本質を互いに話したり、子供たちも聞いたりしていた。そのため、16～17歳のラントゥー氏たちは、高校に入学し、モンゴル人の悲惨な状況を見て、民族アイデンティティーを強めた。そして互いに、話したり、議論したり、個人個人の将来の夢などを話しながら勉強していた。それらの内容は、ラントゥー氏をインタビューした内容と一致している。

　しかし、公文書の3での内容は、ラントゥー氏のインタビューと異なっている。結党することと、党の綱領及び党組織を拡大するなどの内容は、ラントゥー氏のインタビューに出なかった。ラントゥー氏自らもこのことを認めなかった。ラントゥー氏の話によると、「結党」や「モンゴルへ逃走」することは、当局によってつくられた「内容」であった。それ以外、4での白長水氏との面識や「交流」も、当局や団総支部書記らによってつくられたことであった。公文書の5の内容はラントゥー氏のインタビューと基本的に一致している。ラントゥー氏はインタビューで「我々は、モンゴル国のマクセル・ジャブー氏のモンゴル歴史に関する小説を読んで、本の最後の段落に『ハルハ・モンゴルとウブル・モンゴルは、1つの民族であり、同じくチンギス・ハーンの子孫であるため、ある日合併するはず。この偉大な任務を未来の青年たちに頼むことだ』と書かれた内容に大変感動し、その「未来の青年」は、我々のことを指しているから、我々がその歴史的任務を実現させるために、頑張っていく意志が強まった」と語っている。

　公文書の6と7を見ると、公安局は、「民族分裂者」である包俊清氏と白長水氏に関することを目的として捜査したが、思いがけず「ラントゥー民族分裂案件」も「明らか」になる手掛かりが出てきて、同時に一中の教師である劉国卿氏とその他の教師たちも連座される対象になり、数多くの人々が「登録」され、捜査を受ける「計画」に含まれた。また、生徒と教師たちは連合して「集団的に」外モンゴルに「逃走」する「可能性がある」ことにされ、

全面的に、徹底的に捜査されることになったのである。

II 公文書での「ラントゥー氏」

　後旗公安局の「1964年における事務終結報告[510]」では、「民族分裂案件」について以下のように書かれている。①「1964年に、我が旗で5件の政治的案件が発生した。そのうち、民族分裂集団案件が2件、反革命階級的復讐案件が2件、反動的スローガンが1件であった。旗党委の指導で、各機関が協力することによって、これらの案件を全部解決し、案件の解決率は100％であった。関連した人々は58名で、そのうち、主要なメンバーは14名である。内訳は人民警察が1人、軍人が1人、生徒が8人、医務学員が1人、新たに生じた人物が1人、歴史的反革命者が1人、新たな革命者が1人であった。彼らの1人を逮捕し、1人を拘留し、2人を外地に追放し、7人を批判闘争して、1人を批判教育した。（省略）とくに、追及した2件の民族分裂集団案件は、共産党と人民に反対し、祖国の統一と民族団結を破壊する反動的綱領を持ち、モンゴル革命党を組織し、内・外モンゴルを合併するために、一代でできなければ、何代に渡っても闘争していくことであった。（省略）」

　②「体得したことについて。2件の民族分裂集団案件を解決することを通じて、偵察工作は、党委と上級業務機関の必要な指導を受けて、互いに協力し、機関の専門の工作を大衆路線と密接に結合しうることが分かった。専門的に偵察することを大衆運動と有機的に結合させることは、このような複雑な案件を解決する前提になる。とくに、ラントゥー氏を主とした案件については、アイマックの党委と旗の党委の指導で、各方面の機関がよく協力した結果、20日間の時期で効果を果たしたのである（省略）」

　①の部分では1964年に発生した2つの「民族分裂案件」を述べ、生徒のラントゥー氏を「民族分裂案件」の主要メンバーと定義している。モンゴル人の高校生たちが自分の民族を愛し、それに関する話をしたことと、民族の未来について議論したことが党委や団総支部によって摘発され、公安局から

「反革命、民族の団結を破壊する、祖国の統一を分裂する」などと勝手に定義され、迫害を加えられた。ラントゥー氏と彼のクラスメイトたちは、互いに自由に議論したことによって「民族分裂集団」になり、中国の法律を犯す行動もなしに「犯人」になった。その上、後旗党委は、検査院や裁判所など法制機関の決議もなしに、ラントゥー氏を「民族分裂案件」の「主犯」と定義し、後旗及びジリム・アイマックに通報していた。

III 「民族分裂案件」と文化大革命のつながり

　後旗における「文化大革命」については次の章で述べる。本章では、一中の「民族分裂案件」とつながる「文革」の内容を述べる。ラントゥー氏は、1964年の8月に故郷に帰らされて、労働改造に参加させられた。だが、2年も経たずに1966年6月になると「文革」の大渦中に巻き込まれた。

　後旗における「文化大革命」はガンジガ一中から始まった。1966年6月18日に、全校の18のクラスが授業を停止し、「文化大革命運動」に参加し、学校党支部の指導で、物理学と化学のラボラトリーを中心に壁新聞（大字報）を貼りだした。6月23日から、全体党員と「積極分子」たちが署名した「2001番号」という壁新聞が貼り出され、副教務主任であるヤンツェン・ジャブ氏を猛烈に攻撃し、また包徳氏と包俊卿氏がひどい目にあわされた。翌日（24日）、後旗党委は、一中の体操プラザで、有線ラジオ大会議を行ない、一中のすべての教師と職員、及び旗の直属機関のすべての幹部らを参加させた。そして、この会議で、モンゴル人出身であるヤンツェン・ジャブ氏、包徳氏、包俊卿氏など3人の教師を隔離審査することが公布された。のちに、後旗党委は一中へ工作組を派遣し、公安局は案件組を派遣し、一中の教師と生徒との中に「存在」する「民族分裂主義分子」、「反革命分子」、「牛鬼蛇神」を掘り出すことになった。後旗党委と公安局は、この目的を達するために、一中の教師と生徒たちを学校に120日間、閉じ込め、249人が「反革命分子の牛鬼蛇神」にされ、11名の教師が「民族分裂分子」にされた[511]。

　劉国卿氏はこの11名に含まれた。主な罪名は「1964年、高2の二班に

おける『民族分裂集団』を庇い通した」ことであった。そのため、後旗党委と公安局によって、ラントゥー氏の「民族分裂案件」が再び「掘り出され」、故郷で苦しく「労働改造」を受けていたラントゥー氏が後旗政府の所在地であるガンジガ鎮に呼ばれ、大衆専政委員会（群専）によって拷問され、刑務所に入れられ、出た後も監視された。

その次に、後旗党委が指揮した「紅衛兵」が一中の教育を造反し、「民族分裂集団」を指示する人物を掘り出すために、学校の教室や実験室などの教育設備を破壊した。その一方、軍隊が駐屯した。このような恐怖的雰囲気が2年間続き、1968年からは一中の「内モンゴル人民革命党（内人党）」を掘り出す運動が始まり、教師と職人たちを「学習班」に参加させ、「内人党」と「戦う」ことになった。「学習班」では、後旗党委の主任が教師たちの話を聞いて、怒りながら「君たちは先生として誰に教えるのだ？」、「カンジガの一中で、民族分裂案件が何回も起こった。教師の中でそれを指示する人物が必ずいる。一中が『内人党』のブラック巣窟だ（内人党的黒窩子）」と言った。このように、一中の歴史で何回も「民族分裂案件」が発生したと定められたのである。すなわち、それは後旗党委の主任が定めた定義である。そして、1969年1月4日、後旗革命委員会は、ガンジガ一中という学校の存在を取り消し、一切の財産、職員、教師、教室などが"五・七"幹部学校（五・七干校）に改められ、教師や職員たちは「内人党」を掘り出す政治闘争に参加させられるようになった[512]。

劉国卿氏は「会議は、1969年2月3日から始まり、2日間行なわれた。17時間続いた『内人党を促して投降させる大会』によって、人々が強制されて『反革命』、『内人党』分子になった。私もその1人だ」と語った[513]。

ガンジガ一中の1964年の卒業生であり、その一中の高級教師でもあったエミン・ウンドル氏は、当時の状況を以下のように語った。「ガンジガ一中の50年間の歴史で、もう1つの迫害は、全国的に行なわれた『文化大革命』である。この時、我々の学校はひどい打撃を受けた。文化大革命が始まった途端に、我が校においてのもともとの『民族分裂集団』を『掘り出し』、11

名の教師と 249 名の生徒を『民族分裂分子』として、無実の罪を着せ、『反革命』分子と『牛鬼蛇神』分子として拷問した。そして、1968 年の年末から 1969 年の上半年にかけてのわずか半年の間で、一中の教師と職員の 70％を占める 42 名の人々が『内人党』として摘発された。そのため、常に読書の声が聞こえていた教室や学校は、犯人を入れる刑務所になった。その後、『ガンジガ中学校』と言う誇るべき名前が強制的に『五・七幹部学校』に変えられ、教師と生徒が『工人宣伝隊』と『幹部宣伝隊』に替わり、10 年間にわたり『打ち、破る、奪う』混乱に巻き込まれた[514]」

　1978 年の末になって、ラントゥー氏らの「民族分裂分子」という「帽子」が外された。劉国卿氏は、ジリム・アイマックの副盟長であった云曙碧氏に八千字の長い手紙を書き、「民族分裂集団案件」のことを上訴した。しかし、返事はなかった。1979 年、ジリム・アイマックは、吉林省から再び内モンゴル自治区に属することになり、一中がジリム・アイマックの「重点的な中学校」として認められた。そして 1980 年から、後旗とジリム・アイマック及び全自治区の中で、教育面での先頭に立つ学校になった[515]。

第 4 節　案件からわかること

　I. 以上の文章では、1964 年、一中で発生したいわゆる「民族分裂案件」について述べた。このことについて、当事者であり、一中の歴史にも詳しいエミン・ウンドル氏の述べたことが事実に近いと考えられる。彼は一中の歴史について以下のように書いていた。「迫害された事件の 1 つは、1964 年に発生した『民族分裂集団』を掘り出した事件である。私は、この事件を体験したのである。我々は、ちょうど卒業して、国家の統一試験が終わったところであった。学校の庭に、警察と軍隊が駐屯し、後旗党委や政府の上の人物らが行ったり来たりして、騒動を起こし、白色テロの雰囲気であった。そして、20 日間、昼夜を分かたずに会議を行ない、大きな声で批判させ、事

実と嘘を交ぜ、最後に、まだ子供である我々の仲間からラントゥー氏、マンダ氏、トメン・ジリガル氏、デグジリフー氏、ノルブ氏などを『民族分裂集団』の主犯として、罪を着せた。のちに全旗の幹部会議で、彼らを批判し、労働改造を受ける対象として農村へ還らせた。その結果、<u>彼らの理想が失われ、一生の元気がなくなった。</u>実は、<u>彼らは、我々のエリートであり、モンゴル民族を愛して、卓越した人物である。彼らは、自分の理想を民族の運命と結びつけながら、『モンゴルのために』、『モンゴルを新興させるために』努力する青年たちであった。</u>このことは、ガンジガー中の歴史で初めての『階級闘争』である[516]。」

上の文書では、ラントゥー氏と「民族分裂案件」について評価している。とくに、下線の箇所で、ラントゥー氏と彼らの仲間たちの事を分析して評価している。

II.「民族分裂案件」は後旗党委だけの責任ではなく、自治区政府と中央政府の政治制度に問題があるのである。専制制度や一党政権、或いは独裁政権は、権力が高度に集中され、それを監視し批判する余地がないため、公平、公正が失われるのは当然であろう。また、1964 年に一中の生徒たちを「民族分裂集団」と断定した一中党総支部と後旗党委のトップの人物であったバートル・サン氏も、1968 年に「内人党」の党員として拘禁されたり、拷問されたり、「5・7 幹部学校」に参加させられたり、厳しい労働改造を受け、ラントゥー氏たちと一緒に迫害された。この事実から見れば、共産党中央委員会と中共内モンゴル自治区委員会の目的は、社会主義や共産主義に反対した者に対する粛清だけでなく、民族に対して、とくにモンゴル人に対しての精神的な粛清と肉体的な苦難を与えることであることが分かる。これについて、当事者である劉国卿氏は、「1964 年から 1966 年にかけて、ラントゥー氏と私は、『民族分裂集団』案件に関わって批判され圧迫された。しかし、1966 年の末になると、『反動路線』が起こって、我々を批判し圧迫した人物たちが押し倒されて、逆に他の人々に批判されるようになった。更に、我々は逆に『造反』し始め、『紅衛兵』たちが、彼らを批判して、我々を『徹底

的に見直した』。そして、1968年になると両方とも批判された[517]」と語った。

III.「民族分裂案件」が政治制度だけの問題であるならば、漢人社会の中学校にも「民族分裂案件」が出てくるはずだ。なぜならば、中国共産党の理論では、「各民族は区別なしに皆平等であり、互いに団結し、共同で社会主義を建設し、将来は共産主義になる」、「一つの階級がもう一つの階級論を打倒する」ことである。要するに、モンゴル学校であれ、漢人学校であれ、同じように「民族分裂案件」が発生する可能性がある。だが、中国では、今まで漢人社会や漢人学校の中で、「民族分裂」という案件が1回も発生しなかったのである。ラントゥー氏と後旗党委の書記であったバートル・サン氏は、異なる階級の代表者として互いに戦っていた。しかし、「内人党」を掘り出す時には、この2人は同じ「党員」として後旗党委に迫害された。このケースを見れば、2人ともモンゴル人であることが主な原因であったと考えられるのである。

IV. この「案件」は、1964年から1979年にかけて15年余り続いたが、「案件」を解決するプロセスに、裁判所、検察庁など近代における政治制度は関与しなかった。「案件」が発生してから終わるまで、一中の団総支部、党総支部、後旗党委、後旗公安局などの機関が権力を行使する機関として働いていた。それ以外は、ラントゥー氏の地元の村の大衆、大隊党支部などが関わっていた。この事実から見れば、後旗の党委と政府には、近代国民国家における政治制度やそれに関する機能が確立されていなかったと言えるであろう。

V. 時期を区分して分析すると、中国共産党と中央人民政府は、文化大革命の責任を林彪と「四人組」の5人に負わせている。だとすれば、文化大革命の前、1964年に後旗党委と公安局によって発見されたラントゥー氏の「民族分裂案件」の責任は誰にあるのか。さらに遡って考えると、1959年から1962年にかけて、後旗でモンゴル人たちは多めに食料を生産したが、逆に餓死した。その無数の命の責任は誰にあるのかの問題も問われてくる。

VI. 範囲に関して言えば、「民族分裂案件」は、後旗だけで発生した問題ではなく、他の旗やアイマック及びフフホト市で、しばしば「民族分裂案件」

や「民族分裂分子」などとして発生している。中国共産党政権に支配された60年の間で、内モンゴル地域では「民族」に関する「案件」や「分裂分子」などのことが絶えず「生じた」。後旗における「民族分裂案件」は、他の地域で行なわれた多数の「案件」の中の一つであり、その典型的な「民族分裂集団案件」である。この「案件」の具体的な詳細を明らかにしたことは、他の内モンゴル地域や、チベット地域、ウイグル地域で発生したその他の「民族分裂案件」を理解することに手掛かりを与え、それを通じて、中国の「民族区域自治制度」の本質を理解することに一定の役割を果たすことになろう。

　この「案件」は、中共中央が内モンゴル地域に対して「四清運動」を行なった政治的目的のシンボルとなり、続けて発動する「無産階級文革大革命」の準備作業にもなった。次の章で、その深い意味や実態を詳しく論じていこう。

【註】

465. ボルジギン・文正、ナドメド主編「甘旗卡第一高級中学《輝煌五十年》」、予樹全《輝煌五十年》、1頁。
466. 中共科左後旗人民政協編《科左后旗文史资料・第六辑》》、444頁。
467. バガン主編《科尔沁左翼后旗志》、内尔古人民出版社、1993年10月、フフホト。727～728頁。
468. 同上書、728～730頁。
469. ブヘ、サイン（博和、薩音）整理・編著《博彦满都生平事略》、内モンゴル大学図書館、1999年、60～64頁。
470. 内蒙古自治区委員会文史資料委員会編《伪满兴安史料》（第34集）内蒙古政協文史和学習委員会、1989年、Huhehot、138～139頁。
471. ボルジギン・文正、ナドメド主編「甘旗卡第一高級中学《輝煌五十年》」、予樹全《輝煌五十年》、1頁。
472. 劉国卿著《枫叶红了》、京華出版社、2002年、北京。73～74頁。（この本は劉氏の自伝にあたる本である）
473. 『人民日報』、1963年8月9日。
474. 『内モンゴル日報』、1964年7月9日。或いは「紅旗」雑誌、1964年12号、劉春「当前我国国内民族问题和阶级问题」。
475. 楊海英編『モンゴル人ジェノサイドに関する基礎資料（4）—毒草とされた民族自決の理論—』風響社、「烏蘭夫在自治区民族工作会議上的講話記録稿」、2012年、東京、241頁。
476. アラタン・デレヘイ(阿拉腾德力海)編著《内蒙古挖肃灾难实录》 禁書(出版社なし)、1999年、12頁。
477. 同上書、14頁。
478. ホルチン左翼後旗档案局、旗委档案（長期）、194巻、2～7頁。巻のタイトル「中央、华北局、内蒙、哲盟委，关于在农村中开展"三反"运动的指示、批转天津市委关于深入开展城市粮食三反运动的报告和有关试点材料通知、简报」、公文書のタイトル「中央关于在农村中开展"三反"运动的指示」、中発（60）452号、1960年5月15日。中共中央办公厅机要室、1960年5月18日発布。
479. 同上巻、95～100頁。公文書のタイトル「转发内蒙古党委三反领导小组关于"三反"运动中若干问题的意见」、（60）旗212、1960年6月28日。
480. 同上公文書、1～3頁。
481. 中国語の高校は日本の大学・短大・専門学校を、中国語の中学は日本の中学・高校

を指す。以下、ややこしくなるので、本章で展開される話に即して、中国語の高校を「大学」、中学を「高校」と訳す。

482. 同上巻、143〜144頁。公文書のタイトル「关于进一步保证"三反"运动健康发展的通报」、(60)旗355、内蒙古党委弁公庁秘書処、1960年8月1日印刷公布。

483. 同上巻、171〜173頁。公文書のタイトル「批转内蒙古党委三反办公室，关于乌盟察右前旗和卓资县在"三反"运动中发生自杀、逃跑事件的调查报告」、(60)旗291、内蒙古党委弁公庁秘書処、1960年9月12日印刷公布。

484. ホルチン左翼後旗档案局、旗委档案（長期）、275巻、19〜21頁。巻のタイトル「内蒙古党委办公厅：关于印发乌兰夫检查要点、自治区党委历次检查汇集、自治区人代会政府工作报告、印发三个重要参考材料的通知」。公文書のタイトル「批转内蒙古党委宣传部关予在農村牧区継続深入開展社会主義教育的意見」、(62)旗016、内蒙古党委弁公庁秘書処、1962年1月29日印刷公布。

485. 同上巻、公文書のタイトル「关于今冬明春开展农村整风整社工作的通知」、(62)旗159（秘密）、1962年12月27日。

486. ホルチン左翼後旗档案局、政府档案（永久）、131巻、19〜21頁。巻のタイトル「七个国営农・牧・林场评级站队工作转正的通知、增设机构的通知、甘旗卡小学为旗直实验小学的通知、对高永生处分问题的决定」、公文書のタイトル「关于对一九六三年报考高等学校的考生进行政治审查的通知」、(63)教高字第34号（机密）、内蒙古自治区教育庁、公安庁、民政庁、人事局、1963年4月2日。

487. ホルチン左翼後旗档案局、公検法档案（永久）、240巻、23〜32頁。公文書のタイトル「中共科左后旗委社会主义教育办公室关于以四清为纲的社会主义试点工作终结报告」、中共科左後旗委社会主義教育弁公室、1963年11月21日。

488. 同上巻、33〜41頁。公文書のタイトル「批转旗委肃反清理领导小组"关于整个肃反清理工作的具体计划"」、(64)2号、中共科左後旗委員会、1964年1月24日。

489. 2009年9月、後旗で行なった筆者の「インタビュー」より。

490. 中共ガンジガ中学青年団総支部委員会、「校総支部」とも言う。

491. 劉国卿著《枫叶红了》、京華出版社、2002年、北京。76〜77頁。

492. ボルジギン・文正、ナドメド主編「甘旗卡第一高级中学《辉煌五十年》」、47〜48頁。

493. 同上書、49頁。

494. 閻天倉主編《科左后旗文史资料》、後旗人民政協委員会、2005年。523〜524頁。

495. 同上書、524頁。

496. 同上書、525頁。

497. 同上書、524〜525頁と劉国卿著《枫叶红了》、京華出版社、2002年、北京。82〜86頁。

498. 同上書、525〜526頁。
499. 劉国卿著《枫叶红了》、京華出版社、2002年、北京。88頁。
500. 閻天倉主編《科左后旗文史資料》、後旗人民政協委員会、2005年。220頁。チョクジュ・メンスル著「回忆伪满吉尔嘎郎小学和四布奎小学」より。
501. 同上書、432頁。バガン著「地名释义」より。
502. 同上書、445頁。張天恵の遺稿「解放前的科左后旗教育」より。
503. 2009年10月2日に、ラントゥー氏にインタビューした内容。
504. 同上インタビュー内容より。
505. 文化大革命時期に、党支部によって行なわれた「犯人」を村や町の道路で、行ったり来たりさせ、群衆に懲らしめさせる懲罰である。
506. 2009年10月2日、ラントゥー氏と妻のツツケ氏へのインタビューより。
507. 公安局の秘書が「包俊清」と記録していた。本当の名前は「包俊卿」である。
508. ホルチン左翼後旗档案局、公検法档案（永久）、229巻、111〜115頁。巻のタイトル「旗公安局关于警卫的终结报告及政保工作的终结报告」、公文書のタイトル「科左后旗公安局关于甘中以包俊清为首民族分裂集团线搜新发现情况的续报」、（64年）後公偵字第六号、1964年6月9日。
509. 「計画経済」の時代に、綿の布地や衣服を購入する際に代金とともに渡す配給切符。1984年まで「布票、綿票、線票、糧票」を使用していた。
510. ホルチン左翼後旗档案局、公検法档案（永久）、229巻、47〜56頁。巻のタイトル「旗公安局关于警卫的终结报告及政保工作的终结报告」、公文書のタイトル「科左后旗公安局关于一九六四年政保工作终结报告」、1965年2月15日。
511. 劉国卿、那達木徳主編「甘旗卡一中志（1958-1997）」、「"三起民族分裂案"始末」（295〜298頁）。
512. 劉国卿著「艰难的经历、不渝的追求」、あるいは、中共科左後旗人民政協主編《科左后旗文史資料（第六輯）》、526〜527頁。
513. 同上書、527頁。
514. ボルジギン・文正、ナドメド主編「甘旗卡第一高級中学《辉煌五十年》」、179頁。または、エミン・ウンドル著「爱的回忆 —— 惟我独享的神圣的文化摇篮」より、2007年12月31日。
515. 中共科左後旗人民政協主編《科左后旗文史資料（第六輯）》、528頁。或いは、劉国卿著「艰难的经历、不渝的追求」より。
516. 同上書、178頁。
517. 同上書、526頁。

第 7 章　モンゴル人にとっての文化大革命

第 1 節　問題意識の所在と先行研究

I　制限を乗り越えて

　中国の「憲法」と「民族区域自治法」では「公民の言論と学術の自由を認める」と定めているが、「文化大革命」(「文革」の略記も用いる) に関しての研究は大きく制限されている。制限を乗り越えて、物事の暗い面を明らかにするのは、価値ある研究であると考える。これが本稿を書き始めた主な動機である。「文革」について、中国社会科学院の政治学研究所の元所長の厳家其は、「1966 年から 1976 年にかけて、中国では空前の『無産階級文化大革命』が発生した。今回の政治運動は、例のない人権を踏みにじり、民主や法制を無視した運動であり、文明を踏みにじった災難である。中華民族の歴史の中で、前例のない災禍である[518]」と語った。一方、内モンゴル自治区の場合は、「民族問題」や「民族分裂問題」などが存在し、それが内モンゴルの「文革」の主要な内容であった[519]。中国政府は、漢人によってつくられた政府であり、その政府が同じ漢人の人民に対して、どのような政策を執行するか、どのような政治的運動を行なうかということは、漢人と漢人の間の問題であり、モンゴル人やチベット人にとってあまり関係ない。内モンゴル地域の場合、「文革」は他民族からモンゴル人に対して行なわれた政治的虐殺であると考えられる。それ故に、モンゴル人や他の国の人々は、「文革」の真相を理解する権利があると思う。とくに、内モンゴル東部地域の旗レベルにおける文化大革命に関する研究は、未だに進んでいないのである。本章では、内モンゴルにおける文革に関する歴史的背景と先行研究を説明し、後旗における文革の始まりとプロセスを論じた上、最後には、筆者が現地で行なった当事者に対してのインタビューを取りあげた。それによって、中共が、内モンゴル東部地域で行なった文革のやり方、方法、目的、真相などを明らかにして、それ

がモンゴル人にもたらした災難を解明する。

II　歴史的背景と内モンゴルにおける文革の特徴

　1966年の夏から1976年までの間に、中国において「無産階級文化大革命」運動が起こった。この「偉大な運動」を「自ら発動し、自ら指導した」のは、「偉大な領袖」である毛沢東であったが、プロレタリア独裁のもとで、資本主義の道を歩んでいるとされた人々に対する暴力と虐殺により、何千万人もの死者が出るなどの混乱を経て、当時の共産党中央は、その一切の罪の責任を林彪及び江清ら「四人組」に帰して終わった。中国全体において、内モンゴル自治区における文革運動は、そのほかの地域と比べて独特な形をもつ。その最大の特徴は「民族分裂」を行なったとされるモンゴル人への粛清であった。当時、自治区の最高指導者であったオラーンフー（雲澤）は「内モンゴル自治区を偉大な祖国から切り離して、内外モンゴルを合併し、独立王国を創ろうとしている」とみなされた。

　当時の国際的な背景も絡み、中国で文革運動は内モンゴル自治区から始まった。1960年代になって中ソ関係の悪化により、内モンゴル自治区は「修正主義」に反対する前線になったのである。オラーンフーは自治区の主席、党書記、軍区司令官、華北局第二書記などの要職を一身に集めた権力者であった。共産党中央から見れば、「反修正主義前線」である内モンゴル自治区において、彼をはじめとするモンゴル人は、やはり信用できなかった。全国規模の文革運動を行うのに、まずは、モンゴル人の権力者を打倒して、信頼のできる人を置くことによって、辺境を固める必要があった。文革運動が内モンゴル自治区から始まった狙いはここにある。このような理由で、オラーンフーは、他の各省や内モンゴル自治区の責任者の中で一番早く失脚した。

　内モンゴル自治区における文革運動は大筋において2つの段階に分けることができる。すなわち、1966年後半から1968年初頭までの前期に「オラーンフー反党叛国集団」を打倒する運動が行われた。後期には、1967年11月1日に成立した新しい権力機関である「内モンゴル自治区革命委員会」

の指導の下で、今度は「オラーンフーの反動路線をえぐり出し、その流毒を粛清する」というキャンペーンが行われた。1968年の初めから「えぐり出し粛清」運動は正式にスタートし、大規模な虐殺は主にこの時期に発生した。

粛清の対象とされた内モンゴル人民革命党（内人党）は1925年に、コミンテルンの支持を得て、万里の長城の近くにある町・張家口で成立し、共産革命をもってモンゴル民族の独立を目指したモンゴル人の政党である。帝国主義に反対し、当時の内モンゴルを押さえていた軍閥などと戦い、一時的に地下活動に転じることになる。1945年8月に、日本の敗退を機に再び復活し、内モンゴルとモンゴル人民共和国との合併を目的とした革命を行なった。党員には満州国で育った内モンゴルの東部出身者が多く、ハーフンガー、ボヤン・マンダフらが指導部にいた。「日本刀をぶら下げた連中」と呼ばれた。しかし、同党は1947年5月1日、中国共産党の指示とオラーンフーの働きによって解散していた。1967年末になると、オラーンフーが「民族分裂」を行なう内人党を保護し、温存しているとされた。内人党はいまだに活動をしており、それをえぐり出して粛清しなければならないとされた。「内人党」の党員は内モンゴルの東部出身者が多かったため、文革の第2段階において粛清の標的は東部モンゴル人に向けられたのである。それには後旗も含まれている。

「えぐり出し粛清」運動は滕海清将軍が指導をとり、軍隊がその主力軍になって、内モンゴル自治区全体で行われた。当時、滕海清将軍の秘書であった李徳臣が言った「思いきってやることを基礎とする」、「羊の群れに入るまで掘ろう」という有名な言葉が示すように、内モンゴル自治区の隅々まで行われた。暴力や虐殺を主な手段とした文革運動の結果、当時150万人弱だったモンゴル人口のうち、およそ346,000人が「オラーンフー反党叛国集団」か「内人党員」と見なされ、そのうち27,900人が殺害された[520]。

III　先行研究

1. 中国共産党は1981年6月、中共「十一届六中全会」で採択された『建

国以後、党においての若干の歴史問題に関する決議（関于建国以来党的若干歴史問題的決議）』において、文革は「指導者が誤って発動し、反革命集団に利用された[521]」運動であると発表した。文化大革命運動で中国国内において大きな被害をもたらしたのは、「林彪[522]、江青[523]の反革命集団である」と決着をつけた。他方、中央宣伝部は、「出版管理規定を重ねて言明し、厳格に執行する通知[524]」（关于重申严格执行有关出版规定的通知）を 2004 年に発表し、「いまだに論争のある問題についての公開出版や発表には慎重な態度を取り、社会的な反響を真剣に考慮する」としている。また、「民族団結に害を及ぼす内容のあるものを出してはならぬ」と定めている。したがって、中国国内における文化大革命の研究もその政策に合わせなければならない。文革の本質に迫ろうとするならば、言うまでもなく中国共産党の政治体制に触れることになるため、文化大革命に関する研究はタブーが多いのである。特に、内モンゴル自治区[525]などの少数民族地域において、文革には「民族問題」が絡んでいるため、それに関する研究や書籍の出版は危険さえ伴うことが現実である。

中国政府の許容範囲内で、中国の大都市部で行われた文革に関する研究書はいくつか出版が許されている。また、最近、文革研究に関する書籍は日本、アメリカや台湾、香港、それにマカオなどの国や地域で多く出版されている。中国国内で出版された代表的な研究としては、王年一《大動乱的年代── 文化大革命十年史》（1988、2005 年）、席宣と金春明の著作《文化大革命簡史》（1996 年）などが影響力のある研究であって、日本語にも翻訳されている。また、香港で出版された厳家其と高皋の《文化大革命十年史》（上、下冊）（1986 年）がある。これらのほとんどが北京、上海や広州などの大都市部における文化大革命運動を中心に記述され、内モンゴル自治区やチベットなどの少数民族地域で発動された文革についての言及はごくわずかである。

日本において文化大革命の研究は、文革運動が行われていた時期と同時進行であった。最初、日本の研究者たちの中では、文革について絶賛と批判の２つの論争が現れたが、文革の実態が明らかになるにつれて、批判派が主流になった。近年の代表的な研究には、中島嶺雄『北京烈烈』（1981 年、上・

下）、矢吹晋『文化大革命』(1989 年)、丸山昇『文化大革命に至る道』(2001 年)などがある。

　2. 中国国内において、内モンゴル自治区における文革は触れることが許されないタブーであるゆえに、研究や出版物は厳しい検閲を受ける。1994年、北京大学法律学部教授の袁紅氷は、内モンゴル自治区で発動された文革を題材にして書いた小説「自由在落日中[526]」を出版する前に秘密裏に逮捕された。1989 年の「天安門事件」において学生たちを支持する立場をとったことに関連付けて、「社会主義制度を転覆しよう」とした「罪」で投獄された。袁氏は内モンゴル自治区出身の漢人で、ちょうど中学校から大学卒業まで文化大革命の全期を経験した。

　内モンゴル自治区における文革についての最初の書物は、トゥメン（図們）、祝東力の著作《康生与"内人党"冤案》(1995、1996 年)である。最初は中国語で出版されたが、モンゴル語での訳版も 2 種あって、モンゴル人や漢人民衆の間でも広く読まれるようになった。著者のトゥメン将軍は、内モンゴルのハラチン部（現遼寧省）出身のモンゴル人で、中国人民解放軍に入り、文革期に大佐に、1988 年に将軍に昇進した人物で、法学者でもある。トゥメン将軍は、被害者や粛清運動を指揮した高級幹部など 300 人余りにインタビューし、また、自分の日記を含め、文革当時の「文件・档案[527]」という政府機関が出した公文書に基づき、同書を公けにしたのである。この本が無事に出版できたことには 2 つの大きな理由がある。まず、タイトルを見ても分かるように、「内人党虐殺事件」の「誤り」は毛沢東と共産党中央ではなく、すべてが「林彪・江青反革命集団」のメンバーとされた康生[528]によるものであると特定している。次に、中国共産党が「民族の消滅」を実現させて「民族問題」を解決しようとしたことに触れていないからである。しかし、以上示した 2 つの点は批判が多いが、楊海英は「現代中国に生きる彼らは中国共産党が設定した桎梏を超えてはならないのである。批判されている点を彼らはすでに著作のなかで示唆しており、読者もそれを明察しているはずである」（楊海英 2009 年）と指摘する。

続いて、1999年に地下出版の形で出されたアラタン・デレヘイ（阿拉騰徳力海）の著作《内蒙古挖粛災難実録》（内モンゴルにおける『内人党員をえぐり出し粛清する』事件の災難実録）がある。同書は、今まで、内モンゴル自治区における文革研究に関する重要な参考文献になっている。アラタン・デレヘイは文革中に「内モンゴル人民革命党員」として打倒されたモンゴル人幹部の一人で、文革後に内モンゴルで被害者の陳情を管理する政府機関「上訪処」の所長を務めていた。被害を訴えてくるモンゴル人の「上訴の書状」と政府の公文書などの第一次資料に基づき、内モンゴル自治区のほぼ全域における典型的な事例をあげながら、モンゴル民族が遭遇した殺戮の歴史を再現したのである。彼の同書執筆に関する話によると、文革が発動された最初の頃から、意図的に資料などを収集して保存していたという。また、同書は、1981年に発生した「モンゴル人学生運動[529]」も詳しく分析し、中国政府の少数民族に対する政策は現在も文革時期と何も変わってないと批判している。同書では、内モンゴル自治区で発動された文革は、上層部権力者の煽動によって立ち上がった漢人大衆の、モンゴル人に対する虐殺によって、モンゴル人の自治権が完全に失われた、と強調する。また、虐殺を指揮した騰海清をはじめとする共産党の漢人幹部たちは１人も法の裁きを受けていないだけでなく、逆に政府によって保護され、再び政府機関の重要ポストに就き、共産党政府が文革後もモンゴル人に対して差別的な政策をとり続けたことが、1981年の内モンゴル学生デモに繋がったと指摘している。「大量の漢人農民の内モンゴルへの流入によってモンゴル人の生存空間がなくなり、モンゴル文字が廃止されつつ、その文化は破壊されて、モンゴル民族は存亡の危機に立たされている」と喝破する。これらの問題を論述したことは、中国共産党の許容範囲を完全に超えているため、出版が許されなかったのである。それでも、内モンゴル地域ではモンゴル人の読者たちが互いに紹介しあって広く読まれている。最近、インターネット上でもアクセスできるようになっている。楊海英は、同書について、「今のところ、モンゴル人大量虐殺研究の最高レベルの結晶だ」と評価している（楊海英、2010年）。

3. 高樹華、程鉄軍の著作《内蒙文革風雷（一位造反派領袖的口述史)》は、2007年香港で出版された。2人の著者はともに文革当時の内モンゴル師範学院の「造反派紅衛兵[530]」のリーダーであった。1973年から1976年まで、高樹華はトゥメト左旗[531]の副書記に就任する。一方の程鉄軍は1967年から1971年の間に、内モンゴル自治区の新聞社「内モンゴル日報」(内蒙古日報)の記者を務めていた。同書は、程鉄軍が高樹華の委託によりその遺稿を整理し、解説を加えたものである。毛沢東が青年「紅衛兵」たちを利用して政敵を粛清した後、今度は暴力を執行した責任のすべてを「紅衛兵」たちに転嫁して粛清を行なったと指摘し、最後の被害者は自分を含む無数の青年である、という視点をとっている。高樹華は「内人党粛清事件」に対して疑問を持ち、当時の暴力的なやり方に対して支持をしなかったが、反対をする勇気はなかった（高樹華　程鉄軍、2007年）と告白している。彼は、文革は毛沢東を頂点とする中国共産党の官僚独裁的体制から生まれたものであり、毛沢東の権謀術に中華民族全体が翻弄されたと分析している。彼の考えはあくまでも、モンゴル人も中華民族の一員であり、モンゴル民族の遭遇した災禍は、中華民族の一部のことであるという認識に立っている。

　啓之（呉迪またはWoody）という中国在野のシボ族研究者がいる。中国政府の厳しい制約の中、内モンゴル自治区の文革について研究を続ける彼は、文革運動が内モンゴル地域でピークに達していた1968年から1971年までの間、内モンゴル西部のトゥメト左旗に「知識青年[532]」として下放され、文革運動を経験している。彼の研究は言うまでもなく中国国内では発表や出版はできないが、アメリカ在住の研究者・宋永毅とともに行なった研究《文革大屠殺》が、『毛沢東の文革大虐殺』のタイトルで日本語にも翻訳されている（宋永毅　松田州二　2006年）。この著作の中に収録されている彼の「『内人党』大虐殺の顛末—モンゴル族を襲った空前の災禍」という一文では、内モンゴル自治区で行われた文革の特徴はその「民族問題」にある（呉迪、2006年）と指摘し、モンゴル人虐殺事件の根本的な責任者は毛沢東を長とする中共中央にあり、毛沢東は首謀者で、主たる責任を負わなければならない（呉迪、

2006年)、としている。内モンゴル自治区で行われた文革の本質的な部分をここまで指摘できたことは、評価すべきであろう。

　2010年に、彼の著作《内蒙文革實録――民族分裂與挖粛運動》が香港の出版社によって上梓された。同書は、文革当時の新聞・壁新聞（大字報）やビラ、また、政府機関内部の資料及び自分で行なったインタビューをもとに、当時内モンゴル自治区で行われた文革の顛末を書き上げた。彼は同書の中で、内モンゴル自治区内で存在するさまざまな問題のうち、「既存的」矛盾―少数民族と漢民族との間に存在する矛盾（啓之　2010年）が文革によってさらに深刻化された、と指摘する。そして、文革は最も極端な思想、最も野蛮な手段でさまざまな反逆思潮を養い、民族民主思潮は少数民族地域における重要な思想動向になり（同書）、それが1981年のモンゴル人学生運動の形で爆発した、と関連付けている。彼は最後に、オラーンフーの講話を借りて「漢族と少数民族は分離できない」という考え（同書）を主張し、モンゴル民族の分離独立を唱えることは危険が伴い、再び殺戮を引き起こす可能性がある（同書）と恐れている。

　以上、中国内外における内モンゴル地域の文化大革命に関する研究を取り上げた。彼らの研究は、内モンゴルで行われた文化大革命の実態を明らかにするための重要な実証研究であり、貴重な参考文献でもある。中国共産党の独裁体制があってこそ毛沢東の神格化が許され、文化大革命という中国全土に絶大な被害を及ぼした暴力運動が発動された、ということが彼らの研究の中から読み取れる。そして、文革の終息後も、中国共産党中央政府は少数民族地域に対する政策を改善せず、文革時期と同じ政策をとり続けているということもうかがえるのである。

　内モンゴル地域とモンゴル国及び日本で、内モンゴル人の歴史や政治に関する研究がかなり存在しているのは確かである。しかし、それらの研究は、ほとんどが古代史や近代史に関わるもので、現代に関する問題は極めて少なく、とくに1947年からの歴史や政治的問題に関わる研究は足りていないと思う。内モンゴル東部地域のモンゴル人は、1947年以降、次から次に絶え

間なく起こった政治的運動にどのように対応してきたのか。とくに、後旗のモンゴル人は、「文革」の惨めな時期をどのように過ごしてきたのか。その「文革」の惨酷の程度は、どれほどだったのか。そして、今までに「各民族の団結、各民族の平等」と「模範自治区、民族区域自治制度の成功」を提唱している中国共産党には、内モンゴル地域を統治する正当性があるのかどうかについての問いも出てくる。

以上の問題とその答えをめぐって、後旗においてのフィールド調査（当事者とのインタビュー）と後旗の档案局で保存されていた当時の公文書、報告、指示、方針、終結などのまだ公開されていない文献を踏まえて、以下で後旗における「文革」を論じる。

第2節　後旗における文化大革命のプロセス

I　後旗における文革のはじまり

6章でも触れたが、後旗で「文革」は、旗政府がある街ガンジガ鎮[533]（甘旗卡）にあるモンゴル学校「ガンジガ第一中学校」（一中と略記する）で勃発した。1966年6月18日、ガンジガ一中の全校18個のクラスが授業を停止し、「文化大革命運動」に参加させられた。運動は後旗の党委と一中の党支部によって指導され、教師と生徒たちが皆で「大文字の壁新聞（大字報）」を書き出し、学校の理化学実験室に貼った。そして6月23日に、学校の全体党員と積極分子たちがサインした「2001号」という「大字報」が貼り出されて、副教務員であるヤンツェン・ジャブ氏を猛烈に攻撃した。同時に攻撃されたのは、鮑徳氏と包俊卿氏であった。文革は、漢人の学校ではなく、モンゴル学校からスタートしたのだった[534]。この学校については、第6章で紹介したように、学校が建てられて10年も経たずに「民族分裂案件」が行われ、その2年後に文革が始まった。後旗党委は一中に工作組を派遣し、公安局の「専案組」が一中に駐屯して、教師と生徒の中にいる「民族分裂主義分子」、「反

革命」、「牛鬼蛇神535」などを捕えようとした。教師と生徒たちを120日間も校庭に閉じ込め、教師と生徒合わせて249人を「反革命」の「牛鬼蛇神」と名付けた。また教師の中で11名の「民族分裂分子」を見つけ出した。6月24日に、中共後旗党委は一中の体操プラザで、全校の教職員と全旗の直属機関の役人たちが参加するラジオ現場会議を開催し、関与者たちは「大字報」を参観して、ヤンゼン・ジャブ氏と鮑徳氏と包俊卿氏を隔離審査し、反省させることを宣告した536。同時に、党委は各公社が参加できるように電話会議を開催し、全旗の人民たちを至急に「無産階級の文化大革命」に動員させ、それには各機関と各小・中学校も含まれた。7月に旗党委は各中学校へ事業組を派遣し、「文革」運動を指導させた。

　そもそも、6月24日の一中での動きは、あらかじめ計画や段取りがなされ、誰を逮捕するか、誰を監視するか、どのようにやるかなど、ネームリストまでが手配されていたのであった。以下の公文書がそれを明らかにする。旗公安局・検察院・裁判所がコンビを組んで旗文革指導組とジリム・アイマック文革指導組に報告した秘密の公文書によって、一中の教師たちや他の機関の中で、誰を重要な人物として批判し、拷問するかの計画がすでに準備されていた。その「報告書」には次のように書かれている。「我らにとって重要になるのは、旗直属機関の文教科（文化・教育管理科）、オラーン・ムチル（文芸宣伝団体）、映画放送隊であり、それにガンジガ第一中学校（モンゴル学校）、ジリガラン中学校（ジリガラン鎮にあるモンゴル学校）、エケ・タラ学校（エケタラ公社にあるモンゴル学校）、金宝屯中学校（金宝屯鎮にあるモンゴル学校）、資産階級界、民族上層界（モンゴル人の上層界）、地主、富農、反革命分子、悪い分子、右派（地・富・反・悪・壊・右）などである。我らが彼らに対して、これまでの各政治運動での態度と何回かの党支部書記会議での検討及び彼らを個別によく調べた結果、まず重要になる人物は11名である。すなわち、それぞれの旗における直属機関に3人、一中に7人、ジリガラン中学校に1人である。詳しく言えば、①旗文教科のツエーリン氏は、東モンゴル自治政府の自治軍の班長であった。文教科長になって、地主・富農家庭の出身である人々を教

員として勤めさせた。とくに、富農分子であるワンデン氏との連絡が密接である（ワンテン氏の弟は、1963 年にモンゴル国へ亡命した）。②林業事業站のナッデナ氏は、もともとモンゴル国に職務していた。後旗に戻って以後、常にモンゴル国の生活を宣伝し、修正主義的な言論を散布させた。③旗統計局の楊林山氏は、反対的立場を持ち、反対的記事を書く。④一中のヤンツェン・ジャブ氏、民族主義的な情熱がある。彼は民族分裂分子である包俊卿氏の反党・反社会主義的言行を制止しなかった。⑤一中の教師である包俊卿氏は、3 回の民族分裂集団案件の支持者であり、一貫して祖国を分裂させ、内・外モンゴルを合併する言論を散布して、修正主義に同感する。⑥一中の教師である王志明氏は 1958 年に右派として打倒され、今でも不機嫌である。⑦一中の教師である白玉杰氏、ソド氏 2 人は大変な民族主義的情熱家である。⑧一中の教師である劉国卿氏は地主の子弟であり、3 回の民族分裂集団案件の支持者である。⑨ジリガラン中学校の総務主任である張風桜氏は、取り調べを受けている[537]」と公然と記載し、彼らに対する扱いをも詳しく書いている。扱いは「①党・団支部での左派の党・団員を保衛する任務を割り当てられた。②重要とされた人物の動きを把握するために、党員・団員・積極分子を割り当て、彼の言行・表現を厳密に把握し、何かあったらすぐに設置を取る。次に、隠蔽されている力を手配して抑える。更に、機関においての各項制度によって抑える。③危険な重要分子に対して、すでに力を注ぎ、監視している[538]」と記載されている。

　このような計画があって発動されたのだった。文革指導組は、公安・検察院・裁判所を利用して、党員・団員・積極分子を秘密に派遣して、モンゴル人民族主義者や民族の情熱が高い幹部らを監視させ、「左派」の党員・団員を選び、また、党員・団員の後ろに秘密な「力」を派遣し、特別な人物を個人ごとに割り当てて、管制しながら運動に巻き込んだ。

II　文革の展開

1. 後旗における文革は、計画と陰謀があっての政治運動であったと思わ

れる。文革を行なうための準備作業について述べる。とりあえず人々の団結や集中を防ぐために、1963年2月に、公社の数を従来の16から30個に増やして、人口を分散させた。次に、1963年11月、中共中央華北局からの指示に従い、中共後旗委員会（旗委）は、常勝公社から始まる「四清運動」を発動し、歴史（公社の歴史、村の歴史、家族歴史）を書き改める活動を行い、個人個人の階級データや、幹部や家族の詳しいデータが収集された。このように当局は各機関と公社の幹部、各学校の教師らの個人の歴史、すなわち個人データを詳しく収集し、分析し、革命運動の際に誰が重要な対象になるかを把握した。

さらに、1964年9月、旗委はエケ・タラ公社で毛沢東の著作を学習する「積極分子」代表大会を開き、全旗から33人が「積極分子」の代表として選ばれ、117人が「積極分子」として参加した。これらのいわゆる積極分子たちは、文革が始まると紅衛兵の主力軍になり、造反派にもなった人であった。彼ら積極分子を培養したのは、文革が始まる2年前のことだった。1966年9月に発動された紅衛兵組織は、積極分子たちと合わせ5,000人になり、各学校や機関や企業で資産階級の反動的路線を批判し、10月には毛沢東と会うために北京に行った[539]。1964年9月、内モンゴル党委の指示に従い、旗委書記のバートル・サン氏をはじめとした旗常務のメンバーたちを含める300人余りの幹部らが通遼市に行かされ、訓練させられた。そして、アイマック党委は、常務のメンバーたちが訓練されている間に、常任委員会を改組した。また1964年11月に中共後旗委員会は、貧下中農協会を建て、旗副書記のモンゴル人のトコトフ氏が主席に、太平氏が副主席になったが、文革が始まってから、彼らは失脚し、漢人の主席がそれに代わった。

1966年3月に、中共内モンゴル自治区委員会（内モンゴル党委）は命令を下し、ブヤント氏を旗委の副書記にした上でほとんど漢人から構成された向陽公社に彼を書記として派遣し、革命が始まり政治運動をすれば、モンゴル人幹部が不利な状況になるように配置した。同様に、1966年8月に中共ジリム・アイマック委員会は命令を下し、「後旗文革指導組」を立ちあげ、書

記であるモンゴル人のバートル・サン氏を組長に、漢人の崔金銘氏を副組長に、トクトフ（陶克涛）氏、武優氏、布路氏、趙欽氏をメンバーに、それぞれ任命した。しかし、翌月に内モンゴル委から直接に命令が下り、崔金銘氏を文革指導組の組長にし、崔金銘氏と趙欽氏を旗委の副書記に任命して、バートル・サン氏の組長を取り消した[540]。それと同時に、一中で「紅衛兵」組織が成立し、社会で相次いで「破四旧」（旧思想、旧文化、旧風俗、旧習慣）運動が行われた。資料によると、1966年5月13日から後旗公安局・検察院・裁判所（法院）の3つの機関が同盟になり、ジリム・アイマック文革指導組と旗文革指導組と緊密に連絡し、文革の状況を報告し、のちに組織された紅衛兵を保護していた。いわゆる紅衛兵や造反派は、公安局・検察院・裁判所と文革指導組の指導に従って動いていた[541]。のちに無産階級軍事管制によって、公安局・検察院・裁判所は革命委員会（軍事組織と旗文革指導組のもとで建てられた組織）に属され、その後、取り消された。その一方、「造反派」の反対に応じて、中共ジリム・アイマック委員会は、バートル・サン氏の「文化大革命」を指導する組長とメンバーの職務を免職し、崔金銘氏を組長に任命し、トクトフ氏と布路氏を副組長に任命した。12月に、中共内モンゴル委員会は、布路氏を中共後旗委員会の副書記に任命した。そして、旗委や政府の指導圏内でモンゴル人が徐々に退却させられた。公文書を見ると、後旗の文革は、具体的には6月18日にモンゴル学校（一中）でスタートしたものの、旗委やその下の公安局・検察院・裁判所はすでに5月13日から準備していたのであった。

それと同時に、1966年の冬、人民解放軍のある装甲部隊が後旗のブドゥーン・ハラガン公社と金宝屯公社に駐屯し、ソンネン・タラ（松年塔拉甸子）を開墾して、軍隊農場を開発した[542]。実際には軍事的に威嚇するための準備活動であった。後旗の気候では、冬（11月、12月）になると草原を開墾することができず、「開墾する目的」と言っているのは自然の法則にあっていない。その軍隊の一部は文革がエスカレートすると「軍管」に参加し、一部は金宝屯農場に残り、のちに「新内人党」としてえぐり出されたモンゴル人幹部ら

を粛清することを「保護」するために置かれた。「7月に中共旗委員会は、すべての中学へ工作組を派遣して『文化大革命』運動を指導した[543]」と書かれているが、実際には、中共ジリム・アイマック委員会と中共内モンゴル委員会から命令されたものだ。

先行研究では、内モンゴル自治区で長期間にわたって続いたモンゴル人大量虐殺が、次のような3つの段階を踏んで進められた、と述べられている。すなわち、第一段階：1966年5月―1967年10月、「オラーンフーの反党叛国集団を打倒するキャンペーン」。第二段階：1967年11月―1968年1月、「オラーンフーの黒いラインをえぐり出して、その害毒を一掃する」（挖烏蘭夫黒線、粛烏蘭夫流毒）運動。第三段階：1968年2月―1970年春、「内モンゴル人民革命党をえぐり出して粛清する」運動[544]であった。後旗においては、第一段階は「資産階級を抵抗し、修正主義路線と戦う」という名目で行われ、第二、第三段階は、先行研究と概ね一致している。

後旗には、以下のように書かれている公文書があった。1966年7月12日、後旗公安局・検察院・裁判所（法院）の3つの機関が共同で、「社会主義文化大革命を展開した状況に関する報告書[545]」を出し、上級党委に事業が行われている状況を詳しく報告していた。それによれば、まず5月13日から、旗の幹部らに毛沢東の「延安での座談会においての講話」、「新民主主義を論じる」、「人民における内部矛盾を処理する」、「中共からの全国宣伝事業会議での講話」の4つの文章を学習させ、また「人民日報」、「解放日報」、「内モンゴル日報」、「紅旗」雑誌などを学習させ、全国で行われる文革の主な目的を認識させた。最初に幹部らを闘争させる準備作業が行われた。これは、後旗における文革の第一期の手段であり、対象はモンゴル人幹部や教師たちに向かった。一中から始まった文革は、のちに旗直属機関に移って、壁新聞を書いたのは公安局・検察院・裁判所の職員たちであった。

2. 1966年9月に、内モンゴル党委が直接命令を下し、崔金銘氏を文革指導組の組長にし、崔金銘氏と趙欽氏を旗委の副書記に任命して、バートル・サン氏の組長を取り消した。その途端に、旗文革指導組がジリム・アイマッ

ク文革指導組と旗公安局と共に、9月6日から11月26日にかけての80日間で、後旗のチョルート公社における「反革命集団案件」を検挙した。この「案件」を検挙することによって、多数のラマやモンゴル人が拷問されたり、迫害された。迫害された主な原因は2つある。1つは日本との関係があると疑っての、日本のスパイ、特務などの疑いであった。もう1つの原因は、モンゴル国と関係がある、または内・外モンゴルを合併する可能性があるという疑いであり、ダライ・ラマやパンチン・ラマと連絡があったことも原因になっていた[546]（この案件については本稿の第4章で論じた）。崔金銘氏が文革指導組の組長になって、10月13日に旗委の建物の庭に「1013」という壁新聞が貼られ、その発動力は爆弾のように全旗に広まった。同時に紅衛兵司令部、工人戦闘隊、幹部戦闘隊、兵団戦闘隊などの組織がつくられた。翌月、全旗における各村の生産隊長、大隊の隊長、団支部書記、政治隊長、大隊書記、婦人会主任、民兵連長、貧協会、治保主任などと、各公社での職員・幹部たちを含めた7,000余りの人がガンジガ鎮に集められ、その集まりは「四級幹部会議」と名付けられた。同時に「毛沢東の著作を学習する会議」として3,000人の積極分子がガンジガ鎮に集められた。さらに10,000人が集められて、積極分子の紅衛兵らが資産階級の道へ歩みつつある人物たちに向かって立ち上がった。この運動は、文革を全旗でさらに一層発動させた。1967年1月26日に、旗文革指導組は「紅色革命造反聯合司令部」（「紅聯」と省略する）をつくりあげ、旗におけるすべての権力機関（党、政府、財政、教育などに関する行政機関）の実権を奪い、それに対して、もうひとつの組織が立ち上げられた。それが「革命造反聯合司令部」（「革聯」と省略する）であった。いずれもメンバーは、旗文革指導組によって「指導」された積極分子・紅衛兵たちであり、人々を2つに分けて、互いに闘争させるようにした。そして、最初は高僧の活仏＝モロー・ラマを摘発して、ガンジガ鎮に連れて来て殺害した。次に2月に、旗武装部隊が文革に介入し、「左派」の紅衛兵を支持した。5月に「紅聯」と「革聯」は名前を変えて、「東方紅」と「野戦軍」になり、9月1日から互いに武装闘争して、ジリガラン鎮でも武装闘争が始まった[547]。

その闘争が続けられ、各公社にも及び、1968年1月1日になると公安局・検察院・裁判所が軍管（軍事管制）され、文革は次の段階へ移ることになった。

3．その一方、一中だけを中心として運動すれば、公然と直接モンゴル人だけを対象にしたことが明らかなので、それを隠蔽させるために、文革指導組は漢人の学校にも触れることにし、社会全体に恐怖の雰囲気をつくりあげた。1966年12月19日、後旗公安局は、中共後旗委員会とジリム・アイマック公安処に提出した公文書で、13歳の小学校4年生の生徒が「反革命者」になったことについて報告した。その公文書には「羅桂花氏が反動的スローガンを書き出した案件についての状況と処理の意見の報告。1966年の9月24日の昼休み、ガンジガ鎮の小学校から電話で報告があって、本小学校の女性トイレで、反動的スローガンが発見された。その時、素早く力を合わせて検査すると同時に調査も行ない、犯人を検挙した。発生と検挙の状況。小学校の女性トイレの西側の壁に地面から97センチの高さの所に、白いチョークで"打倒共産党、打倒毛主席"という反動的なスローガンが書かれていたことを発見した。調査の結果、本校の4年生笫二クラスの生徒である王玉清氏らが反省して語った話によると、羅桂花氏が昼休みにトイレに行ったことが分かった。また、筆跡を付き合せた検査の上、羅氏の筆跡が分かり、自分も犯したことを認めた。羅氏の話によると、家族の老人がつねに不満な言葉を語り、毛主席と共産党及び新社会に憤懣を表して、羅氏の頭に入れ、影響を与えたことが分かった。そして、羅氏は、家の床にもその反動的なスローガンを書いた経験がある。今日は、（以前にも"先生が悪い、男性の生徒が悪い、女性の生徒が良い"と書いたことがある）反動的スローガンを書き終えて、第4番目の小便坑に小便した（チョークがその坑に落ちていた）。

羅桂花氏は、女、13歳であり、資産階級分子の子女であり、4年生である。家庭での影響と老人の時代に対する不満な見解を受けて、我が党を極めて敵視し、犯罪の道を歩んだ次第だった。（省略）羅氏の犯罪の事実に対しては、厳重に処理すべきだった。しかし、彼女はまだ幼少であるため、学校内で、彼女の犯罪したことを皆に知らせて、分析し、批判するにとどめた。その一

方、まだ完全には改造されなかった資産階級分子の羅金犀（羅桂花の父）氏たちに関して、会議を開催して、犯罪の源を検討し、資産階級分子の思想と立場に対して、さらに一度認識し、もう一度階級闘争教育を進行させ、生徒たちの家族を教育して改造すること（省略）[548]」と書かれている。このことを旗の各学校へと宣伝によって広げ、小中学校までを恐怖の雰囲気に変え、文革を次の段階へと移行させた。

4. 内モンゴル自治区の首府であるフフホト（Huhehot、呼和浩特）市では、1967年5月26日夜10時59分に発砲事件が発生して、フフホト市が「軍管」（軍事管制）された[549]。それによって、内モンゴル人に対する大量虐殺の歴史が始まった。後旗でも、すでに1966年の冬、ブドゥーン・ハラガン公社と金宝屯公社に駐屯していた人民解放軍によって軍管された。中共中央の目的は、まずオラーンフーの出身地である内モンゴル西部のトゥメト地域出身の「延安派」を一掃し、それから東部の「日本刀をぶら下げた連中」を粛清し、最終的にはモンゴル人全体を鎮圧する戦略である[550]。1946年4月に、独立を目指す内モンゴル東部出身者たちからなる内モンゴル人民革命党を解散に追いこみ、内モンゴルを中国領に編入しようと努力してきたのもオラーンフーだった。中国共産党が自らの少数民族自治政策の成功を示そうとして作った内モンゴル自治区のシンボルともなっていたオラーンフーは、漢人が支配する中国共産党政府のために犬馬の労を尽くしてきた功臣であるが、粛清も彼からスタートしなければならないことであった。「革命の真赤な根拠地延安」に滞在していたオラーンフーまでもが「民族分裂主義者」となった以上、「偽満州国」時代に「日本刀をぶら下げていた者[551]」のモンゴル人たちは、逃げられなかった[552]。

フフホト市に革命委員会（革委会）が建てられ、1968年4月5日、人民解放軍の軍人幹部である李海林氏を主任、同じ軍人幹部である張珊氏を副主任とした後旗革命委員会（旗革委会）が建てられた。そして、5月から後旗の31個の人民公社、5個の国有牧場・農場にそれぞれ軍・幹部・群衆が混ざった革委会が建てられた。5月20日に、旗革委会は、「オラーンフーの黒い路

線と流毒をえぐり出し粛清する指導組織」（挖粛領導小組）を建て、李海林氏が自ら組長になり、王学臣氏を副組長にした。そして、元旗委、政府、行政の幹部、各学校の教員、各公社の幹部などを含めた人々が「毛沢東思想学習クラス」という名前でガンジガ鎮に集められて、いわゆるオラーンフーに連席される罪人をえぐり出すための、彼らに対しての糾纏が始まり、取り調べによって拷問されたり、少なくない人々が殺された[553]。これは「挖粛闘争」とも言う。同時に、各公社や村でも同じく闘争が始まり、かなりの数のモンゴル人が酷刑を受け、犠牲になった。オーラ公社では、旗革委会によって「就義党」という無実の「案件」がつくられ、9人が逮捕され、89人が連座された[554]。6月に軍人の李海林氏をはじめとした漢人の組織＝旗革委会は、各公社から積極分子（無頼漢、泥棒、ゴロツキ、チンピラ、ならず者）を選び、「群衆専政指揮部」（群専）を建ちあげた。そして、群専指揮部が積極分子を培養し、彼らを各公社や大隊や村に派遣して、それぞれで群専隊を立ち上げ、モンゴル人の幹部、教師、ラマ、民衆などに対して残酷に迫害し、大量に虐殺した。

　7月に、元旗委や旗政府の幹部・職員たちは、旗革委会の強制的な命令によって「労働訓練」させられ、酷刑を受け始めた。8月に、旗革委会は、権力をさらに集中させるべく「中共党核心的組」を立ち上げ、李海林氏が組長に、王学臣氏が副組長に、メンバーに張珊氏、白顕清氏、李樹菓氏などを選び、漢人によって構成された「新政権」が立ち上げられた。11月になると、元の旗委書記であったバートル・サン氏、副書記のトクトフ氏とブヤント氏、旗長であったオユ（武優）氏、副旗長であったボマンテクス氏、公安局長であった陳良氏などが権力を奪われ、逆に革委会に「軍管」された。その一方、旗革委会は、一中で、旗直属機関の300人余りの高級幹部らを集めて、「新しい内モンゴル人民革命党（新内人党）」をえぐり出す運動として粛清した。そして、後旗の文革は、さらにいっそうの段階に移された。

　5. 12月に、旗革委会は、中共中央第八大会第12全会の指示と内モンゴル自治区革委会の指示通りに、旗から各村までに「階級陣営を粛清する（清理階級隊務）」闘争を展開し、村と村の間で、公社と公社の間で、旗と旗の間で、

互いに交流するように闘争や批判を行なった。31日に旗革委会は、真夜中に全旗の鎮・牧畜区・農業区に対して大捜査を行い、ガンジガから村々までにわたり「新内人党」の「党員」と「幹事」を逮捕し、ガンジガに連行して「無産階級の専政」を実施する命令を出した。そして、旗全体において、「新内人党」のメンバーをえぐり出す運動が加わり、とくにジリム・アイマック革委会の主任＝ジリム・アイマック軍分区の司令官である趙玉温氏の講話がラジオで伝えられて以後、武装での闘争をさせること、酷刑での自白をさせること、人々を互いに摘発させること、酷刑で自殺させること、拷問で殺害することなどがさらにエスカレートした[555]。同じ時期（1969年1月）に、旗革委会は、手抜かりを防ぐために、旗食品公司（公有会社）のバヤスグラン公社での牧場を取り消し、牧場の世帯を3つの大隊として取り扱い、バヤスグラン公社に編入して、「新内人党」をえぐり出す運動に参加させた。ガンジガ鎮近辺の3つの村をすでに1966年1月にガンジガ人民公社からはずして、鎮に属させ、それぞれ党管理委員会を建てた。また、エケ・タラ、バガタラ、ノゴスタイなど3つの公社に人民解放軍が駐屯し、その軍宣隊（軍事宣伝隊）が「新内人党」をえぐり出す運動を指揮した。資料によると、後旗のモンゴル人が大量に虐殺されたのはこの時期であった。4月になると、「新内人党」をえぐり出す運動で、「えぐり出した」100人余りのいわゆる「新内人党員」を金宝屯労働改造農場の強制労働に参加させ、同時に審査や取り調べ、酷刑にした。幹部らは1969年1月から4月まで、繰り返し労働改造を受けていた。5月22日に、中共中央から「5・22指示」が出されて、「新内人党」をえぐり出す運動が停止した。しかし、各種の「学習させられる」会議や批判闘争は1978年まで続けられたのであった。

第3節　「文化大革命」の犠牲者の数と影響

I. 中国の中央政府の、内モンゴル自治区における「文革」についての定義

や公表した数字は一致していない。出来事が発生した原因については、はっきり言えなかった。1979 年には、内モンゴル自治区で「内人党」冤罪により 346,000 名余りの幹部、群衆が誣告で罪に陥り、迫害され、16,222 人が殺害された（中華人民共和国最高人民検察院特別検察庁起訴書）[556]、と報告した。滕海清らの捏造の手段によって 48 万余りの人が「新内人党分子」にされた[557]という 1989 年に公表された数字もある。これらの数字は、内モンゴル自治区に関しての概ねの数字であり、各地域でそれぞれ迫害された人数については、はっきりした研究がまだ足りていない。とくに具体的な旗・県レベル地域における「文革」の研究がまだ足りていない。東部地域のヘンガン・アイマック（興安盟）のホルチン右翼前旗では、およそ 10,000 人のモンゴル人が「内モンゴル人民革命党員」とされ、そのうち 500 人以上の人たちが残忍な方法で漢人たちに殺害された。旗北部の帰流河公社光明大隊の第一と第三生産小隊のモンゴル人は全員が「内モンゴル人民革命党員」とされた。2 つの生産小隊のモンゴル人の数は約 500 人だったが、殺害されたモンゴル人は 70 数名に達した。これは文化大革命中の 1969 年 6 月 19 日付けの「5.22 通信」という内モンゴル自治区革命委員会が出した雑誌に載った報告書内の情報である。つまり、当時の政府が公認していた犠牲者の数である。モンゴル人を殺す時には次のような野蛮な方法が取られたと「5.22 通信」は伝えている。各種の刑罰の中国語も挙げておこう。ストーブで焼き殺す（坐火炉）、電気でショック死させる（過電）、熱湯を全身にかける（開水焼身）、肛門に空気を入れる（肛門打気）[558]などが並べられている。

　後旗の史料には「文革」によって迫害された人々に関して、以下のような数字があった。1968 年 12 月から 1969 年 5 月まで、後旗全体で 7,000 人余りが「新内人党員」とされ、そのうち、共産党員が 3,026 人、幹部が 978 人、牧民・農民が 3,548 人であった。拘禁された人物は 11,054 人であり、酷刑によって迫害された人物は 2,103 人で、834 人が殺された[559]。

　II. 旗委や政府は、1978 年に「1 年間の時期を経て、政策を見直して、『文

化大革命』に迫害された状態はほぼ解決した。運動中に殺害された人々の遺族や被害者の生活に対して、適切に配置した。旗委は後旗全体で、それぞれ771名に『因工死亡（仕事中の事故による死亡）』を、負傷によって働けない状態になった（障害者）312名に『全残（体が不自由になる）』を、1,368名に『基本残（体がやや不自由になる）』を与えた。彼ら（被害者）の子女である1,284名に職位を与えた。国家と地方は、毎年40万元を予算にして、被害者の生活と治療に備えた[560]」としている。殺害された人々を「仕事中に亡くなった」と称し、被害者を類別して、子女には就職させたと認識している。しかし、それらの対象者の数も上で述べた数字と比べると、かなりの差がある。また、1979年2月に旗委は、かつて1958年の「反右派闘争」中、誣告されて罪に陥り、「右派分子」とされた52名の名誉を回復させたとも公表している。続けて1979年3月に、旗委は中共中央の指示に基づき、温順である553名の「地主分子・富農分子・反革命分子・悪い分子」らの「帽子」（この人々は政治的な帽子を被らされていた）を取り外した。「四種分子（地・富・反・壊）」として罪に陥った49人の名誉を回復し、7,449名の地主・富農分子の身分を変更し、12,235名の地主・富農の子女の出身を改めた。同月、後旗の公安局、検察院、裁判所は、「文化大革命」以後の197個の案件に関わる1,299人の案件を改めて審査し、是正した。また、「文化大革命」以前に処理した300余りの反革命的案件と刑事案件を繰り返し審査し、うち30余りの誤審事件を是正した。4月に旗委の組織部と人事部は、「文化大革命」以来の370名の幹部の案件を繰り返し審査し、改めて結論した[561]。

III. しかし、中共中央が後旗に設置した軍事的管制が撤退され、後旗が吉林省から再び内モンゴル自治区に戻って以降も、文革の被害者の問題は解決されていなかった。1981年7月、旗委は、1967年5月にオーラ（ᠣᠣᠷᠠ）公社で発生した「就義党（義のために死ぬ党）」案件を再調査した上、当時逮捕された9人と、連座された89人の冤罪がついに晴れ、名誉が回復された。同月に、旗委は、1960年〜1961年に満闘公社・ジリガラン公社・ノゴスタイ公社などで発生した非正常的餓死事件を再検査し、次の年（1981年1月）

に中共ジリム・アイマック委員会が公文書を出し、「ホルチン左翼後旗の満闘公社・ジリガラン公社・ノゴスタイ公社などで1960年〜1961年に発生した餓死事件は、当時生産量を多めに計算し、買いつける量を増加させ、農民から買い入れた糧食が多すぎたために起きた。中共ジリム・アイマック委員会も指導責任があるべきことで、過去の地方幹部らに対しての過重な処分を改正すべきた[562]」と示した。しかし、具体的責任者に関しての資料や公文書及び指示などは今も出されていない。

　旗委や旗政府から正式に出された以上の資料を見ると、「文化大革命」で被害にあった人々はかなりの数に及ぶことがわかる。「新内人党員」として迫害されたのは7,000人余りであり、11,000人余りの人々が拘禁された。この数字は1968年12月〜1969年5月までの被害者の数字であった。その「新内人党」時期の前と後に発生した被害者については未だに公開されていない。しかし、党委や政府が正式に認識している「7,449名の地主・富農分子、12,235名の地主・富農の子女」という数字と、「新内人党員」として迫害された11,000人を合わせて、後旗で、文革時期に迫害を受けた確実な人数は30,684人であった。それ以外に「就義党」でも100余りの人数が出てきた。「文化大革命」が発生する直前、後旗の総戸数は43,645であり、総人口は233,726人であった[563]。この数字から見てもほぼ7人のうち1人が拘禁され、戸（世帯）あたり1〜2人が被害を受けたという結果を推測することができる。しかも、その他の原因、例えば「民族分裂者」、日本人のスパイ、日本人との協力者、国民党の協力者、反革命者などに関しての冤罪者らは含まれてはいない。これは政府側の統計数字であるため、事実はもっと酷い状態であったと推測できる。さらに言うと政府が正式に冤罪を認め、名誉を回復した人の総数字は2,400余りしかなかった。それらの数字には、1968年冬に迫害され、病気や障害者になった人物やその後すぐ死亡した人々の人数は含まれていなかった。

　IV. 内モンゴル自治区で行なわれた「文革」の責任者について、中国政府の公式の発表は「康生、謝富治らによって掘った『内蒙古人民革命党』の冤

罪で、大勢の幹部と群衆が惨めな迫害にいたって、致死され、障害を与えられ、非常に惨酷だった564」とまとめている。あるいは「林彪、江青らの反革命的な集団は、各少数民族人民の生命、財産、自治権を危害して、各少数民族に極大な災難をもたらした565」ともまとめている。1978年4月20日、華国鋒が案件を審査させたところでは、「いわゆる『新内人党』は、根本的に存在しなかったことである。当時における『新内人党』をえぐり出すという決定は、過失である。中共内モンゴル自治区党委の中で、元の核心的な小組の主要な責任者たちが主観的に憶断し、盲目的に無鉄砲なことをしたことで、大量の冤罪になった」と、まとめている。のちに1989年の11月には「滕海清らの捏造する手段によって、誣告された」などともした。

すなわち、中国共産党とその政権は、何十万名のモンゴル人を迫害し、モンゴル人社会のエリートたちを殺害し、無数の家族を障害者にした責任を康生、謝富治、滕海清、林彪、江青らに押しつけている。その結果、中央政府と共産党中央委員会は一貫して「偉大な、光栄な、正確な」政党になり、正当性のある政党になり、その合法性を保っている。

V. 文革中、後旗の人口や土地にも変化があった。①中共中央は、従来主張してきた「社会主義国家では失業することが永遠に存在しない」の言葉通りに、無職の人々を「就職」させるべく、全国で都会の若者らを農村に派遣する「知識青年の上山下郷」（町における就職年齢の若者たちを農村部に派遣し、労働訓練、または貧下中農からの再教育を受けること）活動を行なった。その結果、後旗でも1968年9月に旗知識青年弁公室（知青弁）が建てられ、天津市からの900人の「知識青年」が後旗に派遣され、各公社へ手配された。彼らはすべて漢人でありながら、モンゴル人の村々に暮らすようにさせられた。以後、文革が終了するまでに5,067人が566「知識青年」として後旗に移住し、暮らした。②同年12月に、遼寧省の康平県（元々は、ジリム・アイマックの土地であった）が後旗の西遼河・遼陽ダム付近に揚水ステーションをつくり、水草の繁茂した湿地2,000ムー（「畝：ムー」は土地面積の単位、1ムー＝6.6アール）余りの牧畜地が外省の漢人に占領された567。1970年11月に人民解放軍の3

団の部隊が後旗に駐屯して、ステップ地を開墾して、農業を営むようになった[568]。③ 1969年10月、ジリム・アイマック革委会は、シャージンテイ牧場（査金台）を後旗に属させた。旗革委会は、各公社から400世帯の貧下中農（ほとんどモンゴル人）を選び、シャージンテイ牧場に移住させ、200世帯の貧下中農（ほとんどモンゴル人）を選び、金宝屯労働改造農場に移住させた[569]。当局は文革前に、この２つの牧場・農場で労働改造を受けていた世帯（漢人）を、モンゴル人の村々に分散・定住させ、漢人との同化が進んだ。

本稿の第３章で述べたように、1948年から1998年まで、中共内モンゴル自治区政府と中共ジリム・アイマック委員会によって、ジリム・アイマックに17ヵ所の農・牧場が建てられたが、そのうち14ヵ所は1951年から1960年の間に建てられたものであった[570]。後旗には３ヵ所の農・牧場があり、そのうち２ヵ所がそれぞれ1954年、1957年に建てられ、１ヵ所は1962年に建てられた[571]。1954年10月に、内モンゴル自治区公安庁東部労改処（東部労働改造科）が後旗で金宝屯機墾農場（機械で農作業を行う）（今の勝利農場）を建て、「労働改造」を受けている犯罪者の漢人たちを連れてきて農業を営みはじめた。この金宝屯機墾農場は1969年に「国営勝利農場」と改められ、人口は当初の1959年の3,042人が1997年では8,897人になった。ムンゲン・ダバー牧場は、当初の334人が1997年には2,110人になった。1959年のジリム・アイマック全体における農・牧場の人口は14,065人であったが、1997年には89,060人になっていた。このうち1959年時点での専門的技術人は48名で、農・牧場の総人口の0.34％を占めているにすぎなかった[572]。彼らやその世帯をモンゴル人が居住する地域へと分散させ、文革になると、旗革委会は、モンゴル人世帯をその農場・牧場へ強制的に移住させた。周知の通り、中国ではいまだに「戸籍制度」があり、農民や牧民が自由に移住することは禁止されている。このように旗革委会が漢人世帯とモンゴル人世帯を移住させ、混住させたことは、モンゴル人の同化されるスピードを速めた。

Ⅵ. 内モンゴルにおいて文革中に、迫害が最も激しかった時期は、「新内人党」をえぐり出すことが最高潮だった1968年12月～1969年5月であっ

た。すぐ後の1969年7月に、中共中央の指示に従い、中国人民解放軍の北京・瀋陽・蘭州の3つの大軍区が内モンゴル自治区を東・中・西の3つに分けて統治した。東部地域を黒龍江・吉林・遼寧省に属させ、西部地域を寧夏・甘粛省に属させ、中部だけを内モンゴル自治区に残させた。ジリム・アイマックに属する後旗は、ジリム・アイマックと共に吉林省に属された。同時に吉林省革委会がジリム・アイマックと後旗に大量の幹部宣伝隊（幹宣隊）、軍事宣伝隊（軍宣隊）を派遣し、文革が続けられた。幹宣隊と軍宣隊は、旗革委会と一体になって後旗のすべての権力を握るようになった。

　1970年1月に旗革委会が行なった「毛沢東の思想を学習するクラス」の主催者は幹宣隊・軍宣隊であった。この学習クラスは「10ヵ月間続けられ、主にモンゴル人幹部らを対象に、文革を正確に認識する、群衆を正確に認識する、自分を正確に認識することを教えた[573]」。続いて12月に、旗革命委会は「闘・批・改の事業隊（闘争・批判・改造を実施する工作隊）」を作り出した。「闘・批・改の事業隊」は旗と公社における710名の幹部と貧下中農宣伝隊の726名及び解放軍部隊からの宣伝隊の200名軍人の合わせて1600人余りによって構成され、全旗の882生産隊と10個の直属機関にそれぞれ駐屯して、闘争・批判・労働改造の運動を行なった。各村々、公社、直属機関など隅々まで群衆を立ち上がらせ、互いに闘争させたり、批判させたり、或いは労働での改造を受けさせるために農場・牧場へ強制的に追い込んだ。1979年7月になって、後旗は中共中央の指示に従い、ジリム・アイマックと共に吉林省の管轄から離れ、内モンゴル自治区の管轄に属された。1985年4月27日に、中共中央の指示通り、人民解放軍の管轄組織である武装部を後旗政府に属させたが、武装部の権力はいまだに中共中央に握られている。

第4節　現地の当事者たちが語る証言

　筆者は、2004年4月に修士課程に入ってから、毎年現地において調査を

行なって本稿に関する資料を調べ、当事者たちに付き合ってきた。とくに 2010 年 9 月から 10 月と 2011 年 10 月、後旗の文革に関する当事者に面会し、彼らにインタビューして、それを整理した。本節では、筆者が主に後旗ヘリュート・ソム（　　　　）のハラオスガチャー（　　　村）の当事者に対して行なったインタビューを取り上げる。

I　ナスンオリタ氏

　ハラオスガチャーの元書記であったナスンオリタ氏（　　　　）にインタビューした。ナスンオリタ氏はハラオスガチャーの人である。彼は「当時（文化大革命時代）の我らのガチャーの名前はハラオスと言い、北の村（ソーグン・ホドッグ）も我らのガチャーに属していた。我らはバヤスグラン人民公社（元はバヤスグラン・ヌタック）と言い、後にバヤスグラン・ソム（行政機関、公社とも言い、後に郷になった）になり、現在はヘリュート（中国語では「海流図」と書かれている）ソムになった」と語る。

　「私は 1975 年からこの村の共産党支部書記になった。1961 年に生産小隊の隊長になった。我が村ではその時に澱粉を食べさせたことがあり、餓死した人が何人も出た。1966 年に我らは旗所在地であるガンジガ鎮へ徒歩で行き、7,000 人もが参加する全旗会議に参加した。当時の中共後旗委員会の書記（旗委書記）はバートル・サンというモンゴル人であった。副書記はトゴス氏、旗長はオユー氏、副旗長はボヤンテグス氏で、裁判長は陳功氏であった。当時、彼らはみな非難され、批判を受けた。文化大革命は彼らを批判することで開始し、後に全ての生産隊や生産小隊にも広がった。文化大革命は主に毛沢東が劉少奇を打倒するために発動されたもので、毛沢東が言ったように『司令部を打倒する（炮打司令部）』ことはそれの前兆であった。毛沢東と劉鄧陶（劉少奇、鄧小平、陶鋳）との対立によって文化大革命が勃発したのであり、劉鄧陶らは社会主義における合作化に反対した。毛沢東は『天下の金竜』だ。スターリンは亡くなった後にフルシチョフによって亡骸が掘り出されたが、毛沢東の亡骸は 1977 年 6 月 24 日に記念館に入れられてから今まで誰も手を

触れた人物がいなかった。1989年の『6・4事件』でもその記念館に発砲した人はいなかった。過去の言い方では、毛沢東は皇帝である」と彼は語った。

ナスンオリタ氏　現地調査で筆者が撮影

　ナスンオリタ氏は次のような話も披露してくれた。
　……チンダモン（　　　男、1945年12月24日生まれ、モンゴル人、姓はホー「胡」で、ホルチン左翼後旗のヘリュート・ソムのハラオスガチャーの人である）氏の祖父はソグデル氏（　　　）である。ソグデル氏は兄弟が2人おり、1945年に日本が敗戦した時期、兄のホルロー氏はハラオス村一番の富裕な生活をしていた。そのため村の人々はみなホルロー氏を『ホルローバイン（　　　　富裕の人、或いは大金持ち）』と称していた。だが、ホルロー氏は村の人々に対し常に施しを与え、自身も仏教の信徒であった。村で彼の声望は高かった。1948年に後旗が遼北省に属すようになってから中国共産党が後旗に入り込み、土地改革運動が行われた。当時、ホルロー氏は声望が高かったため、土地改革運動でもさほど攻撃されなかった。だが、彼の弟のソグデル氏は当時、家族で広い農地と数多くの家畜を管理していたため、土地改革運動の中で共産党の『農会』によって酷刑を与えられた。上級政府は後旗の富裕な人たちの全ての土地と家畜と家を没収し、国家所有にした。村の富裕な人を殺した人に対しては、一部の土地と家畜を分配した。ホルロー氏の家族の土地と家畜と家、それに布団や衣類なども没収され、いわゆる貧乏な人や榜青[574]に配給された。

旗の政府がその運動に抵抗した人々を逮捕し粛清したため、村では恐怖が広がった。銀、金、宝飾品なども全て没収された。ホルロー氏とソグデル氏は他人から家を借りて生活するようになった。

当時、村における共産党の組織は『農会（農民協会）』であった。農会には人を殺す権力があり、隣の村（シャラック・ガチャー）では５人を殺した。農会はまた、富裕な人に対して多種の酷刑を与える権力があった。例えば、富裕な人を『地主』や『富農』に分け、彼らを地面にひざまずかせ、罵言を浴びせたり、頭を殴ったりし、また両手を紐で結わえて天井から吊ったりする酷いやり方をした。主な刑具には馬の鞭、鉄棒、背もたれのないベンチ、焜炉、銃などがある。農会が抵抗した地主や富農らを殺すか、または酷刑を与えたため、地主や富農らは外地へ逃げる、或いは行方不明になる、自殺するなどの状態であった。1975年に私が家を建てる時に使った木材は過去に農会メンバーに使われた家から取った木材で、鋸で切る時に何発もの銃弾が出て来た。それを見て当時の農会が地主や富農らに対して発砲したことがよく分かった。

ソグデル氏には６人の息子がいた。息子たちの名前は上からそれぞれアリスラン（アイルダー＝村長であった）ザーナ（家族のまとめ役）、ドノー（ジラガラン鎮の塾に通って勉学した）、ナムジラ（アドーチン区のハダン・ガチャーのエダム廟のラマであった）、ソンディー（ジリガラン鎮で満州国の国民学校に通い、後にラマになった）、オトゲンバヤル（ラマになった）であった。彼らの何人かは日本語も勉強して非常に上手な日本語を使ったと聞いた。当時の土地改革では、地主や富農の子供のうち18歳以上になった子供を「地主分子」に、18歳以下の子供を「地主子弟」に分類した。「分子」と「子弟」は共産主義青年団や共産党組織に参加させず、八路軍隊にも参加させなかった。現在、ソグデル氏の６人の息子はみな亡くなり、何人かの孫がこの村に暮らしている。第３番目の息子のドノー氏の息子であるチンダモン氏にとって、文化大革命の時期に父親と共に監禁されたり、拷問されたりしたことは記憶に新しいのである。当時、ドノー氏が拷問された原因は、1945年以前

に後旗の政府軍隊（満州国の日本軍隊）とその後の国民党軍隊と密接な関係があったためである。

　ドノー氏は文化大革命の時期、16歳の息子チンダモン氏と甥子の妻と一緒に監禁され、拷問された。ドノー氏に『甥子の妻の生殖器を舐めろ』という命令を下して舐めさせたり、甥子の妻に『ドノー氏の体の上に乗れ』という命令をして2人を裸体にして非常に非人道的なことをした。その際、派遣者たちは『何か味がしたか』と屈辱的な質問をし、答えないでいるとさらに殴ることもあった。派遣者たちは冬の寒い中、バスケットボールやサッカーのボールを遠くへ蹴り、監禁されていた人々にボールを追い掛けさせる『競技』を行い、老若男女を問わず誰かが走るのが遅くなると、さらに拷問した。ドノー氏は当時すでに60代だったが、いつも刑罰を受ける対象であった。後旗政府からの派遣者である金星氏とエルデンゴロ氏は、我が村の少女であるハス氏とインセンマー氏に衣服を仕立てるとの『政府の事業』の命令で、大隊に連行し性的道具として利用した。地元の幹部らはすでに全ての権力を奪われ、村人の尊厳を保護することもできなくなった。彼女たちは16〜17歳の少女であり、酷刑を受けないように彼らと妥協したのだろう。そして、派遣者たちの性的欲望を満たす機械になっていた。

　その後、1979年にようやく冤罪が晴れ、政府は新しい政策を実行して、わが村の10人に職を与えた。だが、すでに手遅れであり、1968年〜1978年の間、大勢の人々がすでに自殺したり殺されたり、体に一生の障害が残った人もかなりいる。このことは10人だけの問題でなく、当時、我が大隊の人数は南北2つの村を合わせて700人おり、我が村だけでも人口450人のうちの70人余りの人々が酷刑を受けたのである。

　文革大革命の直前に行われた「四清運動」の時期に、我が旗のトルグン・ソボック・ガチャーで「モロー・ラマ案件」が発生し、ジリガラン鎮で「ラン・ジェート案件」が発生した。この2つの案件は反共産党的な案件である。モロー・ラマはただのラマであり、モンゴル国のボグド・ハーンであった

ジェブツン・ダムバー氏の「聖書」（ᠪᠣᠭᠳᠠ ᠶᠢᠨ ᠪᠢᠴᠢᠭ ボグディーン・ビチック）を宣伝し、「文化大革命はまもなく終わる」などと宣伝した。スッペイ大隊には5つの村があり、モロー・ラマはトルグン・ソボック（ᠲᠤᠷᠭᠤᠨ ᠰᠣᠪᠣᠭ）村のラマである。その村にザラン（ᠵᠠᠯᠠᠨ Zalan-sum）というお寺があり、モロー・ラマはこのお寺のラマであった。案件は1965年に発生した。その時、村の多くの家々が正門辺りに「忠」という漢語書きの冊を掛け、毎日ご飯を食べる前に毛主席に謝罪し、お祈りしていた。村の犬が全て殺され、婦女たちの長い髪型が禁止されていた。理由は政府が「四清運動」を行い、「古いものを掃除して、新しいものに転換させる」ことであった。そして、小隊の隊長、大隊の副隊長がみな資本主義の実権を握っている人物（当権派）にされ、公社の幹部らも必ず労働に参加させられることになった。公社幹部と大隊幹部と小隊幹部らはそれぞれ100日、200日、300日の労働に参加することになった。そのため私も参加させられた。文化大革命が開始した頃、兄のゾーン・ナスト氏は大隊の書記で、私は小隊の隊長であった。その時はとりあえず幹部から始まったのである。兄は群専（群衆路線専門政）により監禁され、内モンゴル人民党（内人党）のメンバーとして拷問された。当時、村の人々を「社員」と言い、昼は畑で働き、夜は会議に参加するのであった。兄のゾーン・ナスト氏が内人党員にされたため、弟の私も「小鶏」（モンゴル語でChorov、鶏の子であるということ）になり拷問された。拷問した幹部は中共後旗委員会が各村から選び、公社間で交換し、派遣された人物であり、後旗委員会の命令を実行する要員であった。

　我が村に派遣されてきたのはオラーン・オド公社のゴロツキやチンピラたちであった。後旗委員会はそれらの人物を「貧宣隊」（貧農戸や下中農戸に対して宣伝工作する）と「幹宣隊」（公社の幹部らに対して宣伝工作する）の2つの組に分けた。我が村に派遣された彼らは、我が村の人々に対し76種の刑罰を与え、そのために4人が自殺した。①そのうちの1人は後旗政府の元秘書であった我が公社の副社長のダフル・バヤル氏であった。彼は我が公社（バヤスグラン公社）で拷問され、体が衰弱し、我が村に帰らされた。その後、我が

村の大隊に批判され、最後に過酷な拷問に耐えられなくなり、紐で首を吊り自殺した。当時、彼の妻の宝鳩（ボーゲ）も連行された。主な原因は、宝鳩氏は過去の土地改革時期（1947年）に村の婦人会の主任（中国語で「婦女聯合会の主任、婦聯主任」と言う）であり、1947年の春に王爺廟で行われた内モンゴル東部地域人民代表大会に参加する人物を選挙する会議に参加したことがあった。そのことが文化大革命時期に拷問される理由になった（宝鳩氏のインタビューは後で紹介する）。②もう1人は、当時の村の会計員であったアブラルタ氏である。彼は満州国の時期に日本の軍隊に参加し、土地改革時期に酷刑に処されたが、生き残った。その後、小隊の会計の仕事を担い、平穏に暮らしていたが、文化大革命の時期になると、再び「日本軍人」であった「悪い歴史」が追及されることになった。彼に対する主な質問は、日本軍人であった時、何か悪いことをやったか、日本人から受け取った銃や弾薬をどこに隠しているか、日本人のスパイではないか、などで、頻繁に過酷な刑罰を受け、夜間に小便するとの理由で逃げ出し、村の南部にある砂丘で自殺した。私の知っている限り、我が旗において日本軍隊に参加した人物は、関東軍であれ、募兵であれ、雇用軍であれ、みな迫害されたのである。

③ もう1人自殺したのはムンヘ・バヤル（　　　）氏である。彼は以前農会（土地改革時期）の豚を飼っていて、農会が人々を拷問していた姿を頻繁に見ており、恐怖感を抱いていた。文化大革命の時期になり、ある日、彼は群専に呼ばれた。その時、彼は牛の糞を拾いに行くとの理由で村の東の砂丘に行き、そこで自殺した。主な原因は彼の姉の夫のことであった。姉の夫のアハッシャー（　　）氏は国民党の軍人であった。1946年～1947年にかけて後旗で国民党と共産党が闘争していた時期、我が村の八路軍兵士のノリマージャブ（　　　）氏が国民軍によって殺された、その事件にアハッシャー氏が関連したので、後に逃げ出し行方不明になった。だが、文化大革命が始まると彼の妻のニンジェーマ氏が連行され酷刑に処された（ニンジェーマ氏の孫であるホスゲレル氏に対してのインタビューは後で取り上げる）。

④ また1人はティーフンガ氏である。彼は我が村の獣医であり、革命委

員会（革委会）の命令に従うかどうか詰問され、侮辱や酷刑に耐えられなくなり、自殺したのである。

以上4人が自殺し、唯一生き残っているのは、宝鳩氏である。

II　ゲルレト氏

ゲルレト（ᠭᠡᠷᠡᠯᠲᠦ 男、63歳、ハラウスガチャーの人）氏は、自殺したムンケ・バヤル氏の息子である。「1968年の冬、ある日、父は村から1キロ離れた『改良站』に駐屯する群専隊に呼ばれ、取り調べが始まった。群専隊によって何日間も批闘（批判闘争）され、殴られ、その痛みは耐え難いものだった。我々が父の病気を治療させる理由で群専隊に『申請』を出すと、実家に戻された。旧正月の2日に、父はまた群専隊に呼ばれて拷問され、5日夜にそこから逃げ出して村の東部にある砂漠地帯の楡樹で首を吊り自殺した。当年、父は58歳であり、その死体を埋葬した村の人々は脅迫されたため葬式の食事にも参加しなかった。その時、公社の副社長であったダフル・バヤル氏が自殺したばかりで、村全体が恐怖の雰囲気の中にあった。父が受けた何ヵ月もの迫害により、母は心配のあまり流産した。さらに母は心臓病にみまわれて44年も薬を飲み続けた。

ゲルレト夫妻　現地調査で筆者が撮影

当時、村から70人余りの人々が小さな3部屋の一軒家に閉じ込められ、次々に取り調べられていた。父は大隊の保管員（大隊の倉庫を保護して管理する役）として働いていたが、アハックシャー氏と親族関係であることがある人物によって摘発された。アハックシャー氏は私の伯父（父の妹の夫）であり、1940年代に我が村のアイルダー（村長）であった。彼の甥が日本の軍隊に参加し、戦後家に戻る際、1丁の銃を持参していた。アハックシャー氏はその銃を1頭の牛で買ったのだ。後に中共の指導した土地改革が始まると、アハックシャー氏は脅迫され行方不明になった。その結果、文化大革命時代になって、群専隊はその銃を探し出すためにアハックシャー氏の親戚である父のムンケ・バヤルを批闘したのである。また、かなり前のことだったが、かつて父が冬に放牧する際、大きな日本刀で河や湖の氷塊を崩し、家畜に川水を飲ませていた。文化大革命時代になると、群専隊が父にその日本刀を探し出す目的で過酷な刑罰を与え、迫害した。父が自殺した際、群専隊の人々は我らに『お前らが自分で父に罪を言い渡せ』と命じ、木板に父の名前を書き出して、その上に『犬の死亡（狗死）』と書かせるというひどい事までやらせた。私の伯父は、かつてラマであった。戦後に当局が実施した土地改革運動で還俗され、文化大革命になるとまた取り調べられた。父が自殺して以後、毎晩家の周りでは群専隊の人々が看守し、家族みな寝られなかった日々も結構長かった。母は長い間その脅迫と恐怖に圧迫され、病気も重くなった。改革解放時代になって、旗の民政局（行政機関）は母に毎月少しの補助金を与えていた。母が亡くなって以後、そのわずかの補助金も停止した。母はこのように無念のまま亡くなった。とても残念だった。

　群専隊は、我らに種牛と乳牛の性交するしぐさを真似させ、女性と男性の服を脱がせ、互いに牛のような姿をさせることもあった。ダフル・バヤル氏の妻を地面にひざまずかせ、両手を頭の上へ引き上げさせ、そのまま何時間も取り調べた。彼女がそれに耐えられなくなって両手を地面に置かせないよう、地面に木炭の火を敷いた。70代のダーシンガラマに馬の鞍を乗せ、上に繰り返し人々を乗らせて、鞭や紐で打った。アブラルタ氏は酷く打たれて、

家に戻って以後、服を脱げなくなった。内人党として取り調べた人には、大隊の隊長であるゾンナスト氏以外にデンホル氏、ヅグスレ氏、ゲレルト教師、アーシンガ氏などがいる。彼らはみな50歳や60歳の頃に亡くなった。チンダモン氏は一番若かったので、最初に入れられ、最後に釈放された。」

III　チンダモン氏

(　　　男、モンゴル人、1945年12月24日生まれ)

「僕が批判された主な原因は、群専隊がモロー・ラマの仙であったと疑ったことだ。僕はブドーン・ハルガン公社のモコー・ラマの案件に連座させられた。1964年のことだった。僕は病気（のどが渇く）になり、貧乏のため病院に行けず、仏経に頼った。それはバルンシャルッグ・ガチャーに住む叔母の息子であるブルグッド氏から借りてきた仏経（本）と経書だった。この仏経と経書は、かつてブルグッド氏（　　　）も病気になった時にブドン・ハルガン公社のダーイン・ホゥーチン（ガチャー）村から得たもので、満州語とモンゴル語で書かれたアワン経とガンジョル経とジェブツン・ダムバー活仏の書だった。ジェブツン・ダムバー活仏の書は、モンゴル語であり、モンゴル人を統一させる内容も書かれ、それが当時のモンゴル人社会に手書きの形でかなり広がり、『ボグディーン・ビチック（聖書）』と言われていた。その年（1964年）に、大隊の幹部らが僕のこのことを発見してから、僕は大隊に呼ばれて、取り調べられ、批闘され、粛清された。その時、19歳だった。

文化大革命が始まってから、僕は父と一緒に批闘（批判闘争）された、父の批闘された原因は、彼が地主であり、アハッシャー氏と関係あるということだった。批闘した人物には中共後旗委員会から派遣されたオラーンオド・ノタック（　　　）出身の人々がいるが、我が村の人物もいた。僕は彼らの名前を言いたくない。僕に対する粛清は、文化大革命が始まった1966年ではなく、1964年から始まり、1968年6月になるともっと酷くなった。1969年4月5日に釈放されたが、その後また公社に引き出され、1ヵ月間余り監禁された。前後3回呼ばれ、大隊、改良站、公社に行かされたが、改

良站には長い時に 70 日間もいることになった。

改良站の構造図 [575]

西側の部屋： 刑務所の代わりに利用された。ベッドや床はなく、地面のみ。70人余りが監禁されていた。	中間部屋	東側の部屋： 群専隊の事務室である。群専隊が人を取り調べる、殴る、または互いに批判させる、闘争させるために使う部屋。

　改良站の位置は、ガチャーの北 1 キロであり、ソーゴンアイル（村）の南西 0.5 キロで、改良站の西側に村の小学校がある。その時代に大隊は、村の人々を組織して文芸団体を作り、隣の村で演劇を行ない、我らを『牛鬼蛇神』（妖怪変化）、『悪魔の鬼』などの役にして、板や紙に『牛鬼蛇神』、『地主分子』、『内人党』などの文字が書かれた看板のような『身体新聞』（中国語で『大字報』と言い、日本ではそれを『壁新聞』と訳すらしいが、ここでは『身体新聞』とした方が適切だろう。『身体新聞』には『内モンゴル人民革命党員』や『牛鬼蛇神』などといった罪状が書かれてあった[576]）を首に掛けられ、群専隊の命令に従って、父が大鬼を、僕が小鬼を演じさせられた。

　僕の祖父はソグデルと言う。父は家で 3 番目の子であり、ドノーと言う。父は兄弟 6 人で、2 人の叔父はラマで、1 人はナムジラ、もう 1 人はソンディー。文化大革命の時期に父は 60 代であり、内人党員と認定され、彼によってアハックシャー氏を告発することが群専隊からの主な命令だった。アハックシャー氏は、かつて国民党の国民軍隊に参加し、土地改革時期にうちの村出身の八路軍に参加したノリマージャブ氏を殺す事件に関わっていた。

チンダモン氏　現地調査で筆者が撮影

　文化大革命の時期に、群専隊は釘を打ちつけた木板で僕の顔を殴り、頭や顔に血だらけの濃や泡状のものが出た。肉体に残った傷跡と片方の顔の大きさはその証明である。昼にみなと一緒にアルガル（　　干し牛糞）を拾い、寒さに顔が耐えられなくなり、凍って流血や流濃した。すると、群専隊が顔を治療するために村の医者を呼び、医者には『殴られたと診断してはダメだ。顔に思春期のニキビができたのだ』と命令した。医者はオスバイガチ村のバラ先生だった。ある時、アルガルを拾いに外へ行き、ある時は改良站に留まって、1日中殴られ、批闘されるのであった。冬になり、寒くなってから、毎日朝と晩2回に分けて2つの村を回り、一軒一軒訪ねて『請罪』[577]することも命令的にやらされた。『請罪』するたびに言ったスローガンは、中国語で『毛沢東に向かって謝罪します（向毛沢東請罪）、共産党に向かって請罪します（向共産党請罪）、工人階級に向かって請罪します（向工人階級請罪）、解放軍に向かって請罪します（向解放軍請罪）、紅衛兵に向かって謝罪します（向紅衛兵請罪）』など10条以上ある。または、自分の名前を言い、名前の後で『牛鬼蛇神』と言わせる。スローガンを言えない人に対してはいっそう厳しくなり、殴ったり、蹴ったりする。我らと一緒に請罪していたのは老若男女さまざまで、

70歳余りの人物がおり、最小年齢者は僕（23歳）だった、年取った老人で中国語も分からず、スローガンを言えないために酷く拷問された人も少なくない。

　僕が酷く殴られ、血だらけになった際、彼らは体に塩を振りかけ、それで3回位意識を失ったことがある、そのたびに彼らは服を全部脱がせて、冷たい塩水をかけ、口にも塩水を注ぎ入れた。僕は種牛の代わりに乳牛と性交するしぐさを真似させられ、種牛のように改良站の周囲を走らされた。翌年の春になると、僕を父と兄（伯父の息子）と一緒に砂漠に連れて行き、深く掘った穴に入れ、頭だけを地面に出し、蛇を殺すような姿にして、生き殺しにするようにした。僕は何回も自殺しようと思ったが、父からの話が僕に生きていく勇気を与えた。父は『我が息子よ、死んだらだめだ、歯を食いしばって耐えて生きなさい、この時代は、程なくして終わる、日本人に植民支配された時もこのような苦しみではなかった』と頻繁に言っていた。兄（伯父の息子）の肛門に2回、音の出る爆竹を押し込み、指の爪の間に爪楊枝を刺し入れた。

　大隊の会計員であったアブラルタ氏（　　　）は苦難をなめ尽くし、7回以上意識をなくして、7日目に酷刑に耐えられなくなり、逃げ出して自殺した。また、公社の社長で自殺したダフル・バヤル（　　　）氏の妻の宝鳩氏を酷く取り調べた際には、大出血すると、彼女の服を脱がせて裸体にし、血まみれの下着パンツを僕に嗅がせた。また、ソーグン・アイル（村）のスブジンガー氏に叔母の陰部を舐めさせた。その冬、ラマのズルへ氏を外に立たせ、棉ズボンに水と牛糞を入れ、物笑いの種にした。酷い拷問を受けた70人余りには、僕の家族以外にダレジャブ氏、スブジンガー氏、ティーフンガ氏、ダーシンガー氏、ユーラ氏などがいる。彼らの家族も一緒に火炉の傍に連れられ、火に触れる拷問を受けた。

　僕が『罪人』になったもう1つの原因は、アハックシャー氏と親戚関係であることだった。アハックシャー氏は土地改革の時代に行方不明になったが、彼の妻と子供たちを村に残していた。妻のニンセーマ氏（当時70代）は文化大革命になると、群専隊によって我らと一緒に改良站に監禁され、批闘され

た。群専隊は彼女の口に爆竹を押し込み、そのため何回も意識がなくなった。その後、孫のホスゲレル氏とホスブヤン氏が彼女を布団に横にさせ、家に取り戻した。爆竹でやられたため、健康であった彼女は、家に戻ってからも声が出なくなり、1年後に亡くなった。群専隊は僕の伯父のオドゴン・バヤル氏に命令を出し、彼の息子の妻であるブドヌド氏の生殖器を舐めさせ、『何の味が出ているか』とも聞いていた。彼の背に馬の鞍を乗せるよう僕に命じ、さらに僕に、上に乗って自らの叔父を打たせ、劇を演じるような姿をさせられた。

　群専隊の隊員であったバヤール氏は、かつては僕らを殴っていたのに、この時は自身も殴られ、彼の両親も新しく内人党員（新内人党）とみなされ、批闘や刑罰を受け始めた。当時書記であったゾーンナスタ氏とヅグスレ氏も内人党として批闘された。父が内人党として刑罰されたのも理解しがたいことだけど、正式の共産党員の書記らがなぜ内人党員にされたのか、これについてはいっそう理解できない。もう1つ、当時中共後旗委員会の命令でオラーンホド公社から我が大隊に派遣された群専隊の金星氏、エルデンゴロ氏の2人は、毛沢東の像を刺繍させるという各目で我が村の若い女性であったハス氏、インセンマー氏の2人を大隊に呼んで乱暴した。彼女たちを恐怖と恐喝にさらさせ、抵抗できない状態にした上で、彼らは強姦し、その他の婦人、少女と一緒に我らを殴り、批闘した。

　僕は今までこのことの真相を子供たちに言わなかった、今は村でお互いに親戚になった人もいるし、大隊の会計であったアブラルタ氏の息子は今、金宝屯鎮の副鎮長として勤務している。彼らは文化大革命の真相を言えない。僕の叔父は文化大革命が終わった途端に亡くなった、僕は1969年以後に7年間余り精神病になり、治療を受けたが、まだ健康になってなく、時々再発している。また、その時代に酷く拷問を受けたため、胸膜性肺桔核を患い、今も治っていない。僕が未だ物心つかない時、村の各家は仏像を持ち、仏を拝み、ラマを尊敬していた。病気になったらラマを請い求め、仏教を信仰していた。祖先からの習慣や宗教が文化大革命の時期になって消失し、父から

残された仏像も文化大革命によってなくなった。

　1969年の夏に、僕は釈放され、『社会管制』(社会の人々からの監督、監視を受ける事)にされ、それは1979年まで続き、ずっと生産隊で労働させられた。我が村で7、8人が社会管制を受けていた。幹宣隊(幹部の宣伝隊)の幹部であったバラジニーマ氏(革命者であったハスオチル氏の息子、当時の公社の助理であった)が僕のことを調査して、上級に報告したが、何の返事もなかった。父は『生産管制』(生産隊により監督、管制されること)になり、家に戻ってから10日間も経たずに亡くなった。

　1979年以後、上の幹部らが我が村に来て、調査を行い、僕のことや僕の病気を調べたが、村の幹部らの報告によって『全残者[578]』ではなく、『基本残』になった。初めの時、毎年500元(今の日本円で計算すると10,000円)の補助金を与え、後に増やして毎年1,000元になった。今、我が村では、当時酷刑にされた人物が補助金を貰えず、逆に酷刑を行なった人物が補助金を受け取っている状況もある。僕は『低保護戸[579]』を申請したが、拒否された。今は、小型の驢馬車で農耕や収穫をしている。ハンド・トラクターなど動力のある機械はない。1997年に僕の精神病が再発し、7年程続いた。発病すると、群専隊の人々の姿や怖い顔が目に浮かび、彼らの話声が聞こえ、とくに夜になると彼らの命令、大声で怒鳴る、請罪などの声が聞こえ、彼らが殺到してくるように見え、僕はそれに耐えられなくなり外へ逃げ出すようになった。長期的に睡眠薬を飲んでも効かなくなり、苦しくなった。当時、改良站で拷問を受けた時に、毎日朝から晩まで酷い状態で監禁され、その上、群専隊が自殺した人や批闘されて死んだ人の死体を僕に担がせ野外に行かせ、焼き払っていた。年齢も若かったし、その死体が何回も起きる姿を見て凄く怖かった。今は、片手が動かなくなり、リューマチを患っているが、ガチャーやソムに何回申請しても返事はなかった。」

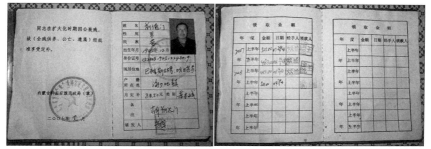

チンダモン氏の傷害証明書とその裏面

　彼の娘のエルデンチチゲ氏とオユグンチチゲ氏は「父の病気は、我が家族に酷く影響を与え、経済だけでなく、精神的にも不安を与えてきた。1980年代や1990年代に、上級機関の幹部が村に来て調査したが、村の書記の違う報告によって違う結果に至り、父の病気はこのまま続いてきたのである」と言い、目から涙が出ていた。

IV　ホスゲレル氏

　ホスゲレル（　　　）氏は、ソクデル氏の孫である。彼の父のオトゴンバヤル氏（　　　1968年に41歳）は、アハックシャー氏の養子である。上で既に述べたように、アハックシャー氏は、中華民国から満州国の時代にハラウス村の村長であり、国民党や日本人と緊密な関係がある。中共後旗委員会が成立し、ハラウス村で土地改革を行う際、アハックシャー氏は、共産党の革命幹部であるラーシ氏、ノリマージャブ氏を殺した[580]。そして、共産党の勢力が後旗で強くなると、アハックシャー氏はモンゴル国に逃走した。だが、彼の妻のニンセーマ氏と子供たちがこの村に残り、文化大革命の時期にニンセーマ氏は、養子のオトゴンバヤル氏と彼の子供たち（孫）と一緒に暮らしていた。上で述べたチンダモン氏と彼の父（ドノー氏）は、オトゴンバヤル氏の親戚である。ドノー氏とチンダモン氏が群専隊に呼ばれると同時に、ニンセーマ氏とオトゴンバヤル氏も呼ばれ、批闘され、酷刑を受けた。ホスゲ

レル氏はニンセーマ氏の孫であり、オトゴンバヤル氏の息子である。彼に対するインタビュー内容は以下の通りである。

ホスゲレル氏夫妻　現地調査で筆者が撮影

「父はモンゴル語以外に、日本語、満州語と中国語が上手だった。1968年8月に改良站に住む群専隊に呼ばれ、半年間批闘され、拷問を受けた。私が弟のホスバヤル氏（ᠬᠣᠰᠪᠠᠶᠠᠷ）と一緒に祖母と父に食べ物を送っていた。群専隊の人々は美味しい物を選んで食べ、残り分だけを祖母と父に渡していた。1969年の旧正月の前に（12月20日）、群専隊は、祖母から御爺さん（アハックシャー氏）のことが聞き出せなかったため、上級の指示に対応するために祖母を酷く取り調べた。やがて彼らは我らを呼びに来て、『君たちの祖母は何も話せない。何か隠している』と言い、祖母を家に戻しに来るよう命令した。祖母は60代だった。僕と弟が2人の村人と一緒に布団を持って改良站に行った。そして、祖母を助け起こし、村人と一緒に祖母を布団に横にさせて、かなりの距離を歩き、家に引き返した。祖母は殴られ、全身血だらけで、服に虱が湧き、服が身体から離れない状態になり、ハサミで切って脱がせた。我らはみな泣いて、何日間も何も言えなくなった。それから祖母は全身不随になり、3年間麻痺状態で横になり、亡くなった。のちの証言によると、群専隊は祖母の口に爆竹を押し込み、話をする神経を駄目にしたということだった。一方、父は未だ家に戻されず、改良站で引き続き拷問を受けた。群専隊

は年寄りになった父の目が悪くなったのを貧下中農たちを笑わせる道具にして、夜、父に改良站の周囲を走らせ、途中で懐中電灯で照らしたり消したりして、父が倒れる姿を見て遊んでいた。また、父の手の2本の指を紐で引き上げて、天井の横木から吊りあげて殴った。父に聞くと、祖母には片足で立つ、髪の毛で引き上げる、指の爪に竹の針を刺す、棒や鞭で打つ、火の炉で焼くなどして取り調べたことが分かった。群専隊は、祖母や父と同じく監禁されていたシャラショブー氏を代表者に選び、監禁されている人々を監視させた。シャラショブー氏は、独身であり、我が村でコソ泥を働くチンピラであり、書記のナスンオリタ氏の騾馬を盗んで何年間も刑務所に入れられた人物である。彼は社長のダフル・バヤル氏が酷刑を受けていた間、彼の家に行き、ダフル・バヤル氏の妻の宝鳩氏を脅して豚肉や酒を飲食した。彼はまた、寒い冬に、監禁されていたラマのジュルヘ氏（60代）のズボンに牛糞を入れ、外に立たせた。だが、村にはアムルメンド氏や宝喜氏などの善き人もいた。我らは兄弟10人であるが、文革の歪みを正す政策が実施されてから3番目の弟のホスビリゲ氏だけに仕事を与え、公社の商売社（供消社）に就職させた。しかし、その後の国有企業を改革した90年代に、その弟も失業し、故郷に戻って農業を営むようになった。その他の兄弟9人は学校に行けなくなり、仕事もなかった。1978年以後も、大隊で牛乳を分ける際には我らの分はないし、『農業責任制政策』を実施した際に、我らには農地を少なめに分け、大隊の家畜を分ける時も、我らの分は他の世帯より少なかった。」

　ホスゲレル氏の弟である金山氏は、結局、誰が父を殴ったのか、誰が父を拷問する命令を下したのか、これらについて、ずっと何も言わなかった。父は生前、もし言い出せば村の人々がまた互いに対立するからだ、と言っていた。

V　ボーゲル（宝格）氏

　ボーゲル氏（宝格、1946年4月25日生まれ）、後旗ブドン・ハルガンソムの南ザミーン・ホドックガチャーの人。1966年にヘリュート公社のヘリュートガチャーの宝山氏と結婚した。後述のボーゲル氏（宝鳩）とは別人

で、先ほどのチンダモン氏とは、彼の娘がボーゲル氏の息子と結婚した親戚関係である。筆者がチンダモン氏のインタビューをしたことを知り、長い間打ち明けてこなかったさまざまな話をしてくれた。以下は彼女の言葉である。

1964年、金家屯中学の同級生と。前列右から2人目がボーゲル氏

少女の時期

……私は大地主の娘である、祖父はアチヤルト、父はショーミンガ、上の兄はツディバートル、二番目の兄はガルマバツルである。母はノーン・ソブッドと言い、彼女の話によると、当時の我が家族は家畜や畑が沢山あった。1947年頃に土地改革運動が行われ、我が家の家畜や畑や家など全ての財産が農会に没収され、貧下中農（貧乏な人々）に配られた。そのため、かつての雇用人（榜青）の家を借りて住むようになった。私の出身家族は「地主」だが、成長した時の家族は雇農（貧乏な農民）だった。4歳の時、父が亡くなり、2人の叔父が私と母を連れて南ザミンホドック（村）に暮らすようになった。姉は土地改革運動の影響を受け、学習するチャンスを無くした。上の兄は村の学校で何年間かモンゴル語を勉強した。村に2つのお寺があったが、土地改革時期に一つのお寺が農会によって燃やされ、もう一つのお寺が学校になり、私は8歳からその学校に通った。叔父の1人、ボロは、東モンゴル自治軍のアスガン将軍が率いた12団に参加し、「解放」以後、村に戻った。もう1人の叔父は、モンゴル語を勉強し、チベット医学にも趣味があり、

村で農業を営んでいた。

　家庭の出身が地主になったため、いろいろ差別を受けた。小学校 5 年生、1957 年〜 1958 年の頃、私は地主分子であるため、"大隊長"の職務の腕章を没収された。しかし、私は努力して勉強した。小学校を卒業する時、恩師のオヤンガ先生は私を金宝屯中学校の入学担当者である白宝山先生に紹介してくれた。卒業する時に私はずば抜けた成績で金宝屯中学校に合格した。中学校を卒業する時（1964 年）、私はジリム・アイマック医学校（哲里木盟衛生学校）に出願し、合格通知書を受けとったが、地主分子のため残念ながら医学校に行くことができず、家に帰って畑仕事をした。それから 2 年後に文革が始まった。

　私と一緒に批判され闘争させられた人物は老人と大人と子供など、100 人余りで、村全体の人口（1000 人頃）の 1 割だった、主に「地主、富農、分子、子弟、反動派」などであった。当時私は 21 歳で、兄嫁（後の兄嫁、その時まだ結婚していなかった）は私より 5 歳小さくて、彼女も批判され、闘争させられた。殴ったり蹴ったりするのは普通で、大塚の書記の初一氏、ザーナ氏、ウンドス氏らが率先した。私達に手を出したのは組長らだけでなく、多くの大衆もいた。

　文革が始まった頃、貧農・下層中農たちは何度も私の家に来て、私を貧農・下層中農の息子に嫁がせようとした。兄と母は相談して、急いで 1 人の地主、富農の子供を探して結婚させようとしたが、貧農や下層中農は私を奪い取るように、毎日私の家に来て結婚する問題を話していた。このようにとても複雑で、恐ろしい環境下だったが、私の叔父は富農の息子を探して、私を今の家庭に嫁がせ、ヘリュートガチャー（海流図大隊）に来た。私の夫は宝山と言い、私より 11 歳上の、おとなしい農民であった。1967 年 10 月に結婚して、宝山の家に来て、翌年の 8 月 16 日に息子が生まれた。その年の 10 月 25 日に、ヘリュートガチャーでも批判・闘争が始まったが、産後 100 日にもなっていなかった。

　1968 年秋、私が碾き臼で粉をつくる時、幹部によって大隊に呼ばれた。

私を尋問したのは１人は旗の幹部で、もう１人はブドン・ハルガン公社特派員のチメッドツレン氏であった。２人は「旗からすでに人を派遣してブドン・ハルガン公社で君の実家を調査している。君は実家でどんな書物を見たか？反革命の書物や材料などを引き写したことがあるのか？」と質問を開始した。私は「小学校の時から本を読んでいる。例えば《青春の歌》(楊沫著)、《青史》、《三国演義》、《隋唐演義》などの本を読んだことがある」と答えた。また彼らは「君の兄はどうだ？もし言わないならば君の肉体によって言わせる」と言った。彼らは１つの問題を頻繁に尋ね、脅し、恐喝などの手段を利用した。彼らの話から、ブドン・ハルガン公社のガチャ大隊で、すでに兄と親戚が批判闘争にかけられ、苦しめられていたことを知った。彼らは「なぜ君の兄が大隊に呼ばれたかわかるか？」と聞くので、私は「私の実家が古典の本を持つためじゃないか。《玉匣記》、《万年暦》などがあるのが原因じゃないか」と答えた。彼らは「それだけではない。君は必ず白状しなければならない、そうしないと君を公社に持ち帰ってやる。君にとってもよくないだろう」と言った。

　ある日、旗委員会の書記バートルサン氏、スンデマ氏（女性）、陳氏（漢人）、孫氏（漢人）など４人が来て、私を拷問した。スンデマ氏が「尋ねるだけでは駄目だ、彼女に書かせなければならない」と言いながら、１枚のとても長い紙条を取り出し、私に自分の事を書かせるようにした。自分の略歴や学校で学んだ過程などの内容だった。何時間か尋ねた後に、陳氏と孫氏は出て行って、ちょうどスンデマ氏も出て行った。他の３人が帰った後になって、バートルサン書記は「貴重な青春時代に惜しいことだ。何か用があったらよく言えよ」と、とても優しい態度で、モンゴル語で言った。その時、ヘリュートガチャーの大隊ですでに100人ぐらいが批判や闘争を始めた。大隊の総人口は500人ぐらいだった。その後、10月24日から、我が大隊の批判大会や批闘会議がもっと酷くなり、私も巻き込まれた。100人余りが村の東側の羊小屋に閉じ込められた。

種々の酷刑

　幼い時、母は私に「泣かないで、泣かないで。涙を流しても他人は我らを同情してくれないよ。逆に笑われる。何か不幸な遭遇に当たったら、問題を解決しようと考えるよう」と言ったので、私は涙を流すことができない。私は子供を持っているので、夜に批判され、深夜に家に帰れるのであった。監禁された後、私たち約100人は、その小さな羊小屋で13条の「請罪書」（告白書）を暗記し、「毛沢東に請罪する」、「共産党に請罪する」、「解放軍に請罪する」、「私は牛鬼蛇神だ」、「地主富農は有罪だ」などを暗記していた。中には土地改革時期に批判や闘争によって体が不自由になった人もいる。映画の中の強制収容所のようだった。毎晩に行われる批判大会で、私は最前列に連れられる。高齢者は漢語の発音が困難であり、ひどく殴られた。その時、ヘリュート大隊は、4つの小隊（4つの村）から構成していた、真冬の毎朝3時に起き、集合して4つの小隊に順番で並んで村の家々の前で猫背しながら請罪する。

　私は腕に巻いた白い布に「内人党の秘書、民族分裂集団の秘書、モローラマ独立グループの忠誠な幹事」の3つの罪を書かれた。私が最も重い罪であるため、正面に並び、右手で棒を、左手で銅鑼を持って、銅鑼を鳴らしながら歩く。同時にスローガンを叫ぶ。1968年の冬は例年よりも寒かったので、毎朝銅鑼をつかむ手が凍結して破裂や出血した。4つの村を回るのに5キロ以上になる。

　日中は監禁されている100人あまりの多数の人は、野外に行かされ、薪やアルガル（牛糞、薪のかわりに燃料にする）を拾う、肥料を攪拌するなどの労働に参加させられる。しかし、私は特別で、野外にも出られず、毎日質問され、羊小屋に監禁された。後旗文革指揮部はモンゴル人の中に必ず集団的内人党組織があるという疑いを持ち、私を主な人物とした。大隊に相次いで他の公社幹部らが来て調査や質問を行った。

少女時代のボーゲル氏

　大隊の群専隊を組織し管理するのは旗の幹部らであった。その中、旗新華書店の劉貴氏の印象が深く、それに大隊幹部の宝石氏、ナドメッド氏、テビンタイ氏、徳順氏、サイン・バヤル氏、根宝氏がいる。革命委員会の主任は宝石氏とナドメッド氏であった。彼らは毎晩我らに対して批判や批闘を行い、深夜1時〜2時まで続く。幹部と貧農・下層中農が私の髪の毛をぐっと引っ張って、体を蹴る殴るするのは毎晩のごく日常的な出来事だった。私は群専隊に殴られ、子供に与えるお乳が減ったため、粟やトウモロコシの粉のお粥を子供に食べさせた。昼と夜に一時的に家に帰って子供に乳を飲ませる際にも、群専隊の人が外で見張りに立って、家の中で何をしているかと窓の外から私を見る。子供に乳を飲ませる際にも彼らに呼ばれ、急いで行かないと、大隊でまた殴られた。子供がいようと家に帰れないこともあった。ある晩、彼らはストーブを焼き尽くし真っ赤にして、私の上着を全部脱がせ、ストーブのそばであぶって、馬の鞭、木の棒で私を殴った。その晩、家に帰った時、

ゆりかごの周囲がびっしょり濡れていた。息子の生殖器が腫れ、薄いビニール袋みたいな水泡ができていた。以来、薄いビニール袋を見ればあの事を思い出す。

群専や幹部ら及び貧農たちは、私に対して酷刑する際、必ず「玉の箱」を洗いざらい吐かせるよう強制した。私が《玉匣記》を読んだことがあることを彼らは知っていたが、彼らはそれを古典だとは思わず、「玉の箱を持っている」と勘違いしていたのだ。ある晩、拷問されショックで意識が無くなろうとしていた時、旗委のバートルサン書記が私に「あなたには玉の箱があるのか」と尋ねた。私が彼に「彼らの言っている『玉の箱』とは、家にある《玉匣記》という本の表題を指している。私は彼らに何回も告白したが、信じてもらえない」と言った。それでようやくこのことだけは解決した。

私の罪がとても酷いため羊小屋の中で多くの人は私に接近する勇気がなかった。群専隊は、私達がお互いに交わす会話を知るため、羊小屋の中にもスパイと告発者を派遣していたので、みな慎重だった。私は何回も自殺したかった。ある晩、羊小屋から帰る途中に家の前にある湖を見ながら自殺するつもりだった。その夜はとても寒くて、遠い所から自分の子供の泣き声が聞こえ、床に夫が咽び泣きながら子供を抱えて、あちらこちら何度も行く姿がぼんやり浮かんできた。もしも私がこのまま死んで、夫と子供から離れれば、彼らはさらに苦難に満ちて、耐えられないかな、と思うと、突然「あの湖は私のお爺さんであるホビュレルトが馬の群れに水を飲ませる湖である」と夫が話した事を思い出し、昔の人々が「君は死んではいけない」と命令するように感じた。

ある日、公社の特派員であるチメッドツレン氏は、他の漢人幹部らが休憩で外出した際、私に対して「歯を食いしばって乗り越えて。よい時間はもうすぐ来るよ」と、ひそかに言った。心の中は少し慰められたが、特派員であったチメッドツレン氏はやがて連坐されて批判を行い闘争させられた。彼は他人に摘発されたのだった。

釈放

このように1日が1年のように長くてつらくて、次の春の1969年5月22日、上級から名誉を回復する消息が下り、批判・闘争させられた100人余りの人々が釈放され家に帰った。彼らは「社会管制」を受ける対象になった。一方、私は家に帰れなかった。夫は私に「他の人がすべて釈放されたのに、お前は一体何をしたのだ。人を殺したのか、反革命活動をしたのか、国家の法律に違反したのか、本当に外モンゴルへ逃走するのか」などと非難した。7月に公社の幹部は、「自分の事をよく告白すれば、よい人になることができる、そうしないとお前の兄と同じく旗へ連れて行くよ。彼はもう逮捕され刑務所に入れられた」と言った。

ある時、1人の幹部は「お前が告白しないのなら、これを見せるよ」と言いながら1冊の本を取り出して、私に見せた。その本を見て、私は彼らに従うしかなかった。その本は私が書き写した本だった。彼らは「この本を書いたのではないか、お前の兄がすでに承認した、しかし彼の筆跡ではない」と言った。彼らは兄を旗に連れて行き、爪に竹べら、鉄を刺し、兄は我慢できずに最後に告白し、無理矢理に自分が書いたと署名したのであった。

この本は以前に私の姉婿の義理の伯父であるジリガルタ氏が収蔵していた本であった。1940年代に、彼はワンフンギーン・スムで、ハーフンガー氏、ボヤン・マンダフ氏、アスガン氏らと一緒に東モンゴル自治革命に参加した。1947年に退職して故郷に帰り、ジリガラン公社のスムタイ村に暮らしていた。彼は82歳になる年に文革が開始し、息子のバダラ氏はあまり文字を読めないため、この本を私たちの家で預かってくれと頼んだ。1966年の秋のある夜、伯父は馬に乗って家に来て、私たちに「黒い雲がすぐ来るので、社会は大動乱に入るでしょう、何か困難で苦しいめに出会っても、必ずこの本を自分の運命と共にしっかり保護しなければならない。後で役に立つのだ」と語った。このようなわけで私たちはその本を貯蔵し始めた。その本は内人党と外モンゴル人民革命党との間で交渉していた内部資料で、1967年秋に文革が全面的に始まると、兄はよくない情況を見て、夜に人がいない時、私にそっとあ

の本を引き写すことを頼んだ。後に私の引き写した本を私の書いた書簡、およびその他のすべての古典籍と一緒に大きいかめに入れ、上にまた大根、白菜などを入れ、穴蔵の中に隠した。やがて紅衛兵、造反派、群専らは、私たちの家に来て、土の中を掘った。また家のブタ、鶏・あひる、衣類などを奪い去って、屋敷周囲の塀をもひっくり返した。

　幹部にその本を突きつけられた私は、策略を変えなければならなかった。彼らは「この本の中に7枚の紙の手紙を挟んでいる、お前が書いたのか?」と聞くので、私は認めた。私はあの本を引き写した後に、モンゴル人の青年達に手紙を書いた。手紙の主要な内容は、「モンゴル人の青年達よ、目覚めて立ち上がって自分の故郷を守るよ。この草原は私たちモンゴル人に属する。若い人は何にも屈せず、一緒に努力して奮闘しなければならない。ここの山と川、林と草原はすべて私たちの故郷で、先祖代々はすべてここで生活した。祖先が残した民族の事業を引き続き最後までやろう」であった。彼らが私を「内人党の秘書である」と言う罪状は、そこから来た問題だった。私は彼らに「私が書いたと言っても、この本は反革命、反国家に属しません。その時、村中の多くの若い人に引き写した本を見せて、読ませた、これは法を犯した事ではない」と言った。彼らは尋問しながら記録したメモに署名させて、私がもしも外出する場合、必ず大隊幹部の許可を得なければならないことになった。翌日に、私は大隊の婦女連合会主任であるドゥダグラ氏と書記の宝石氏を探して、彼女たちの許可を得て、実家に行った。

　1970年のある日、ガチャ公社から批判を行い闘争させられた人々を判定する消息が来て、たくさんの批判・闘争させられた者が釈放された。しかし、モローラマ事件で巻き添えになった人は判定されず、全く自由にならなかった。私は1982年にやっと名誉回復された。1968年〜1982年の間、私は大隊の会議に参加する権利がなく、食糧配給切符、綿の切符、綿布配給切符がなく、夫と子供はその他の村民と同じに食糧、食糧配給切符、綿布配給切符、綿の切符などを受け取ったが、私の分はなかったため、生活が苦しかった。息子は学校で、同級生から「反動組織のボーゲルの子だ」などと侮辱さ

れ、殴られた。文革時期に一緒に批判・闘争され苦しめられた人々は、私にとって親戚よりも親しい。

家族・親戚の不幸な境遇

　私の長兄は批判や闘争で残虐な拷問を受けた。あの本の出所や、本を広めた情況、本を知っている人々の経緯、その他の隠した事などを告白させるためだった。後に長兄は逮捕され、強制的に後旗へ連れて行かれ刑務所に拘禁された。そこで長兄と一緒に拘禁させられたのは、私を尋問していた旗委書記のバートルサン氏、旗長のオユー（烏尤）氏、ラントゥー氏（本稿の第6章「民族分裂集団案件」に出る）など何十人であった。彼らは日中にガンジガの街で引き回され、夜には残虐な拷問を受けた。刑務所はすでに満員になり、兄は裁判所に拘禁された。彼らは、兄を外モンゴルの手先（走狗）と言い、爪の中に竹べらや鉄べらを刺したり、縄で首をしっかり繋ぎ、目が飛び出て痛いほどに暴行した。

　同時に、次兄、2人の叔父、長兄の嫁、母も巻き添えになった。次兄の首から細い鉄線で犂の鉄塊をつるして、鉄塊を何度も繰り返して引き押し、細く鉄線が首に嵌め込んで入り、頭が膨大し、首から出血する。この時、群専は彼の鼻と口に唐辛子の水を入れて苦しめた。ある日、次兄は旗に拘禁されていた金柱氏が帰って来ると耳にして、そっと消息を金柱氏の家族に伝達した。しかし、彼の家族（妻の金花氏）が、次兄を群専隊に密告したので、群専隊が次兄を連れて行ってベルトで容赦なく打った。金柱氏が旗に拘禁された時、妻の金花氏は群専隊の幹部らと不倫関係にあった。彼が釈放されて家に帰った時、その金花氏はすでに亡くなっていた。

　長兄は刑務所に1年あまり監禁され、病気になって、1969年の秋に薬を持ってしばらく家に帰って休養した。その間も管理下に置かれた。半年余り休養して、ほぼ健康を回復した。次の年（1970年）に、大隊に呼ばれ豚を放牧し、養豚した。後に再び旗に連行され、8年間の懲役を下された。そして、ボグインゾー（宝安召）での労働改造農場へ移された。裁判長はモンゴル人

であり、次兄に「貴方が帰って母を良く世話をしろ、あなたの兄は必ずしも8年間の労働改造を受けるとは限らない」と言われた。このような混乱の時期にも、良き人もいた。

私は長兄に絶えず手紙を書いて、彼に「私たちは無罪だ、将来、必ず上訴して抵抗しなければならない」と説得した。後に、長兄は機会を得て、内モンゴル最高人民法院に陳情に行って、相応する返答を得て、1971年に釈放され、家に帰り大隊の管制の下で監視された。同時に私たちは後旗の政策実施事務室（落実政策弁公室）に手紙を書いて自分の不当な扱いと冤罪を訴えた。後に、政策実施事務室は私に手紙を送り、そちらに行くことになった。私は旗に行って、自分の出来事を詳しく訴えた。2回目は長兄と一緒に行った。その後、1982年のある日、後旗裁判所の白戎氏などの責任者がガチャー公社に来て調査、審理を行った。長兄はまた告白や批判闘争をさせられると勘違いし、恐れて受動的だった。その他の人々も、また批判させられ、闘争させられ、逮捕されると思って、恐れて避けるようになり、その調査、審理に参加しなかった。

私が公社の正門に行く時、何人かの人は庭の外で待って、ある人は恐れて急いで逃走した。公社の幹部が「裁判大会」を「批判大会」と間違って言ったので、亡くなったバダラ氏の父が怖がり、ロバに乗って逃走した。次兄はすでに恐れや怒りに満ちて木の椅子を取り掛けて「すでに15年になったよ、私たちの家は一体どんな罪を犯したのか」と言った。それから半月を越して、ジリム・アイマックと後旗から幹部らが来て、審判大会が行われ、僅かな人々に補助金として50元、100元、200元を与え、私と長兄にはそれぞれ毎月14元をあたえた。今は毎年1000元程もらっている。

現在のボーゲル氏。かつて自殺を考えた湖の前で。現地調査で筆者が撮影

　私たちの村（実家の村、南ザミンホドック）に王という漢人がいる。土地改革の前、彼の故郷は災害を受けたため、生存の場所を求めて流浪していた。私たちの近くの幾つかの村はどこも彼を受け入れなかった、と村人から聞いた。後に私の叔父（母の弟）がアイルダー（村長）である時、彼のことを同情し、我が村に受け入れ、生活させるよう助けた。彼は我が村の一員になり、モンゴル人の女性と結婚した。2人の息子があって、王活鳩氏と王活江氏であった。村全体に漢人がきわめて少ないので、長い間にすでに同化された。しかし、文革時期になって、王氏の息子2人は造反派の成員になった。1968年の秋、長男の王活鳩氏が私の次叔父の家の近くから1個の錆びた銃弾を拾って、私たちの家にあった銃弾だ、と群専隊に告発した。このことは2人の叔父と2人の兄、そして母が一緒に批判闘争される主要な原因になった。群専隊は、兄と叔父たちに必ずその銃弾と銃の出所を告白するよう命令を下した。次男の王活江氏は、1968年の冬に、母を彼らの家に連行し、地

べたで跪かせて、長兄の事を取り調べながら拷問した。冬用の革靴で母の頭部を蹴って、母はその場で失神した。その後、何人かの貧農・下層中農を呼び、母を担ぎ出して、途中で道路に投げ捨てた。七斤という名前の少女（紅衛兵）がいて、彼女はブタの糞と尿（尿の氷）を母の口に入れた。そして、長兄に母を担いでいくよう呼んだ。長兄が母を迎えに来た時、彼らは「急いで受け取って行け、ここに横たわっていると私たちの大通りを汚すのだ。悪人1人死ぬのは良いことだ」と言った。長兄は母を担いで家に帰り、夜にそっと相貌氏（医者）の所に行った。その時代、一般人が私たちの家に来るのはとても危険な事で、誰も恐れていた。しかし、村医者の相貌氏は危険を冒して、こそこそと伏せて家に来て、母の病気を治してくれた。彼への恩情を今も忘れていない。

　後に七斤らは、銃柄を握って私の家に来てタンスの衣類を奪い、母のイヤリングをも奪い去った。母の耳は引っ張られて血だらけになった。その時、母は68歳だった、頭を酷く負傷し、独り言をよく言うようになった。

　その一方、群専隊は上の叔父を長兄と共に反革命集団の内人党のメンバーであると決めつけ、拷問した。上の叔父はボルーと言う名前で、すでに60歳以上になり、ある日の夜、倉庫で首を吊って自殺した。下の叔父はバーシという名前で、60歳になり、さまざまな批判闘争と拷問に苦しめられ、夜に先祖代々の墓のある所に行って、祖母（叔父の祖母）の墓の上に植えた木から首を吊って死んだ。彼は手に1枚の紙きれを持っていて、そこに「私は首を吊って死んだ、しかし私を先祖代々の墓の群に埋葬してほしい、私は冤罪だ」と書いていた。叔父は2人とも独身で、子供もいないため、私たちが埋葬した。

　長兄が拷問されていた1968年6月19日に、長兄の嫁は双子の息子を出産した。長兄の嫁は双月という名前で、片方の息子にソドナムと名付けたが、もう片方の息子は名前を付ける間もなく40日後に亡くなった。粉ミルクや食糧がないため、2年後にソドナムも餓死した。2人の息子はこの世に来て、自分の父とも会えず、厳寒、飢餓、恨みの苦難を受け尽くして、また冥土に

帰った。小さい息子が死んだ時に、兄嫁は息子の遺体を白布で包んで、村の東北の砂塊の中で埋葬した。放牧している村人がそれを発見して大隊の群専隊に「双月氏が革命の新聞で死んだ子供を包装した」と告発し、「新聞を提供したのは、大隊の会計である白山氏だ」と密告した。この事で兄嫁も批判される対象になり、大隊で口に灯油を注ぎ込まれるなど拷問を受けた。白山氏は、私の姉婿で、大隊で会計になっていた。大隊が白山夫婦を呼び、批判・闘争を行い、厳しく取り調べた。このように私の実家の人々や親戚も拷問に苦しめられ、1968年夏から1969年冬までの間、実家は4人が亡くなった。現在、私の遭遇を考えると、あれほど残虐な拷問を受け、4人も失ったのに、相応の対応をしてくれず、とてもつらい。今までに、私の生涯はすでに社会の圧力と不平等、不公正を受け尽くした。

　文革時期に、私たちを恐喝し、暴行した王活鳩氏は、私の次兄の嫁（地主の分子）の姉を娶って自分の嫁とした。時が経ち、仇や憎みの人物が近親になった。しかし1980年代初期に、親戚の家で、私は彼を殴ったことがある。彼ら一族の何人かが村中のブタとロバなどを盗んで、刑務所に入ったことがある。これは、民族文化の違いだろうか。

　1980年に私と長兄は、ガンジガに行って民政局を探した。局長を担当する陳志強は、政策実施事務室の主任でもあった。土曜日だったので、彼の家で会った。夫妻2人もモンゴル人だった。彼ら夫妻に私の実家や自分の遭遇した残虐な拷問について腹を割って話した時、夫妻2人はただ泣いていた。私が話し終わった後、2人も自身が受けた不幸と拷問を私に話した。2人は以前は後旗グンホーライ公社の学校の先生であった。公社で200日余り拘禁され、拷問を受け、妻は大腿骨を脱臼し、両手の親指は障害が残った。

VI　ウネンブヤン夫妻

　2010年10月30日、アドーチン・ソムのバインオダガチャーで現地調査を行い、ウネンブヤン夫妻にインタビューした。妻はノルデックマーと言う。
　……私は満州国時期のアドーチン国民優秀学校（阿都沁国民優秀学校）を

卒業した。校長を担当していたのは、丸田という日本人だった。卒業後、エヘタラー国民職業学院（伊胡塔国民職業学院）に進学して、勉強を続けた。それは日本の満州国興安省の職業学校で、絨毯をつくる技術を学んだ。家に帰った後、興安省オラーンホト軍隊に参加した。1945年秋、日本が投降した後に、逃走して故郷に帰ってきた。村で数年間、教師になったことがある。それからずっとバヤンオダガチャーで農業をして生計をはかった。その時、村には寺院があって、寺院に約40の部屋があって、30人余りのラマが住んでいた。土地改革運動以後、寺院の建物は立ち退きに遭い、ラマ僧は解散させられた。民間人の大多数の家には仏像、仏陀の壇があり、ラマ僧に読経して、病気を治してもらうことができる。ある家庭は、壁の上にチンギス・ハーンの像を掛けていた。しかし、土地改革の後、これらはすべて消えた。

ウネンブヤン夫妻　現地調査で筆者が撮影

　土地改革の時期にムンケウリジ氏（ホヨルゲル・ガチャーの娘婿）、賀先生（ゾゥルヘン・トブガチャーの人）は、私たちの村で農民協会宣伝隊（農会）に銃殺刑にされた。後に、農会は村民と地主と富農をすべて集め、彼らの結

末をみなに見せた。それを見たすべての人々は、とても恐れた。やがて私はマリン・ホドックガチャーに拘禁され、地主、富農、ラマ僧と一緒に粛清された。拘禁された私たち数十人が、何日間かの会議と批判闘争の後で、ある日大きい闘争の会議に出た。その会議で、農会は私たちの目の前で、マリン・ホドックガチャーの1人の活仏（ゲゲン・ラマ、元はボグド廟の活仏で、ゲント・ゲゲンとも言う）と満州国時期にマリン・ホドックガチャーでアイルダー（村長）であったショブ氏の2人を殺した。私は棒で打たれた、理由は私の家が雇用人の報酬を払っていなかったことだ。家の5つの部屋、200匹あまりの羊、数十頭の牛がすべて農会に没収された。私と私の母、妻、妹の4人は家から追い出され、親戚の処に住むようになった。叔父はその時、中農になったため、私たちはやっと落ち着き場所を得た。

　私の長男はアドーチン中学を卒業して、ジリム・アイマック芸術学校（哲里木盟芸術学校）に進学した。しかし幹部たちが彼を学校へ行かせなかった、長男は16歳だった。娘のサラ（月亮）は、6年生を卒業した後に、3年連続で進級試験に合格したが、大隊の幹部らは彼女を進学させなかった。理由は我が家族の成分が地主であるからだ。それは文革時期ではなく、1958年〜1960年の大躍進の時期であった。文革時期に、私の次男のナスンウリジは、村の学校を卒業した後、エヘタラー中学（伊胡塔中学）に合格したが、また大隊の幹部らが学校に行かせず、逆に14歳の彼を大隊で強制的に放牧させた。子供たちを学校へ行かせられないだけではなく、村の中でも社会から排除され、孤立させられ、侮辱を受けて、結婚さえとても困難だった。私と家族と母は、すべて批判を行い闘争させられた。14歳の息子も批判させられ、ベルトや棍棒や縄を使って殴られ、また私に自分の息子を殴らせた。もし私が彼を殴りに行かないと、群専隊の担当者は逆に私を殴る。毎朝、大隊に行かされ、請罪させられた。息子の打たれた臀部の皮膚はすべて腐っていて、家に帰った後、座ることができなくなった。大隊は私たちの家の薪にする木と藁をすべて奪い去った。1968年の冬のある日の夜、大隊から2人の「紅衛兵」が来て、私を「内人党だ」と言い、強制的に連れて行った。また、

マンダ氏、ジャミヤン氏も内人党のメンバーとして、2日間にいたって批判を行い闘争させられ、拷問された。旧正月の時にも大隊で過ごして、家に帰らせてもらえなかった。私は第3小隊に拘禁され、娘が私にご飯を送っていた。文革が始まったころ、ゲルディ氏は党支部書記であったが、後に彼も「内人党」党員として批判・闘争させられ、それからまもなく病死した。その時、我が村の人口は600人余りで、文革の書記にワンフラ氏とノルブ氏であった。ワンフラ氏は軍人出身なので、批判されなかった。私が1945年に村に帰って来て、数年間、教師になったことがあったが、その時学校の庭には赤旗が掛けられていた。それは内人党の旗であった。文革時期、彼らが私に批判を行い闘争した主な理由は、その赤旗にあった。

やがて私は家に帰り、管理下に置かれた。大隊は毎年私の労働点数を差し引き、連続して15年差し引いた。後に私は政府に対して2人の子供の就業問題の解決を訴えた。しかし政府は、ただ80元くれただけだった。

妻のノルデックマー

私はソボック・ガチャーのモロー・ラマの姪である。私の叔父は、満州国時代のソボック国民学校で教員になっていた。叔父はションホル・スム（双福寺）の第4世のモロー・ラマである。ホルチン左翼後旗の現代史で有名なモロー・ラマは、私の叔父であり、彼の本名はボゥンバーである。「解放」前に、私の家族はとても豊かであった。土地改革の時期に、私達の家は地主とされ、すべての家畜、田畑、財産が農会によって奪い去られただけではなく、各種の酷い批判を受け、闘争させられた。私の父は批判闘争に苦しめられて、各種拷問を受け尽くした。農会は彼を毎日毎晩苦しめた挙句に、外に捨て出し、強制的に銃殺刑にした。私の前の夫は、ヘシクバヤルという名前で、バルン・ホヤルゲル（村）の人であり、その時、先生だった。土地改革以前に、彼の家もとても豊かであったため、土地改革の時期に地主の成分にされた。彼も批判を受け闘争させられ、酷く苦難を受けた。その時、大隊の農会は、多くの地主、富農、分子、反動派、悪人などを、すべて一緒に閉じ込めて、毎日「闘

争をする」のであった。農会がみなにスローガンを叫ばせる時、私の前の夫はスローガンを叫んでいなかったため、拷問を受け、重い風邪を患い、最後に亡くなった。その時、私たちは結婚して2年になっていなかった。

　文革時期に、私の叔父のモロー・ラマは、ソボック大隊で批判を行い闘争させられ、頭部に釘を打つ、彼を背の低いロバにして上に人を乗せる、彼に石臼のローラーを引き延ばさせる、彼を自分の兄嫁のお尻に向って跪ずかせる、ベルト、棍棒、縄などで殴る、蹴るなどの拷問を受けた。その後、逮捕され、旗の刑務所に拘禁されて、どう死んだのかも知らない。死体さえ受け取らなかった。

VII　ボーゲル（宝鳩）氏

　ボーゲル氏（宝鳩、女、1932年2月出生）
　宝鳩氏の夫のダフル・バヤル氏（1925年生まれ）は、当時バヤスグラン公社（　　）の社長であった。彼は幼い頃から学校に通い、満州国時代には後旗政府の所在地であるジリガラン鎮に日本人により建てられた国民学校を卒業して、ワンギーン・スムにある満州国オラーン・ホト国民高校を卒業した。モンゴル語、日本語、チベット語、中国語が上手で、1945年以後、故郷に戻り、教師として働いた。中共後旗委員会が成立してから、彼の知識が重宝され、教師から中共後旗委員会の秘書にまで引き上げられた。後に公社の社長として派遣され、文化大革命が始まると「内人党」として「えぐり出され」、公社と大隊の群専隊によって酷刑に処され、1969年春に自殺した。以下は、筆者が彼の妻である宝鳩氏をインタビューした内容である。

　……私はダフル・バヤル氏と結婚した時、16歳だった。当時、夫の家族は一頭の牛があるだけで、富裕層ではなく中農だった。彼は自分の村（マーニドルジ・タブンノイッド村）で教師として働き、後にオラン（　　）村、モードト公社のダシムラ村などへ教師として移住した。我が村の農会主任であったスンブル氏は、夫の移住に不満で、上級機関に我が家族のことを「富農戸」

ダフル・バヤル氏

であったと報告した。1958年に、夫はバガタラ公社で民政助理として働き、その年に共産党員になり、後に後旗党委の秘書になった。しかし、我が家族は6人の子供があり、夫の給料だけでは生活ができなくなったため、旗委員会の意見に従って、バヤスグラン公社の社長として派遣された。1964年に「四清運動」が始まり、夫は農村の基礎仕事をして骨髄病を患った。1966年5月末に文化大革命が始まると、「資本主義当権派」（走資派）として批判され、打倒された。1968年秋に、彼は「内人党」として、公社の群専隊と幹宣隊から3ヵ月間の闘争で批闘された。その結果、血圧が低くなり、時に意識不明になって、体が衰弱したため、故郷に戻らされた。

　故郷のハラオス大隊に戻った翌日に、大隊の群専隊に呼ばれ、またも批闘が始められた。最初は、彼の髪の毛を引きぬき、膀胱を蹴飛ばして、その

ため血尿が出た。その次に、群専隊がベルト（皮帯）、縄、木の棒、鉄の鎖、釘を固定した木板、空気入れ器の硬ゴム帯、ハサミなどの道具を使って殴ったり、蹴ったり、口に唐辛子水を流し込み、外の寒い所で冷たい水を全身に掛け、部屋に戻らせ火の炉に近付けたりした。私が毎日ドゥーレン氏の家で批闘されている間、夫は大隊に批闘され、それらのさまざまな仕打ちに耐えられなくなり、ある夜、家から逃げ出し、紐で首を吊って自殺した。その時、私は38歳で、夫は45歳だった。我らが批闘されている時、大隊の幹部らは長男の金山（14歳）を強制的に労働させ、長女の鳳蘭（16歳）を群専隊の「妃様」にさせようとしていた。だが、長女は私が御爺さんの村へ逃がした。娘を逃がしたことも後に拷問される原因になった。

宝鳩氏　現地調査で筆者が撮影

　私も群専隊から「内人党」として批闘された。理由は、1946年に私はバヤスグラン・ノタック（満州国時期の行政機関、後に公社になった）のトゥンシック村に行き、ノタック達[581]である王喜氏たち革命幹部らが土地改革を

行うために農村で宣伝していた会議に参加した。このことが文化大革命になると、悪い人物たちが開催した「人民代表大会[582]」という会議に参加し、「内人党会議」に参加したとして、摘発された。密告者は、「その時に宝鳩氏がピストルを持っていた」と報告したので、そのピストルの行方を探すために、私を批闘して取り調べた。最初に、私は群専隊によりトゥーレン氏の家に行かされ、彼らは口に唐辛子水を流し入れ、体に冷たい水を掛けた。その時、群専隊の何人かがトゥーレン氏の家に駐屯していたが、トゥーレン氏の妻が群専隊のハラチョロ氏と不倫関係になり、彼らと共に私を批闘した。ある日、私を火の炉に近付かせて拷問すると同時に、群専隊の金星氏とエルデンゴロ氏は我が村の若い女性のハス氏（ ）とインサンマー氏（ ）と性交していた。目の前で彼らのこのような低級で卑しい姿を見て、いかんともしようがなく堪えきれずに笑った。笑った原因を彼らが聞くので、「毛沢東と共産党と共に後旗に来てから、革命の幹部が良家の少女と乱倫したことはない、君たちの終わりの日はまもなく来るよ」と答えた。その結果、「君が本当の内人党だ」と言い出し、次の日の朝まで殴ったり、蹴ったり、両足を紐で掴んで天井から上下逆向きに吊り上げたり、最後に細ゴムで足を結んで、外で上下逆向きに吊るされた。10回も意識を失った。その時、既に6人の子供もいて、最小の子供は2歳だった、家に戻されて子供に授乳すると、血だらけになった私を見て、子供たちが接近しなくなり、心や精神に酷いショックを受けた。はさみを取って何回も自殺しようとしたが、6人の子供のことを思えば、母として、その決心に至らなかった。中共後旗委員会から派遣された群専隊のハラチョロ氏（ ）、金星氏、エルデンゴロ氏（ ）、ドルジ・バートル氏（ ）らは、我が村に来てからみな乱倫（破靴）した。当時、エルデンゴロ氏とハラチョロ氏は25〜26歳で、金星氏は20歳位で、ドルジ・バートル氏は30歳位だった。ある晩、批闘や拷問が終わって家に戻る途中、ハラチョロ氏が私の臀部を強く蹴った。そのため、大腿骨の上部と臀部に異状をきたし、永遠に治らないまま、よく歩けない状態になった。毎晩、家に戻る際には、群専隊の人々が私の後ろから監視し、井戸に身

を投げて自殺するチャンスを与えなかった。毎日拷問されている間、夫はすでに自殺したが、子供たちは私にそのことを言えなかった。夜になると、さまざまな怖い夢を見て、時々夫が出てきて、夢の中で笑ったり、泣いたりした。のちに何週間も経ってから、子供たちが夫に起こったことを言ってくれた。

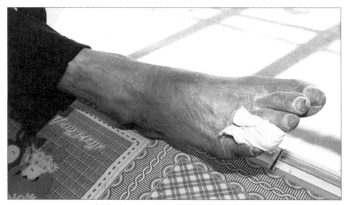

宝鳩氏の足。現地調査で筆者が撮影

　16歳の長女の鳳蘭（ᠣᠩᠭᠤᠳ）が、のちに夫のことについて話した。その時、私は精神的におかしくなり、あることについて記憶がなくなった。何週間か後に、部屋に置いていた四角クローゼット[583]がなくなった事を発見し、娘に聞くと、父が自殺した際に、棺を作る板もないため、棺の代わりにして父を葬ったと言った。彼女によると、夫は、大隊で拷問され、娘が迎えに行き家に戻る途中、8回も休憩してようやく帰ってきた。全身血だらけで、服が身体に貼りついて、脱げなくなった。夫を葬る際に、公社の幹部であったバダラングイ氏とウーレンア氏が馬に乗って来て、夫の死体の周りを回って、「犬のような姿だ（像狗一様）」と言い出した。文化大革命が終了して以後に、中共後旗委員会が当時、公社のウーレンア氏に対し、「ダフル・バヤル社長

を公社から故郷の大隊に戻し、大隊の群専隊によって死ぬようにしておけ」と命令を下したことが分かった。夫が自殺して以来、私は心臓病になり、何年も精神病になった。今は全身の皮膚がかゆく、眠れない場合も多い。片大腿骨が脱臼して片足が短くなり、あまり歩けずに生き続けてきた。今は、両腕がふるえながらも、ようやく自分の服を洗濯できるようになり、長い間治療を受け、身体にある傷跡は多少少なくなっている。

　1978年5月、中共後旗委員会は、ジリガラン鎮に周囲の3つの公社の民衆を集め、名誉を回復する大会（平反大会）を開催した。その会議で、宝鳩氏の長女である鳳蘭氏（26歳）は、父を自殺させるなど当局が家族に与えた不幸な状況を訴えた。筆者は現地調査で鳳蘭氏の家に行ったが、残念ながら彼女は1年前に脳溢血で亡くなっていた。しかし、鳳蘭氏の夫（ムンケ氏）と会うことができ、その会議で訴えた資料の原稿（モンゴル語で書かれた文書）を見つけた。以下は、その原稿の内容である：

宝鳩氏の娘である鳳蘭氏の写真

375

……英明な指導者である華主席[584]を中心としての党中央の指導者たちが毛沢東の偉大な事業を継承して、国家を損ない、人民に災いをもたらした「四人組」を打倒して、党と国家を救い、無数の農牧民をもう一度助けて救った。華主席と党中央からの関心がなければ、我々無数の革命の人民は、今日のような冤罪事件・誤判の事件（冤假錯案）についての名誉を回復することもできない。「四人組」が権力を握り、狂気じみて、中国で反革命的な修正主義路線を施行し、全国人民に対してファシズムを実行し、すでに明るくなっていた中国を暗黒の旧社会へ推し進めた。これは、本当に、非常に危ないことで、恐怖を与える災難でもある。今日、私は、この場で皆の前に、顔をあげ、心中激しい怒りに燃えて、彼らの罪悪を告発する。まさにこの時、私は心の奥から英明な指導者である華主席と党の恩情に感謝を申し上げます。4月20日に、華主席の発表した「『新内人党』の冤罪事件・誤判の事件の指示」を擁護します。これは、華主席が我々少数民族に与えた深い恩情です。このことを少数民族は長らく望んでいた。これは、毛主席の革命路線の偉大な勝利であり、党の民族政策の偉大な勝利でもある。華主席は各民族の人民と一緒に心が繋がっている。

　党に反した「四人組」は、我々の社会主義を全面的に打倒して、敵と我らの間の矛盾を転倒させ、「古い幹部は民主的分子であり、資本主義路線の当権派だ」という反革命的な綱領を吹き込んだ。「四人組」は、偉大な指導者と党の指導に従い、長い間に真面目に革命の仕事をしてきた先輩の幹部らを無産階級専政の攻撃対象にして、彼らの貢献を否定して、逆に罪悪にした。この背景において、我らの故郷で「新内人党をえぐり出す社会濁流（挖新内人党的濁流）」が発生して、無数の革命の幹部らに各種類の罪悪をかぶせて、彼らに対して残酷な批闘を行い、殴るや摘発するなどの残酷なことをした。

　父は公社で113日間監禁され、病気が重くなると家に戻された。そして、家で療養している間に、大隊の群専隊のハラチョロ氏[585]が、家に上がり込み、皮の鞭を振り舞って、父を強制的に大隊に連れて行った。途中で、父を打ったり、蹴ったりして、父の髪の毛を何束も引っ張ったため、父は口から白い

泡を吹いて、足元がよろよろしていた。その日は一日中批闘して、夜になると父は大隊の部屋から追い出された。その時、父の顔はひどい状態で、全身が血だらけになり、歩けなかった。私は父のそのような姿を見て、涙が出て、自分の目を信じることができなかった。迎えに行き、立たせようとすると、両手が血だらけになった。大隊から家までは何百メートルもないのに、8回も休んでようやく帰って来た。そして、父の病気はもっと重くなり、血尿を出し、何も食べられない状態だった。しかし、群専隊は父に5日間のうちに、「新内人党」の証拠を白状しろという命令を下した。もう意識を失うぐらいになった父は、どうやってその事実でないものを白状するのか。このようにつらい何日間を経て、父の心臓が停止し、冤罪でこの世から離れ、我々から離れた。皆さん、考えてみよう、どのような人物が人間に対してこのように苦しめられるのか、どのような社会が親と子供をこのように離れ離れにさせるのか。

　父が犠牲になってから、公社の権力を握っていたバダラングイ氏らの2人が、銃を持って、馬に乗って、父の死体を指して「これは何の死体なの。お前はなんで父をこんな状態にしたのか」と聞いてきた。私は永遠に自分の父をこのようにはしない。このようにさせたのは、誰だったのか。その結果を無数の革命の人民は分かろう。バダラングイ氏は「君の父は叛国者であり、叛子女の反革命者である」、「君たちは父の死亡したことに関して何か意見があるか」と質問しながら、我らに強制的にサインするよう命令した。また、埋葬する際に地主、富農を除いて貧下中農が行くことを禁止した。その際、母も拷問されていたが、親戚たちが家に来て助けることも禁止された。父に1枚の新しい着物もなく、古着を洗ってつぎはぎのままで、4つの板さえなく、クローゼットに入れて埋葬した。葬式の際に2羽の鳥を殺し、人々に食べさせた、豚や羊や牛などは全然なかった。

宝鳩氏の娘である鳳蘭氏の夫　現地調査で筆者が撮影

　父が亡くなって以後、我々と親戚の間は、政治的な立場で一線を画されて、社会から疎外され、井戸や粉ひき小屋しか行ける場所もなくなった。兄弟や姉妹は、学校で勉強することも拒否され、家族が孤立させられた。母も同じく「新内人党」という無実の罪人になり、毎日殴られ、取り調べられた。群専隊は、母の上着を上に引っ張り、母の頭部に被せて殴った。毎日繰り返し迫害されたために、大出血して、ズボンや靴下、棉靴など血だらけになり、全身の皮は裂け肉がはみ出した。母の両手や目や顔が負傷し、臀部が蹴られて労働もできなくなった。群専隊は、朝から晩まで母を家に戻さないので、幼い妹が泣きわめいて、私たちも苦しかった。ある日、母が殴られ、蹴られて、3回も意識不明になったが、群専隊の人々は母の頭部に冷たい水をかけ、取り調べを続けた。弟も彼らに呼ばれ、弟に命じて、母の顔を殴らせた。このような日々に至り、母は随分やつれてしまい、心臓も弱ってしまった。ある日、母は泣きながら外に走り出して、父の御墓に行き、墓を掘って棺に入ろうとしていた。私が母の後から走って行くと、母は意識がなくなった。その後、母の精神は分裂して、身体の健康を失った。

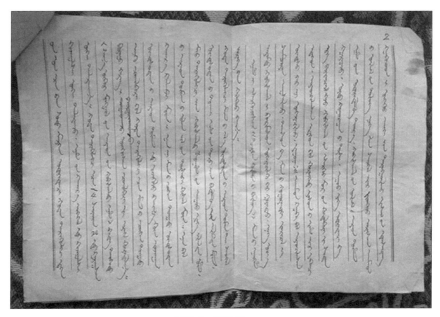

鳳蘭氏の講演稿

　このような何年間もの野蛮な恐怖と残酷な弾圧の状況にあって、我が家族は、父が離れ、母は精神病になり、2人の弟は学校に通うこともできなかった。これら罪悪の根源は、四人組の叛党集団による反革命的路線であり、我が地区においての権力者たちが間違った路線を執行したことによるのである。

　だから、私は英明な指導者である華主席の指導に従い、四人組に対しての批判活動に積極的に参加し、彼らの我が地区に広げた悪い思想を除いて、殺害された無数の先輩の革命者たちの素晴らしい人格を引き継いでのばし広める。また、革命精神を堅固で揺るぎないものにし、悲しみを強大な力に変えて、「綱領にて国を治める」（抓綱治国[586]）活動に努力を献上する。英明な指導者である華主席と必ずお伴をして革命の大道に新長征の道へ向かい、新時代の総任務のために努力していきます。

【註】

518. 厳家其、高皐著《『文化大革命』十年史》、潮流出版社、1989 年、香港。7 頁。
519. 呉迪著「"内人黨"大血案始末」、宋永毅主編《文革大屠殺》より。開放雑誌社、2002 年、香港、60 頁。
520. 当時の造反派のリーダーであった高樹華は自分の口述史において、最低 50 万人が拷問に掛けられ、死者は 5 万人に上ると推測している。
521. 原文は、"文化大革命"は指導者が誤って発動し、反革命集団に利用され、党・国家と各民族人民に深刻な災難をもたらした内乱である、と書いている。
522. 文革時期に、失脚した劉少奇に代わって、毛沢東の後続者に指名されたが、毛沢東の暗殺未遂事件およびクーデター未遂事件を起こした。後に亡命中、飛行機墜落によって死亡。"9.13 事件"ともいう。
523. 毛沢東夫人。文革中、中央文革小組の副組長として権力を振るった。
524. この通知には、文化大革命研究で言及すべき範囲を規定した 1986 年の「文化大革命史に関する専門書と論文を慎重に扱うよう、中央宣伝部の通知」と 1988 年の「中央宣伝部、新聞出版署の"文化大革命"図書出版問題に関する若干規定」の 2 つの公文書の内容も含まれている。
525. 中国の行政上は内モンゴル自治区であるが、モンゴル人は「南モンゴル」と呼ぶのが一般的である。
526. 袁紅氷氏は内モンゴル出身の漢族で、中学校時代の同級生であったモンゴル人の両親が「反革命分子」として漢人に残忍な手法で殺されたことを目の当たりにしていた。彼は 19 才の時から同書の執筆を始めたという。中国共産党のモンゴル人に対して行なった虐殺と非人道的な犯罪を世の中に知らせることは、彼の使命であると言っている。1980 年代から中国内部の文革をテーマにした小説は、「傷痕文学」として多く出版され、人々の注目を集めている。
527. 文件は政府機関が出した公文書のことで、档案は住民の身上調書である。
528. 中国共産党中央の情報機関の責任者で、当時毛沢東の信頼を得ていた。
529. 1981 年に、共産党中央が大量の漢人農民を内モンゴルに移住させる「28 号」公文書を出した。これに反対して内モンゴル全域で起こった学生運動。文化大革命中にモンゴル人虐殺を指揮した騰海清将軍が法の裁きを受けず逆に重用されたことへの反抗もその主な内容であった。
530. 紅衛兵とは毛沢東の呼びかけに応じて立ち上がり、「資本主義を歩む実権派」や「妖怪変化」とされる幹部を打倒する担い手である都市部の青少年学生たち。中には「実権派」とされた幹部たちを保護する立場をとる学生たちも現れ、造反派と保守派に

分かれて分裂し、混乱するが、いずれも紅衛兵と自称する。

531. トゥメド左旗。旗は内モンゴルで、清朝時代から続く行政単位、中国の他地域における県に相当する。自治区首府のフフホト地域に属し、トゥメド左旗と右旗の2つがあって、一般的にトゥメド旗と呼ぶようになっている。
532. 文化大革命運動中、毛沢東の政敵を倒すための担い手として利用された青年たちは後に、都市部において失業者となった。この深刻な問題と彼らが政治的脅威になることを防ぐために、都市部の青年たちを地方の農村地域へ支援を行う名目で下放した。知識青年という美名をつけられているが、実は中学校卒業や高校中退の青年たちがほとんどである。
533. 後旗政府の所在地である町（鎮）。
534. 内モンゴル地方誌叢書、ホルチン左翼後旗誌編集委員会主編《科尔沁左翼后旗志》(1650〜1988)、内モンゴル人民出版社、1993年版(Huhehot)、53頁。
535. 「牛鬼蛇神」は、中国共産党中央委員会の政治局会議で言い出された名詞である。それまで中国の百科全書では説明されなかった名詞である。当時においての解釈は、孔子と孟子及び宗教的な理論、思想や観念を合わせて、すべてを封建社会の知識として、それらに関する人物を「牛鬼蛇神」と指していた。内モンゴルの場合は、仏教における高僧ラマや僧侶、シャーマンにおけるボゥー、オドガンに関わる人々が含まれていた。
536. 中共科左後旗人民政協編《科左后旗文史资料(第六辑)》、526頁。或いは劉国卿著「艰难的经历、不渝的追求」より。
537. ホルチン左翼後旗档案局、公検法档案（永久）、240巻、104〜106頁。公文書のタイトルは「科左后旗公安局：关于保卫社会主义文化大革命的行动情况报告」(66・第7号)(1966年6月21日)。
538. 同上巻、106頁。
539. 内モンゴル地方誌叢書、ホルチン左翼後旗誌編集委員会主編《科尔沁左翼后旗志》(1650〜1988)、内モンゴル人民出版社、1993年版(Huhehot)、53頁。
540. 同上書、53頁。
541. ホルチン左翼後旗档案局、公検法档案（永久）、240巻、84〜85頁。公文書のタイトルは「公安・检・法院：关于开展社会主义文化大革命情况的报告」(1966年7月12日)。
542. 内モンゴル地方誌叢書、ホルチン左翼後旗誌編集委員会主編《科尔沁左翼后旗志》(1650〜1988)、内モンゴル人民出版社、1993年版(Huhehot)、54頁。
543. 同上書、53頁。
544. 楊海英著『墓標なき草原 —— 内モンゴルにおける文化大革命・虐殺の記録』(上、下)、

岩波書店、2009 年、東京、上冊 36 〜 37 頁。

545. ホルチン左翼後旗档案局、公検法档案（永久）、240 巻、84 〜 85 頁。公文書のタイトルは「公安・検・法院：关于开展社会主义文化大革命情况的报告」（1966 年 7 月 12 日）。
546. 同上巻、16 〜 33 頁。公文書のタイトルは「关于对朝鲁吐公社发生的反革命集团案件侦查结束对案犯处理意见的报告」、（66　公侦字第 8 号）、1966 年 11 月 29 日。
547. 内モンゴル地方誌叢書、ホルチン左翼後旗誌編集委員会主編《科尔沁左翼后旗志》（1650 〜 1988）、内モンゴル人民出版社、1993 年版（Huhehot）、54 頁。
548. ホルチン左翼後旗档案局、公検法档案（永久）、240 巻、1 〜 3 頁。公文書のタイトルは「对罗桂花书写反标案件的查破情况和处理意见的报告」、(66 公侦字第 7 号)、1966 年 12 月 19 日。
549. 楊海英著『墓標なき草原――内モンゴルにおける文化大革命・虐殺の記録』（上、下）、岩波書店、2009 年、東京、上冊 242 〜 243 頁。
550. 同上書、東京、上冊 37 頁。
551. 「日本刀をぶら下げていた人」。満州国時期に、満州国の軍人になっていた東モンゴル人たちを中国語で「挎洋刀的人」と言う。「洋刀」は洋人の刀を言う。「新中国」が成立してから、政府側は、内モンゴルの東部地域出身の高層幹部や軍人を「挎洋刀的人」とも言った。
552. 楊海英著『墓標なき草原――内モンゴルにおける文化大革命・虐殺の記録』（上、下）、岩波書店、2009 年、東京、上冊 37 〜 38 頁。
553. 内モンゴル地方誌叢書、ホルチン左翼後旗誌編集委員会主編《科尔沁左翼后旗志》（1650 〜 1988）、内モンゴル人民出版社、1993 年版（Huhehot）、55 頁。
554. 同上書、67 頁。
555. 同上書、55 〜 56 頁。
556. アラタン・デレヘイ（阿拉腾德力海）著《内蒙古挖肃灾难实录》、禁書、「編者」より。
557. 同上書、「編者」より。または「中共内蒙古自治区委员会落实政策办公室"关于落实政策工作的情况汇报"」、1989 年 11 月 11 日。
558. 楊海英著『墓標なき草原――内モンゴルにおける文化大革命・虐殺の記録』（上、下）、岩波書店、2009 年、東京、上冊 217 〜 218 頁。
559. 内モンゴル地方誌叢書、ホルチン左翼後旗誌編集委員会主編《科尔沁左翼后旗志》（1650 〜 1988）、内モンゴル人民出版社、1993 年版（Huhehot）、57 頁。
560. 同上書、64 頁。
561. 同上書、64 〜 65 頁。
562. 同上書、67 〜 68 頁。

563. 同上書、162 頁。第三篇「人口」より、1965 年の統計。
564. 同上書、「編者」より。
565. 同上注。
566. 同上書、690 頁。
567. 同上書、1993 年版 (Huhehot)、56 頁。
568. 同上書、58 頁。
569. 同上書、57 頁。
570. 李双喜主編《哲里木盟农垦志》、哲里木盟農墾誌編審委員会、哲里木盟農牧場管理局発行、1998 年、通遼。271 ～ 279 頁。
571. 同上書、17 ～ 19 頁。
572. 同上書、341 ～ 342 頁。
573. 内モンゴル地方誌叢書、ホルチン左翼後旗誌編集委員会主編《科尔沁左翼后旗志》(1650 ～ 1988)、内モンゴル人民出版社、1993 年版 (Huhehot)、57 頁。
574. 榜青は中国語である。清朝末期と民国時期及び満州国時代に東北地域や内モンゴルの東部地域で盛行していた土地雇用制度である。地主が生産費用を担って、畑農が労働して、収穫の一部を畑農に与える農耕経営制度。
575. 2010 年 10 月 29 に行われた現地調査で、当事者に対するインタビューの内容に基づいて筆者が作成。
576. 楊海英著『墓標なき草原——内モンゴルにおける文化大革命・虐殺の記録』(上、下)、岩波書店、2009 年、東京、上冊 52 頁。
577. 自ら罪が無いのに「私が有罪である」と言い、毛沢東の像に崇拝して頭を下げて「私は有罪であり、毛主席に謝っている」と言うことである。
578. 1979 年に当局は「落実政策」を言い出し、酷刑された状況に基づいて人々を等級に分け、「一般残、基本残、残、全残」などにし、等級に応じて補助金を与えた。
579. 1999 年 9 月末から中国政府が出した城鎮の貧乏世帯に対する「最低生活補助金政策」、2001 年から農村部の貧しい世帯を対象にしたが、内モンゴル自治区では 2006 年から始まった政策である。生活の貧しい世帯にたして毎年何百～何千元を与える、金額は地域によって異なる。
580. 2010 年 10 月 29 日、ハラウス村の人であるサンブ氏へのインタビュー。
581. ノタックの長を「ノタック達」と称して、村の長を「アイル達」と称していた。
582. 1945 年冬～ 1946 年春にかけて、東モンゴル人民自治政府を建てるため、農村で人民代表を選んでいた「村会議」のこと。
583. その時代、東部地域のモンゴル人は、部屋の壁際に、板で作った 1 メートルから 1.3 メートルの四角クローゼットを置く習慣があった、1990 年代から徐々にその習慣

が変わってきた。
584. 当時、華国鋒を華主席と称していた。
585. 原稿では、「ハスチョロ」と書かれていた、宝鳩氏とその他の被害者に対しての調査の上、「ハラチョロ」であることを確認して、筆者が書き直した。
586. 中共中央の主席であった華国鋒の言い出した政策、綱領にて国を治める、中国語で「抓綱治国」と言う。

結　語

I. 本稿は、現代中国政府が周辺地域の「民族」に対して、とくにモンゴル人に対しての統治問題を法的、歴史的に論じることを研究の対象とした。すなわち、多民族国家である中国は、国民国家を統合する目的で、周辺の諸民族地域で民族区域自治制度を実施してきた。それから半世紀に及び、「民族問題を解決した」とする政府の説明にも関わらず、現実には民族問題が頻繁に起きている。周辺の諸民族が受けた多様な影響が民族問題を起こす原因になっていると考えられている。この原因の実態を解明する一つの手法として「内モンゴル自治区」を実例に、とくに従来あまり触れられなかった末端行政単位である旗や村の実態の解明に着目し、内モンゴル東部地域のホルチン左翼後旗をサンプルとして取り上げた。

1949年に「新中国」が成立し、社会主義に向かって歩み始め、周辺の民族を「中華人民共和国」という国家の枠組みに入れ始めた。周辺に居住する諸民族の歴史や文化は中原地域に住む漢族と全く違い、言語をはじめ宗教や生活習慣などが異なるため、度々衝突した。中国政府は、前世紀50年代から憲法を制定し、民族問題を解決しようと努力したが、逆に悪化する状態に直面してきた。悪化する状態の中、周辺の諸民族の住む地域に漢族が混じって住むようになり、諸民族の地域であるにも関わらず、「民族区域自治制度」を実施することになった。

本稿は、中国で省級行政機関になっている5つの「自治区」の中から、中国政府に「模範自治区」と呼ばれてきた「内モンゴル自治区」の東部地域を中心地域として研究した。「新中国」が成立した後、内モンゴル人の大多数は「内モンゴル自治区」に入れられ、少数のモンゴル人は「内モンゴル自治区」周辺の省に編入された。その周辺の省に編入されたモンゴル人の居住地域には「自治州、自治県、自治郷、自治村」などの行政機関が設置され、「自治区」ともども区域自治制度が実施されてきた。20世紀80年代以後、内

モンゴル自治区のモンゴル族の生態環境、生業、文化、風俗習慣など多方面で変遷が見られ、草原の面積は日増しに狭くなり、モンゴル族が生業する現実にもさまざまな変化がもたらされた。これらの問題は、民族区域自治制度と密接に関係あると言っても過言ではない。

　II. 本稿は中国における「民族」に関する政治的理論や概念から着手し、ホルチン左翼後旗で起きた諸事件、すなわち、土地改革運動、社会主義改造運動、反右派闘争、大躍進運動、宗教の変遷された過程、「四清運動」と「民族分裂集団案件」、文化大革命とその運動の当事者へのインタビューなどにより完成した。中国共産党は、内モンゴル東部地域や後旗に浸透し、内モンゴル人民革命党東モンゴル党支部を勧誘して、モンゴル人が建てた初めての後旗における自衛軍隊や政府を巧みに改組した。そして、後旗で土地改革運動と反革命鎮圧運動及び「三反運動」を行ない、民族資本家を地主・富農として殺害し、社会における従来の生業システムを打ち潰して、モンゴル人の生活、習慣、牧畜業・農業などを変化させた。同時に、中国共産党はさまざまな宣伝を行い、歴史資料を改ざんした。次に経済面で商工界を対象に社会主義改造を行い、民主的人物や高僧ラマに対して社会主義的な改造の運動を行い、後旗の社会を変化させた。「社会主義教育・社会主義建設」は、地元に暮らしているモンゴル人を改造の対象にして、各種の「訓練・学習・教育・談話」、拷問、刑罰、労働改造などによって、モンゴル人のアイデンティティー、生活条件、社会の安全、農業・牧業などさまざまな面を変化させた。ハード面では、自由に商業を営む権利や、農業における食糧の生産と売買する権利、牧畜における営みと売買する権利などがなくなったのである。ソフト面では、言論の自由の権利、自由に往来する権利、政府や党委への信頼感と信任などが大きく変化した。それによって、モンゴル人は中華人民共和国の枠組みの中で改造を受け、「群衆・人民・公民」として位置付けられ、自らの存在に関する定義を強制的に押しつけられたのである。

　その一方、後旗の宗教を改造し、何千人ものラマが還俗されたり、殺害さ

れたり、亡命や自殺に追い込まれた。また、50以上の寺・廟で大量の仏像・仏典・径書が破壊された。その結果、後旗のモンゴル人社会では、大勢の人々が無神論になり、自分の祖先であるチンギス・ハーンの像や仏像が家庭の壁からおろされ、その代わりにマルクス・レーニンの像が掛けられ、共産主義・社会主義のアイデンティティーに変質した。その上、教科書の変更や学校における社会主義教育によって、人々の価値観やイデオロギーが完全に改造された。

　社会主義の改造運動に続いて、後旗やジリム・アイマックでの反右派闘争によって、全社会が恐怖の雰囲気に覆われ、各方面の人々が党委の残酷さを感じ、ある人は過酷な拷問を受けて殺され、人々の党委への抵抗力がなくなり、社会の正義、公正、公平が失われた。一方、党委の指導力が急速に高まり、党委の社会での地位が極端に増大した。後旗党委の立場から見れば、整風運動、反右派闘争は、徹底的に勝利したのである。残念ながらモンゴル人幹部陣営と知識界に対する「反右派闘争」とほぼ同じ時期に、牧民・農民に対する「大躍進」運動が始まり、牧畜・農業に大きな影響を与え、かなりのモンゴル人が自殺し、餓死し、ステップや耕地面積が狭くなり、生業環境が厳しくなった。

　Ⅲ．中共中央の内モンゴル地域に対する「四清運動」の政治的目的を端的に表したのは、1964年に後旗で発生した「民族分裂集団案件」だった。人間に大切とされてきた学校教育の現場に警察と軍隊が駐屯し、旗党委や政府の上の人物らが学校を往来して騒動を起こし、恐怖に陥れる白色テロの雰囲気を作った。1964年から1979年にかけて15年間余りも続けられた「民族分裂集団案件」を捏造したのである。「民族分裂案件」は後旗だけで発生した問題ではなく、他の旗やアイマック及びフフホト市でも、しばしば「民族分裂集団案件」、「民族分裂分子」、「民族主義者」、「狭隘な民族主義」などとして発生し、中国共産党政権に支配された60年間で、内モンゴル地域では「民族」に関する「案件」や「分裂分子」などのことが絶えず「生じた」。

続いて発動されたのが「偉大な無産階級文化大革命」であった。旗委や旗政府から正式に出された資料を分析した結果、後旗における「文革」で、ほぼ7人に1人が拘禁され、1世帯あたり1～2人が被害を受けた。さらに「就義党」でも100人余りが迫害され、その他の原因で迫害された人の数、例えば「民族分裂者」、日本人のスパイ、日本人の協力者、国民党の協力者、反革命者などに関する冤罪者たちの人数は、上記の数字、すなわち1968年冬に迫害され、病気や障害者になった人物とその後にすぐ死亡した人々の数には含んでおらず、実際はもっと多いはずだ。一方、政府が正式に冤罪を認め、名誉を回復した人の総数字は2,400人余りしかなかった。

　1945年8月15日から、中共は、国民党や日本がモンゴル人に対して行なったことを「国民党時期の旧社会」、「旧民主主義革命」、「日本帝国主義の植民統治」、「黒陰な歴史」などと定義し、その通りに中国特色の歴史を作り上げ、それをモンゴル人に教え込み、ただ中国共産党こそがモンゴル人を帝国主義の植民地から解放し、社会主義の光明な大道に指導してきた、と宣伝してきた。人民解放軍や八路軍は、国民党の軍隊と日本人を内モンゴル地域から追い出し、解放した、とも宣伝してきた。しかし、2013年時点で、内モンゴル自治区の人口は2,400万以上になり、そのうち漢人は総人口の86％を占めている。いったい誰から解放したのか、という疑問が出てくるはずだ。このように中国が周辺民族に対して実施した「民族区域自治制度」という統治は、内モンゴル地域からスタートし、その形でウイグルやチベット地域に広がった。

　Ⅳ．本稿に登場した人など、迫害された人々は、みな国民党や日本との関係、内・外モンゴルの合併など、さまざまなことが関係付けられている。満州国が存在した時代、日本人とモンゴル人はたんなる統治者と被統治者の関係にとどまらず、各自の利益や目的のために互いに協力していた面も多分にあったと考える。しかし、第二次大戦を終え、日本人とモンゴル人は全く違う道を歩み、その結果、全く違う運命にいたった。振り返ってみれば、日本

はアジアで強大な国になり、一方、かつて日本に協力していたモンゴル人は迫害され、別の統治者に支配されて不幸な運命にあった。もちろん、こうした結果になったのはモンゴル人たちにも自己責任があり、自分自身の力や精神的なパワーが足りなかった面もあるだろう。しかし、そういうことを差し引いて考えたとしても、現在の日本では、モンゴル人がかつて遭遇し、今なお存在する悲惨な境遇を真剣に理解してくれる空間が非常に狭いとも考えられる。今から70年前に、日本は大東亜の精神を持ち、アジア地域における民族の独立・自決や民主・自由を考えたが、第二次大戦終了70周年になる今の時代におけるアジアの各国、各民族を見れば、70年前、大東亜精神が謳っていた民族の独立・自決、民主・自由は実現されていないのではないかとも考える。もちろん、グローバリゼーションによって国家利益を第一に考えることが、現在の各国の基本的発想になっているのは必然なことではある。また、モンゴル国に対する日本の経済開発や企業進出も忘れてはならないし、日本では相撲界などによりモンゴルの文化や歴史が紹介されることも増えてきた。しかし、こうした中、かつての日本の協力者であったモンゴル人たちは疎外され、人々の意識や記憶からも遠ざかろうとしている。本稿を書かせたのは、その欠陥を補えれば幸いなことであるという発想だった。また、日増しに消えている内モンゴル東部地域の伝統文化や歴史に関する研究に何とかプラスになろうとも考えた。

謝　　辞

　私は2010年4月から桐蔭横浜大学大学院の法学研究科法律学専攻にペマ・ギャルポ先生の院生として入りました。その前には国士舘大学大学院政治学研究科で修士課程・博士課程の勉強・研究をし、それを基礎に、2010年4月からペマ・ギャルポ教授の厳しい指導を受け、勉強・研究させて頂きました。

　2004年に研究を開始した時、中国の大学で学習した知識の約半分以上の理論が、中国式の独特の理論や知識であったことが分かるようになりました。その次に、中国で学習した政治的な名詞、例えば「民族」、「政治・政党」、「国家」、「資本主義社会・社会主義社会・労働力価値・政治経済学」などが、世界で通用している意味とは全然違うことが分かりました。それからは研究を進める上で極めて難しいことや失敗が数多くありました。また、モンゴル人の価値観、中国的価値観と日本の価値観の間には、いろいろな齟齬や矛盾もあり、何度も困難にぶつかることがありました。この研究は、自由・民主・法制・人権の日本国における言論の自由、学術の自由な環境があってこそ、完成させることができたのであり、日本国民や日本国家に心から感謝しております。

　この間、桐蔭横浜大学大学院法学研究科の指導教授のペマ・ギャルポ先生を始め、諸先生方から熱心な指導をもらいましたことを、心から感謝しております。また、学校の学生課・留学生担当者の竹内先生、教務課、学長先生の応援を頂きまして、誠に有り難うございます。私のことを誠心誠意に助け励ましてくれた先輩と後輩及びペマ・ギャルポゼミの皆様にお礼を申しあげます。指導教授のおかげでこの論文を完成することができましたので、重ねてお礼を申し上げます。また、チベットと内モンゴル自治区で行なった現地調査に関し、いろいろ助けてくれた方々に心より感謝しております。とくに厳しい環境で困っていた際、熱心に助けてくれた、ここで名前を挙げられない方々に感謝しております。

　研究期間にお世話になった米山ロータリー記念奨学生財団の皆様と同財

団2590区の皆様及び2590区高津グループの皆様、カウンセラーの石川演慶様ご夫婦に誠に感謝しております。また、長い間、私の勉強や研究に関し、いろいろ助けてくれた妻に心から感謝します。

参　考　文　献

（日本語文献）

1. 阿拉騰『中国内モンゴル・チャハルにおける遊牧民の文化変化に関する生態人類学的研究』北海道大学、阿拉騰－博士論文、2001 年。
2. アンソニー・ギデンズ著、松尾精文ほか訳『社会学』（改訂第 3 版）而立書房、東京、1999 年。
3. ウラヂミルツォフ『蒙古社会制度史』外務省調査部訳、原書房、1980 年（復刻原本、昭和 16 年・生活社刊）。
4. 岡田英弘著『チンギス・ハーン』朝日新聞社、朝日文庫、1993 年、352 頁。
5. 尓門徳著『近代化と遊牧社会：内モンゴル社会の変容の実態を事例に』明星大学、額斯尓門徳－博士論文、2002 年。
6. 金龍哲編訳『中国少数民族教育政策文献集』大学教育出版、1998 年。
7. 久米郁男、川出良枝、古城佳子、田中愛治、真渕勝『政治学』有斐閣、2003 年。
8. 研究叢書 28『民族問題とアイデンティティー』中央大学人文科学研究所、2001 年。
9. 国分良成著『現代中国の政治と官僚制』慶応義塾大学出版会株式会社、2004 年、東京。
10. 小島朋之編『21 世紀の中国と東亜』一芸社　2003 年．
11. 小島朋之『富強大国の中国：江沢民から胡錦濤へ』芦書房、2003 年。
12. 呉宗金編著、西村幸次郎監訳『中国民族法概論』東京成文堂、1998 年。
13. 佐々木信彰『多民族国家中国の基礎構造：もうひとつの南北問題』世界思想社、1998 年。
14. 佐々木信彰編『現代中国の民族と経済』世界思想社、2001 年。
15. 周昆田編『辺疆政策研究』蒙蔵委員会（台湾）1962 年。
16. ジョセフ・S・ナイ（Joseph S.Nye,Jr）田中明彦、村田晃嗣訳『国際紛争――理論と歴史』（原書第四版）有斐閣、2004 年。
17. スティーブン・W・モッシャー、松本道弘監訳解説『中国はこれほど戦争を好む』成甲書房、2005 年 6 月 4 日。
18. 双喜『中国内蒙古自治区における草原牧羊業の持続的発展に関する研究』東京農工大学、双喜－博士論文、2001 年。
19. 徳岡仁『現代中国とその社会：治安問題と改革開放路線の 20 年』晃洋書房、2005 年。
20. 中谷猛、川上勉、高橋秀寿編『ナショナル・アイデンティティ論の現在』晃洋書房、2003 年。

21. ナタン・シャランスキー著、藤井清美訳『なぜ、民主主義を世界に広げるのか——圧政とテロに打ち勝つ「自由」の力』ダイヤモンド社、2005 年、東京。
22. 西牧義江『変わる中国　変わらない中国』イマジン出版、2004 年。
23. 橋本光寶『蒙古の喇嘛教』仏教公論社、1942 年（昭和 17）。
24. 洪・英『中国の地方制度における自治制度研究：少数民族区域自治制度に関する考察を中心に』（洪・英—博士論文）、九州大学 2004 年。
25. ボルジギン・ブレンサイン著『近現代におけるモンゴル人農耕村落社会の形成』風間書房、2003 年。
26. 松村嘉久『中国・民族の政治地理』晃洋書房、2000 年。
27. 松本真澄著、魯忠恵訳『中国民族政策の研究——清末から 1945 年までの民族論を中心に』民族出版社、2003 年、北京。
28. 丸山敬一『民族自決権の意義と限界』有信堂高文社、2003 年。
29. 毛里和子『現代中国政治』（新版）名古屋大学出版会、2004 年。
30. 家近亮子・唐亮・松田康博編著『5 分野から読み解く現代中国——歴史・政治・経済・社会・外交——』、晃洋書房、2005 年、京都。
31. 楊海英著『墓標なき草原——内モンゴルにおける文化大革命・虐殺の記録』（上、下）岩波書店、2009 年、東京。
32. 楊海英編『モンゴル人ジェノサイドに関する基礎資料（2）——内モンゴル人民革命党粛清事件——』風響社、2010 年。
33. 楊海英編『モンゴル人ジェノサイドに関する基礎資料（3）——打倒ウラーンフー（烏蘭夫）——』風響社、2011 年。
34. 楊海英編『モンゴル人ジェノサイドに関する基礎資料（4）——毒草とされた民族自決の理論——』風響社、2012 年。
35. 楊海英編『モンゴル人ジェノサイドに関する基礎資料（5）——被害者報告書（1）』風響社、2013 年。
36. 于暁飛『消滅の危機に瀕した中国少数民族の言語と文化：ホジェン族の「イマカン（英雄叙事詩）」をめぐって』明石書店、2005 年。
37. 横山宏章『中華思想と現代中国』集英社、2002 年。
38. 吉田順一『近現代内モンゴル牧畜社会の研究』早稲田大学、1998-2000 年。
39. 渡辺利夫、寺島実郎、朱建栄編『大中華圏』岩波書店、2004 年。
40. 山際素男著『チベット問題』光文社、東京、2008 年。
41. ダライ・ラマ著、山際素男訳『ダライ・ラマ自伝』文藝春秋、東京、2008 年。
42. ダライ・ラマ著、三浦順子訳『ダライ・ラマ　宗教を越えて〜世界倫理への新たなヴィジョン』 サンガ、東京、2012 年。

43. マイケル・ダナム（Mikel Dunham）著、山際素男訳『中国はいかにチベットを侵略したか』講談社、東京、2006 年。
44. ペマ・ギャルポ著『チベット入門』（改訂新版）日中出版、東京、2000 年。
45. ペマ・ギャルポ著『最終目標は天皇の処刑（中国「日本解放工作」の恐るべき全貌）』 飛鳥新社、東京、2012 年。
46. ペマ・ギャルポ著『日本の危機！中国の危うさ！！──日本とインドの強い絆と可能性』 あ・うん、東京、2013 年。
47. ペマ・ギャルポ著『中国が隠し続けるチベットの真実──仏教文化とチベット民族が消滅する日』 扶桑社、東京、2006 年。
48. チベットハウス編　小林秀英訳『チベット仏教の神髄』 日中出版、東京、2002 年。
49. ブランドン・トロポフ、ルーク・バックルズ神父著、石塚政樹訳、ペマ・ギャルポ監訳『世界の宗教』 総合法令出版、東京、2003 年。
50. 高尾利数、他 17 名著『世界の宗教　総解説』 自由国民社、東京、2004 年。
51. 宋永毅編　松田州二訳『毛沢東の文革大虐殺』 原書房、2006 年。
52. ボルジギン・フスレ『中国共産党・国民党の対内モンゴル政策（1945～1949）：民族主義運動と国家建設との相克』 風響社、2011 年。

（論文）
1. ボルジギン・フスレ著「内モンゴルにおける文化大革命直前の政治状況についての一考察 ── 内モンゴル大学における『民族分裂主義分子』批判運動を中心に──」昭和女子大学、學苑・総合教育センター特集　No. 811　(24)～(37)（2008・5）東京。
2. ボルジギン・フスレ著「中国共産党勢力の内モンゴルへの浸透──『四三会議』にいたるまでのプロセスについての再検討──」、昭和女子大学、學苑・総合教育センター特集　No. 787（2006・5）東京。
3. ボルジギン・フスレ著「内モンゴルにおける土地政策の変遷について（1946～49 年）──『土地改革』の展開を中心に──」、昭和女子大学、學苑・No. 791（24）～（43）（2006・9）東京。
4. ボルジギン・フスレ著「中国共産党の対内モンゴル政策（1925～36 年）の一考察」、昭和女子大学、學苑・No. 797　（20）～（31）（2007・3）東京。
5. ボルジギン・フスレ著「中国共産党の内モンゴルに対する宗教政策（1946～48 年）」、昭和女子大学、學苑・No. 793　(56)～(66)（2006・11）東京。
6. ボルジギン・ブレンサイン著「遼北荒の開墾問題とガーダー・メイリンの蜂起」『早稲田大学大学院文学研究科紀要』第四七輯　2002 年。

(中国語文献)

1. 阿拉騰德力海編著《内蒙古挖肃灾难实录》禁書（出版社なし）。
2. 曹永年主編《内蒙古通史》内蒙古大学出版社、2009 年、Huhehot。
3. 郝维民編《内蒙古自治区史》内蒙古大学出版社、Huhehot、1991 年。
4. 郝维民編《内蒙古革命史》人民出版社、北京、2009 年。
5. 大紀元編輯部著《解體黨文化》博大國際文化有限公司、2007 年、台湾。
6. 德勒格、乌云高娃編《内蒙古喇嘛教近现代史》远方出版社、2004 年、Huhehot。
7. Finlike Gross 著、王建娥、魏强訳《公民与国家——民族、部族和族属身份》新华出版社、2003 年、Beijing。
8. 高樹華、程鉄軍合著《内蒙文革風雷 一位造反派領袖的口述史》明鏡出版社、2007 年、香港。
9. 郝维民主編《内蒙古近代简史》内蒙古大学出版社、1992 年、Huhehot。
10. 何頻総画策『真相』シリーズ（4）、趙無眠編著《文革大年表》明鏡出版社、香港、1996 年。
11. 何清漣主編《20 世紀後半葉歷史解密》博大出版社、2004 年、香港。
12. 何清漣主編《霧鎖中國 —— 中國大陸控制媒體策略大揭密》黎明文化事業股份有限公司、2007 年（增訂再版）、台北。
13. 金炳镐著《民族理论政策概论》中央民族大学岀版社、2003 年版、Beijing。
14. 金炳镐、龚学增著《民族理论民族政策学习纲要》民族出版社、2004 年、Beijing。
15. 金炳镐著《中国共产党民族政策发展史》中央民族大学出版社、2006 年版、Beijing。
16. 王丹著《中華人民共和國史十五講》聯経出版事業股份有限公司、2012 年、台北。
17. 金楊朋容著《中國政治向何處去？》新風出版社、2004 年、香港。
18. 科左翼后旗志编辑委员会主編《科尔沁左翼后旗志》（1989～2007 年）、内蒙古文化出版社、2008 年版（海拉尔市）。
19. Lawrence E. Hamison, Samuel P. Huntington 主編、程克雄訳《文化的重要作用》新华出版社 2002 年、Beijing。
20. 李德全著《中國現代化的反思》香港社会科学出版社有限公司、2004 年、香港。
21. 凌鋒著《中共風雨八十年》台湾聯経出版事業公司（USA）。
22. 李双喜主編《哲里木盟农垦志》哲里木盟农牧场管理局、1998 年、赤峰。
23. 刘惊海、施文正主編《西部大开发中的民族自治地方经济自治权研究》内蒙古人民出版社、2003 年、Huhehot。
24. 毛公宁著《民族问题论文集》民族出版社、2001 年、Beijing。
25. 茂敖海著《零点问题——关于少数民族人权论文叢》禁書（出版社なし）、2004 年。

26. 那顺乌日图著《哲里木盟风景线》远方出版社、1996 年、Huhehot。
27. 内蒙古自治区档案馆编《中国第一个民族自治区诞生档案史料选编》远方出版社、1997 年、Huhehot。
28. 内蒙古大学中共内蒙古党史、内蒙古近现代史研究室编《内蒙古近代史译丛书》(第 2～第 3 辑) 内蒙古大学出版社、1988 年、1991 年、Huhehot。
29. 科左翼后旗志编辑委员会主编《科尔沁左翼后旗志》(1650～1988)、内蒙古人民出版社、1993 年版、Huhehot。
30. 内蒙古自治区图书馆编《建国前内蒙古地方报刊考录》1987 年、Huhehot。
31. 内蒙古自治区委员会文史资料委员会编《伪满兴安史料》(第 34 集) 内蒙古政协文史和学习委员会 1989 年、Huhehot。
32. 内蒙古自治区委员会文史资料委员会编《内蒙古自治政府成立前后》(第 50 集)、内蒙古政协文史和学习委员会 1997 年、Huhehot。
33. 恰白・次旦平措、诺张・吴坚、平措次仁著、陈庆英、格桑益西、何宗英、许德存訳《西藏通史》(上、下) 西藏古籍出版社、2004 年第二版、拉萨。
34. 生子著《中國千年陋習》有限出版社、2002 年、香港。
35. 施联朱著《施联朱民族研究文集》民族出版社、2003 年、Beijing。
36. 宋永毅主编《文化大屠殺》開放雜誌社、2002 年、香港。
37. 通辽市畜牧局編《通辽市畜牧志》(内部发行)、1994 年、通遼。
38. 王戈柳主編《民族区域自治制度的发展》民族出版社、2001 年、Beijing。
39. 王光学主編《当代中国的民族工作》(上、下) 当代中国出版社、1993 年、Beijing。
40. 王力雄著《天葬：西藏的命運》明鏡出版社、1998 年 6 月第三版、香港。
41. 呉國光、程曉農編《透視中國政治》博大出版社、2009 年、台北。
42. 新灝年（Xin Hao-Nian）著『Which is the New China——Distinguishing between Right and Wrong in Modern Chinese History』,Blue sky publishing house,U.S.A,1999.
43. 西藏流亡政府外交和新闻部编《西藏的真相》中国語版、1993 年版、ダラムサラ。
44. 西藏自治区教育研究所、西藏自治区教育学会编《西藏自治区教育法律法规选编》西藏人民出版社、1999 年、ラサ。
45. 牙含章著《达赖喇嘛传》人民出版社出版、1984 年、Beijing。
46. 杨清震主編《西部大开发与民族地区经济开发》民族出版社、2002 年、Beijing。
47. 嚴家其、高皋著《文化大革命十年史》(上、下冊、改訂版)、台灣潮流出版社、香港宏業書局。
48. 張戎（Jung Chang）、喬・哈利戴（Jon Halliday）著《毛澤東－鮮為人知的故事》(Mao:The Unknown Story) 開放出版社、2006 年、香港。

49. 李江琳著《1959 拉薩！》新世紀出版及傳媒有限公司 2010 年、香港。
50. 李江琳著《当鉄鳥在天空飛翔（1956-1962，青藏高原上的秘密戰争）》聯経出版事業股份有限公司，2012 年，台北。
51. 北明著《藏土出中國》田園書屋、2010 年，香港。
52. Mayank Chhaya 著、壮安祺《達賴喇嘛新傳》聯経出版事業股份有限公司、2007 年，台北。
53. 丹增嘉措著、土登森普編、陣峰訳《我的土地和我的人民 十四世達賴喇嘛自傳》香港支持西藏之亞太廣場出版、1990 年，香港。
54. 阎天仓主編《科左后旗文史资料》政协科尔沁左翼旗委員会文史资料委員会、2005 年、(出版地) 不明。
55. 哲里木报編「哲里木盟概況」(内部资料) 1980 年、通遼。
56. 哲里木盟民族事務局編「哲里木盟民俗与宗教」1998 年、通遼。
57. 哲盟政协文史资料研究委員会「资料研究委員会」(第一輯)、1985 年、通遼。
58. 哲盟政协文史资料研究委員会「资料研究委員会」(第二輯)、1986 年、通遼。
59. 哲盟政协文史资料研究委員会「资料研究委員会」(第三輯)、1987 年、通遼。
60. 中国人民政协会议内蒙古自治区委員会文史资料委員会編「内蒙古文史资料第 38 集 —— 伪蒙古军史料」1990 年、Huhehot。
61. 中国人民政协会议内蒙古自治区委員会文史资料委員会編「内蒙古文史资料第 34 集 —— 伪满兴安史料」1989 年、Huhehot。
62. 中国藏学研究中心、中国历史第二档案馆合編《十三世达赖喇嘛圆寂致祭和十四世达赖喇嘛转世坐床档案选編》中国藏学出版社出版、1990 年、Beijing。
63. 周清澎主編《内蒙古历史地理》内蒙古大学出版社、1993 年、Huhehot。

(モンゴル語文献)
1. デ・ビンバードルジ（モンゴル国）著『ムンケテンゲリン宗教・シャーマン教』内モンゴル人民出版社、2009 年、Huhehot。
2. 鉄柱、ハラ・ロ著『新編モンゴル族簡史』内ニンゴル人民出版社、2009 年、Huhehot。
3. ボルジギン・ナスン著『ジリムにおける地名伝説』内モンゴル文化出版社、2010 年、ハイラル市。
4. エリデン・ジャブ　サリナ著『モンゴル人の土地所有権における特徴に関する研究』遼寧省民族出版社、2001 年、瀋陽。
5. ナランゴワ著『アサガン将軍伝』内モンゴル人民出版社、2000 年、Huhehot。
6. フレルシャー著『ホルチン民俗文化研究』内モンゴル教育出版社、2003 年、

Huhehot。
7. フレルシャー、ナチン、ブヤン・ツォクラ編『ホルチンのシャーマン教研究』 民族出版社、1998 年、北京。
8. ボラック著『宗教』（上、下）内モンゴル教育出版社、2003 年、Huhehot。
9. 橋本光寶著　ヘェラドット・トクドンバヤル訳『モンゴルラマ教』内モンゴル人民出版社、2009 年、Huhehot。
10. 木村理子著　バヤンチンダムン訳『モンゴルのチャム』内モンゴル人民出版社、2010 年、Huhehot。

（利用した歴史档案：ホルチン左翼後旗档案局）

1. 「1954 年牧业生产终结 —— 第三努图克委员会」、1954 年 9 月 16 日。科左后旗档案局、政府档案部分。
2. 「阿古拉努图克那林塔拉村胡古吉勒图农牧结合社工作情况终结材料」、1955 年 8 月 29 日、科左后旗档案局、政府档案部分。
3. 「阿古拉努图克全年牧业生产工作情况终结报告」、1955 年 8 月 10 日、科左后旗档案局、政府档案部分。
4. 科左后旗人民政协主編《科左后旗文史资料》出版社と時期が不明。
5. 科左后旗看守所「1955 年度 犯人登记表」公检法档案、卷号 377、1960 年。
6. 科左后旗公安局刊「工作简报（1965 年 2 月 14 日～12 月 1 日）」公检法档案、卷号 145、1966 年。
7. 科左后旗统计局「内蒙古自治区科尔沁左翼后旗国民经济统计资料汇编 1980 年」。
8. 科左后旗统计局「科尔沁左翼后旗国民经济统计资料 1986 年」。
9. 科左后旗统计局「科尔沁左翼后旗国民经济统计资料 1988 年」。
10. 科左后旗统计局编印「科尔沁左翼后旗国民经济统计资料（1990 年度）」。
11. 科左后旗统计局编印「科尔沁左翼后旗国民经济统计资料（1993 年度）」。
12. 科左后旗统计局编印「科尔沁左翼后旗国民经济统计资料（1996 年度）」。
13. 科左后旗统计局编印「科尔沁左翼后旗国民经济统计资料（1997 年度）」。
14. 科左后旗统计局「科尔沁左翼后旗统计年鉴 2000 年度」。
15. 科左后旗统计局「科尔沁左翼后旗统计年鉴 2005 年度」。
16. 科左后旗统计局「科尔沁左翼后旗统计年鉴 2006 年度」。
17. 科左后旗统计局「科尔沁左翼后旗统计年鉴 2007 年度」。
18. 科左后旗档案局「政府档案」（部分）、(1946 年～1982 年)。
19. 科左后旗档案局「旗委档案」（部分）、(1946 年～1982 年)。
20. 科左后旗档案局「公检法档案」（部分）、(1963 年～1982 年)。

21. 哲里木盟统计局「哲里木盟国民经济统计资料」(1949 年〜1978 年)。
22. 博和、萨音整理・編著《博彦満都生平事略》内蒙古大学图书馆、1999 年。
23. 「牧畜过冬终结 —— 中共浩坦区委员会」、1954 年 1 月 4 日、科左后旗档案局、政府档案部分。
24. 「牧业生产会议终结 —— 科尔沁左翼后旗金宝屯委员会」、1954 年 4 月 30 日、科左后旗档案局、政府档案部分。
25. 「牧业生产专题终结－阿都沁努图克委员会」、1954 年 8 月 23 日、科左后旗档案局、政府档案部分。
26. 包文正、那达木德主編「甘旗卡第一高级中学《辉煌五十年》」2008 年。
27. 阎天仓主編《科左后旗文史资料》科左后人民政协委员会、2005 年。
28. 刘国卿、那达木德主編《甘旗卡一中志（1958-1997）》、附:「"三起民族分裂案"始末」(295〜298 頁)。
29. 刘国卿著《艰难的经历、不渝的追求》出版社と時期が不明。
30. 刘国卿著《枫叶红了》京华出版社、2002 年、Beijing。
31. 卢明辉編《巴布札布史料选编》中国蒙古史学会、1979 年。

(関係するホームページ)
1. http://www.smhric.org 南モンゴル人権情報センター
2. http://www.nmg.xinhuanet.com 中国新華サイト
3. http://www.nmg.gov.cn 内モンゴル自治区サイト
4. http://www.searchina.ne.jp/area guide/ 中国サイト
5. http://www.mofa.go.jp/mofaj/area/china/index.html
6. http://www.southernmongolia.hypermart.net/forum2/mainpage.pl 内モンゴル論壇
7. http://www.rfa.org 自由アジアラジオ放送
8. http://www.innermongolia.org 内モンゴル人民党
9. http://www.voanews.com
10. http://www.uygur.org 新疆ウイグル
11. http://ccr-sm.net/ 内モンゴルと中国文化大革命

索 引

（事項・人名ともに五十音順）

............ア　行............

愛国主義　42,101,111,118,121,122,124,
　　141,161,162,237
愛国公約　161-163
アイゼンハワー　217
アウシュビッツ　219
アスガン　57,58,64,65,67,70,71,73,74,
　　80,354,360
アメリカ　5,13,21,49,56,90,92,93,159
　　-161,208,217,237,315,318
アラタン・デレヘイ　49,213,309,317

イギリス　21,24,56,92,252
育成学院　278
イスラム教　5,118,119,156,164,169,170
　　-172,238
イリ事件　6

ウイグル（新疆ウイグル自治区）　6,15,
　　18,23,24,26,28,30,31,33,36,41,93,
　　110,184,242,308,388
内モンゴル学生デモ　6,317
内モンゴル自治運動連合会　60,65
内モンゴル自治区　5,7-13,15,32,33,40,
　　53,78,86,100-104,109-112,117-
　　119,131,137,142,152,158,159,162-
　　164,168,173,175,178,185,186,200-
　　203,206-209,213,215,219,221,227,
　　237-240,244,247-250,252,263,265,
　　266,280-283,296,305,306,312-319,
　　323,325,328-336,380,383,385,388
内モンゴル自治区仏教教会　162-164,186
内モンゴル人民革命党（内人党）　6,57,
　　65,71,79,91,93,148,200,281,295,
　　304-307,314,316-318,324,325,
　　328-335,341,345,346,349,357,
　　360,361,365,369-373,376-378,
　　386
内モンゴル日報　13,178,220,221,309,
　　318,325
右派分子　167, 170, 172, 185, 215, 216,
　　220,223-236, 238, 246, 265, 271,
　　283,298, 299, 332
ウブル・モンゴル（南モンゴル）　11,13,
　　163,288,301,380

「えぐり出し粛清」（運動）　185,314,316,
　　317,325,329,330,
エケージョー（盟）　162,175
エルデン・ビルック（包善一）　61,62,
　　64,67,68,73,175
袁紅氷　316,380
袁世凱　153,154

オラーン・チャブ（盟）　162,185,282,283

オラーンフー（雲澤）　60,73,78,79,101,
　　152,156,162,196,207,208,249,280,
　　281,289,313,314,319,325,328,329
岡田英弘　54,92

……………カ　行……………

改革開放　17,18,123,163,210,219,242,
　　243
階級闘争　73, 77,131,163,196,197,199,
　　205,224,227,248,280,281,283,289,
　　290,292,294,296,299,306,328
開放蒙地　54,55
郭以青　200,281
革命委員会（革委会）187,291,304,313,
　　324,328-331,335,336,343,358
革命烈士　74
華国鋒（華主席）334,376,379,384
餓死　186,217-219, 224,234,235,255,
　　256,260-262,265-267,280,284,299,
　　301,307,332,333,337,365,387
合作社　75,84,97-104,109-112,131-
　　133,167,189,211,222-224,234,235,
　　254
カトリック　118,119
金川耕作　61,173
壁新聞（大字報）238,283,303,319,320,
　　325,326,346
ガンジガ第一中学校（一中）　275,279,
　　282,284,285,287-289,291,292,295,
　　296-301,303-307,320-329
韓素音（ハン・スーイン）　219
関東軍　56,61,173,342
幹部宣伝隊（幹宣隊）　305,336,341,350,
　　371
吉林省　8,10,40,52,53,61,65,72,93,103,
　　137,305,332,336
基本残（障がい者）332,350,383
牛鬼蛇神　196,197,199,200,205,213,
　　303,305,321,346,347,357,381
義和団　54
キリスト教　118,119,156
金炳鎬　15,25,26,47,48,92

軍事管制（軍管）324,327-329,
軍事宣伝隊（軍宣隊）330,336
群専（群衆専政）　200,304,329,341-
　　353,358,359,361,362,364-366,368,
　　370-378

啓之　318,319
厳家其　212,312,315,380
減租減息　67,72,73
元朝　10,148

五・一六通知　200
紅衛兵　142,200,237,304,306,318,323,
　　324,326,347,361,365,369,380
江青　315,316,334
康生　200,316,333
広西チワン族自治区　29,33,41
江沢民　19,163
抗日戦争　39,57,89,123,161,186
抗美援朝　89,111,159,161,208
広福寺（オクチーン・スム）　69,74,149,
　　150,155,278
国民学校　10,277,279,293,339,369,370

401

国民優秀学校　277,293,367
国民党　23,24,28,30,38,47,56,57,59,62,
　　64,66-68,70-75,77,79,80,82,88,90,
　　93,154,176,205,248,293,333,340,
　　342,346,351,388
互助組　98-104,109–112,120,226,230,
　　232,254
五族共和　23,24
戸籍制度　335
五類分子　233,234,246

............サ　行............

佐々木信彰　13
砂漠　55,78,102,110,212,343,348
産業技術学校　278
三整　239,240
3・14事件　6
三反運動　81,84-88,91,98,111,116,120,
　　138,141,163,174,279,280,282,284,
　　386
三民主義　23,24,26,62
ジェブツン・ダムバー（ボグド・ハーン）
　　148,158, 340, 341, 345
資産階級　84,85,117–122,126,132,183,
　　211,223,232,238,240,248,321,323,
　　325–328
四清運動　148,163,182,202,279,284,
　　290,308,323,340,341,371,386
シャーマン教（薩満教）　71,149,157-
　　159,167,168,205,212
社会管制　350,360
社会主義改造　17,81,82,91,98,112,114,
　　118,120,121,125,127,130,132,142,
　　185,202,226,265,278–280,386
社会主義教育　127,142,148,164,165,168,
　　169,171,174,177,185,186,206,220,
　　228,230,238,239,247,248,283,284,
　　287,299,310,386,387
謝富治　333,334
シャリーン教（黄教）　153,207
周恩来　160,171,172,297
就義党　329,332,333,388
修正主義　199,201,280,284,298,299,
　　313,322,325,376
「粛反・整理」（運動）　284
蒋介石　39,49,60,67,90,188,191
上山下郷　334
焼身抵抗　6
少数民族　11,21-23,25,28–39,45–48,
　　109,125,159,171,177,179,203,204,
　　220,241,242,315,317,319,328,334,
　　376
少数民族法　35
ジョーオダ（盟）　8,40,54,55,162,185,264
初級小学校　277
ジリム（盟）　7,9,40,52–55,64,70–76,84–
　　89,99,104,107–112,117,121,124,
　　125,127,129,130,134,137-139,142,
　　164–167,170,173–178,185,186,
　　188,201,206,213,215,221,227,230,
　　233,237–240,246–248,254,265,
　　266,271,275,276,297,303,305,321,
　　323–325,327,330,333–336,355,
　　363,368,387
シリンゴル（盟）　40,152,153,162, 174,
　　185,209,247

辛亥革命　153
清朝　7,10,18,27,52-56,107,136,137,
　　148,149,152,153,156,158,173,207,
　　212,278,381,383
任弼時　76
人民解放軍（解放軍）　41-43,49,71,74,
　　79-81,90,110,161,181,186,287,293
　　316,324,328,330,334,336,347,357,
　　388
人民公社　18,95,99,100,111,144,158,
　　185,186,202,211,215,219,228,230,
　　243,244,248,251,254,255,265,279,
　　280,328,330

スターリン　25,27,48,73,92,187,206,
　　217,218,337
ステップ（草原）　54,78,82,105,108,110,
　　137,335,387

青旗新聞社　139,141,147
請罪　347,350,357,368
清算闘争　67-70
生産兵団　110
整風（運動）　81,84,125,174,185,186,220
　　-222,227,232,235-238,243-248,
　　251,257-261,283,387
積極分子　72,101,193,212,229,289,303,
　　320,322,323,326,329
センゲ・リンチン　10
全国統一高等学校試験（大学の入学試験）
　　290,291,295,300,305
全残（障がい者）　332,350,383

走資派　371
造反派　318,323,324,361,364,380
「外・内モンゴルを合併する」　58,63,
　　302,313,322,326
外モンゴル（ハルハ・モンゴル）　7,23,
　　56,57,61,63,148,149,153,195,201,
　　280,281,288,289,297-299,301,302,
　　313,322,326,360,362,388
ソ連　5,7,18,21,56,59,61,73,78,90,92,
　　149,160,161,174,201,217,218,239,
　　280,289,298,299
孫文　23,24

············ タ　行 ············

第二次大戦　53,62,91,388
大躍進　17,163,177,186,202,215,216,
　　218-220,239,250-256,263-265,
　　267,279,280,284,301,368,386
韃虜　23
ダフール族　28,59,65,241,243
ダフル・バヤル　341,343,344,348,353,
　　370,371,375
ダライ・ラマ　16,18,36,42-46,172,182-
　　184,186,195,205,326

治安維持会　57,61,62
知恩院　155,278
知識分子　75,118,119,126,218,235,240
地主分子　75,133,176,233,332,339,346,
　　355
チベット自治区　15,33,41-43
チベット騒動　6,36,46,75,181
チベット仏教（ラマ教）　71,118,125,

403

148,149,155-178,183,185,190,205-207,238
地方民族主義　135,138,139,220,240-243,280
チャハル（盟）　40,153,162,283
中華人民共和国憲法（憲法）　6,31-33,35,36,38,46,118,126,138,163,203,265-267,312,385
中華人民共和国民族区域自治実施綱要　203,265-267
中華民国　10,18,23,38,53,56,60,90,107,136,148,153-156,158,173,180,351,383
中華民族　23-25,30,31,35,44,159,312,318
中国仏教協会　162,163,203
中蔵17条協議　42
中・ソ関係　149,186,280,313
チョイバルサン　59
朝鮮戦争　160,161,217
チョクラルト・ハールガ（張家口）　93,155,159,314
チョルート公社　129,148,185-188,193,194,196-199,202,204,326
チンギス・ハーン　52,87,195,206,224,278,296,301,367,387
陳伯達　200

通遼（市）　7-10,13,52,53,61,65,71,105,107,108,110,114,120,173,174,188,193,194,209,238,241,290,291,298,300,323

帝国主義　24,42,88,90,93,141,160,161,181,314,388
テムル・バガン　57,58

滕海清　314,331,334
鄧小平　15,163,337
陶鋳　337
「党に腹の中を打ち明ける」（運動）　178,185,240,246,292
トゥメト（旗）　281,318,328
トゥメン（図們）　198
徳王　74
道教　118,119,214
東北軍政大学　57,65,66,68
土地改革　17,18,57,64,66,67,69-82,86-89,91,98,102,110,148,149,156,158,163,176,189,190,203,220,227-229,265,279,280,338,339,342,344,346,348,351,354,357,364,367,369,373,386
トルーマン　160

・・・・・・・・・・・・・・・ナ　行・・・・・・・・・・・・・・・

7・5事件　6,36

日清戦争　54
日本軍　54,56,61,129,227,229,276,277,340,342,344
日本語　14,155,210,276-278,339,352,370
日本人　10,53,70,140,141,147,149,155,174,179,234,276,277,279,293,333,342,348,351,367,370,388
「日本刀をぶら下げた連中」　314,328,344

日本のスパイ 70,188,199,203,277,326,
　　333,342,388
日本の協力者 389

寧夏回族自治区 33,41

農会（農民協会）68,70,73,75-77,338,
　　339,342,354,367-371

・・・・・・・・・・・・・・ハ　行・・・・・・・・・・・・・・

ハーフンガー 57,58,60,62,79,162,314,
　　360
ハイラル（市）59,61,65,248
ハダ 6,163,208
八路軍 56,64,67,71,81,339,342,346,
　　388
ハブト・ハサル 52
バヤン・ノール（盟）247
破四旧（運動）324
反右派闘争 17,148,163,215-221,227,
　　232,233,235-238,243,245-251,265
　　-267,279,280,284,301,332,386
反革命活動 197,205,360
反革命集団 292,315,316,326,365,380
反革命鎮圧 81,91,180,202,386
反革命分子（者）81-84,86,87,116,120,
　　124,128,132,148,162,196-198,233
　　-235,284,292,302,303,321,327,
　　332,333,377,380,388
パンチン・ラマ 43,182,183,190,194,
　　205,326

東モンゴル軍政幹部学校 65,66,68

東モンゴル自治軍 57,60,63,64,66-68,
　　70,71,74,354
東モンゴル人民自治政府（東モンゴル自治
　　政府）11,57-60,63-67,69,71,73,
　　78,80,95,212,321
東モンゴル臨時政府 63
費孝通 31,48,159
百家争鳴 166

フフホト（市）9,33,162,163,168,192,2
　　64,307,328,381,387
ブリヤード・モンゴル 7
フルシチョフ 218,298,337
フルンボイル（盟）40,59,61,156,162,18
　　5 247,248,264,282
文化大革命（文革）6,11,16,17,53,80,93,
　　123,125,142,148,158,163,181,183-
　　187,196,199,200,202,206,211,213,
　　219,233,237,242,243,279,280,291,
　　292,296,303,304,307,308,311-351,
　　353,355,357,360,362,366,368-371,
　　373,375,380,381,386,388

ペマ・ギャルポ 13,210,211
ヘンガン（盟）8,10,40,52,162,212,331

彭徳懐 160,289,298
北清事変 54
ボグディーン・ビチック（聖書）148,
　　341,345
ボゴド（市）162,248,264
ボヤン・マンダフ 57,58,60,79,278,314,
　　360
ボルジギン・フスレ 92,94-96,219,269

405

ボルジギン・ブレンサイン　104

················マ　行················

マッカーサー　160
マルクス　15,65,73,85,87,113,119,120,
　　159,206,224,239,242,243,387
丸山敬一　13,47
満州国　10,24,53,56,57,59,62,65,70,73,
　　77,81,82,90,93,95,129,136,137,
　　139-141,144,147,149,155,156,158,
　　173,180,209,212,225,226,234,235,
　　276-279,293,314,328,339,340,342,
　　351,367-370,373,382,383,388
満州国軍官学校　65
満州国ラマ教宗団　155
満洲人　10

南モンゴル民主連盟　11,163
ミンガン　52,53
民主的人士　112-118,121,125-130
民族英雄　23
民族区域自治制度　5,6,8,9,11,12,14-17
　　20,22,26,30,34,38-40,43,46,73,91,
　　204,206,226,265,308,320,385,386,
　　388
民族区域自治法（自治法）　14,17,20,31-
　　38,46,312
民族自治　6,12,24,25,31-37,39,59,266,
　　328
民族主義　23,24,78,79,135,138,139,177,
　　179,220,237,240-243,266,280,281,
　　322,387
民族上層　113,118,321

民族団結　23,134-136,171,242,281,
　　302,315
民族闘争　280,281
民族分裂案件　17,142,163,275,276,
　　280,285,289,290,294,296,301-308,
　　320,387
民族分裂者　287,301,333,388
民族分裂集団　11,148,281,291,292,
　　294,295,297,302-306,308,322,357,
　　362,386
民族分裂主義　199,281,303,320,328
明朝　40,54,278

メーリン・シボ学校　276

毛沢東（毛主席）　15,25,26,29,39,61,65,
　　101,124,161-163,168,171,172,182,
　　191,196,197,200,201,205,206,216-
　　218,221,236,244,280,283,313,316,
　　318,319,323,325-327,329,336-
　　338,341,347,349,357,373,376,380
蒙民厚生会　278
毛里和子　13,48,215,269
モロイン・スム廟　171,173-175,188,
　　193,209,248
モロー・ラマ　148,326,340,341,345,369,
　　370
モンゴル語　9,10,13,14,18,48,89,95,
　　147,148,155,178,192,209-213,241
　　-243,255,274,276-278,289,297,
　　298,316,345,352,354,356,370,375
モンゴル国　7,13,18,40,148,149,153,
　　292,297,298,300,301,319,322,326,
　　340,351,389

モンゴル人民共和国　56-59,61,149,174,
　　242,280,288,314
モンゴル仏教復興会　155

……………ヤ　行……………

ヤルタ会談　56

楊海英　13,49,92-94,309,316,317,381-
　　383
吉田順一　13
四人組　307,313,376,379
4・3会議　60,65

……………ラ　行……………

ラマ会議　159,161,162,182,183
ラマ教総会　155
ラントゥー　285-307,362

劉国卿　285,286,288,290-292,300,301,
　　303-306,309-311,322,381
劉少奇　124,187,218,337,380
梁啓超　27
林彪　124,196,205,307,313,315,316,334

連邦制　11,24-26,38,39

労働改造　82,109,164,175,184,185,199,
　　202,216,247,295,303,304,306,330,
　　335,336,362,363,386
労働管制　82
労働模範　88,90,138,175,254,265
六・四天安門事件（6・4事件）　16,163,
　　216,237,316,338
ロシア　24,28,54,73,148
魯迅　216

……………ワ　行……………

ワンギーン・スム（王爺廟、オラーン・ホト）
　　57,59-61,63,65,66,76,155,174,
　　190,212,241,278,342,360,370

407

本書は 2014 年 3 月 19 日学位授与の桐蔭横浜大学大学院法学研究科博士論文「現代中国の周辺民族に対する統治の法的問題点 ―― ホルチン左翼後旗を事例として ―― 」を加筆・修正したものです。

ボヤント（宝音図）

内モンゴル出身。2001年4月に来日。2006年3月、国士舘大学大学院政治学研究科修士課程修了。2010年3月、同大学院政治学研究科博士後期課程を満期単位で退学。2014年3月、桐蔭横浜大学大学院法学研究科博士後期課程修了。博士（法学）学位。主な研究は、中国の民族政策や民族区域自治制度、および満州国時代に日本の近代教育を受けたモンゴル人たちが社会主義時代に遭遇した政治運動の実態。

内モンゴルから見た中国現代史
ホルチン左翼後旗の「民族自治」　　定価（本体6,400円＋税）

2015年5月15日　初版発行

著者	ボヤント（宝音図）
発行者	川端幸夫
発行所	集広舎
	〒812-0035
	福岡市博多区中呉服町5-23
	電話：092-271-3767　FAX：092-272-2946
	http://www.shukousha.com
装丁	仁川範子
印刷・製本	モリモト印刷株式会社
ISBN	978-4-904213-29-2　　C3022

落丁本・乱丁本はお取替えいたします。
© ボヤント,2015,Printed in Japan

集広舎の本

◎中国の反外国主義とナショナリズム——アヘン戦争から朝鮮戦争まで

●佐藤公彦【著】 近現代の中国を突き動かした反外国主義とは？今なおキリスト教への弾圧が続く中国——アヘン戦争後の反キリスト教運動、義和団事変、20世紀の排外運動、そして現代の「反日デモ」に通底する「中華民族」のナショナリズムの構造を解明。新たな中国近現代史像を描く。

▽価格（本体三、六〇〇円＋税） A5判上製 三八一頁 ISBN978-4904213261

◎ウイグル十二カーム——シルクロードにこだますよる愛の歌

●萩田麗子【訳・解説】 伝統楽器のオーケストラによる組（2005年ユネスコ無形文化遺産登録）。すべて演奏すると24時間かかると言われている壮大な楽曲は、民衆の中で誕生、16世紀にシルクロードで栄えた国の宮廷で洗練され、音楽と詩と舞踊の総合芸術となった。日本人がどこか憧れてやまないシルクロードに500年こだました愛の詩、初の完全翻訳。

▽価格（本体二、〇〇〇円＋税） A5判並製 二七〇頁 ISBN978-4904213223

◎尖閣反駁マニュアル百題

●いしゐのぞむ【著】 気鋭の漢文学者が尖閣古典全史料を網羅研究し、その核心部分を抽出。極めて実証的であり説得力がある一冊。

▽価格（本体二、〇〇〇円＋税） A5判並製 四一二頁 ISBN 978-4916110985

◎北京と内モンゴル、そして日本——文化大革命を生き抜いた回族少女の青春記

●金佩華【著】 著者自身の体験をつづる、壮大なる闘いのドキュメンタリー。なぜ、ふつうの家族が政治の嵐に襲われねばならなかったのか？貧困、差別……に抗し、いかに夢追い、夢かなえたのか？

▽価格（本体二、六〇〇円＋税） B6判上製 三六八頁 ISBN978-4916110985

◎チベットの秘密

●ツェリン・オーセル、王力雄【著】・劉燕子【編訳】 民族固有の文化を圧殺された上、環境汚染・資源枯渇など存在の危機に直面するチベット。チベット人の尊厳のためにペンを執り続けるチベット族女性と漢族男性との夫婦による詩・エッセー集。

▽価格（本体二、八〇〇円＋税） B6判上製 四一六頁 ISBN978-4904213179

◎殺劫（シャーチェ）チベットの文化大革命

●ツェリン・オーセル【著】・ツェリン・ドルジェ【写真】・藤野彰【翻訳】・劉燕子【翻訳】 現在も続くチベット民族の抵抗は、この史上まれな暴挙が刻印した悲痛な記憶と底流でつながっている。長らく秘められていた「赤いチベット」の真実が、いま本書によって四十余年ぶりに甦る。

▽価格（本体四、六〇〇円＋税） A5判並製 四一二頁 ISBN978-4904213070

http://www.shukousha.com

集広舎の本

◎私の西域、君の東トルキスタン
王力雄【著】・馬場裕之【訳】・劉燕子【監修・解説】

中国の火薬庫と呼ばれている新疆ウイグル人の内心と社会に迫った必見の書。

▽価格（本体三三〇〇円+税）A5判並製　四七二頁　ISBN978-4904213070

◎ビルマのゼロ・ファイター
――ミャンマー和平実現に駆ける一日本人の挑戦

井本勝幸【著】

ビルマ（現ミャンマー）で私利私欲を捨て少数民族の農業指導等で人権回復に奔走する一日本人の奮闘記。

▽価格（本体一、五〇〇円+税）B6判並製　二四四頁　ISBN 978-4904213186

◎リトルチベット
伊勢祥延【写真+文】・上川泰憲【対談】・井本勝幸【対談】・上川泰憲【監修】

▽価格（本体二、八五七円+税）B5判並製　一五二頁　ISBN978-4904213094

◎中国民主化・民族運動の現在――海外諸団体の動向
柴田哲雄【著】

▽価格（本体四、六〇〇円+税）A5判上製　二四二頁　ISBN978-4904213124

◎現代中国社会保障事典
王文亮【著】

▽価格（本体六、六〇〇円+税）A5判　六一五頁　ISBN978-4904213100

◎艾未未（アイ・ウェイウェイ）読本
牧陽一【著・編集】・ふるまいよしこ【著】・麻生晴一郎【著】・他著

「造反有理」はアイ・ウェイウェイにこそふさわしい言葉なのではないか。本格的な研究読本。

▽価格（本体一、八〇〇円+税）A5判並製　三八六頁　ISBN978-4904213148

◎中国新声代
ふるまいよしこ【著】

女優、漫画家、ブロガー、企業家、経済学者、映画監督、ビデオクリエーターなど、「変わる中国」を代表する十八人のインタビュー集。

▽価格（本体二、三〇〇円+税）A5判並製　三三〇頁　SBN978-4904213087

◎インド　解き放たれた賢い象
ダース・グルチャラン【著】〈Das.Gurcharan〉・友田浩【訳】

独立からIT時代に至るインドの社会・経済革命。現地経済人による現代インドの実像。

▽価格（本体三、三〇〇円+税）A5判並製　四一八頁　ISBN978-4904213049

http://www.shukousha.com